인권법 스토리

이희훈 저

THE STORY OF HUMAN RIGHTS ACT

박영사

머 리 말

　「인권법 스토리」는 필자가 재직 중인 선문대에서 지난 2013년부터 우리의 일상생활 속에서 끊임없이 발생되는 다양한 인권에 관련된 사건과 사례 속의 법적 쟁점 사항들에 대한 이론 설명과 해당 외국의 입법례나 판례 등의 내용을 시간과 공간에 제한 없이 반복 학습하면서 학생들의 인권 보호와 타인의 인권 침해 방지의 정신을 함양시켜 주고, 나아가 기초적인 인권법적 사고력을 갖추는 데 필요한 인권법 지식을 쉽고 알차게 습득할 수 있게 하여 일상생활에서 크게 활용할 수 있어, 학생들로부터 뜨겁게 많이 꾸준히 사랑받고 있는 '인권법 사례 이야기'라는 사이버(인터넷) 교양 강좌에 대한 주교재로 활용하면서 일반 독자들의 교양을 쌓기 위한 기초적인 인권법적 지식을 쉽고 알차며 흥미 있게 배울 수 있도록 출간하게 되었다.

　이에 「인권법 스토리」는 우리의 일상생활 중에서 밀접하게 연관되어 있고 끊임없이 발생하고 있는 법의 의미와 기능 및 구조와 형태 및 인권의 의미, 국제인권규약의 내용, 인권과 기본권의 개념, 우리나라 헌법상 기본권의 보호와 제한 규정 개관, 기본권의 주체, 인간의 존엄과 가치, 사형제도와 인권, 낙태와 인권, 선거와 인권, 언론 및 출판의 자유와 인권, 집회의 자유와 인권, 성폭력과 인권, 주민등록 및 개인정보자기결정권과 인권, 신체의 자유 및 거주·이전의 자유와 주거의 자유 및 사생활의 비밀과 자유와 인권, 사법부(법원) 및 헌법재판소와 인권, 행복추구권 및 평등권과 인권, 영화 및 셧다운제와 인권, 탈북자와 인권을 그 주요 내용으로 아래와 같이 총 13주의 강의 내용으로 구성하였다.

　　제1주 강의에서는 법의 의미(개념)와 기능 및 구조와 형태, 인권의 의미(개념) 등에 대하여 살펴보았다. 제2주 강의에서는 국제인권규약 중 경제적, 사회적, 문화적 권리에 관한 국제규약(A규약)과 시민적, 정치적 권리에 관한 국제규약(B규약) 및 시민적, 정치적 권리에 관한 국제규약 선택의정서 등에 대하여 고찰하였다. 제3주 강의에서는 인권과 기본권의 개념 비교, 우리나라 헌법상 기본권의 보호(보장) 규정 개관, 우리나라 헌법상 기본권의 제한 규정 개관, 우리나라 헌법상 기본권의 보장과 제한에 대한 체계(구조) 등에 대하여 검토하였다. 제4주 강의에서는 기본권의 주체, 인간의 존엄과 가치와 연관된 생명권, 명예권, 성명권, 초상권, 사형제도와 인권 중 사형의 의의와 종류, 사형제도의 연혁과 입법례 등에 대하여 살펴보았다. 제5주 강의에서는 사형제도에 대한 우리나라 헌법재판소의 2008헌가23 판례의 검토, 사형제도에 대한 합헌론과 위헌론, 사형제도에 대한 향후 개선방안, 낙태와 인권 등에 대하여 고찰하였다. 제6주 강의에서는 공직선거법상 선거 전 여론조사 공표 및 보도금지 규정에 대한 머리말, 공직선거법 제108조 제1항의 주요 내용에 대한 해석, 선거여론조사의 결과 공표 및 보도에 대한 외국의 입법례, 알권리, 공직선거법상 선거 전 여론조사 공표 및 보도금지 규정의 입법 목적에 대한 합헌론과 그 비판점, 공직선거법상 선거 전 여론조사 공표 및 보도금지 규정에 대한 종합적 검토, 공직선거법상 선거후보자 측의 신상공개에 대한 규정의 주요 내용과 동 규정에 대한 입법 목적(취지) 검토, 동 규정에 대한 규정의 위헌 여부 검토 등에 대하여 검토하였다. 제7주 강의에서는 언론 및 출판의 자유의 의의, 언론 및 출판의 자유의 내용, 언론 및 출판의 자유의 제한 등에 대하여 살펴보았다. 제9주 강의에서는 언론 및 출판의 자유와 음란성 요건 및 관련 입법 규정, 보도의 자유의 의의와 제한, 취재의 자유의 의의, 취재원 비닉권에 대한 헌법적 검토, 언론 및 출판의 자유와 명예훼손 등에 대하여 고찰하였다. 제10주 강의에서는 집회의 자유의 의의와 내용, 집회 및 시위에 관한 법률상 집회, 시위 신고의 문제점에 대한 개선방안, 성폭력의 개념과 대학 내 성폭력의 실태 및 설문조사 결과, 대학 내 성폭력에 대한 효과적인 예방책 등에 대하여 검토하였다. 제11주 강의에서는 주민등록증과 주민등록번호에 대한 머리말, 주민등록증의 시행 필요성 여부 검토, 일본의 마이 넘버의 주요 내용, 개인정보와 개인정보자기결정권의 의미, 개인정보자기결정권의 용어 검토, 개인정보자기결정권의 성립 배경과 헌법적 근거 및 주체와 내용, 인터넷상 주민등록번호 사용에 의한 개인정보자기결정권의 침해 방지 등에 대하여 고찰하였다. 제12주 강의에서는 신체의 자유의 내용, 거주·이전의 자유의 내용, 주거의 자유의 내용, 사생활의 비밀과 자유의 내용, 인권보호기관인 사법부의 독립과 조직과 구성, 사법절차와 운용방법, 인권보호기관인 법원의 권한, 인권보호기관인 헌법재판소의 조직과 구성 및 심판절차, 인권보호기관인 헌법재판소의 권한 등에 대하여 검토하였다. 제13주 강의에서는 행복추구권의 내용, 평등권의 내용, 영화에 대한 상영등급분류제도 및 제한상영가 등급에 대한 머리말, 영비법상 영화에 대한 상영등급분류 규정 및 제한상영가 등급 규정의 문제점 및 영화의 의미, 영화와 관련된 기본권, 영화에 대한 상영등급분류제도의 헌법적 타당성, 영화의 상영등급분류제도에 대한 외국의 입법례, 영비법상 제한상영가 등급에 대한 헌법적 평가, 셧다운제의 의미와 문제점, 셧다운제의 주요 법적 내용, 셧다운제에 대한 헌법적 검토 등에 대하여 살펴보았다. 제14주 강의에서는 탈북자의 인권침해와 보호에 대한 머리말, 탈북자의 발생 원인과 북한의 현실, 탈북자에 대한 중국의 태도(입장), 탈북자에 대한 북한의 태도(입장), 김정은 집권 이후 북한의 탈북자에 대한 태도(입장), 재중 탈북자의 헌법적 지위, 국제 사회에서 재중 탈북자의 헌법적 지위에 대한 주장의 한계, 재중 탈북자에 대한 난민으로서의 지위, 국제사회에서 재중 탈북자의 협약상의 난민에 해당한다는 주장의 한계, 탈북자의 인권침해 실태와 탈북자의 인권보호 방안 등에 대하여 고찰하였으며, 독자의 편의를 위하여 본서의 부록으로 우리나라의 헌법전을 함께 제시하였다.

본서가 나오기까지 일일이 모두 열거할 수 없을 정도로 너무나 많이 감사하고 고마우신 분들에게 감사한 마음을 전한다. 이중에서 특히 제일 먼저 부족한 필자에게 언제나 변함없이 아낌없는 따뜻한 격려와 불철주야 응원 기도를 해 주셨던 너무나 많이 사랑하고 사랑했던 그리고 이젠 한없이 그립고 그리워진 하늘에 계신 어머님께 진심을 다해 머리 숙여 깊이 감사한 마음을 전한다. 다음으로 부족한 필자에게 형언할 수 없는 큰 학문적 가르침을 주신 깊이 존경하는 연세대 법학전문대학원의 전광석 지도 교수님과 필자의 대학원 재학시절 때 많은 도움을 주신 존경하는 홍복기 교수님께 머리 숙여 깊이 감사드린다. 그리고 선문대학교의 총장님과 법·경찰학과 교수님들께 감사드린다. 또한 본서가 출간되기까지 너무나 많이 수고해 주시고 도움을 주신 박영사의 안종만 회장님, 안상준 상무님, 노현 이사님, 김선민 부장님, 마잔옥 편집위원님, 박선신 내리님께 감사드린다.

　　향후 필자는 더욱 더 열심히 학문적으로 정진하여 본서의 부족하고 미진한 부분을 충실히 보완해 나갈 것이며, 본서에 의하여 독자들이 인권법에 대하여 조금이라도 쉽고 알차며 흥미 있게 이해하고 배우고 알 수 있게 하여, 본서가 독자들의 인권 보호에 여러 도움이 되는 초석이 되길 바란다.

2018년 2월

선문대학교 법·경찰학과 교수

이 희 훈

목   차

인권법 사례 이야기
(1주차-1번째 강의)

● **강의 목표 소개**

▶ 선문대의 '인권법 사례 이야기'라는 사이버 강좌는 우리가 평소 생활하면서 자주 경험할 수 있는 다양한 인권 관련 법적 사례들을 알기 쉽게 강의해 주어, 시간과 장소(공간)의 일정한 제한을 받지 않고, 수강생들이 살아가는 데 필요한 인권 관련 법적 지식을 흥미 있고 알기 쉽게 학습하여, 수강생들의 인권을 보호함과 동시에 타인의 인권을 침해하지 않도록 하기 위한 인권법에 대한 기초적인 사고를 함양할 수 있도록 하는 것이 '인권법 사례 이야기' 강좌의 목표임.

● 강의 주요 내용 소개 (1)

▶ '인권법 사례 이야기' 강좌는 총 15주 중에 중간고사인 8주와 기말고사 15주를 제외한 13주 동인, 매주마다 약 25분 정도의 3개의 동영상 강좌인 총 75분 정도의 분량으로, 우리의 일상생활 속에서 발생할 수 있는 다양한 인권 관련 법적 쟁점들에 대해 재미있고 알차게 배울 수 있도록 강의할 예정임.

▶ 즉, '인권법 사례 이야기' 강좌는 매 1주차마다 약 25분 정도 3개씩 총 75분 정도의 분량으로, 총 13주차의 동영상 강좌로 구성되어 있는바, 주교재는 '이희훈 (저), 인권법 스토리, 박영사, 2018' 임.

● 강의 주요 내용 소개 (2)

▶ '인권법 사례 이야기' 강좌는 1주차에는 법의 의미와 기능 및 구조와 형태 및 인권의 의미에 대해 강의함.

▶ 2주차에는 국제인권규약의 내용에 대해 강의함.

▶ 3주차에는 인권과 기본권의 개념, 우리나라 헌법상 기본권의 보호와 제한규정 개관에 대해 강의함.

▶ 4주차에는 기본권의 주체, 인간의 존엄과 가치, 사형의 의의와 종류, 사형제도의 연혁과 입법례에 대해 강의함.

▶ 5주차에는 사형제도에 대한 우리나라 헌법재판소의 2008헌가23 판례의 검토, 사형제도에 대한 합헌론과 위헌론, 사형제도에 대한 향후 개선방안, 낙태와 인권에 대해 강의함.

● 강의 주요 내용 소개 (3)

▶ 6주차에는 공직선거법상 선거 전 여론조사 공표 및 보도 금지 규정에 대한 헌법적 쟁점이 되는 내용과 공직선거법상 선거후보자 측의 신상공개에 대한 규정에 대한 헌법적 쟁점이 되는 내용에 대해 강의함.

▶ 7주차에는 언론 및 출판의 자유의 의의와 내용 및 제한에 대해 강의함.

▶ 9주차에는 언론 및 출판의 자유와 음란성 요건 및 관련 입법 규정과 명예훼손, 보도의 자유의 의의와 제한, 취재의 자유의 의의, 취재원 비닉권에 대한 헌법적 검토에 대해 강의함.

▶ 10주차에는 집회의 자유와 성폭력 및 대학 내 성폭력의 효과적인 예방책에 대해 강의함.

● 강의 주요 내용 소개 (4)

▶ 11주차에는 주민등록증과 주민등록번호 및 일본의 마이 넘버에 대한 내용과 법적 쟁점 및 개인정보와 개인정보자기결정권에 대한 법적 쟁점에 대해 강의함.

▶ 12주차에는 신체의 자유와 거주·이전의 자유 및 주거의 자유와 사생활의 비밀과 자유의 내용, 인권보호기관인 사법부(법원)와 헌법재판소에 대해 강의함.

▶ 13주차에는 행복추구권과 평등권의 내용, 영화에 대한 상영등급분류제도 및 제한상영가 등급의 법적 쟁점과 셧다운제의 법적 쟁점에 대해 강의함.

▶ 14주차에는 탈북자의 인권 침해와 인권보호에 대해 강의함.

● 시험 평가 및 이수 관련 안내

▶ 시험 평가 방법 : 출석 30점(15주의 매 주차마다 2점씩) + 교수 부과 퀴즈 13점(8주와 15주를 제외한 13주의 내 주차마다 퀴스 부과 1점씩) + 중간고사 29점 + 기말고사 28점 = 100점으로 시험평가를 하며, 상대평가로 평가함.

▶ 중간고사와 기말고사의 시험범위는 특별히 공지하지 않음.

▶ 즉, 중간고사와 기말고사의 시험문제는 매주 강의하는 내용 중에서 특히 강조한 내용을 중심으로 출제하며, 전체 강의 내용 중에서 골고루 출제하는 것을 원칙으로 함.

▶ 퀴즈와 중간 및 기말시험 문제의 유형은 간단한 O or X 표기형 + 객관식 + 간단한 단답형이나 서술형의 문제임.

● 1주차 강의의 개요와 학습목표

▶ 수강생들이 1주에 학습할 강의의 개요는 법의 의미(개념)와 기능 및 구조와 형태, 인권의 의미(개념)에 대해 각각 강의하여, 향후 수강생들이 일상생활 속에서 발생할 수 있는 다양한 인권법적 사례와 쟁점에 대한 기초적인 지식을 알기 쉽고 능동적이며 흥미를 가지고 효과 있게 습득할 수 있도록 하는 것에 1주 강의의 학습 목표가 있음.

● 법의 의미 (1)

(이 부분은 이희훈 a, 생활 속의 헌법탐험, 박영사, 2016, 3면 일부 참조)

▶ 법(法) = 水(氵) + 去 : 물이 흐르는 것 (이치나 순리 또는 이성이나 상식에 따라 사회를 질서 있게 다스리는 것을 의미)

▶ 법의 개념(의미) : 법은 사람들에게 개인의 의사에 따른 행동(작위나 부작위)의 준칙(기준이나 표준)이 되어 주고, 사람들이 사회생활을 해 나가는 데 있어 사회질서가 유지되도록 사람들에게 어떤 행위를 '해라' 또는 '하지 말라'라고 명령해 주는 사회규범이며, 국가권력이 사회를 유지하고 공공의 복리를 실현하기 위하여 법을 위반한 자에게 형사처벌이나 강제집행 등의 일정한 제재나 통제를 가하고, 사람들 사이에 분쟁이나 다툼이 발생하면 정의와 평등 등에 입각하여 이를 해결해 주는 등 국가권력에 의해 강제(강행)되는 사회규범임.

● 법의 의미 (2)

▶ 1. 행위의 준칙(기준 또는 표준) : 법은 어떤 사람의 의사에 따른 행동을 규율대상으로 하는바, 법적으로 의미가 있는 사람의 행위에는 작위(作爲) 또는 부작위(不作爲)가 있음.

▶ 여기서 '작위'란 어떤 사람이 의식적으로 행한 적극적인 행위를 뜻하며, '부작위'란 어떤 것을 해야 할 의무가 있는(어떤 책임이 있는) 사람이 자신의 의무(책임)를 위반하여 자신이 해야 할 의무(책임)를 하지 않는 소극적인 행위임. 작위는 적극적 행위이고 부작위는 소극적 행위임.

▶ '준칙'이란 사람의 행위를 판단하는 기초가 되는 표준을 뜻함.

▶ 법은 사람의 작위 또는 부작위로 이루어진 행위의 준칙이 됨.

● 법의 의미 (3)

▶ 2. 사회규범 : 법은 사람들이 생활을 해 나가는 데 있어 질서가 유지되도록 사람들에게 어떤 행위를 '해라' 또는 '하지 말아라'라고 명령해 주는 규범임. 이러한 사회규범에는 법 이외에도 도덕, 종교, 관습 등이 있음.

▶ 3. 강제규범 : 법은 국가권력이 사회를 유지하고 공공복리를 실현하기 위하여 법을 위반한 자에게 형사처벌이나 강제집행 등의 일정한 제재나 통제를 가하고, 사람들 사이에 분쟁이나 다툼이 발생하면 정의와 평등 등에 입각하여 이를 해결해 주는 등 국가권력에 의해 강제(강행)되는 규범.

▶ 이러한 법의 의미에 대하여 소크라테스는 법을 정의로운 것으로 보았고, 칸트는 사회생활 속에서 인간의 자유를 서로 간에 잘 조화를 이룰 수 있도록 보장해 주기 위한 강제적 질서로 보았음.

법의 기능 (1)
(이 부분은 이희훈 a, 앞의 책, 3-7면 일부 참조)

▶ 아리스토텔레스가 말했듯 '사람은 혼자서 고립해서 살 수 없는 사회적 존재'인바, 사람은 원시시대부터 현재까지 본능적으로 자신의 보전과 자기의 발전을 위하여 한 곳에 모여서 집단을 이루며 살아왔음. 원시시대 이후에 이렇게 모여 살게 되는 사람들의 수가 점차 늘어나면서 모여 사는 사람들 중에서 사회질서를 어지럽히고 공공의 안녕과 질서 및 평화를 파괴하는 반사회적인 행동을 하는 사람들이 생겨났는바, 이러한 사람들에게 어떤 일정한 제재를 가할 필요가 있음.

▶ 아주 먼 옛날에 모든 사람들이 순박하고 사회의 구조도 단순했던 시대에는 도덕이나 종교나 관습으로 충분히 사회질서를 유지시켜 나갈 수 있었지만, 사회가 분화되고 복잡해지면서 종교나 도덕 또는 관습과 같은 어떤 강제성이 없는 사람의 양심에 호소하거나 사람들이 비난을 가하는 정도의 규범만으로는 사회질서와 공공의 안녕 및 평화 등을 유지 내지 보존하는 것이 매우 힘들어짐.

• 법의 기능 (2)

▶ 따라서 사회공동체로 함께 모여 사는 사람들 사이에서 어떤 것을 지켜 나갈 것에 대해 결정한 것을 위반할 때에 어떤 사회적 제재나 강제를 가할 수 있는 규범이 필요한바, 이러한 규범이 '법'이라고 할 것임.

▶ 이러한 견지에서 법의 기능으로는 먼저 인간의 기본권이나 인권을 보호해 주는 기능이 있음. 다음으로 법은 사회의 질서를 유지시켜 주는 기능이 있음. 그리고 법은 사람들 사이에 발생한 분쟁이나 다툼을 정의롭고 평등하게 해결해 주는 기능이 있음. 또한 법은 사회의 질서나 사회적 평화를 해치거나 공공복리를 해치는 잘못된 행위를 한 자에 대해 적절히 이를 통제해 주고 교정시켜 주는 기능 및 사회를 안정화 시켜주는 기능 등이 있음.

• 법의 구조

▶ 이러한 법의 여러 기능들을 실현하기 위한 필요한 법 규범의 종류로는 헌법, 형법, 행정법 등 수없이 많음.

▶ 이렇게 다양한 법 규범들에 대해 만약 국가에서 어떤 위계질서(상하관계)를 설정해 놓지 않는다면 수많은 법 규범 상호 간에 모순되거나 충돌될 때 이러한 문제를 해결할 수 없어 사회질서의 유지 및 권리보호 등을 실현할 수 없게 됨. 따라서 국가는 다양한 법 규범 상호 간에 적용의 우선순위(상하관계)를 설정해 놓게 됨.

▶ 이에 하위 법 규범은 상위 법 규범에 위반될 수 없는바, 수많은 법 규범 중에서 '헌법'이 제일 높은 위치(최상위 규범 또는 최고 규범)임.

▶ 그러므로 국회가 만든 각종 법률들과 각 행정부처가 만든 법 규범인 행정입법은 모두 헌법의 기본원리 및 기본권 등을 규정해 놓은 헌법조항을 위반할 수 없음.

● 법의 형태 (1)
(이 부분은 이희훈 a, 앞의 책, 6-7면 일부 참조)

▷ 1. 헌법 : 헌법전문 + 헌법 1조~130조 + 부칙 6조로 구성됨.

▷ 2. 법률 : 민법, 형법, 상법, 행정법 등의 수많은 법률들이 있는바, 예를 들어 다양한 법률들 간에 형법 269조와 270조의 낙태죄 관련 규정(일반법)에 대한 모자보건법 14조 1항의 낙태허용규정(특별법)의 관계처럼 특별법적 지위에 있는 법률이 일반법적 지위에 있는 법률보다 우선함(높은 위치에 있음). 또한 신법은 구법에 우선함(높은 위치에 있음).

▷ 3. 행정입법 : 행정입법의 형태를 예를 들어 설명하면 모자보건법 14조 1항에 의하면 "의사는 다음 각 호의 어느 하나에 해당되는 경우에만 본인과 배우자(사실상의 혼인관계에 있는 사람을 포함한다)의 동의를 받아 인공임신중절수술을 할 수 있다.

● 법의 형태 (2)

▷ 1호: 본인이나 배우자가 대통령령으로 정하는 우생학적 또는 유전학적 정신장애나 신체질환이 있는 경우"라고 규정되어 있음.

▷ 모자보건법 시행령 15조 2항에 의하면 "모자보건법 14조 1항 1호에 따라 인공임신중절수술을 할 수 있는 우생학적 또는 유전학적 정신장애나 신체질환은 연골무형성증, 낭성섬유증 및 그 밖의 유전성 질환으로서 그 질환이 태아에 미치는 위험성이 높은 질환으로 한다."라는 형태로 되어 있음.

▷ 집회 및 시위에 관한 법률 제14조 제1항에 의하면 "집회 또는 시위의 주최자는 확성기, 북, 징, 꽹과리 등의 기계·기구(이하 이 조에서 "확성기 등"이라 함)를 사용하여 타인에게 심각한 피해를 주는 소음으로서 대통령령으로 정하는 기준을 위반하는 소음을 발생시켜서는 아니 된다."라고 규정되어 있음.

• 법의 형태 (3)

▷ 집회 및 시위에 관한 법률 제14조 제1항에 의하면 "집회 또는 시위의 주최자는 확성기, 북, 징, 꽹과리 등의 기계·기구(이하 이 조에서 "확성기 등"이라 한다)를 사용하여 타인에게 심각한 피해를 주는 소음으로서 대통령령으로 정하는 기준을 위반하는 소음을 발생시켜서는 아니 된다."라고 규정되어 있음.

▷ 집회 및 시위에 관한 법률 시행령 제14조에 의하면 "집회 및 시위에 관한 법률 제14조 제1항에 따른 확성기 등의 소음기준은 별표 2와 같다."라고 규정되어 있음.

▷ 집회 및 시위에 관한 법률 별표 2에 의하면 "주거지역, 학교, 종합병원, 공공도서관에서는 주간(해뜬 후~해지기 전)에는 65 db 이하 및 야간(해진 후~해뜨기 전)에는 60 db 이하, 그 밖의 지역에서는 주간(해뜬 후~해지기

• 법의 형태 (4)

▷ 전)에는 75 db 이하 및 야간(해진 후~해뜨기 전)에는 65 db 이하"라고 규정되어 있음.

▷ 이러한 행정입법은 오늘날 현대 국가들이 행정 국가화와 적극 국가화 및 사회복지 국가화가 되면서 매우 빠르게 변화되는 사회현실 하에서 복잡하고 다양하게 그때그때의 필요한 수많은 법규 사항들을 국회에서 법률에다 일일이 하나하나 모두 빠짐없이 규정해 놓을 수 없기 때문에 법률에서 구체적으로 시행령에 위임할 해당 범위를 정하여 행정입법에 위임하여 규정하도록 해 놓음.

● 인권의 의미 (1)

▶ '인권'이란 인간의 권리를 줄인 말로, 인권은 사람들 간에 특정한 약속이나 계약 또는 특정한 사회적 지위 등과 같은 특정한 관계나 거래에 의해 주어지는 것이 아니라 오로지 인간이라는 이유로 때와 장소 등에 관계없이 인간이 인간이기 때문에 태어나면서부터 당연히 누릴 수 있는 보편적(일반적) 권리 내지 자연권 또는 천부적 권리를 뜻함.

▶ 이렇듯 인간이 인간으로서 당연히 누리는 권리가 인권이라는 개념은 1776년 6월 12일 미국의 '버지니아 권리장전'과 1789년 8월 26일 프랑스의 '인간 및 시민의 권리 선언(프랑스 인권선언)'에서 선언됨.

▶ 그리고 특정 인종이나 포로에 대한 집단학살 및 생체실험 등 인류의 역사상 가장 야만적인 각종 범죄들로 얼룩졌던 제2차 세계대전이 끝난 이후에

● 인권의 의미 (2)

▶ 이러한 비극적인 참사가 다시 발생하지 않도록 하기 위하여 1948년 12월 10일에 제3회 국제연합(United Nations: UN) 총회에서 인권 관련 결의문이 채택되었는바, 이것이 바로 '세계인권선언(Universal Declaration of Human Rights)'임.

▶ 세계인권선언은 최초로 모든 사람에게 그리고 모든 장소에서 인간의 권리와 자유가 적용된다는 것이 세계 국가들에 의해 인정된 결의문이라는 점에서 커다란 의의가 있음.

▶ 이러한 세계인권선언의 조문 내용을 살펴보면 전문과 총 30개 조항으로 구성되어 있는바, 이중에서 전문의 내용은 다음과 같다.

▶ 모든 인류 구성원의 천부의 존엄성과 동등하고 양도할 수 없는 권리를 인정하는 것이 세계의 자유, 정의 및 평화의 기초이고, 인권에 대한 무시와

● 인권의 의미 (3)

▶ 경멸이 인류의 양심을 격분시키는 만행을 초래하였으며, 인간이 언론과 신앙의 자유 및 공포와 결핍으로부터의 자유를 누릴 수 있는 세계의 도래가 모든 사람들의 지고한 열망으로서 천명되어 왔다. 그리고 인간이 폭정과 억압에 대항하는 마지막 수단으로서 반란을 일으키도록 강요 받지 않으려면, 법에 의한 통치에 의하여 인권이 보호되어야 하는 것이 필수적이고, 국가 간에 우호관계의 발전을 증진하는 것이 필수적이며, 국제연합의 모든 사람들은 그 헌장에서 기본적 인권, 인간의 존엄과 가치, 남녀의 동등한 권리에 대한 신념을 재확인하였으며, 보다 폭넓은 자유 속에서 사회적 진보와 보다 나은 생활수준을 증진하기로 다짐하였고, 회원국들은 국제연합과 협력하여 인권과 기본적 자유의 보편적 존중과 준수를 증진할 것을 스스로 서약하였

● 인권의 의미 (4)

▶ 으며, 이러한 권리와 자유에 대한 공통의 이해가 이 서약의 완전한 이행을 위하여 가장 중요하므로, 이에 국제연합총회는 모든 개인과 사회 각 기관이 이 선언을 항상 유념하면서 학습 및 교육을 통하여 이러한 권리와 자유에 대한 존중을 증진하기 위하여 노력하며, 국내적 그리고 국제적인 점진적 조치를 통하여 회원국 국민들 자신과 그 관할 영토의 국민들 사이에서 이러한 권리와 자유가 보편적이고 효과적으로 인식되고 준수되도록 노력하도록 하기 위하여, 모든 사람과 국가가 성취하여야 할 공통의 기준으로서 이 세계인권선언을 선포한다.

▶ 제1조 : 모든 인간은 태어날 때부터 자유로우며 그 존엄과 권리에 있어 동등하다. 인간은 천부적으로 이성과 양심을 부여 받았으며, 서로 형제애의 정신으로 행동하여야 한다.

● 인권의 의미 (5)

▶ 모든 인간은 태어날 때부터 자유로우며 그 존엄과 권리에 있어 동등하다. 인간은 천부적으로 이성과 양심을 부여 받았으며, 서로 형제애의 정신으로 행동하여야 한다.

▶ 제2조 : 모든 사람은 인종, 피부색, 성, 언어, 종교, 정치적 또는 기타의 견해, 민족적 또는 사회적 출신, 재산, 출생 또는 기타의 신분과 같은 어떠한 종류의 차별이 없이, 이 선언에 규정된 모든 권리와 자유를 향유할 자격이 있다. 더 나아가 개인이 속한 국가 또는 영토가 독립국, 신탁통치지역, 비자치지역이거나 또는 주권에 대한 여타의 제약을 받느냐에 관계없이, 그 국가 또는 영토의 정치적, 법적 또는 국제적 지위에 근거하여 차별이 있어서는 아니 된다.

● 인권의 의미 (6)

▶ 제3조 : 모든 사람은 생명과 신체의 자유와 안전에 대한 권리를 가진다.

▶ 제4조 : 어느 누구도 노예상태 또는 예속상태에 놓여지지 아니한다. 모든 형태의 노예제도와 노예매매는 금지된다.

▶ 제5조 : 어느 누구도 고문, 또는 잔혹하거나 비인도적이거나 굴욕적인 처우 또는 형벌을 받지 아니한다.

▶ 제6조 : 모든 사람은 어디에서나 법 앞에 인간으로서 인정받을 권리를 가진다.

▶ 제7조 : 모든 사람은 법 앞에 평등하며 어떠한 차별도 없이 법의 동등한 보호를 받을 권리를 가진다. 모든 사람은 이 선언에 위반되는 어떠한 차별과 그러한 차별의 선동으로부터 동등한 보호를 받을 권리를 가진다.

● 인권의 의미 (7)

▶ 제8조 : 모든 사람은 헌법 또는 법률이 부여한 기본적 권리를 침해하는 행위에 대하여 권한 있는 국내법정에서 실효성 있는 구제를 받을 권리를 가진다.

▶ 제9조 : 어느 누구도 자의적으로 체포, 구금 또는 추방되지 아니한다.

▶ 제10조 : 모든 사람은 자신의 권리, 의무 그리고 자신에 대한 형사상 혐의에 대한 결정에 있어 독립적이며 공평한 법정에서 완전히 평등하게 공정하고 공개된 재판을 받을 권리를 가진다.

▶ 제11조 : 1. 모든 형사피의자는 자신의 변호에 필요한 모든 것이 보장된 공개 재판에서 법률에 따라 유죄로 입증될 때까지 무죄로 추정 받을 권리를 가진다. 2. 어느 누구도 행위시에 국내법 또는 국제법에 의하여 범죄를 구성

● 인권의 의미 (8)

▶ 하지 아니하는 작위 또는 부작위를 이유로 유죄로 되지 아니한다. 또한 범죄 행위시에 적용될 수 있었던 형벌보다 무거운 형벌이 부과되지 아니한다.

▶ 제12조 : 어느 누구도 그의 사생활, 가정, 주거 또는 통신에 대하여 자의적인 간섭을 받거나 또는 그의 명예와 명성에 대한 비난을 받지 아니한다. 모든 사람은 이러한 간섭이나 비난에 대하여 법의 보호를 받을 권리를 가진다.

▶ 제13조 : 1. 모든 사람은 자국 내에서 이동 및 거주의 자유에 대한 권리를 가진다. 2. 모든 사람은 자국을 포함하여 어떠한 나라를 떠날 권리와 또한 자국으로 돌아올 권리를 가진다.

● 인권의 의미 (9)

▶ 제14조 : 1. 모든 사람은 박해를 피하여 다른 나라에서 비호를 구하거나 비호를 받을 권리를 가진다. 2. 이러한 권리는 진실로 비정치적 범죄 또는 국제연합의 목적과 원칙에 위배되는 행위로 인하여 기소된 경우에는 주장될 수 없다.

▶ 제15조 : 1. 모든 사람은 국적을 가질 권리를 가진다. 2. 어느 누구도 자의적으로 자신의 국적을 박탈당하지 아니하며 자신의 국적을 변경할 권리가 부인되지 아니한다.

▶ 제16조 : 1. 성인 남녀는 인종, 국적 또는 종교에 따른 어떠한 제한도 없이 혼인하고 가정을 이룰 권리를 가진다. 그들은 혼인에 대하여, 혼인기간 중 그리고 혼인 해소시에 동등한 권리를 향유할 자격이 있다. 2. 혼인은 장래 배우자들의 자유롭고 완전한 동의 하에서만 성립된다. 3. 가정은 사회의 자

● 인권의 의미 (10)

▶ 연적이고 기초적인 단위이며, 사회와 국가의 보호를 받을 권리가 있다.

▶ 제17조 : 1. 모든 사람은 단독으로 뿐만 아니라 다른 사람과 공동으로 재산을 소유할 권리를 가진다. 2. 어느 누구도 자의적으로 자신의 재산을 박탈당하지 아니한다.

▶ 제18조 : 모든 사람은 사상, 양심 및 종교의 자유에 대한 권리를 가진다. 이러한 권리는 종교 또는 신념을 변경할 자유와, 단독으로 또는 다른 사람과 공동으로 그리고 공적으로 또는 사적으로 선교, 행사, 예배 및 의식에 의하여 자신의 종교나 신념을 표명하는 자유를 포함한다.

▶ 제19조 : 모든 사람은 의견의 자유와 표현의 자유에 대한 권리를 가진다. 이러한 권리는 간섭 없이 의견을 가질 자유와 국경에 관계없이 어떠한 매체를 통해서도 정보와 사상을 추구하고, 얻으며, 전달하는 자유를 포함한다.

● 인권의 의미 (11)

▶ 제20조 : 1. 모든 사람은 평화적인 집회 및 결사의 자유에 대한 권리를 가진다. 2. 어느 누구도 어떤 결사에 참여하도록 강요 받지 아니한다.

▶ 제21조 : 1. 모든 사람은 직접 또는 자유로이 선출된 대표를 통하여 자국의 정부에 참여할 권리를 가진다. 2. 모든 사람은 자국에서 동등한 공무담임권을 가진다. 3. 국민의 의사가 정부 권능의 기반이다. 이러한 의사는 보통·평등 선거권에 따라 비밀 또는 그에 상당한 자유 투표절차에 의한 정기적이고 진정한 선거에 의하여 표현된다.

▶ 제22조 : 모든 사람은 사회의 일원으로서 사회보장을 받을 권리를 가지며, 국가적 노력과 국제적 협력을 통하여, 그리고 각 국가의 조직과 자원에 따

● 인권의 의미 (12)

▶ 라서 자신의 존엄과 인격의 자유로운 발전에 불가결한 경제적, 사회적 및 문화적 권리들을 실현할 권리를 가진다.

▶ 제23조 : 1. 모든 사람은 일, 직업의 자유로운 선택, 정당하고 유리한 노동조건, 그리고 실업에 대한 보호의 권리를 가진다.

2. 모든 사람은 아무런 차별 없이 동일한 노동에 대하여 동등한 보수를 받을 권리를 가진다. 3. 노동을 하는 모든 사람은 자신과 가족에게 인간의 존엄에 부합하는 생존을 보장하며, 필요한 경우에 다른 사회보장방법으로 보충되는 정당하고 유리한 보수에 대한 권리를 가진다. 4. 모든 사람은 자신의 이익을 보호하기 위하여 노동조합을 결성하고, 가입할 권리를 가진다.

● 인권의 의미 (13)

▶ 제24조 : 모든 사람은 노동시간의 합리적 제한과 정기적인 유급휴가를 포함하여 휴식과 여가의 권리를 가진다.

▶ 제25조 : 1. 모든 사람은 의식주, 의료 및 필요한 사회복지를 포함하여 자신과 가족의 건강과 안정에 적합한 생활수준을 누릴 권리와, 실업, 질병, 장애, 배우자 사망, 노령 또는 기타 불가항력의 상황으로 인한 생계 결핍의 경우에 보장을 받을 권리를 가진다. 2. 어머니와 아동은 특별한 보호와 지원을 받을 권리를 가진다. 모든 아동은 적서에 관계없이 동일한 사회적 보호를 누린다.

▶ 제26조 : 1. 모든 사람은 교육을 받을 권리를 가진다. 교육은 최소한 초등 및 기초단계에서는 무상이어야 한다. 초등교육은 의무적이어야 한다. 기술 및 직업교육은 일반적으로 접근이 가능하여야 하며, 고등교육은 모든 사람

● 인권의 의미 (14)

▷ 에게 실력에 근거하여 동등하게 접근 가능하여야 한다. 2. 교육은 인격의 완전한 발전과 인권과 기본적 자유에 대한 존중의 강화를 목표로 한다. 교육은 모든 국가, 인종 또는 종교 집단간에 이해, 관용 및 우의를 증진하며, 평화의 유지를 위한 국제연합의 활동을 촉진하여야 한다. 3. 부모는 자녀에게 제공되는 교육의 종류를 선택할 우선권을 가진다.

▷ 제27조 : 1. 모든 사람은 공동체의 문화생활에 자유롭게 참여하며 예술을 향유하고 과학의 발전과 그 혜택을 공유할 권리를 가진다. 2. 모든 사람은 자신이 창작한 과학적, 문학적 또는 예술적 산물로부터 발생하는 정신적, 물질적 이익을 보호받을 권리를 가진다.

● 인권의 의미 (15)

▷ 제28조 : 모든 사람은 이 선언에 규정된 권리와 자유가 완전히 실현될 수 있도록 사회적, 국제적 질서에 대한 권리를 가진다.

▷ 제29조 : 모든 사람은 그 안에서만 자신의 인격이 자유롭고 완전하게 발전할 수 있는 공동체에 대하여 의무를 가진다. 자신의 권리와 자유를 행사함에 있어, 다른 사람의 권리와 자유를 당연히 인정하고 존중하도록 하기 위한 목적과, 민주사회의 도덕, 공공질서 및 일반적 복리에 대한 정당한 필요에 부응하기 위한 목적을 위해서만 법에 따라 정하여진 제한을 받는다. 이러한 권리와 자유는 어떠한 경우에도 국제연합의 목적과 원칙에 위배되어 행사되어서는 아니 된다.

● 인권의 의미 (16)

▷ 제30조 : 이 선언의 어떠한 규정도 어떤 국가, 집단 또는 개인에게 이 선언에 규정된 어떠한 권리와 자유를 파괴하기 위한 활동에 가담하거나 또는 행위를 할 수 있는 권리가 있는 것으로 해석되어서는 아니 된다.

▷ '자연권'이란 인간은 단지 인간이라는 이유만으로 하늘로부터 부여 받은 여러 권리들을 비록 법에 명시적으로 규정(실정법)되어 있지 않더라도 당연히 누릴 수(향유할 수) 있다는 것을 뜻함.

▷ 이러한 자연권에 대해서 1789년에 프랑스의 '인간과 시민의 권리선언(보통 '프랑스 인권선언'으로 약칭함)'의 전문에서 "…하나의 엄숙한 선언을 통하여 인간의 자연적이고 양도불가능하고, 신성불가침한 권리를 밝히려 결의하거

● 인권의 의미 (17)

▷ 니와…"라고 공표하면서 동 선언 제1조에서 "인간은 권리에 있어서 자유롭고 평등하게 태어나 생존한다."라고 공표하였음.

▷ '버지니아 권리장전'은 전국가적 자연법사상에 기초한 기본적 인권을 확인한 최초의 문서로, 그 주요 내용으로 동 권리장전 제1조에서 사람은 생래의 권리를 가지며, 그것은 전국가적인 권리라고 규정함. 그리고 제2조에서 주권은 국민에게 있다고 규정함. 제3조에서 정부가 그 목적에 반한 때에는 혁명권이 인정된다고 규정함.

▷ 세계인권선언에서 제창된 이상을 실현하기 위하여 1966년 12월 16일에 미국의 뉴욕에서 열린 국제연합(UN) 총회에서 채택되고, 1976년 3월 23일부터 법적 효력이 발생된 국제인권규약(International Covenants on Human Rights)이 있음.

● 인권의 의미 (18)

▶ 국제인권규약은 크게 노동권, 안전하고 건강한 노동환경에 관한 권리, 사회보장권, 기초생활향상권, 교육권, 문화생활을 누릴 권리 등을 포함한 경제적, 사회적, 문화적 권리에 관한 국제규약(A규약)과 생명권, 인도적으로 대우받을 권리, 노예상태와 강제노동의 금지, 거주이전과 주거의 자유, 평등한 법 적용, 사생활 보호의 권리 등을 포함한 시민적, 정치적 권리에 관한 국제규약(B규약)으로 나뉘며, 이러한 B규약은 부칙 형태로, 제1선택의정서와 제2선택의정서가 있음.

▶ 이렇듯 1966년에 국제연합(UN) 총회에서 채택된 국제인권규약은 도의적 책임만 있는 세계인권선언과는 달리, 국제인권규약에 가입한 체약국에 대해 법적 구속력이 있는 인권 관련 국제법 규범임.

인권법 사례 이야기

(2주차-1번째 강의)

● 2주차 강의의 개요와 학습목표

▶ 수강생들이 2주에 학습할 강의의 개요는 국제인권규약 중 경제적, 사회적, 문화적 권리에 관한 국제규약(A규약)과 시민적, 정치적 권리에 관한 국제규약(B규약) 및 시민적, 정치적 권리에 관한 국제규약 선택의정서에 대해 각각 강의하여, 향후 수강생들이 일상생활 속에서 발생할 수 있는 다양한 인권법적 사례와 쟁점에 대한 기초적인 지식을 알기 쉽고 능동적이며 흥미를 가지고 효과 있게 습득할 수 있도록 하는 것에 2주 강의의 학습 목표가 있음.

● 국제인권규약의 내용 (1)

▶ 국제인권규약 중 경제적, 사회적, 문화적 권리에 관한 국제규약(A규약)은 1966년 12월 16일에 UN 총회에서 채택되었고, 1976년 1월 3일에 발효되었는바, 우리나라에는 1990년 7월 10일에 적용되었음. 그 내용을 살펴보면 다음과 같음.

▶ 제1조 : 1. 모든 인민은 자결권을 가진다. 이 권리에 기초하여 모든 인민은 그들의 정치적 지위를 자유로이 결정하고, 또한 그들의 경제적, 사회적 및 문화적 발전을 자유로이 추구한다.

▶ 2. 모든 인민은 호혜의 원칙에 입각한 국제경제협력으로부터 발생하는 의무 및 국제법상의 의무에 위반하지 아니하는 한, 그들 자신의 목적을 위하여 그들의 천연의 부와 자원을 자유로이 처분할 수 있다. 어떠한 경우에도 인민은 그들의 생존수단을 박탈당하지 아니한다.

● 국제인권규약의 내용 (2)

▶ 3. 비자치지역 및 신탁통치지역의 행정책임을 맡고 있는 국가들을 포함하여 이 규약의 당사국은 국제연합 헌장의 규정에 따라 자결권의 실현을 촉진하고 동 권리를 존중하여야 한다.

▶ 제2조 : 1. 이 규약의 각 당사국은 특히 입법조치의 채택을 포함한 모든 적절한 수단에 의하여 이 규약에서 인정된 권리의 완전한 실현을 점진적으로 달성하기 위하여, 개별적으로 또한 특히 경제적, 기술적인 국제지원과 국제협력을 통하여, 자국의 가용 자원이 허용하는 최대한도까지 조치를 취할 것을 약속한다. 2. 이 규약의 당사국은 이 규약에서 선언된 권리들이 인종, 피부색, 성, 언어, 종교, 정치적 또는 기타의 의견, 민족적 또는 사회적 출신, 재산, 출생 또는 기타의 신분 등에 의한 어떠한 종류의 차별도 없이 행사되도록 보장할 것을 약속한다.

● 국제인권규약의 내용 (3)

▶ 3. 개발도상국은 인권과 국가 경제를 충분히 고려하여 이 규약에서 인정된 경제적 권리를 어느 정도까지 자국의 국민이 아닌 자에게 보장할 것인가를 결정할 수 있다.

▶ 제3조 : 이 규약의 당사국은 이 규약에 규정된 모든 경제적, 사회적 및 문화적 권리를 향유함에 있어서 남녀에게 동등한 권리를 확보할 것을 약속한다.

▶ 제4조 : 이 규약의 당사국은 국가가 이 규약에 따라 부여하는 권리를 향유함에 있어서 그러한 권리의 본질과 양립할 수 있는 한도 내에서, 또한 오직 민주 사회에서의 공공복리 증진의 목적으로 반드시 법률에 의하여 정해지는 제한에 의해서만 그러한 권리를 제한할 수 있음을 인정한다.

● 국제인권규약의 내용 (4)

▶ 제5조 : 1. 이 규약의 어떠한 규정도 국가, 집단 또는 개인이 이 규약에서 인정되는 권리 및 자유를 파괴하거나 또는 이 규약에서 규정된 제한의 범위를 넘어 제한하는 것을 목적으로 하는 활동에 종사하거나 또는 그와 같은 것을 목적으로 하는 행위를 행할 권리를 가지는 것으로 해석되지 아니한다. 2. 이 규약의 어떠한 당사국에서 법률, 협정, 규칙 또는 관습에 의하여 인정되거나 또는 현존하고 있는 기본적 인권에 대해서는 이 규약이 그러한 권리를 인정하지 아니하거나 또는 그 인정의 범위가 보다 협소하다는 것을 구실로 동 권리를 제한하거나 또는 훼손하는 것이 허용되지 아니한다.

▶ 제6조 : 1. 이 규약의 당사국은 모든 사람이 자유로이 선택하거나 수락하는 노동에 의하여 생계를 영위할 권리를 포함하는 근로의 권리를 인정하며, 동

● 국제인권규약의 내용 (5)

▶ 권리를 보호하기 위하여 적절한 조치를 취한다. 2. 이 규약의 당사국이 근로권의 완전한 실현을 달성하기 위하여 취하는 제반 조치에는 개인에게 기본적인 정치적, 경제적 자유를 보장하는 조건하에서 착실한 경제적, 사회적, 문화적 발전과 생산적인 완전고용을 달성하기 위한 기술 및 직업의 지도, 훈련계획, 정책 및 기술이 포함되어야 한다.

▶ 제7조 : 이 규약의 당사국은 특히 다음 사항이 확보되는 공정하고 유리한 근로조건을 모든 사람이 향유할 권리를 가지는 것을 인정한다. (a) 모든 근로자에게 최소한 다음의 것을 제공하는 보수, (i) 공정한 임금과 어떠한 종류의 차별도 없는 동등한 가치의 노동에 대한 동등한 보수, 특히 여성에게 대하여는 동등한 노동에 대한 동등한 보수와 함께 남성이 향유하는 것보다 열등하지 아니한 근로조건의 보장, (ii) 이 규약의 규정에 따른 근로자 자신

● 국제인권규약의 내용 (6)

▶ 과 그 가족의 품위 있는 생활, (b) 안전하고 건강한 근로조건, (c) 연공서열 및 능력 이외의 다른 고려에 의하지 아니하고, 모든 사람이 자기의 직장에서 적절한 상위직으로 승진할 수 있는 동등한 기회, (d) 휴식, 여가 및 근로시간의 합리적 제한, 공휴일에 대한 보수와 정기적인 유급휴일

▶ 제8조 : 1. 이 규약의 당사국은 다음의 권리를 확보할 것을 약속한다. (a) 모든 사람은 그의 경제적, 사회적 이익을 증진하고 보호하기 위하여 관계단체의 규칙에만 따를 것을 조건으로 노동조합을 결성하고, 그가 선택한 노동조합에 가입하는 권리, 그러한 권리의 행사에 대하여는 법률로 정하여진 것 이외의 또한 국가안보 또는 공공질서를 위하여 또는 타인의 권리와 자유를 보호하기 위하여 민주 사회에서 필요한 것 이외의 어떠한 제한도 과할 수

● 국제인권규약의 내용 (7)

▶ 없다. (b) 노동조합이 전국적인 연합 또는 총연합을 설립하는 권리 및 총연합이 국제노동조합조직을 결성하거나 또는 가입하는 권리, (c) 노동조합은 법률로 정하여진 것 이외의 또한 국가안보, 공공질서를 위하거나 또는 타인의 권리와 자유를 보호하기 위하여 민주사회에서 필요한 제한 이외의 어떠한 제한도 받지 아니하고 자유로이 활동할 권리, (d) 특정국가의 법률에 따라 행사될 것을 조건으로 파업을 할 수 있는 권리, 2. 이 조는 군인, 경찰 구성원 또는 행정관리가 전기한 권리들을 행사하는 것에 대하여 합법적인 제한을 부과하는 것을 방해하지 아니한다. 3. 이 조의 어떠한 규정도 결사의 자유 및 단결권의 보호에 관한 1948년의 국제노동기구협약의 당사국이 동 협약에 규정된 보장을 저해하려는 입법조치를 취하도록 하거나

● 국제인권규약의 내용 (8)

▶ 또는 이를 저해하려는 방법으로 법률을 적용할 것을 허용하지 아니한다.

▶ 제9조 : 이 규약의 당사국은 모든 사람이 사회보험을 포함한 사회보장에 대한 권리를 가지는 것을 인정한다.

▶ 제10조 : 이 규약의 당사국은 다음 사항을 인정한다. 1. 사회의 자연적이고 기초적인 단위인 가정에 대해서는 특히 가정의 성립을 위하여 그리고 가정이 부양 어린이의 양육과 교육에 책임을 맡고 있는 동안에는 가능한 한 광범위한 보호와 지원이 부여된다. 혼인은 혼인 의사를 가진 양당사자의 자유로운 동의 하에 성립된다. 2. 임산부에게는 분만 전후의 적당한 기간 동안 특별한 보호가 부여된다. 동 기간 중의 근로 임산부에게는 유급휴가 또는 적당한 사회보장의 혜택이 있는 휴가가 부여된다. 3. 가문 또는 기타 조건에

● 국제인권규약의 내용 (9)

▶ 의한 어떠한 차별도 없이 모든 어린이와 연소자를 위하여 특별한 보호와 원소의 소치가 취하여진다. 어린이와 연소자는 경제적, 사회적 착취로부터 보호된다. 어린이와 연소자를 도덕 또는 건강에 유해하거나 또는 생명에 위험하거나 또는 정상적 발육을 저해할 우려가 있는 노동에 고용하는 것은 법률에 의하여 처벌할 수 있다. 당사국은 또한 연령제한을 정하여 그 연령에 달하지 않은 어린이에 대한 유급노동에의 고용이 법률로 금지되고 처벌될 수 있도록 한다.

▶ 제11조 : 1. 이 규약의 당사국은 모든 사람이 적당한 식량, 의복, 주택을 포함하여 자기자신과 가정을 위한 적당한 생활수준을 누릴 권리와 생활조건을 지속적으로 개선할 권리를 가지는 것을 인정한다. 당사국은 그러한 취지에서 자유로운 동의에 입각한 국제적 협력의 본질적인 중요성을 인정하고, 그

● 국제인권규약의 내용 (10)

▶ 권리의 실현을 확보하기 위한 적당한 조치를 취한다.

▶ 2. 이 규약의 당사국은 기아로부터의 해방이라는 모든 사람의 기본적인 권리를 인정하고, 개별적으로 또는 국제협력을 통하여 아래 사항을 위하여 구체적 계획을 포함하는 필요한 조치를 취한다. (a) 과학, 기술 지식을 충분히 활용하고, 영양에 관한 원칙에 대한 지식을 보급하고, 천연자원을 가장 효율적으로 개발하고 이용할 수 있도록 농지제도를 발전시키거나 개혁함으로써 식량의 생산, 보존 및 분배의 방법을 개선할 것, (b) 식량수입국 및 식량수출국 쌍방의 문제를 고려하여 필요에 따라 세계식량공급의 공평한 분배를 확보할 것.

▶ 제12조 : 1. 이 규약의 당사국은 모든 사람이 도달 가능한 최고 수준의 신

● 국제인권규약의 내용 (11)

▷ 체적, 정신적 건강을 향유할 권리를 가지는 것을 인정한다. 2. 이 규약 당사국이 동 권리의 완전한 실현을 달성하기 위하여 취할 조치에는 다음 사항을 위하여 필요한 조치가 포함된다. (a) 사산율과 유아사망률의 감소 및 어린이의 건강한 발육, (b) 환경 및 산업위생의 모든 부문의 개선, (c) 전염병, 풍토병, 직업병 및 기타 질병의 예방, 치료 및 통제, (d) 질병 발생시 모든 사람에게 의료와 간호를 확보할 여건의 조성

▷ 제13조 : 1. 이 규약의 당사국은 모든 사람이 교육에 대한 권리를 가지는 것을 인정한다. 당사국은 교육이 인격과 인격의 존엄성에 대한 의식이 완전히 발전되는 방향으로 나아가야 하며, 교육이 인권과 기본적 자유를 더욱 존중하여야 한다는 것에 동의한다. 당사국은 나아가서 교육에 의하여 모든 사람이 자유사회에 효율적으로 참여하며, 민족간에 있어서나 모든 인종적,

● 국제인권규약의 내용 (12)

▷ 종족적 또는 종교적 집단간에 있어서 이해, 관용 및 친선을 증진시키고, 평화유지를 위한 국제연합의 활동을 증진시킬 수 있도록 하는 것에 동의한다. 2. 이 규약의 당사국은 동 권리의 완전한 실현을 달성하기 위하여 다음 사항을 인정한다. (a) 초등교육은 모든 사람에게 무상 의무교육으로 실시된다. (b) 기술 및 직업 중등교육을 포함하여 여러 가지 형태의 중등교육은 모든 적당한 수단에 의하여, 특히 무상교육의 점진적 도입에 의하여 모든 사람이 일반적으로 이용할 수 있도록 하고, 또한 모든 사람에게 개방된다. (c) 고등교육은 모든 적당한 수단에 의하여, 특히 무상교육의 점진적 도입에 의하여 능력에 기초하여 모든 사람에게 동등하게 개방된다. (d) 기본교육은 초등

● 국제인권규약의 내용 (13)

▷ 교육을 받지 못하였거나 또는 초등교육의 전기간을 이수하지 못한 사람들을 위하여 가능한 한 장려되고 강화된다. (e) 모든 단계에 있어서 학교제도의 발전이 적극적으로 추구되고, 적당한 연구, 장학제도가 수립되며, 교직원의 물질적 처우는 계속적으로 개선된다. 3. 이 규약의 당사국은 부모 또는 경우에 따라서 법정후견인이 그들 자녀를 위하여 공공기관에 의하여 설립된 학교 이외의 학교로서 국가가 정하거나 승인하는 최소한도의 교육수준에 부합하는 학교를 선택하는 자유 및 그들의 신념에 따라 자녀의 종교적, 도덕적 교육을 확보할 수 있는 자유를 존중할 것을 약속한다. 4. 이 조의 어떠한 부분도 항상 이 조 제1항에 규정된 원칙을 준수하고, 그 교육기관에서의 교육이 국가가 결정하는 최소한의 기준에 일치한다는 요건하에서 개인과 단체

● 국제인권규약의 내용 (14)

▷ 가 교육기관을 설립, 운영할 수 있는 자유를 간섭하는 것으로 해석되지 아니한다.

▷ 제14조 : 이 규약의 당사국이 되는 때 그 본토나 자국 관할 내에 있는 기타 영토에서 무상으로 초등의무교육을 확보할 수 없는 각 당사국은 계획상에 정해질 합리적인 연한 이내에 모든 사람에 대한 무상의무교육 원칙을 점진적으로 시행하기 위한 세부실천계획을 2년 이내에 입안, 채택할 것을 약속한다.

▷ 제15조 : 1. 이 규약의 당사국은 모든 사람의 다음 권리를 인정한다. (a) 문화생활에 참여할 권리, (b) 과학의 진보 및 응용으로부터 이익을 향유할 권리, (c) 자기가 저작한 모든 과학적, 문학적 또는 예술적 창작품으로부터 생기는 정신적, 물질적 이익의 보호로부터 이익을 받을 권리

● 국제인권규약의 내용 (15)

▶ 2. 이 규약의 당사국이 그러한 권리의 완전한 실현을 달성하기 위하여 취하는 조치에는 과학과 문화의 보존, 발전 및 보급에 필요한 제반 조치가 포함된다. 3. 이 규약의 당사국은 과학적 연구와 창조적 활동에 필수 불가결한 자유를 존중할 것을 약속한다. 4. 이 규약의 당사국은 국제적 접촉의 장려와 발전 및 과학과 문화 분야에서의 협력으로부터 이익이 초래됨을 인정한다.

▶ 제16조 : 1. 이 규약의 당사국은 규약에서 인정된 권리의 준수를 실현하기 위하여 취한 조치와 성취된 진전사항에 관한 보고서를 이 부의 규정에 따라 제출할 것을 약속한다. 2. (a) 모든 보고서는 국제연합 사무총장에게 제출된다. 사무총장은 이 규약의 규정에 따라 경제사회이사회가 심의할 수 있도록 보고서 사본을 동 이사회에 송부한다.

● 국제인권규약의 내용 (16)

▶ (b) 국제연합 사무총장은 이 규약의 당사국으로서 국제연합 전문기구의 회원국인 국가가 제출한 보고서 또는 보고서 내용의 일부가 전문기구의 창설 규정에 따라 동 전문기구의 책임에 속하는 문제와 관계가 있는 경우에 동 보고서 사본 또는 그 내용 중의 관련 부분의 사본을 동 전문기구에 송부한다.

▶ 제17조 : 1. 이 규약의 당사국은 경제사회이사회가 규약당사국 및 관련 전문기구와 협의한 후, 이 규약의 발효 후 1년 이내에 수립하는 계획에 따라 자국의 보고서를 각 단계별로 제출한다. 2. 동 보고서는 이 규약상의 의무의 이행 정도에 영향을 미치는 요소 및 장애를 지적할 수 있다. 3. 이 규약의 당사국이 이미 국제연합 또는 전문기구에 관련 정보를 제출한 경우에는 동일한 정보를 다시 작성하지 않고 동 정보에 대한 정확한 언급으로서 족하다.

● 국제인권규약의 내용 (17)

▶ 제18조 : 경제사회이사회는 인권과 기본적 자유의 분야에서의 국제연합 헌장상의 책임에 따라, 전문기구가 동 기구의 활동영역에 속하는 이 규약 규정의 준수를 달성하기 위하여 성취된 진전사항을 이사회에 보고하는 것과 관련하여, 당해 전문기구와 협정을 체결할 수 있다. 그러한 보고서에는 전문기구의 권한 있는 기관이 채택한 규정의 이행에 관한 결정 및 권고의 상세를 포함할 수 있다.

▶ 제19조 : 경제사회이사회는 제16조 및 제17조에 따라 각국이 제출하는 인권에 관한 보고서 및 제18조에 따라 전문기구가 제출하는 인권에 관한 보고서 중 국제연합 인권위원회의 검토, 일반적 권고, 또는 정보를 위하여 적당한 보고서를 인권위원회에 송부할 수 있다.

▶ 제20조 : 이 규약의 당사국과 관련 전문기구는 제19조에 의한 일반적 권고에 대한 의견 또는 국제연합인권위원회의 보고서 또는 보고서에서 언급된 어떠한 문서에서도 그와 같은 일반적 권고에 대하여 언급하고 있는 부분에

● 국제인권규약의 내용 (18)

▶ 관한 의견을 경제사회이사회에 제출할 수 있다.

▶ 제21조 : 경제사회이사회는 일반적 성격의 권고를 포함하는 보고서와 이 규약에서 인정된 권리의 일반적 준수를 달성하기 위하여 취한 조치 및 성취된 진전사항에 관하여 이 규약의 당사국 및 전문기구로부터 입수한 정보의 개요를 수시로 총회에 제출할 수 있다.

▶ 제22조 : 경제사회이사회는 이 규약의 제4부에서 언급된 보고서에서 생기는 문제로서, 국제연합의 타 기관, 그 보조기관 및 기술원조의 제공에 관여하는 전문기구가 각기 그 권한 내에서 이 규약의 효과적, 점진적 실시에 기여할 수 있는 국제적 조치의 타당성을 결정하는 데 도움이 될 수 있는 문제에 대하여 그들의 주의를 환기시킬 수 있다.

● 국제인권규약의 내용 (19)

▶ 제23조 : 이 규약의 당사국은 이 규약에서 인정된 권리의 실현을 위한 국제적 조치에는 협약의 체결, 권고의 채택, 기술원조의 제공 및 관계정부와 협력하여 조직된 협의와 연구를 목적으로 하는 지역별 회의 및 기술적 회의의 개최와 같은 방안이 포함된다는 것에 동의한다.

▶ 제24조 : 이 규약의 어떠한 규정도 이 규약에서 취급되는 문제에 관하여 국제연합의 여러 기관과 전문기구의 책임을 각각 명시하고 있는 국제연합 헌장 및 전문기구헌장의 규정을 침해하는 것으로 해석되지 아니한다.

▶ 제25조 : 이 규약의 어떠한 규정도 모든 사람이 그들의 천연적 부와 자원을 충분히 자유로이 향유하고, 이용할 수 있는 고유의 권리를 침해하는 것으로 해석되지 아니한다.

● 국제인권규약의 내용 (20)

▶ 제26조 : 1. 이 규약은 국제연합의 모든 회원국, 전문기구의 모든 회원국, 국제사법재판소 규정의 모든 당사국 또한 국제연합 총회가 이 규약에 가입하도록 초청한 기타 모든 국가들의 서명을 위하여 개방된다. 2. 이 규약은 비준되어야 한다. 비준서는 국제연합 사무총장에게 기탁된다. 3. 이 규약은 이 조 제1항에서 언급된 모든 국가들의 가입을 위하여 개방된다. 4. 가입은 가입서를 국제연합 사무총장에게 기탁함으로써 이루어진다. 5. 국제연합 사무총장은 이 규약에 서명 또는 가입한 모든 국가들에게 각 비준서 또는 가입서의 기탁을 통지한다.

▶ 제27조 : 1. 이 규약은 35번째의 비준서 또는 가입서가 국제연합 사무총장에게 기탁된 날로부터 3개월 후에 발효한다. 2. 35번째 비준서 또는 가입서의 기탁 후에 이 규약을 비준하거나 또는 이 규약에 가입하는 국가에 대해서 이 규약은 그 국가의 비준서 또는 가입서가 기탁된 날로부터 3개월

● 국제인권규약의 내용 (21)

▷ 후에 발효한다.

▷ 제28조 : 이 규약의 규정은 어떠한 제한이나 예외 없이 연방국가의 모든 지역에 적용된다.

▷ 제29조 : 1. 이 규약의 당사국은 개정안을 제안하고 이를 국제연합 사무총장에게 제출할 수 있다. 사무총장은 개정안을 접수하는 대로 각 당사국에게 동 제안을 심의하고 표결에 회부하기 위한 당사국회의 개최에 찬성하는지에 관한 의견을 사무총장에게 통지하여 줄 것을 요청하는 것과 함께 개정안을 이 규약의 각 당사국에게 송부한다. 당사국 중 최소 3분의 1이 당사국회의 개최에 찬성하는 경우에 사무총장은 국제연합의 주관 하에 동 회의를 소집한다. 동 회의에 출석하고 표결한 당사국의 과반수에 의하여 채택된 개정안은 그 승인을 위하여 국제연합 총회에 제출된다.

● 국제인권규약의 내용 (22)

▷ 2. 개정안은 국제연합 총회의 승인을 얻고, 각기 자국의 헌법절차에 따라 이 규약당사국의 3분의 2의 다수가 수락하는 때 발효한다. 3. 개정안은 발효시 이를 수락한 당사국을 구속하며, 여타 당사국은 계속하여 이 규약의 규정 및 이미 수락한 그 이전의 모든 개정에 의하여 구속된다.

▷ 제30조 : 제26조 제5항에 의한 통보에 관계없이, 국제연합 사무총장은 동조 제1항에서 언급된 모든 국가에 다음을 통보한다. (a) 제26조에 의한 서명, 비준 및 가입, (b) 제27조에 의한 이 규약의 발효일자 및 제29조에 의한 모든 개정의 발효일자

▷ 제31조 : 1. 이 규약은 중국어, 영어, 불어, 러시아어, 서반아어본이 정본이며, 국제연합 문서보존소에 기탁된다. 2. 국제연합 사무총장은 제26조에서 언급된 모든 국가들에게 이 규약의 인증등본을 송부한다.

인권법 사례 이야기
(2주차−2번째 강의)

● 국제인권규약의 내용 (23)

▶ 국제인권규약 중 시민적, 정치적 권리에 관한 국제규약(B규약)은 1966년 12월 16일에 UN 총회에서 채택되었고, 1976년 3월 23일에 발효되었는바, 우리나라에는 1990년 7월 10일에 적용되었음. 그 내용을 살펴보면 다음과 같음.

▶ 제1조 : 1. 모든 사람은 자결권을 가진다. 이 권리에 기초하여 모든 사람은 그들의 정치적 지위를 자유로이 결정하고, 또한 그들의 경제적, 사회적 및 문화적 발전을 자유로이 추구한다. 2. 모든 사람은 호혜의 원칙에 입각한 국제적 경제협력으로부터 발생하는 의무 및 국제법상의 의무에 위반하지 아니하는 한, 그들 자신의 목적을 위하여 그들의 천연의 부와 자원을 자유로이 처분할 수 있다. 어떠한 경우에도 사람은 그들의 생존수단을 박탈당하지 아니한다. 3. 비자치지역 및 신탁통치지역의 행정책임을 맡고 있는 국가들을 포함하여 이 규약의 당사국은 국제연합 헌장의 규정에 따라 자결권의 실현을 촉진하고 동 권리를 존중하여야 한다.

● 국제인권규약의 내용 (24)

▶ 제2조 : 1. 이 규약의 각 당사국은 자국의 영토 내에 있으며, 그 관할권하에 있는 모든 개인에 대하여 인종, 피부색, 성, 언어, 종교, 정치적 또는 기타의 의견, 민족적 또는 사회적 출신, 재산, 출생 또는 기타의 신분 등에 의한 어떠한 종류의 차별도 없이 이 규약에서 인정되는 권리들을 존중하고 확보할 것을 약속한다. 2. 이 규약의 각 당사국은 현행의 입법조치 또는 기타 조치에 의하여 아직 규정되어 있지 아니한 경우에 이 규약에서 인정되는 권리들을 실현하기 위하여 필요한 입법조치 또는 기타 조치를 취하기 위하여 자국의 헌법상의 절차 및 이 규약의 규정에 따라 필요한 조치를 취할 것을 약속한다. 3. 이 규약의 각 당사국은 다음의 조치를 취할 것을 약속한다. (a) 이 규약에서 인정되는 권리 또는 자유를 침해 당한 사람에 대하여 그러한 침해가 공무집행 중인 자에 의하여 자행된 것이라 할지라도 효과적인 구제조치를 받도록 확보할 것, (b) 그러한 구제조치를 청구하는 개인에 대하여, 권한 있는 사법, 행정, 입법 당국 또는 당해 국가의 법률제도가 정하는 기타 권한 있는 당국에 의해 그 권리가 결정될

● 국제인권규약의 내용 (25)

▶ 것을 확보하고, 또한 사법적 구제조치의 가능성을 발전시킬 것, (c) 그러한 구제조치가 허용되는 경우에 권한 있는 당국이 이를 집행할 것을 확보할 것
▶ 제3조 : 이 규약의 당사국은 이 규약에서 규정된 모든 시민적 및 정치적 권리를 향유함에 있어서 남녀에게 동등한 권리를 확보할 것을 약속한다.
▶ 제4조 : 1. 국민의 생존을 위협하는 공공의 비상사태의 경우에 있어서 그러한 비상사태의 존재가 공식으로 선포되어 있을 때에는 이 규약의 당사국은 당해 사태의 긴급성에 의하여 엄격히 요구되는 한도 내에서 이 규약상의 의무를 위반하는 조치를 취할 수 있다. 다만, 그러한 조치는 당해국의 국제법상의 여타 의무에 저촉되어서는 안 되며, 또한 인종, 피부색, 성, 언어, 종교 또는 사회적 출신만을 이유로 하는 차별을 포함해서는 안 된다. 2. 전항의 규정은 제6조, 제7조, 제8조(제1항 및 제2항), 제11조, 제15조, 제16조 및 제18조에 대한 위반을 허용하지 않는다.

● 국제인권규약의 내용 (26)

▷ 3. 의무를 위반하는 조치를 취할 권리를 행사하는 이 규약의 당사국은 위반하는 규정 및 위반하게 된 이유를 국제연합 사무총장을 통하여 이 규약의 타 당사국들에게 즉시 통지한다. 또한 당사국은 그러한 위반이 종료되는 날에 동일한 경로를 통하여 그 내용을 통지한다.

▷ 제5조 : 1. 이 규약의 어떠한 규정도 국가, 집단 또는 개인이 이 규약에서 인정되는 권리 및 자유를 파괴하거나 또는 이 규약에서 규정된 제한의 범위를 넘어 제한하는 것을 목적으로 하는 활동에 종사하거나 또는 그와 같은 것을 목적으로 하는 행위를 행할 권리를 가지는 것으로 해석되지 않는다. 2. 이 규약의 어떠한 당사국에서 법률, 협정, 규칙 또는 관습에 의하여 인정되거나 또는 현존하고 있는 기본적 인권에 대해서는 이 규약이 그러한 권리를 인정하지 아니하거나 또는 그 인정의 범위가 보다 협소하다는 것을 구실로 동 권리를 제한하거나 또는 훼손해서는 안 된다.

● 국제인권규약의 내용 (27)

▷ 제6조 : 1. 모든 인간은 고유한 생명권을 가진다. 이 권리는 법률에 의하여 보호된다. 어느 누구도 자의적으로 자신의 생명을 박탈당하지 않는다. 2. 사형을 폐지하지 아니하고 있는 국가에 있어서 사형은 범죄 당시의 현행법에 따라서 또한 이 규약의 규정과 집단살해죄의 방지 및 처벌에 관한 협약에 저촉되지 아니하는 법률에 의하여 가장 중한 범죄에 대해서만 선고될 수 있다. 이 형벌은 권한 있는 법원이 내린 최종판결에 의하여서만 집행될 수 있다. 3. 생명의 박탈이 집단살해죄를 구성하는 경우에는 이 조의 어떠한 규정도 이 규약의 당사국이 집단살해죄의 방지 및 처벌에 관한 협약의 규정에 따라 지고 있는 의무를 어떠한 방법으로도 위반하는 것을 허용하는 것은 아니라고 이해한다. 4. 사형을 선고받은 사람은 누구나 사면 또는 감형을 청구할 권리를 가진다. 사형선고에 대한 일반사면, 특별사면, 감형은 모든 경우에 부여될 수 있다. 5. 사형선고는 18세 미만의 자가 범한 범죄에 대하여 부과해서는 안 되며, 또한 임산부에 대하여 집행해서는 안 된다. 6. 이 규약의

● 국제인권규약의 내용 (28)

▶ 어떠한 규정도 이 규약의 당사국에 의하여 사형의 폐지를 지연시키거나 또는 방해하기 위하여 원용해서는 안 된다.

▶ 제7조 : 어느 누구도 고문 또는 잔혹한, 비인도적인 또는 굴욕적인 취급 또는 형벌을 받지 않는다. 특히 누구든지 자신의 자유로운 동의 없이 의학적 또는 과학적 실험을 받지 않는다.

▶ 제8조 : 1. 어느 누구도 노예상태에 놓여지지 않는다. 모든 형태의 노예제도 및 노예매매는 금지된다. 2. 어느 누구도 예속상태에 놓여지지 않는다. 3. (a) 어느 누구도 강제노동을 하도록 요구되지 않는다. (b) 제3항 "(a)"의 규정은 범죄에 대한 형벌로 중노동을 수반한 구금형을 부과할 수 있는 국가에서, 권한 있는 법원에 의하여 그러한 형의 선고에 따른 중노동을 시키는 것을 금지하는 것으로 해석되지 않는다. (c) 이 항의 적용상 "강제노동"이라는 용어는 다음 사항을 포함하지 않는다. (i) "(b)"에서 언급되지 아니한 작업

● 국제인권규약의 내용 (29)

▶ 또는 역무로서 법원의 합법적 명령에 의하여 억류되어 있는 자 또는 그러한 억류로부터 조건부 석방 중에 있는 자에게 통상적으로 요구되는 것 , (ii) 군사적 성격의 역무 및 양심적 병역거부가 인정되고 있는 국가에 있어서는 양심적 병역거부자에게 법률에 의하여 요구되는 국민적 역무, (iii) 공동사회의 존립 또는 복지를 위협하는 긴급사태 또는 재난시에 요구되는 역무, (iv) 시민으로서 통상적인 의무를 구성하는 작업 또는 역무

▶ 제9조 : 1. 모든 사람은 신체의 자유와 안전에 대한 권리를 가진다. 누구든지 자의적으로 체포되거나 또는 억류되지 않는다. 어느 누구도 법률로 정한 이유 및 절차에 따르지 아니하고는 그 자유를 박탈당하지 않는다. 2. 체포된 사람은 누구든지 체포시에 체포이유를 통고 받으며, 또한 그에 대한 피의사실을 신속히 통고 받는다. 3. 형사상의 죄의 혐의로 체포되거나 또는 억류된 사람은 법관 또는 법률에 의하여 사법권을 행사할 권한을 부여 받은 기타 관헌에게 신속히 회부되어야 하며, 또한 그는 합리적인 기간 내에 재판을 받거나 또는 석방될 권리를 가진다.

● 국제인권규약의 내용 (30)

▶ 재판에 회부되는 사람을 억류하는 것이 일반적인 원칙이 되어서는 안 되며, 석방은 재판 기타 사법적 절차의 모든 단계에서 출두 및 필요한 경우 판결의 집행을 위하여 출두할 것이라는 보증을 조건으로 이루어질 수 있다. 4. 체포 또는 억류에 의하여 자유를 박탈당한 사람은 누구든지 법원이 그의 억류의 합법성을 지체 없이 결정하고, 그의 억류가 합법적이 아닌 경우에는 그의 석방을 명령할 수 있도록 하기 위하여 법원에 절차를 취할 권리를 가진다. 5. 불법적인 체포 또는 억류의 희생이 된 사람은 누구든지 보상을 받을 권리를 가진다.

▶ 제10조 : 1. 자유를 박탈당한 모든 사람은 인도적으로 또한 인간의 고유한 존엄성을 존중하여 취급된다. 2. (a) 피고인은 예외적인 사정이 있는 경우를 제외하고는 기결수와 격리되며, 또한 유죄의 판결을 받고 있지 아니한 자로서의 지위에 상응하는 별도의 취급을 받는다. (b) 미성년 피고인은 성인과 격리되며 또한 가능한 한 신속히 재판에 회부된다.

● 국제인권규약의 내용 (31)

▶ 3. 교도소 수감제도는 재소자들의 교정과 사회복귀를 기본적인 목적으로 하는 처우를 포함한다. 미성년 범죄자는 성인과 격리되며 또한 그들의 연령 및 법적 지위에 상응하는 대우가 부여된다.

▶ 제11조 : 어느 누구도 계약상 의무의 이행불능만을 이유로 구금되지 않는다.

▶ 제12조 : 1. 합법적으로 어느 국가의 영역 내에 있는 모든 사람은, 그 영역 내에서 이동의 자유 및 거주의 자유에 관한 권리를 가진다. 2. 모든 사람은 자국을 포함하여 어떠한 나라로부터도 자유로이 퇴거할 수 있다. 3. 상기 권리는 법률에 의하여 규정되고, 국가안보, 공공질서, 공중보건 또는 도덕 또는 타인의 권리와 자유를 보호하기 위하여 필요하고, 또한 이 규약에서 인정되는 기타 권리와 양립되는 것을 제외하고는 어떠한 제한도 받지 않는다. 4. 어느 누구도 자국에 돌아올 권리를 자의적으로 박탈당하지 않는다.

● 국제인권규약의 내용 (32)

▶ 제13조 : 합법적으로 이 규약의 당사국의 영역 내에 있는 외국인은 법률에 따라 이루어진 결정에 의해서만 그 영역으로부터 추방될 수 있으며, 또한 국가안보상 불가피하게 달리 요구되는 경우를 제외하고는 자기의 추방에 반대하는 이유를 제시할 수 있고 또한 권한 있는 당국 또는 동 당국에 의하여 특별히 지명된 자에 의하여 자기의 사안이 심사되는 것이 인정되며, 또한 이를 위하여 그 당국 또는 사람 앞에서 다른 사람이 그를 대리하는 것이 인정된다.

▶ 제14조 : 1. 모든 사람은 재판에 있어서 평등하다. 모든 사람은 그에 대한 형사상의 죄의 결정 또는 민사상의 권리 및 의무의 다툼에 관한 결정을 위하여 법률에 의하여 설치된 권한 있는 독립적이고 공평한 법원에 의한 공정한 공개심리를 받을 권리를 가진다. 보도기관 및 공중에 대해서는 민주 사회에 있어서 도덕, 공공질서 또는 국가안보를 이유로 하거나 또는 당사자들의 사생활의 이익을 위하여 필요한 경우 또는 공개가 사법상 이익을 해할 특별한 사정이 있는 경우 법원의 견해로 엄격히 필요하다고 판단되는 한도

● 국제인권규약의 내용 (33)

▶ 에서 재판의 전부 또는 일부를 공개하지 않을 수 있다. 다만, 형사소송 기타 소송에서 선고되는 판결은 미성년자의 이익을 위하여 필요한 경우 또는 당해 절차가 혼인관계의 분쟁이나 아동의 후견문제에 관한 경우를 제외하고는 공개된다. 2. 모든 형사피의자는 법률에 따라 유죄가 입증될 때까지 무죄로 추정 받을 권리를 가진다. 3. 모든 사람은 그에 대한 형사상의 죄를 결정함에 있어서 적어도 다음과 같은 보장을 완전 평등하게 받을 권리를 가진다. (a) 그에 대한 죄의 성질 및 이유에 관하여 그가 이해하는 언어로 신속하고 상세하게 통지받을 것, (b) 변호의 준비를 위하여 충분한 시간과 편의를 가질 것과 본인이 선임한 변호인과 연락을 취할 것, (c) 부당하게 지체됨이 없이 재판을 받을 것, (d) 본인의 출석 하에 재판을 받으며, 또한 직접 또는 본인이 선임하는 자의 법적 조력을 통하여 변호할 것. 만약 법적 조력을 받지 못하는 경우 변호인의 조력을 받을 권리에 대하여 통지를 받을 것.

● 국제인권규약의 내용 (34)

▶ 사법상의 이익을 위하여 필요한 경우 및 충분한 지불수단을 가지고 있지 못하는 경우 본인이 그 비용을 부담하지 아니하고 법적 조력이 그에게 주어지도록 할 것, (e) 자기에게 불리한 증인을 신문하거나 또는 신문을 받도록 할 것과 자기에게 불리한 증인과 동일한 조건으로 자기를 위한 증인을 출석시키도록 하고 또한 신문을 받도록 할 것, (f) 법정에서 사용되는 언어를 이해하지 못하거나 또는 말할 수 없는 경우에는 무료로 통역의 조력을 받을 것, (g) 자기에게 불리한 진술 또는 유죄의 자백을 강요당하지 아니할 것, 4. 미성년자의 경우에는 그 절차가 그들의 연령을 고려하고 또한 그들의 갱생을 촉진하고자 하는 요망을 고려한 것이어야 한다. 5. 유죄판결을 받은 모든 사람은 법률에 따라 그 판결 및 형벌에 대하여 상급 법원에서 재심을 받을 권리를 가진다. 6. 어떤 사람이 확정판결에 의하여 유죄판결을 받았으나, 그 후 새로운 사실 또는 새로 발견된 사실에 의하여 오심이 있었음을 결정적으로 입증함으로써 그에 대한 유죄판결이 파기되었거나 또는 사면을 받았을 경우에는 유죄판결의 결과 형벌을 받은 자는 법률에 따라 보상을 받는다.

● 국제인권규약의 내용 (35)

▶ 다만, 그 알지 못한 사실이 적시에 밝혀지지 않은 것이 전체적으로 또는 부분적으로 그에게 책임이 있었다는 것이 증명된 경우에는 그러하지 않는다. 7. 어느 누구도 각국의 법률 및 형사절차에 따라 이미 확정적으로 유죄 또는 무죄선고를 받은 행위에 관해서는 다시 재판 또는 처벌을 받지 않는다.

▶ 제15조 : 1. 어느 누구도 행위시의 국내법 또는 국제법에 의하여 범죄를 구성하지 아니하는 작위 또는 부작위를 이유로 유죄로 되지 않는다. 또한 어느 누구도 범죄가 행하여진 때에 적용될 수 있는 형벌보다도 중한 형벌을 받지 않는다. 범죄인은 범죄가 행하여진 후에 보다 가벼운 형을 부과하도록 하는 규정이 법률에 정해진 경우에는 그 혜택을 받는다. 2. 이 조의 어떠한 규정도 국제사회에 의하여 인정된 법의 일반원칙에 따라 그 행위시에 범죄를 구성하는 작위 또는 부작위를 이유로 당해인을 재판하고 처벌하는 것을 방해하지 않는다.

● 국제인권규약의 내용 (36)

▷ 제16조 : 모든 사람은 어디에서나 법 앞에 인간으로서 인정받을 권리를 가진다.

▷ 제17조 : 1. 어느 누구도 그의 사생활, 가정, 주거, 통신에 대하여 자의적이거나 불법적인 간섭을 받거나 또는 그의 명예와 신용에 대한 불법적인 비난을 받지 않는다. 2. 모든 사람은 그러한 간섭 또는 비난에 대하여 법의 보호를 받을 권리를 가진다.

▷ 제18조 : 1. 모든 사람은 사상, 양심 및 종교의 자유에 대한 권리를 가진다. 이러한 권리는 스스로 선택하는 종교나 신념을 가지거나 받아들일 자유와 단독으로 또는 다른 사람과 공동으로 공적 또는 사적으로 예배, 의식, 행사 및 선교에 의하여 그의 종교나 신념을 표명하는 자유를 포함한다. 2. 어느 누구도 스스로 선택하는 종교나 신념을 가지거나 받아들일 자유를 침해하게 될 강제를 받지 않는다. 3. 자신의 종교나 신념을 표명하는 자유는 법률에 규정되고 공공의 안전, 질서, 공중보건, 도덕 또는 타인의 기본적 권리 및 자유를 보호하기 위하여 필요한 경우에만 제한을 받을 수 있다. 4. 이 규약

● 국제인권규약의 내용 (37)

▷ 의 당사국은 부모 또는 경우에 따라 법정 후견인이 그들의 신념에 따라 자녀의 종교적, 도덕적 교육을 확보할 자유를 존중할 것을 약속한다.

▷ 제19조 : 1. 모든 사람은 간섭을 받지 아니하고 의견을 가질 권리를 가진다. 2. 모든 사람은 표현의 자유에 대한 권리를 가진다. 이 권리는 구두, 서면 또는 인쇄, 예술의 형태 또는 스스로 선택하는 기타의 방법을 통하여 국경에 관계없이 모든 종류의 정보와 사상을 추구하고 접수하며 전달하는 자유를 포함한다. 3. 이 조 제2항에 규정된 권리의 행사에는 특별한 의무와 책임이 따른다. 따라서 그러한 권리의 행사는 일정한 제한을 받을 수 있다. 다만, 그 제한은 법률에 의하여 규정되고 또한 다음 사항을 위하여 필요한 경우에만 한정된다. (a) 타인의 권리 또는 신용의 존중, (b) 국가안보 또는 공공질서 또는 공중보건 또는 도덕의 보호

▷ 제20조 : 1. 전쟁을 위한 어떠한 선전도 법률에 의하여 금지된다.

● 국제인권규약의 내용 (38)

▶ 2. 차별, 적의, 폭력의 선동이 될 민족적, 인종적, 종교적 증오의 고취는 법률에 의하여 금지된다.

▶ 제21조 : 평화적인 집회의 권리가 인정된다. 이 권리의 행사에 대해서는 법률에 따라 부과되고, 또한 국가안보 또는 공공의 안전, 공공질서, 공중보건 또는 도덕의 보호 또는 타인의 권리 및 자유의 보호를 위하여 민주사회에서 필요한 것 이외의 어떠한 제한도 부과해서는 안 된다.

▶ 제22조 : 1. 모든 사람은 자기의 이익을 보호하기 위하여 노동조합을 결성하고 이에 가입하는 권리를 포함하여 다른 사람과의 결사의 자유에 대한 권리를 갖는다. 2. 이 권리의 행사에 대해서는 법률에 의하여 규정되고, 국가안보 또는 공공의 안전, 공공질서, 공중보건 또는 도덕의 보호 또는 타인의 권리 및 자유의 보호를 위하여 민주사회에서 필요한 것 이외의 어떠한 제한도 부과해서는 안 된다. 이 조는 군대와 경찰의 구성원이 이 권리를 행사하는 데 대하여 합법적인 제한을 부과하는 것을 방해하지 않는다. 3. 이 조의 어떠한 규정도 결사의 자유 및 단결권의 보호에 관한 1948년의 국제노동기구협약의

● 국제인권규약의 내용 (39)

▶ 당사국이 동 협약에 규정하는 보장을 저해하려는 입법조치를 취하도록 하거나 또는 이를 저해하려는 방법으로 법률을 적용할 것을 허용하는 것은 아니다.

▶ 제23조 : 1. 가정은 사회의 자연적이며 기초적인 단위이고, 사회와 국가의 보호를 받을 권리를 가진다. 2. 혼인적령의 남녀가 혼인을 하고, 가정을 구성할 권리가 인정된다. 3. 혼인은 양당사자의 자유롭고 완전한 합의 없이는 성립되지 않는다. 4. 이 규약의 당사국은 혼인 기간 중 및 혼인 해소시에 혼인에 대한 배우자의 권리 및 책임의 평등을 확보하기 위하여 적절한 조치를 취한다. 혼인 해소의 경우에는 자녀에 대한 필요한 보호를 위한 조치를 취한다.

▶ 제24조 : 1. 모든 어린이는 인종, 피부색, 성, 언어, 종교, 민족적 또는 사회적 출신, 재산, 출생에 관하여 어떠한 차별도 받지 않고, 자신의 가족, 사회 및 국가에 대하여 미성년자로서의 지위로 인하여 요구되는 보호조치를 받을

● 국제인권규약의 내용 (40)

▷ 권리를 가진다. 2. 모든 어린이는 출생 후 즉시 등록되고, 성명을 가진다. 3. 모든 어린이는 국적을 취득할 권리를 가진다.

▷ 제25조 : 모든 시민은 제2조에 규정하는 어떠한 차별이나 또는 불합리한 제한도 받지 아니하고 다음의 권리 및 기회를 가진다. (a) 직접 또는 자유로이 선출한 대표자를 통하여 정치에 참여하는 것, (b) 보통, 평등 선거권에 따라 비밀투표에 의하여 행하여지고, 선거인의 의사의 자유로운 표명을 보장하는 진정한 정기적 선거에서 투표하거나 피선되는 것, (c) 일반적인 평등 조건하에 자국의 공무에 취임하는 것

▷ 제26조 : 모든 사람은 법 앞에 평등하고 어떠한 차별도 없이 법의 평등한 보호를 받을 권리를 가진다. 이를 위하여 법률은 모든 차별을 금지하고, 인종, 피부색, 성, 언어, 종교, 정치적, 기타의 의견, 민족적 또는 사회적 출신, 재산, 출생, 기타의 신분 등의 어떠한 이유에 의한 차별에 대하여도 평등하고 효과적인 보호를 모든 사람에게 보장한다.

▷ 제27조 : 종족적, 종교적 또는 언어적 소수민족이 존재하는 국가에 있어서

● 국제인권규약의 내용 (41)

▷ 는 그러한 소수민족에 속하는 사람들에게 그 집단의 다른 구성원들과 함께 그들 자신의 문화를 향유하고, 그들 자신의 종교를 표명하고 실행하거나 또는 그들 자신의 언어를 사용할 권리가 부인되지 않는다.

▷ 제28조 : 1. 인권이사회(이하 이 규약에서 이사회라 한다)를 설치한다. 이사회는 18인의 위원으로 구성되며 이하에 규정된 임무를 행한다. 2. 이사회는 고매한 인격을 가지고 인권 분야에서 능력이 인정된 이 규약의 당사국의 국민들로 구성하고, 법률적 경험을 가진 소수 인사의 참여가 유익할 것이라는 점을 고려한다. 3. 이사회의 위원은 개인적 자격으로 선출되고, 직무를 수행한다.

▷ 제29조 : 1. 이사회의 위원은 제28조에 규정된 자격을 가지고 이 규약의 당사국에 의하여 선거를 위하여 지명된 자의 명단 중에서 비밀투표에 의하여 선출된다. 2. 이 규약의 각 당사국은 2인 이하의 자를 지명할 수 있다. 이러한

● 국제인권규약의 내용 (42)

▷ 자는 지명하는 국가의 국민이어야 한다. 3. 동일인이 재지명을 받을 수 있다.

▷ 제30조 : 1. 최초의 선거는 이 규약의 발효일로부터 6개월 이내에 실시된다. 2. 국제연합 사무총장은 제34조에 따라 선언된 결원의 보충선거를 제외하고는 이사회의 구성을 위한 각 선거일의 최소 4개월 전에 이 규약당사국이 3개월 이내에 위원회의 위원후보 지명을 제출하도록 하기 위하여 당사국에 서면 초청장을 발송한다. 3. 국제연합 사무총장은 이와 같이 지명된 후보들을 지명국 이름의 명시와 함께 알파벳 순으로 명단을 작성하여 늦어도 선거일 1개월 전에 동 명단을 이 규약당사국에게 송부한다. 4. 이사회 위원의 선거는 국제연합 사무총장이 국제연합 본부에서 소집한 이 규약당사국 회합에서 실시된다. 이 회합은 이 규약당사국의 3분의 2를 정족수로 하고, 출석하여 투표하는 당사국 대표의 최대다수표 및 절대다수표를 획득하는 후보가 위원으로 선출된다.

▷ 제31조 : 1. 이사회는 동일국가의 국민을 2인 이상 포함할 수 없다. 2. 이사회의 선거에 있어서는 위원의 공평한 지리적 안배와 상이한 문명 형태 및 주요한 법률체계가 대표되도록 고려한다.

● 국제인권규약의 내용 (43)

▷ 제32조 : 1. 이사회의 위원은 4년 임기로 선출된다. 모든 위원은 재지명된 경우에 재선될 수 있다. 다만, 최초의 선거에서 선출된 위원 중 9인의 임기는 2년 후에 종료된다. 이들 9인 위원의 명단은 최초 선거 후 즉시 제30조 제4항에 언급된 회합의 의장에 의하여 추첨으로 선정된다. 2. 임기 만료시의 선거는 이 규약 제4부의 앞의 조문들의 규정에 따라 실시된다.

▷ 제33조 : 1. 이사회의 어느 한 위원이 그의 임무를 수행할 수 없는 것이 일시적 성격의 결석이 아닌 다른 이유로 인한 것이라고 다른 위원 전원이 생각할 경우에 이사회의 의장은 국제연합 사무총장에게 이를 통지하며, 사무총장은 이때 동 위원의 궐석을 선언한다. 2. 이사회의 위원이 사망 또는 사임한 경우에 의장은 국제연합 사무총장에게 이를 즉시 통지해야 하며, 사무총장은 사망일 또는 사임의 효력발생일로부터 그 좌석의 궐석을 선언한다.

인권법 사례 이야기
(2주차-3번째 강의)

• 국제인권규약의 내용 (44)

▶ 제34조 : 1. 제33조에 의해 궐석이 선언되고, 교체될 궐석위원의 잔여임기가 궐석 선언일로부터 6개월 이내에 종료되지 아니할 때에는 국제연합 사무총장은 이 규약의 각 당사국에게 이를 통지하며, 각 당사국은 궐석을 충원하기 위하여 제29조에 따라서 2개월 이내에 후보자의 지명서를 제출할 수 있다. 2. 국제연합 사무총장은 이와 같이 지명된 후보들의 명단을 알파벳 순으로 작성하여 이를 이 규약의 당사국에게 송부한다. 보궐선거는 이 규약 제4부의 관계규정에 따라 실시된다. 3. 제33조에 따라 선언되는 궐석을 충원하기 위하여 선출되는 위원은 동조의 규정에 따라 궐석위원의 잔여임기 동안 재직한다.

▶ 제35조 : 이사회의 위원들은 국제연합 총회가 이사회의 책임의 중요성을 고려하여 결정하게 될 조건에 따라 국제연합의 재원에서 동 총회의 승인을 얻어 보수를 받는다.

▶ 제36조 : 국제연합 사무총장은 이 규정상 이사회의 효과적인 기능수행을 위하여 필요한 직원과 편의를 제공한다.

▶ 제37조 : 1. 국제연합 사무총장은 이사회의 최초 회의를 국제연합본부에서

● 국제인권규약의 내용 (45)

▶ 소집한다. 2. 최초 회의 이후에는 이사회는 이사회의 절차규칙이 정하는 시기에 회합한다. 3. 이사회는 통상 국제연합본부나 제네바 소재 국제연합사무소에서 회합을 가진다.

▶ 제38조 : 이사회의 각 위원은 취임에 앞서 이사회의 공개석상에서 자기의 직무를 공평하고 양심적으로 수행할 것을 엄숙히 선언한다.

▶ 제39조 : 1. 이사회는 임기 2년의 임원을 선출한다. 임원은 재선될 수 있다. 2. 이사회는 자체의 절차규칙을 제정하며 이 규칙은 특히 다음 사항을 규정한다. (a) 의사정족수는 위원 12인으로 한다. (b) 이사회의 의결은 출석위원 과반수의 투표로 한다.

▶ 제40조 : 1. 이 규약의 당사국은 규약에서 인정된 권리를 실현하기 위하여 취한 조치와 그러한 권리를 향유함에 있어서 성취된 진전사항에 관한 보고서를 다음과 같이 제출할 것을 약속한다. (a) 관계당사국에 대해서는 이

● 국제인권규약의 내용 (46)

▶ 규약의 발효 후 1년 이내, (b) 그 이후에는 이사회가 요청하는 때, 2. 모든 보고서는 국제연합 사무총장에게 제출되며 사무총장은 이를 이사회가 심의할 수 있도록 이사회에 송부한다. 동 보고서에는 이 규약의 이행에 영향을 미치는 요소와 장애가 있을 경우에 이를 기재한다. 3. 국제연합 사무총장은 이사회와의 협의 후 해당 전문기구에 그 전문기구의 권한의 분야에 속하는 보고서 관련 부분의 사본을 송부한다. 4. 이사회는 이 규약의 당사국에 의하여 제출된 보고서를 검토한다. 이사회는 이사회 자체의 보고서와 이사회가 적당하다고 간주하는 일반적 의견을 당사국에게 송부한다. 이사회는 또한 이 규약의 당사국으로부터 접수한 보고서 사본과 함께 동 일반적 의견을 경제사회이사회에 제출할 수 있다. 5. 이 규약의 당사국은 본 조 제4항에 따라 표명된 의견에 대한 견해를 이사회에 제출할 수 있다.

▶ 제41조 : 1. 이 규약의 당사국은 타 당사국이 이 규약상의 의무를 이행하지 아니하고 있다고 주장하는 당사국의 통지를 접수 및 심리하는 이사회의 권

국제인권규약의 내용 (47)

▶ 한을 인정한다는 것을 이 조에 의하여 언제든지 선언할 수 있다. 이 조의 통지는 이 규약의 당사국 중 자국에 대한 이사회의 그러한 권한의 인정을 선언한 당사국에 의하여 제출될 경우에만 접수 및 심리될 수 있다. 이사회는 그러한 선언을 행하지 아니한 당사국에 관한 통보는 접수하지 않는다. 이 조에 따라 접수된 통지는 다음의 절차에 따라 처리된다. (a) 이 규약의 당사국은 타 당사국이 이 규약의 규정을 이행하고 있지 아니하다고 생각할 경우에는 서면통지에 의하여 이 문제에 관하여 그 당사국의 주의를 환기시킬 수 있다. 통지를 접수한 국가는 통지를 접수한 후 3개월 이내에 당해 문제를 해명하는 설명서 또는 기타 진술을 서면으로 통지한 국가에 송부한다. 그러한 해명서에는 가능하고 적절한 범위 내에서 동 국가가 당해 문제와 관련하여 이미 취하였든가, 현재 취하고 있든가, 취할 국내절차와 구제수단에 관한 언급이 포함된다. (b) 통지를 접수한 국가가 최초의 통지를 접수한 후 6개월 이내에 당해 문제가 관련당사국 쌍방에게 만족스럽게 조정되지 아니

국제인권규약의 내용 (48)

▶ 할 경우에는 양당사국 중 일방에 의한 이사회와 타 당사국에 대한 통지로 당해 문제를 이사회에 회부할 권리를 가진다. (c) 이사회는 이사회에 회부된 문제의 처리에 있어서 일반적으로 승인된 국제법의 원칙에 따라 모든 가능한 국내적 구제절차가 원용되고 완료되었음을 확인한 다음에만 그 문제를 처리한다. 다만, 구제수단의 적용이 부당하게 지연되고 있을 경우에는 그러하지 않는다. (d) 이사회가 이 조에 의한 통지를 심사할 경우에는 비공개 토의를 가진다. (e) '(c)'의 규정에 따를 것을 조건으로 이사회는 이 규약에서 인정된 인권과 기본적 자유에 대한 존중의 기초 위에서 문제를 우호적으로 해결하기 위하여 관계당사국에게 주선을 제공한다. (f) 이사회는 회부받은 어떠한 문제에 관해서도 '(b)'에 언급된 관계당사국들에게 모든 관련정보를 제출할 것을 요청할 수 있다. (g) '(b)'에서 언급된 관계당사국은 당해 문제가 이사회에서 심의되고 있는 동안 자국의 대표를 참석시키고 구두 또는 서

● 국제인권규약의 내용 (49)

▶ 면으로 의견을 제출할 권리를 가진다. (h) 이사회는 '(b)'에 의한 통지의 접수일로부터 12개월 이내에 보고서를 제출한다. (i) '(e)'의 규정에 따라 해결에 도달한 경우에는 이사회는 보고서를 사실과 도달된 해결에 관한 간략한 설명에만 국한시킨다. (ii) '(e)'의 규정에 따라 해결에 도달하지 못한 경우에는 이사회는 보고서를 사실에 관한 간략한 설명에만 국한시키고, 관계당사국이 제출한 서면 의견과 구두 의견의 기록을 동 보고서에 첨부시킨다. 모든 경우에 보고서는 관계당사국에 통지된다. 2. 이 조의 제규정은 이 규약의 10개 당사국이 이 조 제1항에 따른 선언을 하였을 때 발효된다. 당사국은 동 선언문을 국제연합 사무총장에게 기탁하며, 사무총장은 선언문의 사본을 타 당사국에 송부한다. 이와 같은 선언은 사무총장에 대한 통지에 의하여 언제든지 철회될 수 있다. 이 철회는 이 조에 의하여 이미 송부된 통지에 따른 어떠한 문제의 심의도 방해하지 않는다. 어떠한 당사국에 의한 추후의 통지는 사무총장이 선언 철회의 통지를 접수한 후에는 관계당사국이 새로운 선언을 하지 아니하는 한 접수되지 않는다.

● 국제인권규약의 내용 (50)

▶ 제42조 : 1. (a) 제41조에 따라 이사회에 회부된 문제가 관계당사국들에 만족스럽게 타결되지 못하는 경우에는 이사회는 관계당사국의 사전 동의를 얻어 특별조정위원회(이하 조정위원회라 한다)를 임명할 수 있다. 조정위원회는 이 규약의 존중에 기초하여 당해 문제를 우호적으로 해결하기 위하여 관계당사국에게 주선을 제공한다. (b) 조정위원회는 관계당사국에게 모두 수락될 수 있는 5인의 위원으로 구성된다. 관계당사국이 3개월 이내에 조정위원회의 전부 또는 일부의 구성에 관하여 합의에 이르지 못하는 경우에는 합의를 보지 못하는 조정위원회의 위원은 비밀투표에 의하여 인권이사회 위원 중에서 인권이사회 위원 3분의 2의 다수결 투표로 선출된다. 2. 조정위원회의 위원은 개인자격으로 직무를 수행한다. 동 위원은 관계당사국에 이 규약의 비당사국 또는 제41조에 의한 선언을 행하지 아니한 당사국의 국민이어서는 안 된다. 3. 조정위원회는 자체의 의장을 선출하고 또한 자체의 절차규

● 국제인권규약의 내용 (51)

▶ 칙을 채택한다. 4. 조정위원회의 회의는 통상 국제연합본부 또는 제네바 소재 국 제연합 사무소에서 개최된다. 그러나, 동 회의는 조정위원회가 국제연합 사무총장 및 관계당사국과 협의하여 결정하는 기타 편리한 장소에서도 개최될 수 있다. 5. 제36조에 따라 설치된 사무국은 이 조에서 임명된 조정위원회에 대해서도 역무를 제공한다. 6. 이사회가 접수하여 정리한 정보는 조정위원회가 이용할 수 있으며, 조정위원회는 관계당사국에게 기타 관련자료의 제출을 요구할 수 있다. 7. 조정위원회는 문제를 충분히 검토한 후, 또는 당해 문제를 접수한 후, 어떠한 경우에도 12개월 이내에, 관계당사국에 통지하기 위하여 인권이사회의 위원장에게 보고서를 제출한다. (a) 조정위원회가 12개월 이내에 당해 문제에 대한 심의를 종료할 수 없을 경우에 조정위원회는 보고서를 당해 문제의 심의현황에 관한 간략한 설명에 국한시킨다. (b) 조정위원회가 이 규약에서 인정된 인권의 존중에 기초하여 당해 문제에 대한 우호적인 해결에 도달한 경우에 조정위원회는 보고서를 사실과 도달한 해결에 관한 간략한 설명에 국한시킨다. (c) 조정위원회가 (b)의 규정에 의한 해결에 도달하지 못한 경우에 조정위

● 국제인권규약의 내용 (52)

▶ 원회의 보고서는 관계당국간의 쟁점에 관계되는 모든 사실문제에 대한 자체의 조사결과 및 문제의 우호적인 해결 가능성에 관한 견해를 기술한다. 동 보고서는 또한 관계당사국이 제출한 서면 의견 및 구두 의견의 기록을 포함한다. (d) '(c)'에 의하여 조정위원회의 보고서가 제출되는 경우에 관계당사국은 동 보고서의 접수로부터 3개월 이내에 인권이사회의 위원장에게 조정위원회의 보고서 내용의 수락 여부를 통지한다. 8. 이 조의 규정은 제41조에 의한 이사회의 책임을 침해하지 않는다. 9. 관계당사국은 국제연합 사무총장이 제출하는 견적에 따라 조정위원회의 모든 경비를 균등히 분담한다. 10. 국제연합 사무총장은 필요한 경우에 이 조 제9항에 의하여 관계당사국이 분담금을 납입하기 전에 조정위원회의 위원의 경비를 지급할 수 있는 권한을 가진다.

▶ 제43조 : 이사회의 위원과 제42조에 의하여 임명되는 특별조정위원회의 위원

● 국제인권규약의 내용 (53)

▶ 은 국제연합의 특권 및 면제에 관한 협약의 관계 조항에 규정된 바에 따라 국제연합을 위한 직무를 행하는 전문가로서의 편의와 특권 및 면제를 향유한다.

▶ 제44조 : 이 규약의 이행에 관한 규정은 국제연합과 그 전문기구의 설립헌장 및 협약에 의하여 또는 헌장 및 협약 하에서의 인권 분야에 규정된 절차의 적용을 방해하지 아니하고, 이 규약 당사국이 당사국간에 발효 중인 일반적인 또는 특별한 국제협정에 따라 분쟁의 해결을 위하여 다른 절차를 이용하는 것을 방해하지 않는다.

▶ 제45조 : 이사회는 그 활동에 관한 연례보고서를 경제사회이사회를 통하여 국제연합 총회에 제출한다.

▶ 제46조 : 이 규약의 어떠한 규정도 이 규약에서 취급되는 문제에 관하여 국제연합의 여러 기관과 전문기구의 책임을 각각 명시하고 있는 국제연합 헌장 및 전문기구 헌장의 규정을 침해하는 것으로 해석되지 않는다.

▶ 제47조 : 이 규약의 어떠한 규정도 모든 사람이 그들의 천연적 부와 자원

● 국제인권규약의 내용 (54)

▶ 을 충분히 자유로이 향유하고, 이용할 수 있는 고유의 권리를 침해하는 것으로 해석되지 않는다.

▶ 제48조 : 1. 이 규약은 국제연합의 모든 회원국과 전문기구의 모든 회원국 및 국제사법재판소 규정의 모든 당사국 또한 국제연합 총회가 이 규약에 가입하도록 초청한 기타 모든 국가들의 서명을 위하여 개방된다. 2. 이 규약은 비준되어야 한다. 비준서는 국제연합 사무총장에게 기탁된다. 3. 이 규약은 이 조 제1항에서 언급된 모든 국가들의 가입을 위하여 개방된다. 4. 가입은 가입서를 국제연합 사무총장에게 기탁함으로써 이루어진다. 5. 국제연합 사무총장은 이 규약에 서명 또는 가입한 모든 국가들에게 각 비준서 또는 가입서의 기탁을 통지한다.

▶ 제49조 : 1. 이 규약은 35번째의 비준서 또는 가입서가 국제연합 사무총장에게 기탁되는 날로부터 3개월 후에 발효한다. 2. 35번째의 비준서 또는 가입서의 기탁 후에 이 규약을 비준하거나 또는 이 조약에 가입하는 국가에 대해서는 이

● 국제인권규약의 내용 (55)

▷ 규약은 그 국가의 비준서 또는 가입서가 기탁된 날로부터 3개월 후에 발효한다.

▷ 제50조 : 이 규약의 규정은 어떠한 제한이나 예외 없이 연방국가의 모든 지역에 적용된다.

▷ 제51조 : 1. 이 규약의 당사국은 개정안을 제안하고 이를 국제연합 사무총장에게 제출할 수 있다. 사무총장은 개정안을 접수하는 대로, 각 당사국에게 동 제안을 심의하고 표결에 회부하기 위한 당사국회의 개최에 찬성하는지에 관한 의견을 사무총장에게 통지하여 줄 것을 요청하는 것과 함께 개정안을 이 규약의 각 당사국에게 송부한다. 당사국 중 최소 3분의 1이 당사국회의 개최에 찬성하는 경우에 사무총장은 국제연합의 주관 하에 동 회의를 소집한다. 동 회의에 출석하고 표결한 당사국의 과반수에 의하여 채택된 개정안은 그 승인을 위하여 국제연합 총회에 제출된다. 2. 개정안은 국제연합 총회의 승인을 얻고, 각기 자국의 헌법상 절차에 따라 이 규약당사국의 3분의 2의 다수가 수락하는 때 발효한다.

● 국제인권규약의 내용 (56)

▷ 3. 개정안은 발효시 이를 수락한 당사국을 구속하고, 여타 당사국은 계속하여 이 규약의 규정 및 이미 수락한 그 이전의 모든 개정에 의하여 구속된다.

▷ 제52조 : 제48조 제5항에 의한 통지에 관계없이 국제연합 사무총장은 동조 제1항에서 언급된 모든 국가에 다음을 통지한다. (a) 제48조에 의한 서명, 비준, 가입, (b) 제49조에 의한 이 규약의 발효일자 및 제51조에 의한 모든 개정의 발효일자

▷ 제53조 : 1. 이 규약은 중국어, 영어, 불어, 러시아어, 서반아어본이 정본이며, 국제연합 문서보존소에 기탁된다. 2. 국제연합 사무총장은 제48조에서 언급된 모든 국가들에게 이 규약의 인증등본을 송부한다.

● 국제인권규약의 내용 (57)

▷ 국제인권규약 중 시민적, 정치적 권리에 관한 국제규약 선택의정서는 1966년 12월 16일에 UN 총회에서 채택되었고, 1976년 3월 23일에 발효되었는바, 우리나라에는 1990년 7월 10일에 적용되었음. 그 내용을 살펴보면 다음과 같음.

▷ 제1조 : 이 의정서의 당사국이 된 규약당사국은 그 관할권에 속하는 자로서 동국에 의한 규약에 규정된 권리에 대한 침해의 희생자임을 주장하는 개인으로부터의 통지를 접수하고 심리하는 이사회의 권한을 인정한다. 이사회는 이 의정서의 당사국이 아닌 규약당사국에 관한 어떠한 통지도 접수하지 않는다.

▷ 제2조 : 제1조에 따를 것을 조건으로 규약에 열거된 어떤 권리가 침해되었다고 주장하는 개인들은 모든 이용 가능한 국내적 구제조치를 완료하였을 경우에 이사회에 심리를 위한 서면통지를 제출할 수 있다.

● 국제인권규약의 내용 (58)

▷ 제3조 : 이사회는 이 의정서에 따른 통지가 익명이거나 통지제출권의 남용 또는 규약규정과 양립할 수 없는 것으로 간주될 경우에는 그러한 통지를 허용할 수 없는 것으로 간주한다.

▷ 제4조 : 1. 제3조에 따를 것을 조건으로 이사회는 이 의정서에 따라 제출된 통지에 대하여 규약 규정을 위반하고 있는 것으로 주장되는 당사국의 주의를 환기한다. 2. 이 당사국은 6개월 이내에 그 문제 및 취하여진 구제조치가 있는 경우에 이를 설명하는 서면 설명서 또는 진술서를 이사회에 제출한다.

▷ 제5조 : 1. 이사회는 개인 및 관련당사국으로부터 입수된 모든 서면정보를 참고하여 이 의정서에 따라 접수된 통지를 심리한다. 2. 이사회는 다음 사항을 확인한 경우가 아니면 개인으로부터의 어떠한 통지도 심리하지 않는다.

국제인권규약의 내용 (59)

▶ (a) 동일 문제가 다른 국제적 조사 또는 해결절차에 따라 심사되고 있지 않을 것, (b) 개인이 모든 이용 가능한 국내적 구제조치를 완료하였을 것. 다만, 이 규칙은 구제조치의 적용이 불합리하게 지연되는 경우에는 적용되지 않는다. 3. 이사회는 이 의정서에 따라 통지를 심사할 때에는 비공개 회의를 갖는다. 4. 이사회는 관련당사국과 개인에게 이사회의 견해를 송부한다.

▶ 제6조 : 이사회는 규약 제45조에 의한 연례보고서에 이 의정서에 따른 활동의 개요를 포함한다.

▶ 제7조 : 이 의정서의 규정은 1960년 12월 14일 국제연합 총회에 의하여 채택된 식민지와 그 인민에 대한 독립부여 선언에 관한 결의 1514(XV)의 목적이 달성될 때까지 국제연합 헌장과 국제연합 및 그 전문기관 하에서 체결된 여타 국제협약과 문서에 의하여 이들에게 부여된 청원권을 어떤 경우에도 제한하지 않는다.

국제인권규약의 내용 (60)

▶ 제8조 : 1. 이 의정서는 규약에 서명한 모든 국가들의 서명을 위하여 개방된다. 2. 이 의정서는 규약을 비준하였거나 이에 가입한 국가들에 의하여 비준되어야 한다. 비준서는 국제연합 사무총장에게 기탁된다. 3. 이 의정서는 규약을 비준하였거나 이에 가입한 모든 국가들의 가입을 위하여 개방된다. 4. 가입은 가입서를 국제연합 사무총장에게 기탁함으로써 발효한다. 5. 국제연합 사무총장은 이 의정서에 서명 또는 가입한 모든 국가들에게 각 비준서 또는 가입서의 기탁을 통지한다.

▶ 제9조 : 1. 규약의 효력발생을 조건으로 이 의정서는 10번째 비준서 또는 가입서가 국제연합 사무총장에게 기탁된 날로부터 3개월 후에 발효한다. 2. 10번째 비준서 또는 가입서 기탁 후에 이 의정서를 비준하거나 또는 이에

• 국제인권규약의 내용 (61)

▶ 가입하는 국가에 대하여 이 의정서는 그 국가의 비준서 또는 가입서가 기탁된 날로부터 3개월 후에 발효한다.

▶ 제10조 : 이 의정서의 규정은 어떠한 제한이나 예외 없이 연방국가의 모든 지역에 적용된다.

▶ 제11조 : 1. 이 의정서 당사국은 개정안을 제안하고 이를 국제연합 사무총장에게 제출할 수 있다. 사무총장은 개정안을 접수하는 대로, 각 당사국에게 동 제안을 심의하고 표결에 회부하기 위한 당사국회의 개최에 찬성하는지에 관한 의견을 사무총장에게 통지하여 줄 것을 요청하는 것과 함께 개정안을 이 규약의 각 당사국에게 송부한다. 당사국 중 최소한 3분의 1이 당사국회의 개최에 찬성하는 경우에 사무총장은 국제연합의 주관 하에 이 회의를 소집한다. 이 회의에 출석하여 표결하는 당사국의 과반수에 의하여 채택된

• 국제인권규약의 내용 (62)

▶ 개정안은 그 승인을 위하여 국제연합 총회에 제출된다. 2. 개정안은 국제연합 총회의 승인을 얻고, 각기 자국의 헌법상 절차에 따라 이 의정서 당사국의 3분의 2 다수가 수락하는 때 발효한다. 3. 개정안은 발효시 이를 수락한 당사국을 구속하고, 여타 당사국은 계속하여 이 의정서의 규정 및 이미 수락한 그 이전의 모든 개정에 의하여 구속된다.

▶ 제12조 : 1. 당사국은 언제든지 국제연합 사무총장에 대한 서면통지에 의하여 이 의정서를 폐기할 수 있다. 폐기는 사무총장이 통지를 접수한 날로부터 3개월 후에 효력을 발생한다. 2. 폐기는 동 폐기가 발효하기 전에는 제2조에 의해 제출된 통지에 대하여 이 의정서의 규정이 계속적으로 적용하는 것을 침해하지 않는다.

● 국제인권규약의 내용 (63)

▶ 제13조 : 제8조 제5항에 의한 통지에 관계없이 국제연합 사무총장은 규약 제48조 제1항에서 언급된 모든 국가에 다음을 통보한다. (a) 제8조에 따른 서명, 비준 및 가입, (b) 제9조에 따른 이 의정서의 발효일자 및 제11조에 의한 모든 개정의 발효일자, (c) 제12조에 따른 폐기

▶ 제14조 : 1. 이 의정서는 중국어, 영어, 불어, 러시아어 및 서반아어본이 정본이며 국제연합 문서보존소에 기탁된다. 2. 국제연합 사무총장은 규약 제48조에서 언급된 모든 국가들에게 이 의정서의 인증등본을 송부한다.

▶ 국제인권규약 중 사형폐지를 위한 시민적 및 정치적 권리에 관한 국제규약 제2선택의정서는 1989년 12월 15일에 UN 총회에서 채택되었고, 1991년 7월 11일에 발효되었는바, 우리나라는 이 의정서에 가입하지 않아, 적용되지 않고 있음.

인권법 사례 이야기
(3주차—1번째 강의)

● 3주차 강의의 개요와 학습목표

▶ 수강생들이 3주에 학습할 강의의 개요는 인권과 기본권의 개념 비교, 우리
나라 헌법상 기본권의 보호(보장) 규정 개관, 우리나라 헌법상 기본권의 제
한 규정 개관, 우리나라 헌법상 기본권의 보장과 제한에 대한 체계(구조) 요
약 정리에 대해 각각 강의하여, 향후 수강생들이 일상생활 속에서 발생할
수 있는 다양한 인권법적 사례와 쟁점에 대한 기초적인 지식을 알기 쉽고
능동적이며 흥미를 가지고 효과 있게 습득할 수 있도록 하는 것에 3주 강의
의 학습 목표가 있음.

● 인권과 기본권의 개념 (1)

▶ 우리나라 헌법전의 제2장에서는 '인권'이라는 용어를 쓰지 않고, 그 대신에 '국민의 권리'라는 용어가 쓰여져 있음.

▶ 한편 우리나라의 법률 중에서 국가인권위원회법 제2조 제1호에 의하면 "인권이란 대한민국 헌법 및 법률에서 보장하거나 대한민국이 가입, 비준한 국제인권조약 및 국제관습법에서 인정하는 인간으로서의 존엄과 가치 및 자유와 권리를 말한다."라고 규정되어 있음.

▶ 여기서 우리나라가 가입 및 비준한 국제인권조약을 살펴보면 인종차별철폐협약에는 1978년 12월 5일에, 여성차별철폐협약에는 1984년 12월 27일에, 시민적, 정치적 권리에 관한 국제규약에는 1990년 4월 10일에, 경제적, 사회적, 문화적 권리에 관한 국제규약에는 1990년 4월 10일에, 아동권리협약에

● 인권과 기본권의 개념 (2)

▶ 는 1991년 11월 20일에, 고문방지협약에는 1995년 1월 9일에, 장애인권리협약에는 2008년 12월 11일에 각각 가입함.

▶ 여기서 국제관습법의 종류로는 포로의 살해금지와 그 인도적 처우에 관한 전시국제법상의 기본원칙, 외교관의 대우에 관한 국제법상의 원칙, 국내문제 불간섭의 원칙, 민족자결의 원칙, 조약 준수의 원칙 등이 있음.

▶ '기본권(Grundrecht)'이란 국가생활공동체 내에서 개인의 지위를 국가에 대한 권리를 중심으로 규정하는 근본규범으로, 자연권 사상에 바탕을 둔 천부인권론에 기초하여 헌법에 의해 보장되는 국민 등의 기본적인 권리를 뜻함.

▶ 이러한 개념의 기본권이 전 세계 국가의 헌법전에서 최초로 규정된 것은 1849년의 독일의 프랑크프루트헌법 제130조 제1항이고, 이후 1919년의 독일

● 인권과 기본권의 개념 (3)

▶ 의 바이마르헌법 제2편에서 독일인의 기본적 권리와 의무 부분에서 '기본권'이라는 용어가 사용되었으며, 현재 독일 기본법 제1조에서 "제1항 : 인간의 존엄성은 훼손할 수 없다. 이를 존중하고 보호하는 것은 모든 국가권력의 의무이다. 제2항 : 이에 독일 국민은 불가침 및 불가양인 인권을 이 세상의 모든 인간공동체와 평화 및 정의의 기초로서 인정한다. 제3항 : 이하의 기본권은 직접 효력을 가지는 법으로서, 입법과 집행 및 사법을 구속한다." 라고 규정하여 기본권이란 용어를 명시적으로 사용하고 있음.

▶ 이렇듯 독일에서 그 용어의 사용이 시작된 기본권이라는 용어는 전 세계에 영향을 미쳐 독일 이외의 다른 국가들에서 기본권이라는 용어가 쓰이고 있음. 우리나라도 여기에 속함.

● 인권과 기본권의 개념 (4)

▶ 독일의 바이마르 헌법은 독일의 바이마르 공화국(1919~1933)의 헌법으로, 18~19세기의 근대적 의미의 헌법적 특징인 자유주의, 민주주의, 사유재산제 등을 바탕으로 하면서 전 세계 국가들의 헌법 중에서 최초로 사유재산권이 신성불가침의 절대적인 보호를 받아야 하는 것이 아니라, 사회 정의의 원칙에 부합(합치)되도록 행사해야 하고, 119조에서 혼인과 가족의 보호, 120조에서 자녀의 교육과 국가의 감독, 159조에서 노동조건의 유지 및 개선, 165조에서 노사의 동등권 등의 다양한 사회적(생존권적) 기본권에 대해 최초로 규정함.

▶ 독일의 바이마르 헌법은 국가의 기능과 역할이 근대사회에서처럼 단순히 국민의 자유와 재산을 보호해 주어야 하는 데 그쳐야 한다는 소극국가화, 야경국가화에서 벗어나 국민들이 최소한의 인간다운 삶을 살아갈 수 있도록 국가가 적극적으로 사회의 각 영역에 개입하여 국민의 사회적(생존권적) 기

• 인권과 기본권의 개념 (5)

▶ 본권을 보장해 주어야 한다는 적극국가화, 행정국가화, 급부국가화를 표방함.

▶ 이렇듯 독일의 바이마르 헌법은 20세기적 사회(복지)국가의 이념을 실현하기 위하여 다양한 사회적(생존권적) 기본권을 헌법에 새롭게 규정했다는 점에서 세계 최초의 현대적(복지국가적) 의미의 헌법에 해당됨.

▶ 각 국가의 헌법에서 보장하고 있는 기본권은 인권사상에 바탕을 두고 인권을 실현하려는 것으로, 자유권적 기본권과 그 밖의 정치적, 경제적, 사회적 기본권 등도 인간의 권리와 상호보완관계에 있기 때문에 이러한 의미에서 인권과 기본권은 통상적으로 거의 같은 의미로 사용해도 무방함.

▶ 그러나 엄밀한 의미에서 인권은 인간이 인간으로서 당연히 갖게 되는 생래적인 천부적인 권리로서 국가 이전의 자연권인데 반하여, 기본권은 국가를

• 인권과 기본권의 개념 (6)

▶ 전제로 하지 않는 인권의 개념과 내용 이외에도 국가를 전제로 할 때 비로소 보장될 수 있는 사회적(생존권적) 기본권, 참정권(선거권과 피선거권) 등을 포함한다는 점에서 양자는 그 내용에 있어서 반드시 일치하지는 않음.

▶ 인권은 인권사상을 바탕으로 인간이 인간이기 때문에 당연히 향유하는 인간의 생래적 및 천부적 권리를 뜻하는데 반하여, 기본권은 헌법이 보장하는 국민 등의 기본적 권리를 뜻하기 때문에 기본권은 각국의 실정헌법에 성문화된 인권이라고 할 것인바, 이러한 점에 비추어 볼 때 인권과 기본권의 개념은 엄격한 의미에 비추어 볼 때 인권과 기본권 상호 간의 구별은 가능함.

▶ 인권(Human Rights) : 오직 사람으로 태어나고 존재한다는 이유만으로 민족, 국가, 인종, 장소, 시간 등에 관계없이 사람이라면 그 누구나 태어나면서

● 인권과 기본권의 개념 (7)

▷ 부터 당연히(마땅히) 누릴 수 있는 보편적(일반적) 권리(지위)를 뜻함. 일명 '자연권' 또는 '천부적 권리'라고 함.

▷ 기본권(Grundrecht) : 국가생활공동체 내에서 개인의 지위를 국가에 대한 권리를 중심으로 규정하는 근본규범으로, 천부인권론에 기초하여 헌법에 의해 보장되는 국민 등의 기본적 권리를 뜻함.

▷ 인권과 기본권의 개념상 차이점으로는 인권이 국가 이전의 자연권인 반면에, 기본권은 국가가 성립된 이후에 각 국가에서 보호(보장)해 주는 실정권임. 그러나 기본권은 인권을 바탕으로 국민 등에게 국가가 보호(보장)해 주는 권리이기 때문에 이념적으로 거의 같으므로(동일하므로), 보통 구별하지 않고 사용해도 무방함.

인권법 사례 이야기

(3주차-2번째 강의)

● 우리나라 헌법상 기본권의 보호(보장) 규정 개관 (1)

▶ 우리나라 헌법 제2장에서는 '국민의 권리와 의무'라고 규정한 후에 헌법 제 10조부터 제37조 제1항까지의 규정을 통하여 헌법에서 보호(보장)하고 있는 기본권에는 어떤 것이 있는지에 대해 밝혀 주고 있음.

▶ 헌법 제10조에서는 우리나라 헌법에 있어서 최고의 지도 이념 원리임과 동 시에 모든 기본권 보호(보장)의 궁극적 목적이 되는 기본원리에 해당되는 '인간의 존엄과 가치 및 행복추구권'에 대해 규정하고 있음.

▶ 헌법 제11조에서는 국가가 입법을 하거나 법을 집행할 때에는 따라야 할 기준이 됨과 동시에 국가에 대해 합리적인 이유 없이 불평등한 대우를 받지 않도록 요구할 수 있고, 기본권 실현의 방향을 제시해 주는 '평등권'에 대해 규정하고 있음.

● 우리나라 헌법상 기본권의 보호(보장) 규정 개관 (2)

▶ 이렇듯 헌법 제10조의 인간의 존엄과 가치 규정 및 행복추구권 규정 및 헌법 제11조의 평등권 규정은 헌법 제12조부터 헌법 제37조까지의 모든 기본권 규정들과 연결되어 있으며, 특히 헌법 제10조의 인간의 존엄과 가치 및 행복추구권 규정은 헌법 제12조부터 헌법 제36조까지의 개별 기본권의 다양한 이념들을 모두 포함하는 '포괄적 기본권'에 해당함.

▶ 헌법 제12조에서는 신체의 자유에 대해, 헌법 제13조에서는 죄형법정주의에 대해, 헌법 제14조에서는 거주 및 이전의 자유에 대해, 헌법 제15조에서는 직업(선택)의 자유에 대해, 헌법 제16조에서는 주거의 자유에 대해, 헌법 제17조에서는 사생활의 비밀과 자유(프라이버시권)에 대해, 헌법 제18조에서는 통신의 자유에 대해, 헌법 제19조에서는 양심의 자유에 대해, 헌법 제20조에서는 종교의 자유에 대해, 헌법 제21조에서는 의사 표현의 자유인 언

● 우리나라 헌법상 기본권의 보호(보장) 규정 개관 (3)

▶ 론, 출판의 자유와 집회 및 결사의 자유에 대해, 헌법 제22조에서는 학문의 자유와 예술의 자유에 대해, 헌법 제23조 제1항과 제2항에서는 재산권의 보장에 대해 각각 규정하고 있는바, 이러한 기본권들은 '자유권적 기본권'에 대해 헌법에서 규정하여 보호(보장)해 주고 있음.

▶ 헌법 제24조에서는 선거권에 대해, 헌법 제25조에서는 공무담임권에 대해, 헌법 제72조와 제130조에서는 국민투표권에 대해 각각 규정하고 있는바, 이러한 기본권들은 오늘날 민주정치에 있어서 국민이 개별적으로 국가의사의 형성과정에 참여하거나 국가기관을 구성하며 국가 공권의 행사를 통제 내지 견제할 수 있도록 능동적으로 정치에 참여할 수 있도록 해 주는 '참정권적 기본권'에 대해 헌법에서 규정하여 보호(보장)해 주고 있음.

● 우리나라 헌법상 기본권의 보호(보장) 규정 개관 (4)

▶ 헌법 제12조 제6항에서는 구속적부심사청구권에 대해, 헌법 제23조 제3항 에서는 재산상의 공용침해에 따른 손실보상청구권에 대해, 헌법 제26조에서 는 청원권에 대해, 헌법 제27조에서는 재판청구권에 대해, 헌법 제28조에서 는 형사보상청구권에 대해, 헌법 제29조에서는 국가배상청구권에 대해, 헌 법 제30조에서는 범죄피해자구조청구권에 대해 각각 규정하고 있는바, 이러 한 기본권들은 국민이 다른 권리나 이익을 확보하기 위하여 적극적으로 국 가에 대해 특정한 행위를 요구할 수 있는 적극적 성격의 '청구권적 기본권' 에 대해 헌법에서 규정하여 보호(보장)해 주고 있음.

▶ 헌법 제31조에서는 교육을 받을 권리에 대해, 헌법 제32조에서는 근로의 권 리에 대해, 헌법 제33조에서는 근로자의 단결권, 단체교섭권, 단체행동권

● 우리나라 헌법상 기본권의 보호(보장) 규정 개관 (5)

▶ 에 대해, 헌법 제34조에서는 인간다운 생활을 할 권리 및 사회보장(청소년, 여성, 노인, 장애인의 사회복지 포함)에 대해, 헌법 제35조에서는 환경권에 대해, 헌법 제36조에서는 혼인과 가족생활과 모성의 보호 및 보건에 대해 각각 규정하고 있는바, 이러한 기본권들은 국민들의 생활에 필요한 제반 여 건을 국가권력이 적극적으로 관여하여 확보하여 보호해 줄 것을 국가에 요 청할 수 있는 권리인 '사회적(생존권적) 기본권'에 대해 헌법에서 규정하여 보호(보장)해 주고 있음.

▶ 헌법 제37조 제1항에서는 헌법 제10조부터 제36조까지 열거되지 아니한 국 민의 자유와 권리도 경시해서는 안 된다고 규정하여 헌법이 제정 및 개정될 때에 예상할 수 없었지만, 시대의 변화에 의한 각종 정치, 경제, 사회, 문화 적인 환경과 가치의 변화에 따라 특별히 헌법적으로 보호해 주어야 할 새

● 우리나라 헌법상 기본권의 보호(보장) 규정 개관 (6)

▶ 로운 생활영역과 관련된 기본권을 보장해 주고 있음.

▶ 즉, 헌법 제37조 제1항에서는 "국민의 자유와 권리는 헌법에 열거되지 아니한 이유로 경시되지 아니한다."라고 규정하고 있는바, 이 때 경시되어서는 안 되는 권리를 밝혀주는 기준이 바로 헌법 제10조의 인간의 존엄과 가치이며, 이러한 헌법 제10조의 인간의 존엄과 가치를 실현하기 위해 필요한 권리라고 판단될 때에는 비록 그 권리가 헌법에 명시적으로 열거되어 있지 않더라도 국가는 기본권으로 보호해 주어야 함.

● 우리나라 헌법상 기본권의 제한 규정 개관 (1)

(이 부분은 이희훈 a, 앞의 책, 247-254면 일부 참조)

▶ 앞에서 살펴본 바와 같이 우리나라 헌법 제10조부터 제36조까지는 헌법에서 보호(보장)하고 있는 기본권의 종류에는 어떤 것이 있는지에 대해 규정하고 있고, 헌법 제37조 제1항에서는 국가가 헌법 제10조부터 제36조까지 열거되어 있지 않은 기본권이라도 경시하지 않고 보호(보장)해 주겠다는 것을 규정하고 있음. 그러나 국가의 입장에서는 이렇게 국민 등의 기본권을 보호(보장)만 해 줄 수는 없음.

▶ 왜냐하면 이렇게 자신의 기본권만 보호(보장)해 달라고 주장한다면 그것으로 인하여 국가의 안전보장이나 질서유지 또는 공공복리에 큰 해악을 끼쳐 더 이상 국가가 원활하게 운영 및 유지되어 나갈 수 없기 때문이다. 예를 들어, 어떤 사람이 헌법 제23조에 의한 재산권을 더 많이 보호(보장)받기 위하

• 우리나라 헌법상 기본권의 제한 규정 개관 (2)

▷ 여 적법한 행위로 재산 증식을 하지 않고 타인의 재물을 강압적으로 **빼앗** 거나 또는 타인 몰래 훔치는 방법으로, 즉 강도나 절도행위를 통해 자신의 재산권을 더 많이 보호(보장)받으려는 것을 국가가 아무런 제재나 제한을 가함이 없이 그대로 방치한다면 국가는 홉스가 말한 만인에 대한 만인의 투쟁 상태가 되어 마치 약육강식의 동물사회처럼 되어 더 이상 국가를 운영 및 유지해 나갈 수 없게 될 것이기 때문임.

▷ 따라서 국가는 국가를 계속 운영 및 유지해 나가기 위히여 부득이하게 필요한 경우에 한하여 국민대표기관인 국회에서 제정한 각종 법률 등을 통해서 기본권을 어느 정도 제한할 수밖에 없음. 다만, 이렇게 국가가 기본권에 제한을 하더라도 그 제한이 기본권의 본질적 내용을 침해하지 않도록 너무 과도하거나 지나치지 않게 제한을 해야 하는 한계가 있음.

• 우리나라 헌법상 기본권의 제한 규정 개관 (3)

▷ 1. 기본권을 제한하는 입법의 목적은 국가안전보장, 질서유지, 공공복리 중의 1개 이상을 실현하기 위한 것일 것

▷ 우리나라 헌법 제37조 제2항에서는 "국민의 모든 자유와 권리는 국가안전보장, 질서유지 또는 공공복리를 위하여 필요한 경우에 한하여 법률로써 제한할 수 있으며, 제한하는 경우에도 자유와 권리의 본질적인 내용을 침해할 수 없다."라고 규정하고 있음.

▷ 이러한 헌법 제37조 제2항에서 '국가안전보장'이란 국가의 존립과 헌법의 기본질서의 유지 등을 포함하는 개념으로서, 국가의 독립, 영토의 보전, 헌법과 법률의 기능, 헌법에 의하여 설치된 국가기관의 유지 등 국가적 안전의 확보를 실현하기 위한 것을 뜻함(헌재 1992. 2. 25, 89헌가104).

우리나라 헌법상 기본권의 제한 규정 개관 (4)

▶ 이와 관련된 현행 법률로는 '국토를 참절하거나 국헌을 문란할 목적으로 폭동한 자는 다음의 구별에 의하여 처단한다. ① 수괴는 사형, 무기징역 또는 무기금고에 처한다. ② 모의에 참여하거나 지휘하거나 기타 중요한 임무에 종사한 자는 사형, 무기 또는 5년 이상의 징역이나 금고에 처한다. 살상, 파괴 또는 약탈의 행위를 실행한 자도 같다. ③ 부화 수행하거나 단순히 폭동에만 관여한 자는 5년 이하의 징역 또는 금고에 처한다.'라고 규정한 형법상 내란죄의 규정이나 '외국과 통모하여 대한민국에 대하여 전단을 열게 하거나 외국인과 통모하여 대한민국에 항적한 자는 사형 또는 무기징역에 처한다.'라고 규정한 형법상 외환유치죄 규정이나 '적국과 합세하여 대한민국에 항적한 자는 사형에 처한다.'라고 규정한 형법상 여적죄 등의 규정 및 국가보안법과 군사기밀보호법 등이 있음.

우리나라 헌법상 기본권의 제한 규정 개관 (5)

▶ 이러한 헌법 제37조 제2항에서 '질서유지'란 사회 내의 개인이나 공동체의 구성원들이 계속해서 평화롭게 존속 및 유지해 나갈 수 있게 해 주고, 사회 구성원 모두가 함께 안전하게 조화를 이루며 잘 살아갈 수 있도록 하기 위하여 그에 필요한 여러 규칙을 만들고 유지해 나가는 국가 내의 자유민주적 기본질서를 포함하는 헌법적 질서와 그 밖의 사회적 안녕질서의 보호를 뜻함(권영성, 헌법학원론, 2009, 349면; 전광석, 한국헌법론, 2017, 258−259면; 정종섭, 헌법학원론, 2015, 365면).

▶ 이와 관련된 현행 법률로는 형법상의 강도죄, 절도죄, 사기죄 등의 국가 내의 사회 질서를 유지하기 위한 여러 처벌 규정들과 국가경찰의 민주적인 관리·운영과 효율적인 임무수행을 위하여 국가경찰의 기본조직 및 직무 범위와 그 밖에 필요한 사항을 규정함을 목적으로 하는 경찰법, 화재를 예방·경

• 우리나라 헌법상 기본권의 제한 규정 개관 (6)

▶ 계하거나 진압하고 화재, 재난·재해, 그 밖의 위급한 상황에서의 구조·구급 활동 등을 통하여 국민의 생명·신체 및 재산을 보호함으로써 공공의 안녕 및 질서 유지와 복리증진에 이바지함을 목적으로 하는 소방기본법, 대한민국헌법과 지방자치법에 의한 선거가 국민의 자유로운 의사와 민주적인 절차에 의하여 공정히 행하여지도록 하고, 선거와 관련한 부정을 방지함으로써 민주정치의 발전에 기여함을 목적으로 하는 공직선거법, 적법한 집회 및 시위를 최대한 보장하고 위법한 시위로부터 국민을 보호함으로써 집회 및 시위의 권리 보장과 공공의 안녕질서가 적절히 조화를 이루도록 하는 것을 목적으로 하는 집회 및 시위에 관한 법률, 국민의 자유와 권리를 보호하고 사회공공의 질서를 유지하기 위한 경찰관(국가경찰공무원만 해당함)의 직무

• 우리나라 헌법상 기본권의 제한 규정 개관 (7)

▶ 수행에 필요한 사항을 규정함을 목적으로 하는 경찰관직무집행법, 도로에서 일어나는 교통상의 모든 위험과 장해를 방지하고 제거하여 안전하고 원활한 교통을 확보함을 목적으로 하는 도로교통법, 경범죄의 종류 및 처벌에 필요한 사항을 정함으로써 국민의 자유와 권리를 보호하고 사회공공의 질서유지에 이바지함을 목적으로 하는 경범죄처벌법, 성매매와 성매매 알선 등 행위 및 성매매 목적의 인신매매를 근절하고, 성매매 피해자의 인권을 보호함을 목적으로 하는 성매매알선 등 행위의 처벌에 관한 법률, 청소년에게 유해한 매체물과 약물 등이 청소년에게 유통되는 것과 청소년이 유해한 업소에 출입하는 것 등을 규제하고 청소년을 유해한 환경으로부터 보호·구제함으로써 청소년이 건전한 인격체로 성장할 수 있도록 함을 목적으로 하는 청소년

● 우리나라 헌법상 기본권의 제한 규정 개관 (8)

▶ 보호법, 아동·청소년대상 성범죄의 처벌과 절차에 관한 특례를 규정하고 피해아동·청소년을 위한 구제 및 지원 절차를 마련하며 아동·청소년대상 성범죄자를 체계적으로 관리함으로써 아동·청소년을 성범죄로부터 보호하고 아동·청소년이 건강한 사회구성원으로 성장할 수 있도록 함을 목적으로 하는 아동, 청소년의 성보호에 관한 법률, 풍속영업을 하는 장소에서 선량한 풍속을 해치거나 청소년의 건전한 성장을 저해하는 행위 등을 규제하여 미풍양속을 보존하고 청소년을 유해한 환경으로부터 보호함을 목적으로 하는 풍속영업의 규제에 관한 법률, 국민의 생명·신체 및 재산을 보호하고 공공의 안녕과 질서를 유지하기 위하여 화염병을 제조·보관·운반·소지 또는 사용한 사람을 처벌함을 목적으로 하는 화염병 사용 등의 처벌에 관한 법률 등을 들 수 있음.

인권법 사례 이야기

(3주차-3번째 강의)

● 우리나라 헌법상 기본권의 제한 규정 개관 (9)

▶ 이러한 헌법 제37조 제2항에서 '공공복리'란 국가의 모든 경제, 사회, 문화, 복지, 건강, 환경 등 사회구성원 전체의 삶의 이익을 위한 공공의 이익(국민의 생활안전과 건강증진 및 사회경제영역의 안정과 발전 및 편의 등의 보장)을 뜻함(권영성, 앞의 책, 350면; 정종섭, 앞의 책, 366면).

▶ 이러한 공공복리에 대해서 대한민국 헌법은 제119조 이하의 경제에 관한 장에서 "균형 있는 국민경제의 성장과 안정, 적정한 소득의 분배, 시장의 지배와 경제력남용의 방지, 경제주체간의 조화를 통한 경제의 민주화, 균형 있는 지역경제의 육성, 중소기업의 보호육성, 소비자보호 등"의 경제영역에서의 국가목표를 명시적으로 규정함으로써 국가가 경제정책을 통하여 달성하여야 할 공익을 구체화하고 있음(헌재 1996. 12. 26, 96헌가18).

● 우리나라 헌법상 기본권의 제한 규정 개관 (10)

▶ 이와 관련된 현행 법률로는 국토의 이용·개발과 보전을 위한 계획의 수립 및 집행 등에 필요한 사항을 정하여 공공복리를 증진시키고 국민의 삶의 질을 향상시키는 것을 목적으로 하는 국토의 계획 및 이용에 관한 법률, 건축물의 대지·구조·설비 기준 및 용도 등을 정하여 건축물의 안전·기능·환경 및 미관을 향상시킴으로써 공공복리의 증진에 이바지하는 것을 목적으로 하는 건축법, 산림자원의 조성과 관리를 통하여 산림의 다양한 기능을 발휘하게 하고 산림의 지속 가능한 보전(保全)과 이용을 도모함으로써 국토의 보전, 국가경제의 발전 및 국민의 삶의 질 향상에 이바지함을 목적으로 하는 산림자원의 조성 및 관리에 관한 법률, 도로망의 계획수립, 도로 노선의 지정, 도로공사의 시행과 도로의 시설 기준, 도로의 관리·보전 및 비용 부담

● 우리나라 헌법상 기본권의 제한 규정 개관 (11)

▶ 등에 관한 사항을 규정하여 국민이 안전하고 편리하게 이용할 수 있는 도로의 건설과 공공복리의 향상에 이바지함을 목적으로 하는 도로법, 하천사용의 이익을 증진하고 하천을 자연친화적으로 정비·보전하며 하천의 유수(流水)로 인한 피해를 예방하기 위하여 하천의 지정·관리·사용 및 보전 등에 관한 사항을 규정함으로써 하천을 적정하게 관리하고 공공복리의 증진에 이바지함을 목적으로 하는 하천법, 국제민간항공조약 및 같은 조약의 부속서에서 채택된 표준과 방식에 따라 항공기 등이 안전하게 항행(航行)하기 위한 방법을 정하고, 항공시설을 효율적으로 설치·관리하도록 하며, 항공운송사업 등의 질서를 확립함으로써 항공의 발전과 공공복리의 증진에 이바지함을 목적으로 하는 항공법, 도시에서의 공원녹지의 확충·관리·이용 및 도

● 우리나라 헌법상 기본권의 제한 규정 개관 (12)

▶ 시녹화 등에 필요한 사항을 규정함으로써 쾌적한 도시환경을 조성하여 건전하고 문화적인 도시생활을 확보하고 공공의 복리를 증진시키는 데에 이바지함을 목적으로 하는 도시공원 및 녹지 등에 관한 법률, 태풍, 홍수 등 자연현상으로 인한 재난으로부터 국토를 보존하고 국민의 생명·신체 및 재산과 주요 기간시설(基幹施設)을 보호하기 위하여 자연재해의 예방·복구 및 그 밖의 대책에 관하여 필요한 사항을 규정함을 목적으로 하는 자연재해대책법, 문화재를 보존하여 민족문화를 계승하고, 이를 활용할 수 있도록 함으로써 국민의 문화적 향상을 도모함과 아울러 인류문화의 발전에 기여함을 목적으로 하는 문화재보호법, 전기통신사업의 적절한 운영과 전기통신의 효율적 관리를 통하여 전기통신사업의 건전한 발전과 이용자의 편의를 도모함으로써 공공복리의 증진에 이바지함을 목적으로 하는 전기통신사업법, 공익

● 우리나라 헌법상 기본권의 제한 규정 개관 (13)

▶ 사업에 필요한 토지 등을 협의 또는 수용에 의하여 취득하거나 사용함에 따른 손실의 보상에 관한 사항을 규정함으로써 공익사업의 효율적인 수행을 통하여 공공복리의 증진과 재산권의 적정한 보호를 도모하는 것을 목적으로 하는 공익사업을 위한 토지 등의 취득 및 보상에 관한 법률, 식품으로 인하여 생기는 위생상의 위해(危害)를 방지하고 식품영양의 질적 향상을 도모하며 식품에 관한 올바른 정보를 제공하여 국민보건의 증진에 이바지함을 목적으로 하는 식품위생법 등을 들 수 있음(성낙인, 헌법학, 2016, 959면; 정종섭, 앞의 책, 366면 참조).

▶ 2. 기본권을 제한하는 입법의 형식은 법률에 해당되는 것일 것

▶ 헌법 제37조 제2항에 의해 기본권을 합헌적으로 제한하기 위해서는 법률의 형식에 의해서만 가능한바, 이러한 법률에 속하는 것으로는 국민대표기관인

● 우리나라 헌법상 기본권의 제한 규정 개관 (14)

▶ 국회가 제정한 형식적 의미의 법률, 법률의 위임을 받은 명령, 대통령의 헌법 제76조 제1항의 긴급명령(대통령은 내우·외환·천재·지변 또는 중대한 재정·경제상의 위기에 있어서 국가의 안전보장 또는 공공의 안녕질서를 유지하기 위하여 긴급한 조치가 필요하고 국회의 집회를 기다릴 여유가 없을 때에 한하여 최소한으로 필요한 재정·경제상의 처분을 하거나 이에 관하여 법률의 효력을 가지는 명령을 발할 수 있다) 또는 헌법 제76조 제2항의 긴급재정경제명령(대통령은 국가의 안위에 관계되는 중대한 교전상태에 있어서 국가를 보위하기 위하여 긴급한 조치가 필요하고 국회의 집회가 불가능한 때에 한하여 법률의 효력을 가지는 명령을 발할 수 있다), 헌법 제60조 제1항의 국회의 사전동의를 얻어서 체결해야 되는 조약(상호원조 또는 안전

● 우리나라 헌법상 기본권의 제한 규정 개관 (15)

▶ 보장에 관한 조약, 중요한 국제조직에 관한 조약, 우호통상항해조약, 주권의 제약에 관한 조약, 강화조약, 국가나 국민에게 중대한 재정적 부담을 지우는 조약 또는 입법사항에 관한 조약)과 일반적으로 승인된 국제법규(1945년의 UN헌장의 일부 규정, 포로에 관한 제네바 협정, 집단학살금지협정, 부전(不戰)조약, 고문 기타 잔혹하고 비인도적인 또는 굴욕적인 처우나 형벌의 금지협약 등과 같은 성문의 국제법규인 일반적으로 승인된 조약과 포로의 살해금지와 그 인도적 처우에 관한 전시 국제법상의 기본원칙, 외교관의 대우에 관한 국제법상의 원칙, 조약 준수의 원칙 등과 같은 불문의 국제관습법이 해당)가 있음.

• 우리나라 헌법상 기본권의 제한 규정 개관 (16)

▷ 3. 기본권을 제한하는 입법의 방법은 비례의 원칙(＝과잉금지의 원칙)에 위 반되지 않을 것

▷ 헌법 제37조 제2항에 의해 기본권을 합헌적으로 제한하기 위해서는 그 제 한이 너무 과도하지 않게 또는 지나치게 무겁지 않게 적당한 방법으로 제한 을 해야 함. 이와 관련된 원칙을 비례의 원칙(과잉금지의 원칙)이라고 하는 바, 이 원칙은 아래와 같이 크게 세 가지로 구성됨.

▷ 첫째, 비례의 원칙(과잉금지의 원칙) 안에는 먼저 국가가 기본권을 합헌적 으로 제한하려면 입법자가 법률에서 채택한 기본권 제한의 수단(방법)이 국 가안전보장이나 질서유지 또는 공공복리라는 목적을 달성하는데 조금이라도 기여해야(도움을 주어야) 한다는 '수단의 적합성(방법의 적정성)원칙'이 있음.

• 우리나라 헌법상 기본권의 제한 규정 개관 (17)

▷ 이에 대해 헌법재판소는 2007년 3월에 "구 공무원연금법 제64조 제1항 제1 호에서 공무원 또는 공무원이었던 자가 재직 중의 사유로 금고 이상의 형을 받은 때에는 대통령령이 정하는 바에 의하여 퇴직급여 및 퇴직수당의 일부 를 감액하여 지급하도록 규정하여 공무원의 신분이나 직무상 의무와 관련이 없는 범죄의 경우에도 퇴직급여 등을 제한하는 것은 공무원의 범죄를 예방 하고, 공무원이 재직 중 성실히 근무하도록 유도하는 입법목적을 달성하는 데 적합한 수단이라고 볼 수 없다. 그리고 특히 과실범의 경우에는 공무원 이기 때문에 더 강한 주의의무 내지 결과발생에 대한 가중된 비난가능성이 있다고 보기 어려우므로, 퇴직급여 등의 제한이 공무원으로서의 직무상 의 무를 위반하지 않도록 유도 또는 강제하는 수단으로서 작용한다고 보기 어

• 우리나라 헌법상 기본권의 제한 규정 개관 (18)

▶ 렵다."라고 판시하여 공무원연금법 제64조 제1항 제1호가 비례의 원칙(과잉 금지의 원칙) 중 수단의 적합성(방법의 적정성) 원칙에 반하여 위헌이라고 판시함(헌재 2007. 3. 29. 2005헌바33).

▶ 둘째, '최소 침해의 원칙(피해의 최소성 원칙)'이란 입법자가 국가안전보장 이나 질서유지 또는 공공복리라는 목적을 달성하기 위해 적합한 여러 개의 수단이 있을 때 이러한 여러 개의 적합한 수단들 중 개인의 기본권을 가장 적게 제한하면서 그 법률이 달성하려는 목적을 달성할 수 있는 수단을 선택 해야 한다는 것을 뜻함(헌재 2003. 8. 29, 2001헌마788 등).

▶ 이에 대해 대한민국 헌법재판소는 "비례의 원칙 중 피해의 최소성은 입법권 자가 선택한 기본권 제한의 조치가 입법의 목적달성을 위하여 설사 적절하 다고 할지라도 보다 완화된 형태나 방법을 모색함으로써 기본권의 제한은

• 우리나라 헌법상 기본권의 제한 규정 개관 (19)

▶ 그 필요한 최소한도에 그치도록 해야 한다."라고 판시함(헌재 1992. 12. 24, 92 헌가8).

▶ 셋째, '법익 균형(성)의 원칙'이란 국가가 국민 등의 기본권을 제한하는 내 용의 입법에 의하여 보호하려는 공익과 침해되는 사익을 비교 형량할 때 보 호되는 공익이 침해되는 사익보다 더 크거나 최소한 같아야 하는 원칙을 뜻 함(헌재 1992. 12. 24, 92헌가8).

▶ 대한민국 헌법 제37조 제2항의 후문에서 국민 등의 기본권 제한 입법이 과 잉금지의 원칙에 의한 제한이더라도 그 제한에 있어서 '자유와 권리의 본질 적 내용은 침해할 수 없다'고 규정하고 있어, 국민 등의 기본권을 제한할 때 기본권의 본질적 내용을 침해하는 제한을 해서는 안 되도록 규정하고 있음.

▶ 여기서 기본권의 본질적 내용은 만약 이를 제한하는 경우에는 기본권 그

● 우리나라 헌법상 기본권의 제한 규정 개관 (20)

▶ 자체가 무의미하여지는 경우에 그 본질적인 요소를 말하는 것으로서, 이는 개별 기본권마다 다를 수 있음(헌재 1995. 4. 20, 92헌바29).

▶ 대한민국 헌법 제37조 제2항의 규정의 체계상 국민 등의 기본권을 제한하는 법률이 합헌인가에 대해서 먼저 과잉금지의 원칙(비례의 원칙)에 의한 심사를 행한 후에 그 다음으로 기본권의 본질적인 내용을 침해하였는지에 대한 심사를 행하게 되는 것으로 해석됨.

▶ 생각건대, 대한민국 헌법 제37조 제2항 후문의 기본권의 본질적인 내용이 침해금지 조항이 독자적인 의미를 가지기 위해서는 과잉금지의 원칙(비례의 원칙)에는 부합되지만 기본권의 본질적인 내용을 침해할 때라고 할 것임(성낙인, 앞의 책, 975면).

● 우리나라 헌법상 기본권의 제한 규정 개관 (21)

▶ 그러나 현실적(실제적)으로 이러한 과잉금지의 원칙(비례의 원칙)에 위반되지 않으면서 기본권의 본질적 내용을 침해하는 경우는 사실상 거의 존재하기 어렵기 때문에 이러한 기본권의 본질적 침해금지의 여부에 대한 논의의 실익은 크지 않다고 할 것임(정종섭, 앞의 책, 390면).

- 우리나라 헌법상 기본권의 보장과 제한에 대한 체계(구조) 요약 정리
  ▶ 헌법 제10조 ~ 헌법 제37조 제1항 : 기본권의 보호(보장)
  ▶ 헌법 제37조 제2항 : 기본권의 제한 및 제한의 한계
  ▶ 헌법 제10조(인간의 존엄과 가치, 행복추구권) + 헌법 제11조(평등권) : 모든 기본권들과 연결되어 있음. 특히, 헌법 제10조는 모든 기본권의 이념적 기초이며, 궁극적인 목표임. 그리고 헌법 제11조의 평등권은 모든 기본권을 보호(보장)해 주는데 '합리적인 사유'가 없으면 차별을 할 수 없음.
  ▶ 헌법 제37조 제2항: 국가가 기본권을 제한할 때에는 비례의 원칙(과잉금지의 원칙)에 위반되지 않게 해야 함. 비례의 원칙은 수단의 적합성(방법의 적정성) 원칙, 최소 침해의 원칙(침해의 최소성), 법익 균형(성)의 원칙으로 나뉨.

인권법 사례 이야기

(4주차-1번째 강의)

● 4주차 강의의 개요와 학습목표

▶ 수강생들이 4주에 학습할 강의의 개요는 기본권의 주체, 인간의 존엄과 가치와 연관된 생명권, 명예권, 성명권, 초상권, 사형제도와 인권 중 사형의 의의와 종류, 사형제도의 연혁과 입법례에 대해 각각 강의하여, 향후 수강생들이 일상생활 속에서 발생할 수 있는 다양한 인권법적 사례와 쟁점에 대한 기초적인 지식을 알기 쉽고 능동적이며 흥미를 가지고 효과 있게 습득할 수 있도록 하는 것에 4주 강의의 학습 목표가 있음.

● 기본권의 주체 (1)

(이 부분은 이희훈 a, 앞의 책, 68-70면 일부 참조)

▶ 1. 국민 : 우리나라 헌법상 기본권의 주체는 원칙적으로 모든 대한민국 국민임. 즉, 대한민국 국민이라면 당연히 그 성별이나 학력 또는 나이 또는 재산의 정도, 심신상실의 여부, 수형자인지의 여부 등에 상관없이 모두 우리나라 헌법상 기본권의 주체가 된다(기본권 보유능력이 있다)고 할 것임. 왜냐하면 헌법은 원칙적으로 해당 국가의 국민의 기본권을 최대한 보장하기 위해서 존재하는 최고의 법규범이기 때문임.

▶ 2. 외국인 : 외국인은 대한민국 헌법상의 국민과 같은 인간에 속하기 때문에 기본권의 성격이 당연히 인간으로서 누릴 수 있는 기본권일 경우에는 대한민국의 국민과 유사한 지위에 있다고 보아 이를 헌법상 보장해 주어야 하는 것이 타당함.

● 기본권의 주체 (2)

▶ 예를 들면, 대한민국 헌법상 인간의 존엄과 가치, 행복추구권, 평등권 및 양심의 자유 등의 전통적인 자유권 및 기타의 생래적인 천부적 인권에 속하는 것은 외국인도 그 주체가 될 수 있다고 할 것임.

▶ 다만 대한민국 헌법상 직업선택의 자유, 토지소유권과 광업권 등의 재산권, 선거권과 공무담임권, 사회권적 기본권(생존권적 기본권) 등 기본권의 성질에 의해 외국인에게 그 제한을 할 수 있음.

▶ 여기서, 먼저 외국인에게 직업선택의 자유와 관련된 제한 법률을 살펴보면 국가공무원법 제26조의 3 제1항에서 "국가기관의 장은 국가안보 및 보안·기밀에 관계되는 분야를 제외하고 대통령령 등으로 정하는 바에 따라 외국인을 공무원으로 임용할 수 있다."라고 규정하여, 우리나라의 국가안보와 보안 및 기밀에 관련된 분야에서 외국인은 국가공무원으로 임용될 수 없음.

● 기본권의 주체 (3)

▶ 그리고 도선법 제6조 제1호에서 "다음 각 호의 어느 하나에 해당하는 사람은 도선시기 될 수 없다. 1. 대한민국 국민이 아닌 사람"이라고 규정하여, 외국인은 우리나라의 도선사가 될 수 없도록 규정하고 있음.

▶ 다음으로 외국인에게 재산권 중 토지소유권과 관련된 제한 법률을 살펴보면 외국인 토지법 제4조 제2항에서 "제1항에도 불구하고 외국인, 외국정부 또는 대통령령으로 정하는 국제기구가 취득하려는 토지가 다음 각 호의 어느 하나에 해당하는 구역·지역 등에 있으면 토지취득계약을 체결하기 전에 대통령령으로 정하는 바에 따라 시장·군수 또는 구청장으로부터 토지취득의 허가를 받아야 한다. 다만, 국토의 계획 및 이용에 관한 법률 제118조에 따라 토지거래계약에 관한 허가를 받은 경우에는 그러하지 아니하다. 1. 군사

● 기본권의 주체 (4)

▶ 기지 및 군사시설 보호법 제2조 제6호에 따른 군사기지 및 군사시설 보호구역, 그 밖에 국방목적을 위하여 외국인, 외국정부 또는 대통령령으로 정하는 국제기구의 토지취득을 특별히 제한할 필요가 있는 지역으로서 대통령령으로 정하는 지역, 2. 문화재 보호법 제2조 제2항에 따른 지정문화재와 이를 위한 보호물 또는 보호구역, 3. 자연환경보전법 제2조 제12호에 따른 생태·경관보전지역, 4. 야생생물 보호 및 관리에 관한 법률 제27조에 따른 야생생물 특별보호구역"이라고 규정하고 있고, 외국인 토지법 제4조 제4항에서 "제2항을 위반하여 체결한 토지취득계약은 그 효력이 발생하지 아니한다."라고 규정하고 있어, 외국인이 우리나라의 일정한 분야의 토지를 취득할 때에는 일정한 제한을 하고 있음.

▶ 외국인에게 재산권 중 광업권과 관련된 제한 법률을 살펴보면 광업법 제10

기본권의 주체 (5)

▶ 조의 2 제1항에서 "외국인은 다음 각 호의 어느 하나에 해당하는 경우에만 광업권을 가질 수 있다. 1. 그 외국인이 속하는 국가에서 대한민국 국민에 대하여 그 국가의 국민과 동일한 조건으로 광업권을 갖는 것을 인정하는 경우, 2. 대한민국이 그 외국인에 대하여 광업권을 갖는 것을 인정하는 경우에는 그 외국인이 속하는 국가에서도 대한민국 국민에 대하여 그 국가의 국민과 동일한 조건으로 광업권을 갖는 것을 인정하는 경우, 3. 조약 및 이에 준하는 것에서 광업권을 갖는 것을 인정하고 있는 경우"라고 규정하여, 외국인에게 광업권에 대한 일정한 제한을 하고 있음.

▶ 외국인에게 재산권 중 특허권과 관련된 제한 법률을 살펴보면 특허법 제25

기본권의 주체 (6)

▶ 조에서 "재외자 중 외국인은 다음 각 호의 어느 하나에 해당하는 경우를 제외하고는 특허권 또는 특허에 관한 권리를 누릴 수 없다. 1. 그 외국인이 속하는 국가에서 대한민국 국민에 대하여 그 국가의 국민과 같은 조건으로 특허권 또는 특허에 관한 권리를 인정하는 경우, 2. 대한민국이 그 외국인에 대하여 특허권 또는 특허에 관한 권리를 인정하는 경우에는 그 외국인이 속하는 국가에서 대한민국 국민에 대하여 그 국가의 국민과 같은 조건으로 특허권 또는 특허에 관한 권리를 인정하는 경우, 3. 조약 또는 이에 준하는 것에 따라 특허권 또는 특허에 관한 권리가 인정되는 경우"라고 규정하여, 외국인에게 특허권에 대한 일정한 제한을 하고 있음.

기본권의 주체 (7)

▶ 외국인에게 재산권 중 항공기 소유나 임차와 관련된 제한 법률을 살펴보면 항공법 제6조 제1항과 제2항에서 "제1항 : 다음 각 호의 어느 하나에 해당하는 자가 소유하거나 임차하는 항공기는 등록할 수 없다. 다만, 대한민국의 국민 또는 법인이 임차하거나 그 밖에 항공기를 사용할 수 있는 권리를 가진 자가 임차한 항공기는 그러하지 아니하다. 1. 대한민국 국민이 아닌 사람, 2. 외국정부 또는 외국의 공공단체, 3. 외국의 법인 또는 단체, 4. 제1호부터 제3호까지의 어느 하나에 해딩하는 자가 주식이나 지분의 2분의 1 이상을 소유하거나 그 사업을 사실상 지배하는 법인, 5. 외국인이 법인등기부상의 대표자이거나 외국인이 법인등기부상의 임원 수의 2분의 1 이상을 차지하는 법인, 제2항 : 외국 국적을 가진 항공기는 등록할 수 없다."라고 규정하여,

기본권의 주체 (8)

▶ 외국인에게 항공기의 소유나 임차에 대한 일정한 제한을 하고 있음.

▶ 그리고 외국인에게 선거권과 관련된 제한 법률을 살펴보면 외국인 공직선거법 제15조 제1항에서 "19세 이상의 국민은 대통령 및 국회의원의 선거권이 있다. 다만, 지역구 국회의원의 선거권은 19세 이상의 국민으로서 제37조 제1항에 따른 선거인명부작성기준일 현재 다음 각 호의 어느 하나에 해당하는 사람에 한하여 인정된다. 1. 주민등록법 제6조 제1항 제1호 또는 제2호에 해당하는 사람으로서 해당 국회의원 지역선거구 안에 주민등록이 되어 있는 사람, 2. 주민등록법 제6조 제1항 제3호에 해당하는 사람으로서 주민등록표에 3개월 이상 계속하여 올라 있고 해당 국회의원지역선거구 안에 주민등록

• 기본권의 주체 (9)

▶ 이 되어 있는 사람"이라고 규정하여, 외국인에게 대통령 및 국회의원의 선거권에 대한 제한을 하고 있음. 다만, 공직선거법 제15조 제2항에서 "19세 이상으로서 제37조 제1항에 따른 선거인명부작성기준일 현재 다음 각 호의 어느 하나에 해당하는 사람은 그 구역에서 선거하는 지방자치단체의 의회의원 및 장의 선거권이 있다. 1. 주민등록법 제6조 제1항 제1호 또는 제2호에 해당하는 사람으로서 해당 지방자치단체의 관할 구역에 주민등록이 되어 있는 사람, 2. 주민등록법 제6조 제1항 제3호에 해당하는 사람으로서 주민등록표에 3개월 이상 계속하여 올라 있고 해당 지방자치단체의 관할구역에 주민등록이 되어 있는 사람, 3. 출입국관리법 제10조에 따른 영주의 체류자격 취득일 후 3년이 경과한 외국인으로서 같은 법 제34조에 따라 해당 지방자치단체의 외국인등록대장에 올라 있는 사람"이라고 규정하여, 외국인에게 지

• 기본권의 주체 (10)

▶ 방자치단체의 의회의원 및 장의 선거권에 대한 제한을 완화하는 규정을 두고 있음.

▶ 또한 외국인에게 피선거권과 관련된 제한 법률을 살펴보면 외국인 공직선거법 제16조 제1항부터 제3항에서 "제1항 : 선거일 현재 5년 이상 국내에 거주하고 있는 40세 이상의 국민은 대통령의 피선거권이 있다. 이 경우 공무로 외국에 파견된 기간과 국내에 주소를 두고 일정기간 외국에 체류한 기간은 국내거주기간으로 본다. 제2항 : 25세 이상의 국민은 국회의원의 피선거권이 있다. 제3항 : 선거일 현재 계속하여 60일 이상(공무로 외국에 파견되어 선거일전 60일 후에 귀국한 자는 선거인명부작성기준일부터 계속하여 선거일까지) 해당 지방자치단체의 관할구역에 주민등록이 되어 있는 주민으

● 기본권의 주체 (11)

▷ 로서 25세 이상의 국민은 그 지방의회의원 및 지방자치단체의 장의 피선거권이 있다. 이 경우 60일의 기간은 그 지방자치단체의 설치·폐지·분할·합병 또는 구역변경(제28조 각 호의 어느 하나에 따른 구역변경을 포함한다)에 의하여 중단되지 아니한다."라고 규정하여, 외국인에게 대통령 선거와 국회의원 선거 및 지방자치단체의 의회의원 및 장의 선거에 대한 피선거권을 제한하고 있음.

▷ 이밖에 외국인에게 사회권적 기본권과 관련된 제한에 대해서 우리나라 헌법재판소는 "근로의 권리는 생활의 기본적인 수요를 충족시킬 수 있는 생활수단을 확보해 주고, 나아가 인격의 자유로운 발현과 인간의 존엄성을 보장해 주는 것으로서 사회권적 기본권의 성격이 강하므로, 이에 대한 외국인의 기본권 주체성을 전면적으로 인정하기는 어렵다."라고 판시함(헌재 2007. 8.

● 기본권의 주체 (12)

▷ 30, 2004헌마670).

▷ 이밖에 외국인에게 출국의 자유는 인정되지만, 어떤 외국과의 특별한 조약이 없는 한 그 나라의 외국인에게 우리나라가 입국을 허가할 의무는 없음.

▷ 이와 관련하여 대한민국 헌법재판소는 "외국인에게 모든 기본권이 무한정 인정될 수 있는 것이 아니라, 원칙적으로 '국민의 권리'가 아닌 '인간의 권리'의 범위 내에서만 인정될 것인바, 인간의 존엄과 가치 및 행복추구권 등 '인간의 권리'는 외국인도 그 주체가 될 수 있다."라고 판시함(헌재 2001. 11. 29, 99헌마494).

▷ 3. 법인 : 법인은 사법인의 경우에 영리와 비영리를 가리지 않고, 사단법인과 재단법인뿐만 아니라 기타의 인적 결사체도 인간만이 누릴 수 있는 생명권, 신체의 자유, 양심의 자유 등을 제외한 평등권, 거주·이전의 자유,

● 기본권의 주체 (13)

▷ 언론·출판의 자유, 재산권, 재판청구권 등을 누릴 수 있음. 그러나 국가나 지방자치단체 등의 공법인이나 국가기관은 원칙적으로 기본권의 주체가 될 수 없음. 즉, 국가나 국가기관 또는 국가조직의 일부나 공법인은 기본권의 '수범자'이지 기본권의 주체로서 그 '소지자'가 아니고, 오히려 국민의 기본권을 보호 내지 실현해야 할 책임과 의무를 지니고 있는 지위에 있을 뿐임 (헌재 1994. 12. 29, 93헌마120).

▷ 다만 우리나라 헌법재판소는 1992년 10월에 "대학의 자율성은 헌법 제22조 제12항이 보장하고 있는 학문의 자유의 확실한 보장수단으로 꼭 필요한 것으로서, 이는 대학에게 부여된 헌법상의 기본권이다. 따라서 국립대학인 서울대학교는 다른 국가기관 내지 행정기관과는 달리 공권력의 행사자의 지위

● 기본권의 주체 (14)

▷ 와 함께 기본권의 주체라는 점도 중요하게 다루어져야 한다. 여기서 대학의 자율은 대학시설의 관리·운영만이 아니라 학사관리 등 전반적인 것이라야 하므로, 연구와 교육의 내용, 그 방법과 그 대상, 교과과정의 편성, 학생의 선발, 학생의 전형도 자율의 범위에 속해야 한다. 따라서 서울대학교가 입학시험제도를 자주적으로 마련될 수 있어야 한다."라고 판시하여(헌재 1992. 10. 1, 92헌마68), 국립대학인 서울대학교는 공권력 행사의 주체임과 동시에 학문의 자유와 대학의 자율권이라는 기본권의 주체가 되는 것으로 판시함. 그리고 법인의 기본권 주체성에 대하여 우리나라 헌법재판소는 "우리 헌법은 법인의 기본권 향유능력을 인정하는 명문의 규정을 두고 있지 않지만, 본래 자연인에게 적용되는 기본권 규정이라도 언론·출판의 자유, 재산권의 보장 등과 같이 성질상 법인이 누릴 수 있는 기본권을 당연히 법인에게도 적용하여야 한 것으로 본다."라고 판시함(헌재 1991. 6. 3, 90헌마56).

● 인간의 존엄과 가치 (1)

(이 부분은 이희훈 a, 앞의 책, 75-77면, 235-245면, 257-263면 일부 참조)

▶ 대한민국 헌법 제10조에서 뜻하는 인간상에 대해서 우리나라 헌법재판소는 "자신이 스스로 선택한 인생관과 사회관을 바탕으로 사회공동체 안에서 각자의 생활을 자신의 책임 아래 스스로 결정하고 형성하는 성숙한 민주시민으로서, 이는 사회와 고립된 주관적 개인이나 공동체의 단순한 구성분자가 아니라 공동체에 관련되고 공동체에 구속되어 있기는 하지만 그로 인하여 자신의 고유가치를 훼손당하지 아니하고 개인과 공동체의 상호연관 속에서 균형을 잡고 있는 인격체다."라고 판시함(헌재 1998. 5. 28, 96헌가5; 헌재 2003. 10. 30, 2002헌마518).

▶ 우리나라 헌법 제10조가 보장하고 있는 인간으로서의 존엄과 가치는 우리나라 기본권의 이념적·정신적 출발점이며, 모든 기본권의 가치적인 핵심규정인바, 헌법 제10조는 인간으로서의 존엄과 가치를 핵으로 하는 헌법상

● 인간의 존엄과 가치 (2)

▷ 의 기본권 보장이 다른 헌법규정을 기속하는 최고의 헌법 원리임을 규정하고 있음(헌재 2010. 2. 25, 2008헌가23; 헌재 1992. 10. 1, 91헌마31).

▷ 대한민국 헌법 제10조의 인간의 존엄과 가치 조항으로부터 도출되는 기본권의 예로는 생명권, 명예권, 성명권, 초상권 등의 일반적 인격권을 들 수 있음.

▷ 이중에서 먼저 '생명권'에 대해 대한민국 헌법재판소는 "인간의 생명은 고귀하고, 이 세상에서 그 무엇과도 바꿀 수 없는 존엄한 인간존재의 근원이다. 이러한 생명권은 비록 헌법에 명문의 규정이 없다 하더라도 인간의 생존본능과 존재목적에 바탕을 둔 선험적이고 자연법적인 권리로서 헌법에 규정된 모든 기본권의 전제로서 기능하는 기본권 중의 기본권이다."라고 판시함(헌재 1996. 11. 28, 95헌바1).

● 인간의 존엄과 가치 (3)

▷ 따라서 헌법상 인간의 생명권은 최대한 존중되어야만 하고, 국가는 헌법상 용인될 수 있는 정당한 사유 없이 생명권을 박탈하는 내용의 입법 등을 해서는 안 되며, 사인(私人)의 범죄행위로 인하여 국민의 생명권이 박탈되는 것을 방지할 수 있는 입법 등을 함으로써 국민의 생명권을 최대한 보호할 의무가 있음(헌재 2010. 2. 25, 2008헌가23).

▷ 이러한 견지에서 국가는 원칙적으로 생명의 생리학적인 조건을 충족하고 있는 이상 모든 생명에 대한 가치는 같은 것으로 보아야 하므로, 어떤 생명에 대해서 이미 또는 아직 사회적 기능을 할 수 있다거나 없다는 식의 관점이나 더 이상 생존할 가치가 있는 생명이라거나 생존할 가치가 없는 생명이라는 식의 관점으로 인간의 생명의 가치에 차등을 두어서는 안 됨(권영성, 헌법학원론, 2009, 406면).

● 인간의 존엄과 가치 (4)

▷ 따라서 국가는 합리적 이유 없이 흉기 등으로 자신의 생명을 해치려고 하는 타인에 대해서는 부득이하게 이에 대해 방어하는 과정에서 그 상대방을 살해하거나(형법상 정당방위가 성립되는 경우), 둘 이상의 생명이 양립할 수 없는 경우(형법상 긴급피난이 성립되는 경우), 국가가 전시상황 하에 놓였을 때 적군을 사살하는 경우 등에는 무죄로 판단하게 되는바, 이렇게 어디까지나 극히 예외적인 상황 하에서만 생명에 대한 사회적 또는 법적 평가를 할 수 있음. 참고로, 기원 전 2세기에 그리스에서 배가 난파되어 승무원 전원이 바다에 빠지게 된 사건이 있었는바, 혼자만 매달릴 수 있는 널판지 한 조각을 붙잡고 간신히 살고 있던 한 사람이 있었는데, 다른 한 사람이 나타나 그 널판지에 같이 매달리려고 했음. 그러나 만약 두 사람이 그 널판지에 매달

● 인간의 존엄과 가치 (5)

▷ 릴 경우에 그 널판지가 가라앉아서 둘 다 죽게 되는 경우에 다른 사람을 그 널판지에서 밀어내서 결국 그 사람을 물에 빠져 죽게 만들었고, 이후 널판지에 매달려 있던 사람은 구조되어 재판을 받게 되었는데, 법원에서 무죄를 선고 받게 됨. 이것을 일명 '카르네아데스의 널판지 사건'이라고 하며, 이것이 오늘날의 긴급피난에 해당되는 대표적인 사례임.

▷ 이러한 생명권에 대하여 미국은 1776년 6월 12일에 미국 버지니아 권리장전 제1조에서 "모든 사람은 태어나면서부터 평등하고 자유로우며 독립적이고 천부적인 권리를 가지는바, 사람들이 사회를 수립하는 데 있어 그들의 자손으로부터 생명과 자유, 재산의 취득과 유지, 행복과 안전을 추구할 권리를 박탈하는 것은 불가능하다."라고 규정하여 생명권을 명시적으로 보장하였음.

인간의 존엄과 가치 (6)

▶ 그리고 1776년 7월 4일에 미국 독립선언서 중에서 "…우리들은 다음과 같은 것을 자명한 진리로 받아들인다. 즉, 모든 사람은 평등하게 태어났고, 신은 몇 개의 양도할 수 없는 권리를 부여하였는바, 그 권리 중에는 생명과 자유 및 행복 추구라는 것이 있다. 이러한 권리를 확보하기 위해서 인간은 정부를 조직했으며, 이러한 정부의 정당한 권력은 국민의 동의로부터 유래한다. 또한 어떠한 형태의 정부이든지 간에 이러한 목적을 파괴할 때에는 언제든지 정부를 개혁하거나 폐지하여 그들의 안전과 행복을 가져올 수 있는 가장 효과적이고 적합한 원칙에 기초를 두고 그러한 형태로 권력을 조직하여 새로운 정부를 만드는 것은 인민의 권리다…."라고 규정하여 명시적으로 생명권을 보장하였음.

인간의 존엄과 가치 (7)

▶ 또한 1791년 미국 연방수정헌법 제5조에서 "누구든지 대배심에 의한 고발이나 기소가 있지 않는 한 사형에 해당하는 죄 또는 중죄에 관하여 심리를 받지 아니한다. 다만 전쟁시나 공공의 위험이 발생했을 때에 육군이나 해군 또는 민병대에서 실제 복무 중에 발생한 사건에 대해서는 예외로 한다. 그 누구든지 동일한 범행으로 생명이나 신체에 대한 위험에 거듭 빠뜨려서는 안 되고, 어느 형사사건에 대해서도 자신이 증인이 될 것을 강요받아서는 안 되며, 그 누구든지 정당한 법의 절차에 의하지 아니하고는 생명, 자유 또는 재산을 박탈당하지 아니한다. 또한 사유재산은 정당한 보상 없이 공용을 위하여 수용당하지 아니한다."라는 규정과 동 헌법 제14조 제1절에서 "미국에서 출생하거나 귀화한 자 및 미국의 관할권에 속하는 모든 사람은 미국

● 인간의 존엄과 가치 (8)

▶ 및 그 거주하는 주의 시민이다. 그 어떤 주도 미국 시민의 특권이나 면책권을 박탈하는 법률을 제정하거나 시행할 수 없다. 또한 그 어떤 주도 정당한 법의 절차에 의하지 않고는 그 어떤 사람으로부터도 생명, 자유, 또는 재산을 박탈할 수 없으며, 그 관할권 내에 있는 어떠한 사람에 대해서 법률에 의한 동등한 보호를 거부하지 못한다."라고 규정하여 생명권을 명시적으로 보장하고 있음.

▶ 그리고 독일은 1949년에 기본법 제2조 제2항에서 "그 누구든지(모든 사람은) 각자 생명권과 신체를 훼손당하지 않을 권리를 갖는다. 신체의 자유는 불가침이다. 이 권리들은 법률에 근거해서만 제한될 수 있다."라고 규정하여 명시적으로 생명권을 보장하고 있음.

● 인간의 존엄과 가치 (9)

▶ 또한 일본은 1946년에 일본 헌법 제13조에서 "모든 국민은 개인으로서 존중 받는다. 생명, 자유 및 행복추구에 대한 국민의 권리는 공공복리에 위반되지 않는 한 입법 기타의 국정에서 최대한 존중해야 한다."라고 규정하여 생명권을 명시적으로 보장하고 있음.

▶ 그리고 1948년의 세계인권선언 제3조에서 "모든 사람은 생명과 자유 및 신체의 안전을 향유할 권리를 가진다."라고 규정하여 생명권을 명시적으로 보장하고 있음.

▶ 또한 '시민적, 정치적 권리에 관한 국제규약 B규약'의 제6조 제1항에서 "모든 인간은 생명에 대한 고유의 권리를 가진다. 이 권리는 법률에 의해서 보호된다. 누구라도 자의적으로 그 생명을 박탈당할 수 없다."라고 규정하여 생명권을 명시적으로 보장하고 있음.

● 인간의 존엄과 가치 (10)

▷ 우리나라 헌법전에는 생명권에 대해 명시적으로 규정하지 않고 있는바, 우리나라 헌법의 해석상 생명권의 헌법적 근거에 대해 살펴보면, 인간의 존엄과 가치는 기본권 질서의 이념적 출발점이고 핵심적 내용이자 헌법의 존재의의에 해당하는바, 이러한 헌법 제10조의 인간의 존엄과 가치규정은 헌법의 최고원리이며, 모든 기본권의 지도 원리로서 기능함. 따라서 헌법 제10조의 인간의 존엄과 가치 규정은 처음부터 어떤 기본권이 헌법상 보호되어야할 권리임에도 불구하고 헌법에 명문으로 열거되지 않은 경우에 이러한 기본권을 도출하는 법적 근거가 된다고 할 것인바, 이러한 점에서 대한민국 헌법상 생명권은 헌법에 명시적인 근거 규정이 없지만, 헌법 제10조의 인간의 존엄과 가치 규정을 근거로 헌법상 보장된다고 할 것임(전광석, 앞의 책, 283－288면).

● 인간의 존엄과 가치 (11)

▷ 즉, 생명은 인간의 본질로서, 인간의 존엄성의 핵심적 내용으로 다른 기본권의 가치적 및 이념적 전제가 된다는 점에서 생명권은 헌법 제10조의 인간의 존엄과 가치 규정에 그 근거가 있다고 할 것임(김문현, 사례연구 헌법, 2009, 163면; 김학성, 헌법학원론, 2014, 379면).

▷ 이렇듯, 헌법 제10조의 인간의 존엄과 가치 규정으로부터 도출된다고 할 수 있는 생명권의 주체는 그 성질상 법인은 그 주체가 될 수 없고, 자연인인 이상 국민과 외국인을 불문하고 보장됨.

▷ 대한민국 헌법상 생명권에서 보호하고자 하는 생명은 모든 생명이 있는 것을 뜻하므로, 독자적인 생존능력이나 생존가능성이 있는 생명에 한해서 헌법상 생명권을 인정할 필요가 없다는 점에서 헌법상 생명의 시기(始期)는 민법이나 형법과 같은 법률에서의 사람의 출생시기와 반드시 동일하게 볼 필요는 없음.

● 인간의 존엄과 가치 (12)

▷ 이와 관련하여 우리나라 헌법재판소는 "모든 인간은 헌법상 생명권의 주체가 되며, 형성 중의 생명인 태아에게도 생명에 대한 권리가 인정되어야 한다. 따라서 태아도 헌법상 생명권의 주체가 되며, 국가는 헌법 제10조에 따라 태아의 생명을 보호할 의무가 있다."라고 판시함(헌재 2008. 7. 31, 2004헌바81).

▷ 그리고 생명권의 주체라고 하더라도 자신의 생명을 함부로 하는 것에 대해서는 제한을 가할 필요가 있으므로, 어떤 사람이 타인의 생명을 끝내도록 적극적으로 유도하게 되면 형법상 자살교사죄로 처벌하고, 타인의 생명을 보호감독할 의무가 있는 사람이 타인의 생명이 끝나는 것을 그대로 방치하면 형법상 자살방조죄로 처벌함. 다만 국가는 생명권의 주체가 엄격한 조건 하에서 자신의 자율적인 진지한 결단에 의해 자신의 생명을 포기하는 자살

● 인간의 존엄과 가치 (13)

▷ 에 대해 국가가 개입하는 것은 한계가 있음. 그러나 자살은 사회적 전염성이 강하고 사회 전체에 좋지 않은 영향을 미칠 수 있기 때문에 국가는 생명을 존중하는 문화의 조성을 위한 자살예방정책과 대책을 수립해야 할 것임. 이에 우리나라에서는 '자살예방 및 생명존중문화 조성을 위한 법률'이 제정됨(성낙인, 앞의 책, 1062면).

▷ 자살예방 및 생명존중문화 조성을 위한 법률상 국민은 자살위험에 노출되거나 스스로 노출되었다고 판단될 경우에 국가 및 지방자치단체에 도움을 요청할 권리가 있고, 국민은 국가 및 지방자치단체가 자살예방정책을 수립 및 시행함에 있어서 적극 협조해야 하며, 자살을 할 위험성이 높은 자를 발견한 경우에는 구조되도록 조치를 취해야 함. 그리고 국가 및 지방자치단체

● 인간의 존엄과 가치 (14)

▶ 는 자살의 위험에 노출되거나 노출될 가능성이 있다고 판단되는 자(이하 '자살위험자'라 한다)를 위험으로부터 적극 구조하기 위하여 필요한 정책을 수립해야 하고, 국가 및 지방자치단체는 자살의 사전예방, 자살 발생 위기에 대한 대응 및 자살이 발생한 후 또는 자살이 미수에 그친 후 사후대응의 각 단계에 따른 정책을 수립 및 시행해야 함. 또한 자살의 위해성을 일깨우고 자살예방을 위한 적극적인 사회 분위기를 조성하기 위하여 매년 9월 10일을 자살예방의 날로 하고, 자살예방의 날부터 1주일을 자살예방주간으로 함.

▶ 한편 인간과 인체유래물 등을 연구하거나, 배아나 유전자 등을 취급할 때 인간의 존엄과 가치를 침해하거나 인체에 위해를 끼치는 것을 방지하여 생명윤리 및 안전을 확보하기 위하여 생명윤리 및 안전에 관한 법률이 제정

● 인간의 존엄과 가치 (15)

▶ 됨. 이러한 생명윤리 및 안전에 관한 법률상 대통령 소속으로 국가생명윤리 심의위원회를 두며, 인간대상연구를 하려는 자는 인간대상연구를 하기 전에 연구계획서를 작성하여 국가생명윤리심의위원회의 심의를 받아야 하고, 누구든지 체세포복제배아 및 단성생식배아(이하에서 '체세포복제배아' 등으로 줄임)를 인간 또는 동물의 자궁에 착상시켜서는 안 되며, 착상된 상태를 유지하거나 출산해서는 안 됨.

▶ 그리고 생명윤리 및 안전에 관한 법률상 누구든지 인간의 배아를 동물의 자궁에 착상시키거나 동물의 배아를 인간의 자궁에 착상시키는 행위를 해서는 안 되며, 누구든지 인간의 난자를 동물의 정자로 수정시키거나 동물의 난자를 인간의 정자로 수정시키는 행위, 핵이 제거된 인간의 난자에 동물의

● 인간의 존엄과 가치 (16)

▷ 체세포 핵을 이식하거나 핵이 제거된 동물의 난자에 인간의 체세포 핵을
  이식하는 행위, 인간의 배아와 동물의 배아를 융합하는 행위, 다른 유전정보
  를 가진 인간의 배아를 융합하는 행위, 이러한 각 행위로부터 생성된 것을
  인간 또는 동물의 자궁에 착상시키는 행위를 해서는 안 된다고 규정하고 있음.

▷ 또한 생명윤리 및 안전에 관한 법률상 누구든지 임신 외의 목적으로 배아
  를 생성해서는 안 되며, 누구든지 배아를 생성할 때에는 특정의 성을 선택
  한 목적으로 난자와 정자를 선별하여 수정시키는 행위, 사망한 사람의 난자
  또는 정자로 수정하는 행위, 미성년자의 난자 또는 정자로 수정하는 행위
  (다만, 혼인한 미성년자가 그 자녀를 얻기 위하여 수정하는 경우는 제외함)
  를 해서는 안 되며, 금전, 재산상의 이익 또는 그 밖의 반대급부를 조건

● 인간의 존엄과 가치 (17)

▷ 으로 배아나 난자 또는 정자를 제공 또는 이용하거나 이를 유인하거나 알
  선해서는 안 된다고 규정하고 있음.

▷ 이밖에 생명윤리 및 안전에 관한 법률상 배아의 보존기간은 5년으로 하고
  (동의권자가 보존기간을 5년 미만으로 정한 경우에는 이를 보존기간으로
  함), 배아생성의료기관은 이러한 보존기간이 끝난 배아 중 연구의 목적으로
  이용하지 아니할 배아는 폐기해야 하며, 누구든지 유전정보를 이유로 교육,
  고용, 승진, 보험 등 사회활동에서 다른 사람을 차별해서는 안 된다고 규정
  하고 있으며, 다른 법률에 특별한 규정이 있는 경우를 제외하고는 누구든지
  타인에게 유전자검사를 받도록 강요하거나 유전자검사의 결과를 제출하도록
  강요해서는 안 되도록 규정하고 있음.

● 인간의 존엄과 가치 (18)

▶ 그리고 우리나라 헌법 제10조의 인간의 존엄과 가치 규정으로부터 도출되는 '명예권'에 대해서 우리나라 헌법재판소는 "헌법 제10조로부터 도출되는 일반적 인격권에는 개인의 명예에 관한 권리도 포함될 수 있으나, 명예는 사람이나 그 인격에 대한 사회적 평가, 즉 객관적·외부적 가치평가를 말하는 것이지 단순히 주관적·내면적인 명예감정은 포함되지 않는다."라고 판시함(헌재 2005. 10. 27, 2002헌마425).

▶ 또한 우리나라 헌법 제10조의 인간의 존엄과 가치 규정으로부터 도출되는 '성명권'에 대해 우리나라 대법원은 "이름(성명)은 특정한 개인을 다른 사람으로부터 식별하는 표지가 됨과 동시에 이를 기초로 사회적 관계와 신뢰가 형성되는 등 고도의 사회성을 가지는 일방, 다른 한편 인격의 주체인 개인

● 인간의 존엄과 가치 (19)

▶ 의 입장에서는 자기 스스로를 표시하는 인격의 상징으로서의 의미를 가지는 것이고, 나아가 이름에서 연유되는 이익들을 침해 빝지 아니하고 자신의 관리와 처분 아래 둘 수 있는 권리인 성명권의 기초가 되는 것이며, 이러한 성명권은 헌법상의 행복추구권과 인격권의 한 내용을 이루는 것이어서 자기결정권의 대상이 되는 것이므로 본인의 주관적인 의사가 중시되어야 하는 것이다."라고 판시함(대법원 2005. 11. 16, 2005스26).

▶ 이밖에 우리나라 헌법 제10조의 인간의 존엄과 가치 규정으로부터 도출되는 '초상권'에 대해 우리나라 대법원은 "사람은 누구나 자신의 얼굴 기타 사회통념상 특정인임을 식별할 수 있는 신체적 특징에 관하여 함부로 촬영 또는 그림 묘사되거나 공표되지 아니하며 영리적으로 이용당하지 않을 권리를 가지는데, 이러한 초상권은 헌법 제10조 제1문에 의하여 헌법적으로도 보장되고 있는 권리이다."라고 판시함(대법원 2006. 10. 13, 2004다16280).

● 사형제도와 인권 (1)

▶ 2018년 1월 30일에 우리나라 검찰은 서울 북부지법 형사합의 11부의 심리로 열린 결심 공판에서 아동·청소년의 성보호에 관한 법률상 강간 등 살인, 추행유인, 사체유기 등 혐의로 구속기소 된 일명 어금니아빠로 알려진 이O학에게 사형을 구형하면서 우리나라에서 최근 다시 사형제도에 대한 찬반 논쟁이 뜨거워졌음(http://news.donga.com/3/all/20180130/88434803/2).

▶ 이렇듯, 최근 대한민국에서 범죄의 잔혹성 때문에 사회적으로 매우 크게 화제가 되었던 극악한 살인 사건들이 발생할 때마다 사형제도에 대한 논란이 계속 되어 왔음.

▶ 이러한 사형제도에 대해 대한민국은 지난 1997년 12월 30일에 23명의 사형을 집행한 이후에 20년 동안 사형을 집행하지 않고 있어 국제적으로 사실상의 사형폐지국으로 분류되고 있음.

● 사형제도와 인권 (2)

(이 부분은 이희훈 a, 앞의 책, 257-263면 일부 참조)

▶ 2015년 9월 13일에 대한변호사협회가 발표한 전체 변호사들을 대상으로 한 사형제도의 존폐에 대한 설문조사에서 사형제도에 찬성한 의견은 해당 설문 참여자인 1,426명 중에서 53%(752명)로 사형제도의 폐지 의견인 47%(671명)에 비하여 약 6% 많았는바, 이들은 흉악범 사형이 법적 정의에 부합한다는 이유(42%), 흉악범죄에 대한 억제에 유효하다는 이유(37%), 국민의 지지(17%) 등의 이유였음(http://www.focus.kr/view.php?key=2015091300163117 516).

▶ 대한민국 형법 제41조 제1호에서 형벌의 종류의 하나로서 사형을 규정하고 있는바, 사형은 인간존재의 바탕인 생명을 빼앗아 사람의 사회적 존재를 말살하는 형벌에 해당하므로 사람의 생명의 소멸을 가져온다는 의미에서 생명형임과 동시에 성질상 모든 형벌 중에서 가장 무거운 형벌에 해당한다는 점

● 사형제도와 인권 (3)

▶ 에서 극형에 해당되는 형벌임. 이러한 사형은 인류의 역사상 가장 오래된 역사를 가진 형벌의 하나로서, 사형은 범죄에 대한 근원적인 응보 방법이며 가장 효과적인 일반 예방법으로 사람들 사이에서 인식되어 왔는바, 대한민국에서 사형제도는 고조선의 소위 8조금법(八條禁法)에서 '상살자 이사상(相殺者 以死償)'이라고 규정된 것에서부터 그 기원을 찾을 수 있고, 현재는 형법과 기타의 특별 형법에서 형벌로 인정되어 오고 있음(헌재 1996. 11. 28, 95헌바1).

▶ 즉, 사형이란 국가가 극악한 중범죄를 저지른 범죄인의 생명을 인위적으로 영구히 제거 또는 박탈하는 형벌이므로, 사형은 생명형에 해당하면서 극형에 속하고, 자연사와 대비됨.

▶ 전세계적으로 보아 2008년 말 기준으로 사형이 존치하는 국가는 미국, 일본, 중국, 대만, 인도 등 105개국으로서 그 중 전쟁범죄를 제외한 일반범죄

사형제도와 인권 (4)

▶ 에 대하여 사형을 폐지한 국가는 10개국이고, 최근 10년 이상 사형집행을 하지 않은 국가는 36개국이다. 모든 범죄에 대한 사형을 폐지한 국가는 녹일, 프랑스, 스웨덴, 필리핀 등 92개국임(헌재 2010. 2. 25, 2008헌가23).

▶ 현재 전 세계적으로 사형 존치국에서의 사형의 종류로는 대한민국과 중국 및 일본과 미국의 일부 주 등에서 운영 중인 '교수형'이 있고, 중국과 미국의 일부 주 등에서 운영 중인 '독극물 주사에 의한 사형'이 있으며, 미국의 일부 주에서 운영 중인 '전기에 의한 사형'이 있음. 그리고 북한과 중국 및 군형법에 의해 베트남과 대한민국, 미국의 일부 주 등에서는 '총살형'이 있고, 사우디아라비아 등에서는 '참수형'이 있으며, 이란에서는 '투석형'이 있고, 북한에서는 '화형'이 있음. 또한 북한에서는 탈북자나 김일성, 김정일, 김정은 등

사형제도와 인권 (5)

▶ 그의 집안을 모욕할 때에는 사람들에 의한 구타와 폭행에 의한 '장살'이 있음. 한편 중국과 북한 및 예멘 등은 사형의 집행시 공개적으로 처형함.

▶ 이러한 사형제도는 인류의 역사상 가장 오래된 형벌로서, 먼저 고대사회에서의 사형제도는 종교적인 신앙과 결부되어 일종의 집단의식으로서의 성격을 가지고 있었음. 이는 고대사회에서 인간의 개별적 범죄행위로 신의 분노를 야기하게 되면 신은 분노하여 인간 전체를 대상으로 재앙을 내리게 된다고 보고 이러한 원시적 사회공동체의 생존을 위협하는 신의 분노를 달래기 위해서는 범죄자의 생명을 재물로 바친다는 의식이 사형제도로 구체화되고 발전되었다고 함(김용우, 최재천, 형사정책, 1998, 193면).

● 사형제도와 인권 (6)

▶ 그리고 사형제도는 고대 원시종교의 한 형태인 토테미즘이나 애니미즘에서 "살인하지 말라"는 생명에 대한 존중을 위해 일종의 '터부(Tabu, Taboo : 금기사항)'로 정해졌으며, 이를 위반할 때 사형시키는 것으로부터 발전되었다고 함. 이러한 고대사회에서 사형의 집행방법으로 오늘날과 같은 교수형을 포함하여 참수형, 투석형, 화형, 생매장, 수장 등 비인도적인 잔인한 여러 방법들을 사용했고, 사형의 집행시 피해자의 가족이나 일반 대중 등이 볼 수 있게 했으며, 보통 공개처형의 방식에 의해 그 잔혹성을 일반 대중에게 알려 범죄에 대한 응보를 행함으로써 이를 통해 집단적인 정화의식을 행함 (Graeme Newman, 서양형벌사, 1997, 103－104면).

▶ 그리고 인류 최초의 문명인 메소포타미아 문명의 바빌로니아 왕국의 전성기였던 BC 1792년의 함무라비 왕이 재임하던 시절에 아카드 문자로 법

● 사형제도와 인권 (7)

▶ 규정을 비석에 새겨 놓은 가장 오래된 실정법인 함무라비법전에서 '눈에는 눈, 이에는 이'라는 동해보복(同害報復)의 사상에 의해 형벌을 행하였는바, 이 법전 안에는 사형이 부과되는 범죄의 종류로 약 30여 개의 규정이 있었음. 이렇듯 인류는 고대사회에서 범죄에 대한 보복과 응보로써 사형제도를 집행했었다고 할 것임(http://news.mk.co.kr/outside/view.php?year＝2007&no＝629054).

▶ 이때 사형이라는 형벌은 국가의 소수의 지배자가 다수의 피지배 계층을 통제하고 억압하기 위한 효율적인 수단으로 기능했을 것임. 이후 중세시대에는 사형제도의 전성기라고 할 만큼 사형의 집행이 많았고, 사형 집행의 방법도 여전히 잔인하였으며, 공개 처형에 의한 방법을 많이 사용함(오영근, 사형존폐의 역사적 고찰, 사형제도의 이론과 실제, 1989, 28면, 37면). 이러한 중세시대

● 사형제도와 인권 (8)

▷ 에는 절대적 왕권국가의 성립 및 유지에 따른 왕권보호를 위해 사형이 굉장히 많이 사용되었다고 할 것임(이종갑, 사형제도에 관한 일고, 인권복지연구 제3호, 2008. 4, 166면).

▷ 이후 인류가 산업혁명과 종교개혁 등을 거치면서 고대와 중세사회에서의 봉건제도는 무너져 갔고 시민계급이 성장 및 발전하게 되면서 천부인권사상을 강조하는 계몽사상이 등장하게 되었고 인도주의의 이념이 확대되면서 근대사회에서는 고대 및 중세사회에서의 잔인한 형벌권의 행사를 부정하며, 인간의 존엄과 가치에 근거한 형벌권의 행사를 요구하게 되어 사형의 숫자가 크게 감소하게 됨(이종갑, 앞의 글, 167면).

▷ 한편 대한민국은 고조선의 8조 금법에서부터 동해보복사상에 의하여 사형

● 사형제도와 인권 (9)

▷ 제도를 규정하고 있었는바, 1894년의 갑오경장을 통해 같은 해 12월 27일에 칙령 제30호가 발효되어 참형과 능지처참형이 폐지되었고, 일반적인 사형방법으로 교수형을, 군형법상 사형방법으로 총살형을 각각 원칙으로 정하게 됨(박영숙, 사형제도에 관한 연구, 교정복지연구 제13호, 2008. 9, 87면).

▷ 대한민국에서 사형의 집행은 1997년 12월 30일 이후로는 이루어진 적이 없지만 사형의 선고는 계속되고 있으며, 대한민국 헌법재판소는 사형을 형의 종류의 하나로서 규정한 형법 제41조 제1호(사형제도) 및 사형을 형벌의 하나로 규정한 살인죄 조항인 형법 제250조 제1항에 대해 지난 1996년 11월 28일에 95헌바1 결정과 2010년 2월 25일에 2008헌가23 결정에서 각각 사형제도를 합헌으로 판시함.

사형제도와 인권 (10)

▷ 사형은 제2차 세계대전 이후에 전쟁과 인종의 갈등으로 인해 발생한 대량
학살에 대한 반성으로 폐지론이 본격화되기 시작하였는바, 1977년의 국제사
면위원회(Amnesty International)는 사형제도를 무조건 반대한다는 내용을
주요 골자로 하는 '스톡홀롬선언'을 발표하였고, UN은 1989년에 사형제도
폐지의 해로 정하고, 사형의 폐지운동을 적극적으로 전개하여 1990년대 이
후 전 세계 여러 국가들 간에 사형 폐지에 대한 공감대가 형성됨.

▷ 시민적 및 정치적 권리에 관한 국제규약 제6조에서 생명권을 보호하는 규
정과 사형제도는 가장 중한 범죄에 한하여 선고될 수 있으며, 미성년자에게
는 사형을 부과하지 못하며 임산부에 대해서는 사형을 집행하지 못하도록
규정하고 있음.

사형제도와 인권 (11)

▷ 인권 및 기본적 자유의 보호에 관한 협약(Convention for the Protection of
Human Rights and Fundamental Freedoms) 제2조에서 "제1호: 모든 사람의
생명권은 법에 의하여 보호된다. 어느 누구도 법에 규정된 형벌이 부과되는
범죄의 유죄 확정에 따른 법원의 판결을 집행하는 경우를 제외하고는 고의
로 생명을 박탈당하지 아니한다. 제2호: 생명의 박탈이 다음과 같은 경우일
때에는 이 조에 위반하여 부과된 것으로 간주되지 아니한다. a. 위법한 폭력
으로부터 사람을 보호하기 위할 때, b. 합법적으로 체포를 하거나 또는 합법
적으로 구금된 자의 도주를 방지하기 위할 때, c. 폭동 또는 반란을 진압하
기 위하여 합법적으로 취하여지는 행동일 때"라고 규정하여 생명권의 보호
와 사형의 원칙적 금지를 규정하고 있음.

● 사형제도와 인권 (12)

▶ 미주인권협약(American Convention on Human Rights) 제4조에서 "제1호: 모든 사람은 자신의 생명을 존중 받을 권리를 가진다. 이 권리는 법률에 의하여 보호되며, 일반적으로 임신의 순간부터 보호되어야 한다. 어느 누구도 자의적으로 자신의 생명을 박탈당하지 아니한다. 제2호: 사형을 폐지하지 않은 국가의 경우에 사형은 가장 중대한 범죄에 대해서만 범죄행위 이전에 제정되어 그러한 형벌을 규정한 법에 따라 권한 있는 법원이 내린 확정판결에 따라서만 부과될 수 있다. 그러한 형벌의 직용은 현재 그것이 적용되지 않는 범죄에 대하여는 확대되지 아니한다. 제3호: 사형은 이를 폐지한 국가에서는 다시 도입되지 아니한다. 제4호: 어떠한 경우에도 사형은 정치적 범죄 또는 이와 관련된 범죄에 대해서 부과되지 아니한다. 제5호: 사형은 범행시

● 사형제도와 인권 (13)

▶ 18세 미만이나 70세 이상인 자에 대해서는 부과되지 아니하며, 임산부에게도 적용되지 아니한다. 제6호: 사형선고를 받은 모든 사람은 사면, 특사 또는 감형을 청구할 권리를 가지며, 이는 어떠한 경우에도 부여될 수 있다. 사형은 그러한 청원이 담당기관에 의하여 검토되는 동안에는 집행될 수 없다."라고 규정하여 생명권을 보호하고 있고, 사형제도는 가장 중한 범죄에 한하여 선고될 수 있으며, 정치범과 미성년자 및 고령자에게는 사형을 부과하지 못하며 임산부에 대해서는 사형을 집행하지 못하도록 규정하고 있음.

▶ 인간과 인민의 권리에 관한 아프리카 헌장(African Charter on Human and Peoples' Rights) 제4조에서 "모든 인간은 자신의 생명과 신체의 완전성을

● 사형제도와 인권 (14)

▶ 존중 받을 권리를 가진다. 어느 누구도 이 권리를 자의적으로 박탈당하지 아니한다."라고 규정하여 생명권의 보호에 대해 규정하고 있음.

▶ 세계인권선언 제3조에서는 사형제도에 대해 명시적인 규정을 두고 있지 않지만, 사람의 생명권을 보호하는 규정을 두고 있음.

인권법 사례 이야기

(5주차-1번째 강의)

● 5주차 강의의 개요와 학습목표

▶ 수강생들이 5주에 학습할 강의의 개요는 사형제도에 대한 우리나라 헌법재
판소의 2010. 2. 25, 2008헌가23 판례의 검토, 사형제도에 대한 합헌론과 위
헌론, 사형제도에 대한 향후 개선방안, 낙태와 인권에 대해 각각 강의하여,
향후 수강생들이 일상생활 속에서 발생할 수 있는 다양한 인권법적 사례와
쟁점에 대한 기초적인 지식을 알기 쉽고 능동적이며 흥미를 가지고 효과 있
게 습득할 수 있도록 하는 것에 5주 강의의 학습 목표가 있음.

사형제도에 대한 헌법재판소의 2008헌가23 판례 검토 (1)

▶ 1. 사건의 개요

▶ 오○근은 2회에 걸쳐 4명을 살해하고 그 중 3명의 여성을 추행한 범죄사실로 구속기소되어, 1심인 광주지방법원 순천지원(2007고합143)에서 형법 제250조 제1항, '성폭력범죄의 처벌 및 피해자보호 등에 관한 법률' 제10조 제1항 등이 적용되어 사형을 선고 받은 후 광주고등법원에 항소하였음. 그리고 오○근은 항소심 재판 계속 중(2008노71) 형법 제250조 제1항, 사형제도를 규정한 형법 제41조 제1호 등에 대하여 위헌법률심판제청신청을 하였고(2008초기29), 광주고등법원은 2008. 9. 17. 형법 제41조 중 '1. 사형 2. 징역' 부분, 형법 제42조(무기금고, 유기징역, 유기금고 부분 제외), 형법 제72조 제1항(무기금고, 유기징역, 유기금고 부분 제외), 형법 제250조 제1항 중

사형제도에 대한 헌법재판소의 2008헌가23 판례 검토 (2)

▶ '사형, 무기의 징역에 처한다.'는 부분, '성폭력범죄의 처벌 및 피해자보호 등에 관한 법률' 제10조 제1항 중 '사형 또는 무기징역에 처한다.'는 부분이 각 위헌이라고 의심할 만한 상당한 이유가 있다며 위헌법률심판제청결정을 하였음.

▶ 2. 사형제도에 대한 헌법재판소의 결정 요지

▶ 헌법은 절대적 기본권을 명문으로 인정하고 있지 아니하며, 헌법 제37조 제2항에서는 국민의 모든 자유와 권리는 국가안전보장, 질서유지 또는 공공복리를 위하여 필요한 경우에 한하여 법률로써 제한할 수 있도록 규정하고 있어, 비록 생명이 이념적으로 절대적 가치를 지닌 것이라 하더라도 생명에 대한 법적 평가가 예외적으로 허용될 수 있다고 할 것이므로, 생명권 역시 헌법 제37조 제2항에 의한 일반적 법률유보의 대상이 될 수밖에 없음. 나아

● 사형제도에 대한 헌법재판소의 2008헌가23 판례 검토 (3)

▷ 가 생명권의 경우, 다른 일반적인 기본권 제한의 구조와는 달리, 생명의 일부 박탈이라는 것을 상정할 수 없기 때문에 생명권에 대한 제한은 필연적으로 생명권의 완전한 박탈을 의미하게 되는바, 위와 같이 생명권의 제한이 정당화될 수 있는 예외적인 경우에는 생명권의 박탈이 초래된다 하더라도 곧바로 기본권의 본질적인 내용을 침해하는 것이라 볼 수 없음.

▷ 사형은 일반국민에 대한 심리적 위하(威嚇)를 통하여 범죄의 발생을 예방하며 극악한 범죄에 대한 정당한 응보를 통하여 정의를 실현하고, 당해 범죄인의 재범 가능성을 영구히 차단함으로써 사회를 방어하려는 것으로 그 입법목적은 정당하고, 가장 무거운 형벌인 사형은 비례의 원칙 중 수단의 적합성 원칙에 부합(합치)됨.

● 사형제도에 대한 헌법재판소의 2008헌가23 판례 검토 (4)

▷ 사형은 무기징역형이나 가석방이 불가능한 종신형보다도 범죄자에 대한 법익침해의 정도가 큰 형벌로서, 인간의 생존본능과 죽음에 대한 근원적인 공포까지 고려하면, 무기징역형 등 자유형보다 더 큰 위하력을 발휘함으로써 가장 강력한 범죄억지력을 가지고 있다고 보아야 하고, 극악한 범죄의 경우에는 무기징역형 등 자유형의 선고만으로는 범죄자의 책임에 미치지 못하게 될 뿐만 아니라 피해자들의 가족 및 일반국민의 정의관념에도 부합하지 못하며, 입법목적의 달성에 있어서 사형과 동일한 효과를 나타내면서도 사형보다 범죄자에 대한 법익침해 정도가 작은 다른 형벌이 명백히 존재한다고 보기 어려우므로 사형제도가 비례의 원칙 중 최소 침해의 원칙에 부합(합치)됨. 한편, 오판가능성은 사법제도의 숙명적 한계이지 사형이라는 형벌제

● 사형제도에 대한 헌법재판소의 2008헌가23 판례 검토 (5)

▷ 도 자체의 문제로 볼 수 없으며 심급제도, 재심제도 등의 제도적 장치 및 그에 대한 개선을 통하여 해결할 문제이지, 오판가능성을 이유로 사형이라는 형벌의 부과 자체가 위헌이라고 할 수는 없음.

▷ 사형제도에 의하여 달성되는 범죄예방을 통한 무고한 일반국민의 생명 보호 등 중대한 공익의 보호와 정의의 실현 및 사회방위라는 공익은 사형제도로 발생하는 극악한 범죄를 저지른 자의 생명권이라는 사익보다 결코 작다고 볼 수 없을 뿐만 아니라, 다수의 인명을 잔혹하게 살해하는 등의 극악한 범죄에 대하여 한정적으로 부과되는 사형이 그 범죄의 잔혹함에 비하여 과도한 형벌이라고 볼 수 없으므로, 사형제도는 비례의 원칙 중 법익 균형의 원칙에 부합(합치)됨.

● 사형제도에 대한 헌법재판소의 2008헌가23 판례 검토 (6)

▷ 사형제도는 우리나라 헌법이 적어도 간접적으로나마 인정하고 있는 형벌의 한 종류일 뿐만 아니라, 사형제도가 생명권 제한에 있어서 헌법 제37조 제2항에 의한 헌법적 한계를 일탈하였다고 볼 수 없는 이상, 범죄자의 생명권 박탈을 내용으로 한다는 이유만으로 곧바로 인간의 존엄과 가치를 규정한 헌법 제10조에 위배된다고 할 수 없으며, 사형제도는 형벌의 경고기능을 무시하고 극악한 범죄를 저지른 자에 대하여 그 중한 불법 정도와 책임에 상응하는 형벌을 부과하는 것으로서 범죄자가 스스로 선택한 잔악무도한 범죄행위의 결과인바, 범죄자를 오로지 사회방위라는 공익 추구를 위한 객체로만 취급함으로써 범죄자의 인간으로서의 존엄과 가치를 침해한 것으로 볼 수 없음.

▷ 한편 사형을 선고하거나 집행하는 법관 및 교도관 등이 인간적 자책감을

● 사형제도에 대한 헌법재판소의 2008헌가23 판례 검토 (7)

▶ 가질 수 있다는 이유만으로 사형제도가 법관 및 교도관 등의 인간으로서의 존엄과 가치를 침해하는 위헌적인 형벌제도라고 할 수는 없음.

▶ 절대적 종신형제도는 사형제도와는 또 다른 위헌성 문제를 야기할 수 있고, 현행 형사법령 하에서도 가석방제도의 운영 여하에 따라 사회로부터의 영구적 격리가 가능한 절대적 종신형과 상대적 종신형의 각 취지를 살릴 수 있다는 점 등을 고려하면, 현행 무기징역형제도가 상대적 종신형 외에 절대적 종신형을 따로 두고 있지 않은 것이 형벌체계상 정당성과 균형을 상실하여 헌법 제11조의 평등원칙에 반한다거나 형벌이 죄질과 책임에 상응하도록 비례성을 갖추어야 한다는 책임원칙에 반한다고 단정하기 어려움.

● 사형제도에 대한 헌법재판소의 2008헌가23 판례 검토 (8)

▶ 형법 제250조 제1항이 규정하고 있는 살인의 죄는 인간 생명을 부정하는 범죄행위의 전형이고, 이러한 범죄에는 행위의 태양이나 결과의 중대성으로 보아 반인륜적 범죄라고 할 수 있는 극악한 유형의 것들도 포함되어 있을 수 있으므로, 타인의 생명을 부정하는 범죄행위에 대하여 5년 이상의 징역 외에 사형이나 무기징역을 규정한 것은 하나의 혹은 다수의 생명을 보호하기 위하여 필요한 수단의 선택이라고 볼 수밖에 없으므로 비례의 원칙이나 평등의 원칙에 반한다고 할 수 없음.

▶ 김희옥 헌법재판소 재판관의 사형제도에 대한 위헌 소수 의견

▶ 헌법 제110조 제4항 단서의 규정은 그 도입 배경이나 규정의 맥락을 고려할 때, 법률상 존재하는 사형의 선고를 억제하여 최소한의 인권을 존중하기 위하여 규정된 것이므로 간접적으로도 헌법상 사형제도를 인정하는 근거

사형제도에 대한 헌법재판소의 2008헌가23 판례 검토 (9)

▶ 규정이라고 보기 힘듦.

▶ 사형제도는 인간의 존엄과 가치를 천명하고 생명권을 보장하는 우리나라 헌법 체계에서는 입법목적 달성을 위한 적합한 수단으로 인정할 수 없고, 사형제도를 통하여 확보하고자 하는 형벌로서의 기능을 대체할 만한 가석방 없는 무기자유형 등의 수단을 고려할 수 있으므로 비례의 원칙 중 최소 침해의 원칙에도 어긋나며, 사형 당시에는 사형을 통해 보호하려는 타인의 생명권이나 중대한 법익은 이미 그 침해가 종료되어 범죄인의 생명이나 신체를 박탈해야 할 긴급성이나 불가피성이 없고 사형을 통해 달성하려는 공익에 비하여 사형으로 인하여 침해되는 사익의 비중이 훨씬 크므로 법익의 균형성도 인정되지 아니함.

▶ 또한 사형제도는 이미 중대 범죄가 종료되어 상당 기간이 지난 후 체포되

사형제도에 대한 헌법재판소의 2008헌가23 판례 검토 (10)

▶ 어 수감 중인, 한 인간의 생명을 일정한 절차에 따라 빼앗는 것을 전제로 하므로, 생명에 대한 법적 평가가 필요한 예외적인 경우라고 볼 수 없어 생명권의 본질적 내용을 침해하고, 신체의 자유의 본질적 내용까지도 침해함.

▶ 사형제도는 범죄인을 사회전체의 이익 또는 다른 범죄의 예방을 위한 수단 또는 복수의 대상으로만 취급하고 한 인간으로서 자기의 책임 하에 반성과 개선을 할 최소한의 도덕적 자유조차 남겨주지 아니하는 제도이므로 헌법 제10조가 선언하는 인간의 존엄과 가치에 위배되며, 법관이나 교도관 등 직무상 사형제도의 운영에 관여하여야 하는 사람들로 하여금 인간의 생명을 계획적으로 빼앗는 과정에 참여하게 함으로써 그들을 인간으로서의 양심과 무관하게 국가목적을 위한 수단으로 전락시키고 있다는 점에서 그들의 인간

● 사형제도에 대한 헌법재판소의 2008헌가23 판례 검토 (11)

▷ 으로서의 존엄과 가치 또한 침해함.

▷ 김종대 헌법재판소 재판관의 사형제도에 대한 위헌 소수 의견

▷ 형벌로서 사형을 부과할 당시에는 국가의 존립이나 피해자의 생명이 범인의 생명과 충돌하는 상황은 이미 존재하지 않으며, 국가가 범인을 교도소에 계속해서 수용하고 있는 한 개인과 사회를 보호하는 목적은 범인을 사형시켰을 때와 똑같이 달성될 수 있음. 사형제도는 범죄억제라는 형사정책적 목적을 위해 사람의 생명을 빼앗는 것으로 그 자체로 인간으로서의 존엄과 가치에 반하고, 사형제도를 통해 일반예방의 목적이 달성되는지도 불확실하다. 다만, 지금의 무기징역형은 개인의 생명과 사회의 안전의 방어라는 점에서 사형의 효력을 대체할 수 없으므로, 가석방이나 사면 등의 가능성을 제한하는 최고의 자유형의 도입을 전제로 사형제도는 폐지되어야 함.

● 사형제도에 대한 헌법재판소의 2008헌가23 판례 검토 (12)

▷ 목영준 헌법재판소 재판관의 사형제도에 대한 위헌 소수 의견

▷ 생명권은 개념적으로나 실질적으로나 본질적인 부분을 그렇지 않은 부분과 구분하여 상정할 수 없어 헌법상 제한이 불가능한 절대적 기본권이라고 할 수밖에 없고, 생명의 박탈은 곧 신체의 박탈도 되므로 사형제도는 생명권과 신체의 자유의 본질적 내용을 침해함.

▷ 사형제도는 사회로부터 범죄인을 영원히 배제한다는 점 이외에는 형벌의 목적에 기여하는 바가 결코 명백하다고 볼 수 없고, 우리나라는 국제인권단체로부터 사실상의 사형폐지국으로 분류되고 있어 사형제도가 실효성을 상실하여 더 이상 입법목적 달성을 위한 적절한 수단이라고 할 수 없으며, 절대적 종신형제 또는 유기징역제도의 개선 등 사형제도를 대체할 만한 수단을

● 사형제도에 대한 헌법재판소의 2008헌가23 판례 검토 (13)

▶ 고려할 수 있음에도, 생명권을 박탈하는 것은 비례의 원칙 중 최소 침해의 원칙에도 어긋나고, 사형을 통해 침해되는 사익은 범죄인에게는 절대적이고 근원적인 기본권인 반면, 이를 통해 달성하고자 하는 공익은 다른 형벌에 의하여 상당 수준 달성될 수 있어 공익과 사익 간에 비례의 원칙 중 법익균형의 원칙에 어긋남.

▶ 사형은 악성이 극대화된 흥분된 상태의 범죄인에 대하여 집행되는 것이 아니라 이성이 일부라도 회복된 안정된 상태의 범죄인에 대하여 생명을 박탈하는 것이므로 인간의 존엄과 가치에 위배되며, 직무상 사형제도의 운영에 관여하여야 하는 사람들로 하여금 그들의 양심과 무관하게 인간의 생명을 계획적으로 박탈하는 과정에 참여하게 함으로써, 그들의 인간의 존엄과 가

● 사형제도에 대한 헌법재판소의 2008헌가23 판례 검토 (14)

▶ 치를 침해함.

▶ 사형제도가 헌법에 위반되어 폐지되어야 한다고 하더라도 이를 대신하여 흉악범을 사회로부터 영구히 격리하는 실질적 방안이 강구되어야 하는바, 가석방이 불가능한 절대적 종신형제도를 도입하고, 형벌의 종류로서 사형을 열거하고 있는 형법 제41조 제1호 등을 위헌으로 선언해야 할 것임.

인권법 사례 이야기

(5주차-2번째 강의)

사형제도의 합헌론 (1)

(이 부분은 이희훈 a, 앞의 책, 264-271면 참조)

▶ 1. 사형제도에 대한 합헌론의 사유(근거)

▶ (1) 우리나라 헌법상 사형제도의 인정 규정이 있다는 점

▶ 우리나라 헌법 제12조 제1항에서 "모든 국민은 … 법률과 적법절차에 의하지 아니하고는 처벌, 보안처분 또는 강제노역을 받지 아니한다."라고 규정하고 있는바, 이 규정에서 처벌에 관한 규정을 법률에 위임하였을 뿐 그 처벌의 종류를 제한하지 않고 있고, 헌법 제110조 제4항에서 "비상계엄 하의 군사재판은 군인, 군무원의 범죄나 군사에 관한 간첩죄의 경우와 초병, 초소, 유독음식물공급, 포로에 관한 죄 중 법률이 정한 경우에 한하여 단심으로 할 수 있다. 다만 사형을 선고한 경우에는 그러하지 아니하다."라고 규정하고 있다. 이는 법률에 의하여 사형이 형벌로서 규정되고, 그 형벌조항의 적

사형제도의 합헌론 (2)

▷ 용으로 사형이 선고될 수 있음을 전제로 하여, 사형을 선고한 경우에는 비상계엄 하의 군사재판이라도 단심으로 할 수 없고, 사법절차를 통한 불복이 보장되어야 한다고 해석됨. 따라서 대한민국 헌법은 이러한 헌법 규정들의 해석상 사형제도를 간접적으로 인정하고 있다고 보아야 할 것이기 때문에 사형제도는 합헌이라고 보는 견해가 있음(대판 1963. 2. 28, 62도241; 대판 1994. 12. 19, 94초123 등).

▷ (2) 사형제도는 우리나라 헌법상 비례의 원칙에 위반되지 않는다는 점

▷ 우리나라 헌법 제37조 제2항에 의해 국민의 모든 자유와 권리는 국가안전보장, 질서유지 또는 공공복리를 위하여 필요한 경우에 한하여 법률로써 제한할 수 있도록 규정하고 있으므로, 어느 개인의 생명권에 대한 보호가 곧

사형제도의 합헌론 (3)

▷ 바로 다른 개인의 생명권에 대한 제한이 될 수밖에 없거나 또는 특정한 인간에 대한 생명권의 제한이 국민의 생명보호나 이에 준하는 매우 중대한 공익을 지키기 위하여 불가피한 경우에는 비록 생명이 이념적으로 절대적 가치를 지닌 것이더라도 생명에 대한 법적 평가가 예외적으로 허용될 수 있다고 할 것이어서, 생명권 역시 헌법 제37조 제2항에 의한 일반적 법률유보의 대상이 될 수밖에 없음. 즉, 정당한 이유 없이 타인의 생명을 부정하거나 그에 못지아니한 중대한 공공이익을 침해한 경우에 국법은 그 중에서 타인의 생명이나 공공의 이익을 우선하여 보호할 것인가의 규준을 제시하지 않을 수 없으므로, 생명권 역시 헌법 제37조 제2항에 의해 제한이 가능한 기본권에 해당한다고 할 것이며, 생명권에 대한 제한은 곧 생명권의 완전한 박탈

● 사형제도의 합헌론 (4)

▶ 을 의미한다고 할 것이어서, 사형이 비례의 원칙에 따라서 최소한 동등한 가치가 있는 다른 생명 또는 그에 못지아니한 공공의 이익을 보호하기 위한 불가피성이 충족되는 예외적인 경우에만 적용되는 한, 그것이 비록 생명을 빼앗는 형벌이라 하더라도 헌법 제37조 제2항 단서에 위반되는 것으로 볼 수 없어 사형제도는 헌법상 비례의 원칙에 위반되지 않아 사형제도는 합헌이라고 보는 견해가 있음. 즉, 모든 인간의 생명은 자연적 존재로서 동등한 가치를 갖는다고 할 것이나 그 동등한 가치가 서로 충돌하게 되거나 생명의 침해에 못지아니한 중대한 공익을 침해하는 등의 경우에는 국민의 생명 등을 보호할 의무가 있는 국가로서는 어떠한 생명 또는 법익이 보호되어야 할 것인지 그 규준을 제시할 수 있는 것임. 인간의 생명을 부정하는 등의 범죄

● 사형제도의 합헌론 (5)

▶ 행위에 대한 불법적 효과로서 지극히 한정적인 경우에만 부과되는 사형은 죽음에 대한 인간의 본능적인 공포심과 범죄에 대한 응보욕구가 서로 맞물려 고안된 '필요악'으로서 불가피하게 선택된 것인바, 지금도 여전히 제 기능을 하고 있다는 점에서 그 목적이 정당화될 수 있음. 그리고 사형은 인간의 죽음에 대한 공포의 본능을 이용한 가장 냉엄한 궁극의 형벌로서 이를 통한 일반적 범죄예방효과가 있다고 볼 수 있음. 따라서 일반적 범죄예방목적을 달성하기 위한 적합한 수단이고, 잔혹한 방법으로 다수의 인명을 살해하는 등의 극악한 범죄의 경우에 그 법익침해의 정도와 범죄자의 책임의 정도는 가늠할 수 없을 만큼 심대하며, 수많은 피해자 가족들의 형언할 수 없는 슬픔과 고통, 분노 및 일반국민이 느낄 불안과 공포, 분노까지 고려하면

● 사형제도의 합헌론 (6)

▶ 이러한 극악한 범죄에 대해서 대한민국의 헌법질서가 허용하는 한도 내에서 그 불법의 정도와 책임에 상응하는 강력한 처벌을 하는 것이 정의의 실현을 위하여 필수불가결하다 할 것이므로, 가장 무거운 형벌인 사형은 이러한 정당한 응보를 통한 정의의 실현을 달성하기 위한 적합한 수단이라고 할 것임. 또한 사형이 가석방이 불가능한 종신형보다 일반적 범죄예방효과가 크다고 볼 수 있으므로, 사형을 통하여 극악한 범죄의 발생을 보다 더 감소시킬 수 있어, 무고하게 살해되는 국민의 수가 사형제도의 영향으로 감소될 수 있으며, 잔혹한 방법으로 다수의 인명을 살해한 범죄 등 극악한 범죄의 경우에는 범죄자에 대한 가석방이 불가능한 종신형의 선고만으로는 형벌로 인한 범죄자의 법익 침해의 정도가 당해 범죄로 인한 법익침해의 정도 및

● 사형제도의 합헌론 (7)

▶ 범죄자의 책임에 미치지 못하게 되어 범죄와 형벌 사이의 균형성을 잃게 되어 범죄 피해자들의 가족 및 국민의 정의의 관념에 부합되지 않게 될 것임. 따라서 사형은 그보다 완화된 형벌인 가석방이 불가능한 종신형에 비하여 일반적 범죄예방목적 및 정당한 응보를 통한 정의의 실현이라는 목적을 달성함에 있어서 더 효과적인 수단이라고 할 것이고, 이러한 입법목적의 달성을 함에 있어서 사형과 동일한 효과를 나타내면서도 사형보다 범죄자에 대한 법익침해 정도가 작은 다른 형벌이 명백히 존재한다고 보기 어려우므로, 사형제도는 최소 침해의 원칙에 위반된다고 할 수 없다고 보는 견해가 있음(헌재 2010. 2. 25, 2008헌가23).

▶ (3) 사형제도는 우리나라 헌법 제10조의 인간의 존엄과 가치 규정에 위반되지 않는다는 점

● 사형제도의 합헌론 (8)

▶ 사형은 형벌의 한 종류로서, 다수의 무고한 생명을 박탈하는 살인범죄 등의 극악한 범죄에 예외적으로 부과되는 한, 사형제도는 공익의 달성을 위해 무고한 국민의 생명을 그 수단으로 삼는 것이 아니라 형벌의 경고기능을 무시하고 극악한 범죄를 저지른 자에 대해 그 중한 불법성의 정도와 책임에 상응하는 형벌을 부과하는 것이므로, 이는 당해 범죄자가 스스로 선택한 잔악무도한 범죄행위의 결과에 해당하여 이러한 형벌제도를 두고 범죄자를 오로지 사회방위라는 공익의 추구를 위한 객체로만 취급함으로써 범죄자의 인간으로서의 존엄과 가치를 침해한 것으로 보아 위헌이라고 할 수 없음. 또한 사형을 선고하는 법관이나 이를 집행하는 교도관 등은 인간의 생명을 박탈하는 사형을 선고하거나 집행하는 과정에서 인간으로서의 자책감을 가지

● 사형제도의 합헌론 (9)

▶ 게 될 여지가 있어 사형제도는 이들의 인간의 존엄과 가치를 위반한다는 주장에 대해서는 사형제도가 무고한 국민의 생명 보호 등 극히 중대한 공익을 보호하기 위한 것으로서, 이러한 공익을 보호하여야 할 공적 지위에 있는 법관 및 교도관 등은 다른 형벌의 적용과 집행을 하는 것과 같이 사형의 적용과 집행을 수인할 의무가 있다고 할 것임. 따라서 법관 및 교도관 등이 인간적 자책감을 가질 수 있다는 이유만으로 사형제도가 법관 및 교도관 등을 공익 달성을 위한 도구로서만 취급하여 그들의 인간으로서의 존엄과 가치를 침해하는 위헌적인 형벌제도라고 볼 수 없어 사형제도는 합헌이라고 보는 견해가 있음(헌재 2010. 2. 25, 2008헌가23).

▶ (4) 사형제도는 형벌 중에서 가장 큰 일반적 범죄예방효과를 가지고 있다는 점

● 사형제도의 합헌론 (10)

▷ 사형은 가석방이 불가능한 종신형보다도 범죄자에 대한 법익침해의 정도가 훨씬 크고, 인간의 생존본능과 죽음에 대한 근원적인 공포감을 고려할 때 사형은 잠재적 범죄자를 포함하는 모든 국민에 대해 가석방이 불가능한 종신형보다 더 큰 위하력을 발휘하여 가장 강력한 범죄 억지력을 가지고 있다고 할 것인바, 이에 입법자가 사형이 가석방이 불가능한 종신형보다 더 큰 일반적 범죄예방효과를 가지고 있다고 보아 형벌의 한 종류로 형법 등에 규정해 놓은 이상, 이러한 입법자의 판단은 존중되어야 하고, 가석방이 불가능한 종신형이 사형과 동일한 또는 오히려 더 큰 일반적 범죄예방효과를 가지므로, 가석방이 불가능한 종신형으로 사형을 대체할 수 있다는 사형제도에

● 사형제도의 합헌론 (11)

▷ 대한 위헌론의 주장은 이를 인정할 만한 명백한 근거가 없는 이상 받아들일 수 없어 사형제도는 합헌이라고 보는 견해가 있음(헌재 2010. 2. 25, 2008헌가23).

▷ (5) 오판의 가능성은 철저한 증거조사와 심급제도 및 재심제도 등을 통해 해결될 수 있다는 점

▷ 인간은 완벽한 존재일 수가 없고 그러한 인간이 만들어낸 어떠한 사법제도 역시 결점이 없을 수는 없다는 점에 비추어 볼 때 형사재판에 있어서 오판의 가능성은 사법제도가 가지는 숙명적 한계라고 할 것이지 사형이라는 형벌제도 자체의 문제라고 보기 어려우므로, 오판의 가능성 및 그 회복의 문제는 피고인의 방어권을 최대한 보장하고, 철저한 증거조사절차를 거쳐 유죄를 인정하도록 하는 형사공판절차제도와 오판을 한 하급심 판결이나 확정

● 사형제도의 합헌론 (12)

▶ 된 판결을 시정할 수 있는 심급제도 및 재심제도 등의 제도적 장치와 그에 대한 개선을 통하여 오판의 가능성을 최소화하여 해결할 문제이므로, 사형 제도는 합헌이라고 보는 견해가 있음(헌재 2010. 2. 25, 2008헌가23).

▶ 일본 최고재판소는 1949년 8월 18일에 사형에 대해 "사형은 사회를 구성하는 개인의 생명과 인격 등의 존중은 자기뿐만 아니라 타인에게도 같아야 하는 것으로, 일본 헌법 제13조에서 '모든 국민은 개인으로서 존중된다. 생명과 자유 및 행복추구에 대한 국민의 권리에 대해서는 공공복지에 위반되지 않는 한 입법 및 기타 국정상 최대한의 존중을 필요로 한다.'라고 규정하여 자신과 타인 등 그 누구나 모두 이 규정을 준수해야 한다. 따라서 타인의 생명을 존중하지 않고 고의로 타인의 생명을 침해한 자에게 자기의 행위에

● 사형제도의 합헌론 (13)

▶ 대해 자기의 생명을 잃어야 할 형벌에 처해질 책임을 부담해야 하는 것이다."라고 판시함(日最判, 昭 24. 8. 18, 刑集 3. 9, 1478면).

● 사형제도의 위헌론 (1)

(이 부분은 이희훈 a, 앞의 책, 272-275면 참조)

▶ 2. 사형제도에 대한 위헌론의 사유(근거)

▶ (1) 우리나라 헌법상 사형제도를 인정한다고 볼 수 없다는 점

▶ 만약 우리나라 헌법 제110조 제4항 단서에 대해 간접적으로 사형제도를 인정하는 근거라는 적극적인 의미를 부여한다면 반대로 인간의 존엄과 가치를 규정한 헌법 제10조의 의의를 축소하는 것이 되며, 헌법 제110조 제4항 단서는 어떠한 경우에도 사형선고에 대한 불복절차를 인정하여 법률상 존재하는 사형의 선고를 억제하기 위한 것으로 오히려 사형제도의 심각성을 부각시킨 규정이라고 할 것임. 따라서 헌법 제110조 제4항 단서가 간접적으로 헌법상 사형제도를 인정하는 근거 규정이라고 보기 어려우므로, 사형제도는 위헌이라고 보는 견해가 있음(헌재 2010. 2. 25, 2008헌가23에서 김희옥, 목영준 헌법재판소 재판관 의견).

● 사형제도의 위헌론 (2)

▶ (2) 사형제도는 우리나라 헌법상 비례의 원칙에 위반된다는 점

▶ 사형은 범죄자의 생명을 박탈하는 것이므로 범죄자에 대한 개선의 가능성을 포기하는 형벌인바, 형벌의 목적의 하나인 개선의 목적에 반하여 사형제도의 정당성을 인정할 수 없음. 그리고 개선이 절대적으로 불가능한 범죄인이 있을 수 있는지의 문제는 인간의 판단력만으로 결정하기에 불가능한 문제라고 할 것인바, 국가는 모든 범죄인에 대한 개선가능성을 긍정적으로 받아들여야 할 것이고, 범죄의 책임이 범죄인 개인만이 아니라 그기 속하여 있는 사회에도 있다고 보아야 한다면 범죄인에 대한 개선이라는 형벌의 한 목적을 결코 포기할 수 없는 것임. 만약 사형제도를 존치시킨다면 형벌의 목적달성의 길을 포기하는 것으로, 사형제도의 입법 목적의 정당성은 인정

● 사형제도의 위헌론 (3)

▶ 할 수 없다. 그리고 사형이 인간의 죽음에 대한 공포본능을 이용한 가장 냉엄한 형벌로서 그 위하력을 통한 일반적 범죄예방효과를 가지느냐의 문제에 대해 많은 학자들의 실증적 연구조사의 결과에 의하면 일반적 범죄예방효과를 인정하는 견해는 소수에 불과하고 다수의 견해는 그 효과를 인정하지 않고 있음. 이렇듯 사형은 형벌의 목적의 하나인 범죄의 일반적 예방의 실효를 거두고 있다고 할 수 없고, 그 효과도 무기징역형을 최고의 형벌로 정하는 경우와 비교해 볼 때 큰 차이가 있다고 할 수 없음. 따라서 사형제도는 형벌의 한 수단으로서 적정하다고 볼 수 없음. 또한 영구히 사회로부터 범죄자를 격리한다는 점에 있어서는 사형과 가석방 없는 무기징역형 간에 별다른 차이를 찾아볼 수 없으므로, 반드시 사형제도에 의하지 않더라도 가석

● 사형제도의 위헌론 (4)

▶ 방 없는 무기징역형 제도를 통하여 형벌의 목적을 충분히 달성할 수 있다고 할 것임. 따라서 중범죄자의 재범을 막기 위하여 사형이 꼭 필요하다고 볼 수 없고, 사형을 통해 달성하려는 사회 방위의 목적을 충분히 이룰 수 있는 다른 완화된 수단이 존재함에도 불구하고 굳이 사형을 통해 범인의 생명을 박탈하는 것은 사회방위의 목적 달성을 위해 필요한 정도를 넘어 과도하게 자유와 권리를 제한하는 것이므로, 중범죄인의 생명의 박탈이라는 가장 큰 피해를 입혀 생명권을 제한하는 것은 비례의 원칙 중 최소 침해의 원칙에 반한다고 보아 사형제도는 위헌이라고 보는 견해가 있음(헌재 2010. 2. 25, 2008헌가23에서 김종대, 조대현, 목영준 헌법재판소 재판관들의 의견).

▶ (3) 사형제도는 우리나라 헌법 제10조의 인간의 존엄과 가치 규정에 위반

● 사형제도의 위헌론 (5)

▶ 된다는 점

▶ 입법자가 인간의 존엄성을 유린하는 형사법의 제정을 통하여 국민의 생명과 자유를 박탈 내지 제한하거나 잔인하고 비인간적인 형벌제도를 채택하는 것은 대한민국 헌법 제10조에 위반된다고 할 것임. 즉, 극악한 중범죄를 저지른 인간임을 스스로 포기한 범죄인도 여전히 인간으로서의 존엄과 가치를 가지고 있는 인간이라는 존재에 해당하는바, 유사 범죄의 일반적 범죄예방 효과라는 목적의 달성을 위해서 비인간적인 형벌로서의 사형은 다른 자유형과는 달리 사형선고를 받은 자에게 개과천선할 수 있는 도덕적 자유조차 남겨주지 아니하는 형벌제도로서 개인을 전적으로 국가 또는 사회 전체의 이익을 위한 단순한 수단 내지 대상으로 보아 사형수의 인간의 존엄과 가치

● 사형제도의 위헌론 (6)

▷ 를 침해하는 것임. 또한 사형제도는 양심에 반하여 법규정에 의해 사형을 언도해야 하는 법관 및 자신의 양심에 반하여 직무상 불가피하게 사형을 집행하는 교도관 등의 양심의 자유와 인간으로서의 존엄과 가치를 침해하는 비인간적인 형벌제도가 사형이라는 점에서 사형은 위헌이라고 보는 견해가 있음(헌재 1996. 11. 28, 95헌바1에서 김진우 헌법재판소 재판관의 견해).

▷ (4) 사형제도는 형벌 중에서 일반적 범죄예방효과를 가지고 있지 않다는 점

▷ 사형의 범죄에 대한 일반적 범죄예방효과는 하나의 학문적 가설일 뿐이지 과학적으로 입증된 바가 없고, 형벌의 본질이 응보에서 교육으로 옮겨가고 있는 추세임을 감안할 때 사형을 인정한다는 것은 결국 국가가 범죄인의 사회복귀를 위한 교화와 개선의 노력을 스스로 포기하는 것으로서, 국가가

● 사형제도의 위헌론 (7)

▷ 살인행위를 비난하면서도 스스로 사람의 생명을 박탈하는 것은 이를 정당화시키는 모순에 빠지게 되는 결과가 됨. 즉, 중범죄자를 사형시킴으로써 다른 사람의 중범죄도 일반적으로 예방할 수 있다는 주장에 대해 아직껏 실증된 연구결과는 없다는 점에서 사형제도는 위헌이라고 보는 견해가 있음(헌재 2010. 2. 25, 2008헌가23에서 조대현 헌법재판소 재판관의 견해).

▷ (5) 사형제도는 오판의 가능성이 있다는 점

▷ 재판도 하나의 제도로서 법관이라는 사람의 존재가 행하는 것이기 때문에 오판의 가능성을 절대적으로 배제할 수 없는바, 오판이 시정되기 이전에 사형이 집행되었을 경우에는 비록 후일에 오판임이 판명되더라도 인간의 생명을 원상으로 복원시킬 수는 없는 것이므로 영원히 구제될 수 없는 결과를 초래한다는 점에서 사형제도는 위헌이라고 보는 견해가 있음(헌재 1996. 11. 28, 95헌바1에서 김진우, 조승형 헌법재판소 재판관들의 견해).

● 낙태와 인권 (1)

(이 부분은 이희훈 a, 앞의 책, 296-308면 참조)

▶ 2013년 11월 8일의 한국일보와 서울신문 및 조선일보 등에 의하면 남녀 간의 데이트 과정에서 임신하게 된 후 남성의 폭행과 폭언 등의 이유로 헤어지려고 하는 결혼 전의 여성에 대해 해당 여성이 만약 아이를 인공 유산 수술(이하에서 '낙태'로 줄임)을 할 경우에 상대방 남성이 낙태를 행하려는 여성과 낙태시술을 집도한 의사를 '형법'상 낙태죄 규정에 의해 처벌을 하겠다고 협박하면서 연인 관계의 계속적 유지 또는 금전적인 요구를 하는 등의 협박 및 보복의 방법으로 악용되는 사례가 증가하고 있어 헌법상 여성의 자기결정권, 신체의 자유, 프라이버시권, 건강권 등(이하에서 '여성의 자기결정권 등'으로 줄임)을 침해하는 문제가 제기되고 있음.

● 낙태와 인권 (2)

▶ 우리나라 형법 제269조 제1항에 의하면 "부녀가 약물 기타 방법으로 낙태한 때에는 1년 이하의 징역 또는 200만원 이하의 벌금에 처한다."라고 규정되어 있음.

▶ 우리나라 모자보건법 제14조 제1항에 의하면 "의사는 다음 각 호의 어느하나에 해당되는 경우에만 본인과 배우자(사실상의 혼인관계에 있는 사람을 포함한다. 이하 같다)의 동의를 받아 인공임신중절수술을 할 수 있다. 1. 본인이나 배우자가 대통령령으로 정하는 우생학적 또는 유전학적 정신장애나 신체질환이 있는 경우, 2. 본인이나 배우자가 대통령령으로 정하는 전염성 질환이 있는 경우, 3. 강간 또는 준강간에 의하여 임신된 경우, 4. 법률상 혼인할 수 없는 혈족 또는 인척 간에 임신된 경우, 5. 임신의 지속이 보건의학

● 낙태와 인권 (3)

▷ 적 이유로 모체의 건강을 심각하게 해치고 있거나 해칠 우려가 있는 경우"라고 규정되어 있음.

▷ 우리나라 모자보건법 시행령 제15조에 의하면 "제1항: 모자보건법 제14조에 따른 인공임신중절수술은 임신 24주일 이내인 사람만 할 수 있다. 제2항: 모자보건법 제14조 제1항 제1호에 따라 인공임신중절수술을 할 수 있는 우생학적 또는 유전학적 정신장애나 신체질환은 연골무형성증, 낭성섬유증 및 그 밖의 유전성 질환으로서 그 질환이 태아에 미치는 위험성이 높은 질환으로 한다. 제3항: 모자보건법 제14조 제1항 제2호에 따라 인공임신중절수술을 할 수 있는 전염성 질환은 풍진, 톡소플라즈마증 및 그 밖에 의학적으로 태아에 미치는 위험성이 높은 전염성 질환으로 한다."라고 규정되어 있음.

● 낙태와 인권 (4)

▷ '낙태'란 태아를 자연분만기에 앞서서 모체(母體)의 자궁 밖으로 인위(인공)적으로 배출시키거나 모체 안에서 살해하는 행위를 뜻함.

▷ 즉, '낙태'란 태아가 모체 밖에서 독립적으로 성장할 수 있는 상태에 이르기 전에 모체의 자궁 내에 있는 태아를 인위(인공)적으로 죽여 모체의 임신을 중단시킬 목적으로 태아를 모체의 밖으로 배출시키는 모든 인위(인공)적인 조작(임신중절)을 뜻함. 따라서 낙태는 모체에 어떤 병적 현상으로 인하여 유발되는 자연유산과는 구별되는바, 모자보건법 제2조 제7호에서 '인공임신중절수술'이란 태아가 모체 밖에서는 생명을 유지할 수 없는 시기에 태아와 그 부속물을 인공적으로 모체 밖으로 배출시키는 수술을 말한다고 규정되어 있음.

● 낙태와 인권 (5)

▶ '낙태죄'란 태아를 자연분만기에 앞서서 인위적으로 모체 밖으로 배출시키거나 모체 안에서 살해하는 행위를 내용으로 하는 범죄를 뜻하며, 태아의 생명이나 신체에 대해 어떠한 침해도 수반하지 않는 인공출산은 형사 처벌이 되는 낙태죄의 개념에 포함되지 않음. 따라서 형법상 낙태죄는 임신중절에 의하여 태아를 살해하는 것을 내용으로 하는 범죄를 뜻함(헌재 1992. 4. 28, 90헌바24).

▶ 고대 로마법에 의하면 태아를 모체의 일부분으로 보아 임부의 낙태행위를 별도로 처벌하지 않았지만, AD 200년경 로마의 셉티무스 세베루스(Septimus Severus) 황제에 이르러 임부의 낙태행위는 남자의 자녀에 대한 기대를 파괴한다는 사유로 처벌을 하기 시작했다고 전해짐(홍성방, 낙태와 헌법상의 기본가치, 서강법학연구 제3집, 2001, 28면).

● 낙태와 인권 (6)

▶ 이후 로마에서는 태아를 사람으로 보아 낙태한 여성에게는 유배형을, 낙태를 도와준 천민에게는 광산노역형을, 낙태를 도와준 귀족에게는 재산의 일부 몰수형과 유배형으로 각각 처벌함(조규창, 로마형법, 고려대 출판부, 1998, 210면).

▶ 그러나 이러한 태아에 대한 인식은 기독교가 전 세계적으로 널리 퍼지면서 태아를 하나의 존엄한 생명 그 자체로 보는 인식으로 바뀌게 되면서 임부의 낙태 행위에 대해 처벌하는 것이 정당화되기 시작함(최정수 외 4인, 인공임신중절 실태와 정책과제 연구보고서, 한국보건사회연구원, 2010. 12, 35면).

▶ 독일의 밤베르겐시스 형법전 제158조와 독일의 카톨리나 형법전 제133조에서 최초로 낙태라는 용어를 사용함(이형국, 형법각론연구 I, 1997, 116면).

● 낙태와 인권 (7)

▶ 1813년에 독일의 바이에른 형법과 1851년 독일의 프로이센형법에서 태아를 생명(영혼)이 있는 태아와 생명(영혼)이 없는 태아로 구분하여 생명(영혼)이 있는 태아를 임부가 낙태할 때에는 살인죄로 처벌하였으며, 이후 전 세계의 다른 나라들도 생명은 하나님에 의한 하사품으로 여기는 가톨릭사상을 바탕으로 하여 임부의 낙태 행위를 처벌하는 낙태죄 규정을 각국의 형법전에 두기 시작하였으며, 제2차 세계대전 이후에 인구의 증가현상과 식량의 부족현상 및 여성권리의 신장 등 여러 요인들에 의해 전 세계저으로 가국은 임부의 낙태에 대한 허용기준과 처벌규정에 관한 법령을 제정하기 시작함(최정수 외 4인, 앞의 글, 35면).

▶ 이후 1950년대부터 여성의 출산에 대한 자율권이 확산되기 시작하면서 '낙태의 자유화' 바람이 일기 시작하였는바, 이러한 '낙태의 자유화'의 물결은

● 낙태와 인권 (8)

▶ 1950년에 소련을 비롯한 동유럽에서부터 불기 시작하여 약 10여년의 간격을 두고 유럽과 북미로 퍼져나감. 그러나 아일랜드와 말타는 아직까지도 강력히 낙태를 엄격하게 규제하고 있는 국가에 속하는바, 아일랜드와 말타에서 낙태를 원하는 대부분의 여성은 인근의 낙태를 허용해 주는 외국으로 여행을 가서 낙태를 행하고 있음. 한편 아시아에서 일본은 1948년에, 그리고 중국은 1957년에, 인도는 1971년에 각각 임부의 낙태행위가 법적으로 허용되었지만, 방글라데시, 인도네시아, 말레이시아 등의 아시아에서 이슬람계에 속하는 국가들은 부녀의 임신초기에 월경조절시술은 허용하고 있으나, 이를 제외한 임부의 낙태행위에 대해서는 엄격히 법적으로 제한(규제)하고 있음. 그리고 대부분의 라틴아메리카의 국가들은 매우 엄격한 조건 하에 예외적

● 낙태와 인권 (9)

▶ 으로 임부의 낙태행위를 법적으로 허용해 주는 입법을 두고 있는바, 비록 임부의 낙태행위를 법적으로 원칙적으로 제한하는 국가라도 극히 예외적인 상황 하에서는 임부의 낙태행위를 허용해 주는 입법의 형태로 낙태 관련 규정을 두고 있음(김해중 외 12인, 인공임신중절 실태조사 및 종합대책 수립 보건복지부 보고서, 2005, 194－198면).

▶ 영국에서 이 1967년의 낙태법(Abortion Act)의 주요 내용에 대해 살펴보면 동법 제87장 제1절에서 "2명의 등록된 전문의가 다음 중 어느 하나의 요건에 해당된다는 진단을 내리면 임부의 낙태를 처벌하는 낙태법 규정은 적용하지 않는다. (a) 임부의 수태기간이 24주 이내이어야 하고, 임신의 지속이 임부가 낙태하는 것보다 임부(자신)이나 임부의 가정 내 자녀의 신체적 또

● 낙태와 인권 (10)

▶ 는 정신적인 건강을 더 크게 해칠 위험성이 존재할 때, (b) 임부의 낙태로 인하여 임부의 신체적 또는 정신적인 건강에 중대한 영구적인 손상을 주는 것을 예방해 줄 필요성이 있을 때, (c) 임신의 지속이 임신을 끝내는 것보다 임부의 삶에 더 큰 위험을 포함하고 있을 때, (d) 만약 아기가 태어난다면 마치 심각한 신체장애자와 같이 신체적 또는 정신적 이상으로 인하여 고통받을 실질적 위험이 있을 때"라고 규정하였음(이희훈 b, 영국·미국·독일·프랑스의 낙태 규제 입법과 판례에 대한 비교법적 고찰, 일감법학 제27집, 2014. 2, 713－714면).

▶ 이후 영국에서는 1990년에 '인간수정 및 배아법(Human Fertilization and Embryology Act of 1990)'이 시행되었는바, 동법의 주요 내용에 대해 살펴보면 "2명의 의사가 임신 24주의 범위 내에서 임신을 지속할 때 임신부나

● 낙태와 인권 (11)

▷ 태어나 있는 자녀 또는 가족의 신체적 또는 정신적 건강을 해칠 위험성이 크나고 의사가 신난할 때, 임신의 지속이 여성의 생명이나 정신적 건강에 미칠 위험성이 더 커질 경우라고 의사가 진단할 때, 태아가 신체적 또는 정신적 이상 병증으로 인하여 여러 심각한 장애를 가지고 태어날 위험성이 크다고 의사가 진단할 경우에는 각각 낙태를 합법적으로 할 수 있다."라고 규정하였고, "임신부가 16세 미만이거나 보호자의 보호 중에 있는 미성년자인 경우에는 워칙적으로 그 미성년자인 임부의 부모나 보호자의 동의를 받아아 한다. 다만, 미성년자인 임부의 경우에도 의사가 임신의 지속이 임부나 태어나 있는 자녀의 신체적 또는 정신적 건강을 해칠 위험성이 매우 높다고 의사가 진단할 때에는 그 미성년자인 임부의 부모나 보호자의 동의 없이 낙태

● 낙태와 인권 (12)

▷ 를 할 수 있다."라고 규정함(이희훈 b, 앞의 글, 714면).

▷ 이러한 영국의 낙태에 대한 입법례를 통해 대한민국에 시사해 주는 점은 임부가 낙태를 행하기 위해서는 2명의 의사로부터 낙태에 대한 진단을 받도록 하여 대한민국보다 낙태를 신중하고 객관적으로 하도록 규정하여 낙태의 남용현상을 줄일 수 있어 태아의 생명권을 좀 더 보호해 줄 수 있다는 것과 낙태의 법적 허용범위를 임부의 생명을 구하기 위한 낙태뿐만 아니라 임부의 정신적인 문제로 인한 낙태까지 낙태의 법적 허용범위를 대한민국보다 상대적으로 넓혀 주고 있어 여성의 낙태에 대한 자기결정권을 좀 더 보호해 줄 수 있다는 것 및 대한민국의 모자보건법에 의해 성인의 임부가 낙태를 합법적으로 행하기 위해서는 그 배우자의 낙태에 대한 동의를 의무적 요건

● 낙태와 인권 (13)

▶ 으로 하고 있어 이로 인한 배우자의 각종 폭력이나 보복 또는 금품요구 등의 악용 수단으로 사용될 수 있는 문제를 영국에서는 성인의 임부가 낙태를 행하려는 데 있어 그 배우자의 낙태에 대한 동의를 의무적으로 요구하고 있지 않아 임부의 자기결정권을 좀 더 보호해 줄 수 있다는 것 등을 들 수 있음(이희훈 b, 앞의 글, 728－729면).

▶ 모체 내의 태아는 임부인 여성 혼자서만 생성한 것이 아니라 그 남자 배우자도 함께 생성한 것이므로, 태아에 대한 권리와 의무를 임부인 여성과 함께 그 남자 배우자에게도 주는 것이 타당하다는 점에서 현행 모자보건법에서처럼 임부가 낙태를 행하려고 할 때에는 남자 배우자의 낙태에 대한 동의를 받도록 하되, 이러한 남자 배우자의 낙태에 대한 동의가 이미 헤어진 성인의 임부에 폭력을 가하거나 보복이나 금품요구 등 악용될 때에는 그

● 낙태와 인권 (14)

▶ 관련 자료를 입증할 수 있는 범위 내에서 낙태에 대한 상담을 하는 의사에게 인정을 받는 등의 방법을 통해 예외적으로 마치 영국의 경우처럼 낙태시 그 남자 배우자의 동의를 얻지 않고 성인의 임부 스스로의 결정만으로 12주 이전의 태아에 대해서는 낙태를 할 수 있게 된다면 임부의 자기결정권 등의 기본권이 좀 더 넓게 보호될 수 있을 것임(이희훈 b, 앞의 글, 732면).

6주차 강의의 개요와 학습목표

▶ 수강생들이 6주에 학습할 강의의 개요는 공직선거법상 선거 전 여론조사 공표 및 보도 금지 규정에 대한 머리말, 공직선거법 제108조 제1항의 주요 내용에 대한 해석, 선거여론조사의 결과 공표 및 보도에 대한 외국의 입법례, 알 권리, 공직선거법상 선거 전 여론조사 공표 및 보도 금지 규정의 입법 목적에 대한 합헌론과 그 비판점, 공직선거법상 선거 전 여론조사 공표 및 보도 금지 규정에 대한 종합적 검토, 공직선거법상 선거후보자 측의 신상공개에 대한 규정의 주요 내용과 동 규정에 대한 입법 목적(취지) 검토, 동 규정에 대한 규정의 위헌 여부 검토에 대해 각각 강의하여, 향후 수강생들이 일상생활 속에서 발생할 수 있는 다양한 인권법적 사례와 쟁점에 대한 기초적인 지식을 알기 쉽고 능동적이며 흥미를 가지고 효과 있게 습득할 수 있도록 하는 것에 6주 강의의 학습 목표가 있음.

● **공직선거법상 선거 전 여론조사 공표 및 보도금지 규정에 대한 머리말 (1)**

(이 부분은 이희훈 b, "선거여론조사의 결과공표금지규정에 대한 헌법적 고찰 −알 권리의 침해를 중심으로−", 공법연구 제36집 제3호, 2008. 2, 250−252면 참조).

▶ 해마다 선거철이 되면 각 언론기관의 후보자에 대한 여론조사의 지지율 보도가 쏟아짐. 예를 들어 선거일(투표일)에 가까워질수록 선거에 입후보자한 자 중에서 1위와 2위의 선거 후보자 간의 격차는 몇 %인지 또는 선거가 1강 또는 2강의 구도로 흘러가고 있는지 등 선거에 대한 여론조사결과를 바탕으로 한 선거보도가 홍수를 이룸. 특히 우리나라에서는 2005년 8월 4일에 공직선거법이 개정되면서 과거 선거여론조사의 공표 및 보도의 금지기간이 선거일(투표일) 22일 전부터 선거일의 투표마감시각까지 이었던 것이 선거일(투표일) 6일 전부터 선거일의 투표마감시각까지로 줄어들게 되어 지난 2012년 12월 13일부터 선거여론조사의 결과를 공표 및 보도할 수 없었음.

● **공직선거법상 선거 전 여론조사 공표 및 보도금지 규정에 대한 머리말 (2)**

▶ 즉, 2012년 12월 19일에 우리나라에서 제18대 대통령선거가 실시되었을 때 공직선거법 제108조 제1항에서 "누구든지 선거일 전 6일부터 선거일의 투표마감시각까지 선거에 관하여 정당에 대한 지지도나 당선인을 예상하게 하는 여론조사(모의투표나 인기투표에 의한 경우를 포함한다)의 경위와 그 결과를 공표하거나 인용하여 보도할 수 없다."라고 규정하고 있어 선거일(투표일) 6일 전부터 선거일(투표일)의 투표마감시각까지 선거여론조사의 결과에 대한 공표가 일체 금지됨.

▶ 만약 이러한 공직선거법 제108조 제1항을 위반할 때에는 공직선거법 제256조 제1항 파호에 의하여 3년 이하의 징역 또는 600만원 이하의 벌금에 처하도록 규정되어 있음.

- ● 공직선거법상 선거 전 여론조사 공표 및 보도금지 규정에 대한 머리말 (3)

▶ 이러한 공직선거법 규정들에 의하여 우리나라의 유권자(선거권자 또는 투표권자)들은 제18대 대선을 엿새 앞둔 2012년 12월 13일 이후에 실시되는 선거여론조사의 공표 및 보도가 일체(전면적으로) 금지됨.

▶ 공직선거법에서 이러한 법 규정을 둔 이유는 각 선거의 후보 진영에서 선거를 앞두고 선거후보자 자신에게 유리한 여론조사의 결과만을 홍보하는 등으로 인하여 혼탁선거와 금권선거 및 부패선거 등의 문제점을 발생시킬 수 있다는 점에서 우리나라에서 시행됨.

▶ 유권자(선거권자 또는 투표권자)의 투표의사의 왜곡현상의 방지와 선거의 공정성에 대한 중대한 위험을 방지하여 유권자(선거권자 또는 투표권자)의

- ● 공직선거법상 선거 전 여론조사 공표 및 보도금지 규정에 대한 머리말 (4)

▶ 투표 전의 혼란을 최소화하여 선거를 공정하게 실시하기 위해 공직선거법 제108조 제1항에서 선거여론조사의 결과를 공표 및 보도하는 것에 대해 선거일 6일 전부터 금지시키고 있음.

▶ 그러나 공직선거법 제108조 제1항은 오히려 '마타도어(Matador) 현상'을 범람시킬 수 있고, 언론기관들로 하여금 선거에 관한 다양한 정보의 제공을 선거일 6일 전부터 일체(전면적으로) 금지시켜 유권자(선거권자 또는 투표권자)의 선거에 대한 다양한 정보들에 대한 접근을 완전히 차단하여 유권자(선거권자 또는 투표권자)로 하여금 선거후보자에 대한 여론의 동향을 살피면서 투표할 수 있는 기회를 일체(전면적으로) 가로막는 결과를 초래하게 되는바, 이는 헌법상 비례의 원칙(과잉금지의 원칙) 중에서 최소 침해의 원

- **공직선거법상 선거 전 여론조사 공표 및 보도금지 규정에 대한 머리말 (5)**

▷ 칙에 반하여 유권자(선거권자 또는 투표권자)의 선거정보에 대한 알 권리 및 선거권(투표권)과 언론기관의 보도의 자유 등의 인권 또는 기본권을 침해할 수 있는 문제점이 있음.

▷ 여기서 '마타도어'란 근거 없는 사실을 조작하여 상대편을 중상모략하거나 그 내부를 교란시키기 위해 하는 '흑색선전'의 의미로 정치권에서 널리 쓰이는 용어로, 마지막에 소의 정수리를 찔러 죽이는 투우사를 뜻하는 스페인어 'Matador(마타도르)'에서 유래함. 즉, 마타도르(Matador)는 스페인어 동사 '마타르'(matar : 죽이다)에서 온 말로 마타도어는 투우 경기에서 주연을 맡은 투우사를 뜻함.

- **공직선거법 제108조 제1항의 주요 내용에 대한 해석 (1)**
  (이 부분은 이희훈 b, 앞의 글, 260 – 262면 참조)

▷ 공직선거법 제108조 제1항에서 선거일 전 6일부터 선거일의 투표마감시각까지 선거여론조사 결과의 공표나 보도가 금지되는 주체에는 아무런 제한이 없음.

▷ 공직선거법 제108조 제1항에서 '선거일 전 6일부터 선거일의 투표마감시각까지' 사이에만 여론조사의 경위와 결과를 공표하거나 인용하여 보도하는 것이 금지되므로, 선거일 전 7일 이전이나 선거일의 투표마감 시각 이후에는 여론조사의 경위와 결과를 공표하거나 인용하여 보도하는 것이 가능하다고 해석됨.

▷ 공직선거법 제108조 제1항에서 금지되는 '인기투표'라 함은 후보자 등을 대상으로 그 당락을 예상할 수 있는 지지도를 알아보는 투표행위를 뜻하고,

- **공직선거법 제108조 제1항의 주요 내용에 대한 해석 (2) 및 선 거여론조사의 결과 공표 및 보도에 대한 외국의 입법례 (1)**
  (이 외국의 입법례 부분은 이희훈 b, 앞의 글, 263 – 266면 참조)

▷ 동 규정에서 '모의투표'라 함은 실제 투표절차에서의 투표를 가상하여 예상 후보자를 대상으로 하는 모방투표행위를 뜻함.

▷ 한편 선거여론조사의 결과를 공표하거나 보도하지 않는 한, 정당이나 후보 자가 전문여론조사기관에 선거에 대한 여론조사를 의뢰하는 것은 가능함.

▷ 국내 여론조사기관은 물론 외국의 신문, 방송사 등에서 실시한 여론주사결 과를 인용하여 보도하는 것은 금지됨.

▷ 선거여론조사의 결과 공표 및 보도 금지 규정이 있는 국가

▷ 프랑스 : 프랑스에서 선거여론조사의 결과 공표 및 보도는 국민들의 투표 성향에 영향을 줄 수 있다는 판단 하에 '여론조사의 공표에 관한 법안'이 1977년 7월 19일에 의회에서 법률(제77 – 808호)로 통과되었는바, 동법 제11 조가 2002년 2월 19일 법률(제2002 – 214호) 제11조로 개정되기 전까지 프

- **선거여론조사의 결과 공표 및 보도에 대한 외국의 입법례 (2)**

▷ 랑스에서는 선거일 전 여론조사의 결과 공표 및 보도 금지 기간이 '선거일 전 7일'이었던 것을 동법 동조의 개정 이후부터 선거일 전날과 선거당일인 2일만 금지되게 되었고, 지금까지 계속되고 이어져 오고 있음.

▷ 이밖에 우리나라처럼 세계적으로 선거여론조사의 결과공표금지규정을 두고 있는 국가에는 OECD 국가 중에서 이탈리아, 스위스, 포르투갈, 스페인 등 소수의 국가가 여기에 속함.

▷ 선거여론조사의 결과 공표 및 보도 금지 규정이 없는 국가

▷ 미국: 미국에서 선거여론조사의 결과에 대해 공표 및 보도하는 것을 금지하 는 특별한 규정은 없음. 이에 따라 미국에서는 거의 모든 방송과 전국지는 물론 지방지까지도 단독 또는 연합으로 선거여론조사를 실시한 후 그 결과

● 선거여론조사의 결과 공표 및 보도에 대한 외국의 입법례 (3)

▶ 를 공표 및 보도할 수 있음. 특히 1992년 이후의 대통령 선거에서부터 CNN, USA투데이, 갤럽이 공동으로 수행하는 선거여론조사는 선거에 임박한 한 달여 동안 매일 후보지지율의 변화를 조사하여 그 결과를 공표하여 미국의 유권자들은 선거기간 동안 하루도 빠짐없이 선거여론조사의 결과에 대한 언론기관의 공표나 보도를 듣거나 볼 수 있음.

▶ 독일 : 독일은 방송국가협정 제10조 제2항에 의해 대표성이 인정되는 선거 여론조사에 한하여 선거기간 중 실시되는 여론조사의 결과를 발표할 수 있도록 하고 있고, 프랑스와는 달리 독일연방선거법과 지방선거관련법령은 여론조사결과의 공표와 정당이 자기당의 여론조사 결과를 공표하는 것에 대해

● 선거여론조사의 결과 공표 및 보도에 대한 외국의 입법례 (4)

▶ 법적으로 아무런 규제가 없음.

▶ 따라서 독일에서는 선거일 전날에 여론조사의 결과를 발표하더라도 이는 위법행위가 되지 않음. 그러나 독일은 언론기관들 간에 선거일 전날에는 원칙적으로 여론조사에 대한 결과를 공표하지 않는 것이 관례로 되어 있음.

▶ 참고로 독일의 모든 여론조사회사는 파리에 본부를 두고 있는 국제상공회의소와 암스테르담에 본부를 둔 유럽여론, 시장조사협회가 공동으로 제정한 '에소마르 규약'을 준수하고 있으며, 독일 내 3개(독일시장조사회사연합회, 독일시장 및 사회조사회사연합회, 사회과학연구소연합회)의 여론조사연합회는 이 규약을 토대로 공동으로 제정한 여론조사규정을 준수하고 있음.

● 선거여론조사의 결과 공표 및 보도에 대한 외국의 입법례 (5) 및 알 권리 (1)

▷ (3) 이밖에 우리나라와 달리 세계적으로 선거여론조사의 결과공표를 금지하는 규정을 두지 않고 있는 국가에는 OECD 국가들 중 영국, 노르웨이, 네덜란드, 오스트리아 등 대다수의 국가가 여기에 속함.

▷ 알 권리 : '알 권리'란 국민이 일반적으로 정보에 접근하고 수집, 처리함에 있어서 국가권력의 방해를 받지 않음을 보장하고, 의사형성이나 여론 형성에 필요한 정보를 적극적으로 수집하며, 수집에 대한 방해의 제거를 청구할 수 있는 권리임(헌재 1991. 5. 13, 90헌마133).

▷ 원칙적으로 국가에게 이해관계인의 공개청구 이전에 적극적으로 정보를 공개할 것을 요구하는 것까지 알 권리로 보장되는 것은 아니다. 따라서 일반적으로 국민의 권리의무에 영향을 미치거나 국민의 이해관계와 밀접한 관련

● 알 권리 (2)

▷ 이 있는 정책결정 등에 관하여 적극적으로 그 내용을 알 수 있도록 공개할 국가의 의무는 기본권인 알 권리에 의하여 바로 인정될 수는 없고 이에 대한 구체적인 입법이 있는 경우에야 비로소 가능하다. 이와 같이 알 권리에서 파생되는 정부의 공개의무는 특별한 사정이 없는 한 국민의 적극적인 정보수집행위, 특히 특정의 정보에 대한 공개청구가 있는 경우에 비로소 존재하게 됨(헌재 2004. 12. 16, 2002헌마579).

▷ 이러한 알 권리를 명문으로 규정한 헌법은 전 세계적으로 독일의 경우를 제외하고는 거의 찾아보기 힘든바, 독일 기본법 제5조 제1항에서 "누구든지 언어, 문서 및 도형으로 자유로이 의사를 표현하고 유포하며 일반적으로 접근할 수 있는 정보원으로부터 방해를 받지 아니하고 알 권리를 가진다."라

● 알 권리 (3)

▷ 고 하여 명문으로 알 권리를 규정하고 있음.

▷ 알 권리는 다음과 같은 세 가지의 헌법적 기능을 함. 첫째, 사상 또는 의견의 자유로운 표명은 자유로운 의사의 형성을 전제로 하는바, 자유로운 의사의 형성은 충분한 정보에의 접근이 보장되어야 가능한 것이며, 자유로운 사상 또는 의견의 표명은 자유로운 수용 또는 접수와 불가분의 관계에 있다. 이에 알 권리는 국민을 실질적인 표현의 주체로 내세워 오늘날 정보화 사회에서 국가와 거대한 언론매체에 의해 정보가 독점되어 국민이 일방적으로 정보를 수령하기만 하는 수동적 주체로 전락할 위험을 방지시켜 주는 기능을 함. 둘째, 알 권리는 주권자인 국민이 정치적 소외현상에서 벗어날 수 있게 해 주어 대의제의 한계를 극복하고, 국민주권의 실질화에 기여함. 셋째,

● 알 권리 (4)

▷ 사상 또는 의사의 자유로운 형성과 표명은 인간이 존재하는 본질에 속하는바, 알 권리는 국민이 자유롭게 의사를 형성하고 표명할 수 있게 해 주어 헌법상 인간의 존엄과 가치 및 정보화 사회에서 소비자의 권리와 인간다운 생활을 할 권리 등을 실현시켜 주는 기능을 함(성낙인, 앞의 책, 1200－1201면).

▷ 즉, 알 권리는 민주주의 국가에서 국정에 대한 참여를 보장하고, 인격의 자유로운 발전을 도모하며, 인간다운 생활을 확보하기 위하여 필요한 정보 수집을 할 수 있게 해 주는 기능을 한다고 요약할 수 있음(헌재 1991. 5. 13, 90헌마133에서 최광률 헌법재판소 재판관의 견해).

▷ 알 권리의 주체는 원칙적으로 자연인인 대한민국 국민임. 그리고 언론매체의 취재를 가능토록 하기 위해서 알 권리를 인정해 주어야 한다는 점에서 법인도 알 권리의 주체가 된다고 할 것임.

● 알 권리 (5)

▷ 한편 외국인은 정보가 국민의 권리로서만 인정되는 성격과 내용 및 범위의 한도 내에서는 알 권리가 인정되지 않는다고 봄이 타당함(성낙인, 앞의 책, 1204면).

▷ 헌법 제21조 제1항에서 보호 또는 보장해 주고 있는 언론, 출판의 자유, 즉 표현의 자유는 전통적으로 사상 또는 의견의 자유로운 표명(발표의 자유)과 그것을 전파할 자유(전달의 자유)를 의미하는 것으로서, 사상 또는 의견의 자유로운 표명은 자유로운 의사의 형성을 전제로 함. 이러한 자유로운 의사의 형성은 정보에의 접근이 충분히 보장됨으로써 비로소 가능해짐. 따라서 정보에의 접근, 수집, 처리의 자유를 뜻하는 알 권리는 표현의 자유와 표리일체의 관계에 있으며, 자유권적 성질과 청구권적 성질을 공유함. 즉, 알 권

● 알 권리 (6)

▷ 리의 자유권적 성질은 일반적으로 정보에 접근하고 수집, 처리함에 있어서 국가권력의 방해를 받지 아니한다는 것을 뜻하며, 알 권리의 청구권적 성질을 의사형성이나 여론 형성에 필요한 정보를 적극적으로 수집하고 수집을 방해하는 방해제거를 청구할 수 있다는 것을 뜻하는바, 이는 정보수집권 또는 정보공개청구권으로 나타남. 나아가 현대 사회가 고도의 정보화 사회로 이행해 나감에 따라 알 권리는 생활권적 성질까지 획득해 나아가고 있음(헌재 1991. 5. 13, 90헌마133).

▷ 또한 알 권리는 오늘날 자기실현의 가치와 관련된 개인권적인 성격뿐만 아니라, 널리 공공적 사항에 관한 정보를 알고 이를 청구할 수 있는 권리를 포함하기 때문에 정치적 의사를 형성하고 민주정치과정에의 참여를 확보하는 자기통치의 가치를 실현하는 참정권적 성격도 있음(헌재 1998. 5. 28, 97헌마362·394(병합)).

● 알 권리 (7)

▶ 알 권리의 헌법적 근거는 다음과 같은 두 가지 사유로 헌법 제21조에서 찾는 것이 타당함.

▶ 첫째, 헌법 제21조의 언론, 출판의 자유 즉, 표현의 자유는 전통적으로 사상 또는 의견의 자유로운 표명(발표의 자유)과 그것을 전파할 자유(전달의 자유)를 의미하는바, 개인이 인간으로서의 존엄과 가치를 유지하고, 행복을 추구하며, 국민주권을 실현하는 데 필수불가결한 것으로 오늘날 민주국가에서 국민이 갖는 가장 중요한 기본권의 하나로 인식됨. 여기서 사상이나 의견의 자유로운 표명은 자유로운 의사의 형성을 전제로 하는바, 자유로운 의사의 형성은 충분한 정보에의 접근이 보장됨으로써 비로소 가능한 것임. 또한 의사의 자유로운 표명은 자유로운 수용 또는 접수와 불가분의 관계에 있음.

● 알 권리 (8)

▶ 따라서 정보에의 접근·수집·처리의 자유 즉, 알 권리는 표현의 자유에 당연히 포함된다고 할 것임(헌재 1989. 9. 4, 88헌마22; 헌재 1991. 5. 13, 90헌마133; 헌재 1992. 2. 25, 89헌가104; 헌재 1994. 12. 29, 92헌바31; 헌재 1995. 7. 21, 92 헌마177).

▶ 이러한 사유로 알 권리의 헌법적 근거는 직접적으로 헌법 제21조에서만 찾으면 되고, 헌법 제21조를 제외한 헌법 제1조나 헌법 제10조 등은 알 권리와 특별한 연관관계에 있는 헌법규정으로 보면 됨. 즉, 알 권리가 국민주권을 실질화하고, 인간의 존엄과 가치를 실현하는 등의 헌법적 기능을 하는 기본권이라는 점은 알 권리의 헌법적 근거인 헌법 제21조의 언론·출판의 자유의 헌법적 기능으로부터 기인되는 것이기 때문에 알 권리의 헌법적 근거를 직접적으로 헌법 제1조나 헌법 제10조 등에서 찾을 필요는 없고, 헌법 제21조에서만 찾는 것이 타당함(이희훈 c, 앞의 글, 258면).

● 알 권리 (9)

▶ 알 권리는 타인에게 정보를 제공하는 자유가 아니라 자신이 정보를 수집할 수 있는 권리를 뜻하는바, 정보 수집의 수단은 듣고, 보고, 읽는 것 등을 포함하므로, 알 권리는 들을 권리, 읽을 권리, 볼 권리 등으로 나타남(권영성, 앞의 책, 498면).

▶ 이러한 알 권리의 내용으로는 다음과 같은 세 가지를 들 수 있음.

▶ 첫째, 국민이 정보를 수령하고 수집함에 있어서 공권력의 방해를 받지 않을 권리인 소극적 정보수령권을 그 내용으로 한다. 즉, 알 권리는 소극적인 측면에서 일반적으로 접근할 수 있는 정보원으로부터 국가나 사인에 의하여 방해를 받지 아니하고 정보를 수령할 수 있는 권리인 '정보수령권'(정보를 방해 없이 받을 권리)을 그 내용으로 함(정종섭, 앞의 책, 671면).

알 권리 (10)

▶ 둘째, 알 권리는 적극적인 측면에서 국가나 사인의 방해를 받지 아니하고 일반적으로 접근할 수 있는 정보원으로부터 능동적으로 정보를 수집할 수 있는 권리인 '정보수집권'을 그 내용으로 한다. 이러한 알 권리의 내용 중에서 정보수령권과 정보수집권은 다양한 정보들 중에서 국민이 자기에게 필요한 정보를 선별하고 여과할 수 있는 것을 그 전제로 하기 때문에 정보의 선별권과 선택권을 포함하므로, 이러한 정보의 선별권과 선택권도 알 권리의 내용이 됨(정종섭, 앞의 책, 670-671면).

▶ 셋째, 알 권리는 적극적인 측면에서 국가나 사회·개인에 대하여 정보를 공개해 달라고 요청할 수 있는 '정보공개청구권'을 그 내용으로 하는바, 이러한 정보공개청구권은 다시 국가공권력이 보유하는 모든 정보에 대하여 이해

알 권리 (11)

▶ 관계에 관계없이 일반인이 공개를 요구할 수 있는 권리(일반적 공개청구권)와 국가공권력이 보유하는 특정의 정보에 대하여 이해관계가 있는 일정 범위의 개인이 그 공개를 요구할 수 있는 권리(개별적 공개청구권)로 각각 나뉘어짐(권형준, "정보공개제도에 관한 고찰", 법학논총 제23집 제2호, 2006. 12, 6면; 헌재 1991. 5. 13, 90헌마133).

▶ 알 권리는 어떠한 경우에도 제한할 수 없는 절대적인 기본권이 아니라, 다른 법익을 해치지 않는 범위 내에서 보호 또는 보장된다고 할 것이므로, 알 권리는 헌법 제21조 제4항과 헌법 제37조 제2항에 의해 타인의 명예나 권리 또는 공중도덕이나 사회윤리 및 국가의 안전보장이나 질서유지 또는 공공복리를 위해서 필요한 경우에 한하여 개인정보 보호법 등의 법률로 제한이 가능함.

▶ 그러나 알 권리를 제한하는 법률은 명확하게 규정되어야 하고, 그 법률에

● 알 권리 (12)

▶ 의해 개인의 인격자체를 훼손시키는 것과 같이 본질적인 내용이 침해되어 서는 안 되며, 헌법 제37조 제2항의 비례의 원칙에 위반되면 안 되는 한계 가 있음(권영성, 앞의 책, 498면).

▶ 즉, 알 권리는 헌법 제21조 제4항과 제37조 제2항에 의해 제한이 가능하지 만, 알 권리에 대한 제한의 정도는 타인의 기본권을 침해하지 않으면서 동 시에 공익의 실현에 장애가 되지 않는다면 가급적 널리 인정하여야 할 것이 며, 적어도 직접적으로 알 권리의 청구를 받은 자 또는 기관에 대해서는 특 단의 사정이 없는 한, 알 권리의 청구에 의해 의무적으로 해당 정보를 공개 해 주어야 한다고 봄이 타당함(헌재 1991. 5. 13, 90헌마133).

● 공직선거법상 선거 전 여론조사 공표 및 보도금지 규정의 입법 목적에 대한 합헌론 (1)
(이 부분은 이희훈 b, 앞의 글, 266 – 267면 참조)

▶ 공직선거법상 선거일 6일 전부터 일체의 선거여론조사의 결과에 대해 공표 및 보도를 하는 것을 금지하도록 하는 규정을 둔 입법의 목적은 선거일 전 에 선거 여론조사의 결과를 자유롭게 공표하도록 하면 유권자(선거권자 또 는 투표자)로 하여금 단순히 승산이 있는 후보 쪽으로 가담하도록 만드는 이른바 '밴드왜건 효과(Bandwagon Effect)'를 발생시키거나 이와 반대로 투 표자로 하여금 불리한 후보를 동정하여 단순히 열세에 놓여 있는 쪽으로 기 울게 하는 이른바 '열세자 효과(Underdog Effect)'를 발생시켜 투표일에 가 까워진 상태에서 평소의 유권자(선거권자 또는 투표자) 본인의 생각과는 다 르게 여론에 휩쓸린 그릇된 투표 행태를 나타낼 수 있기 때문에 유권자(선 거권자 또는 투표자)에게 투표에 앞서 여론에 흔들리게 하기보다는 선거후

● 공직선거법상 선거 전 여론조사 공표 및 보도금지 규정의 입법 목적에 대한 합헌론 (2)

▶ 보자의 공직 적합성과 정책 추진능력 등을 유권자(선거권자 또는 투표자) 스스로 몇 일의 기간 동안 혼자서 조용히 심사숙고할 수 있도록 만들어 주는 것이 민주주의의 원리에 더 부합한다는 사유로 공직선거법 제108조 제1항의 입법 목적은 정당하다고 보는 합헌론이 있음.

▶ 여기서 '밴드왜건(Bandwagan)'이란 서커스 행렬의 맨 앞에서 대열을 선도하고 분위기를 띄우는 밴드를 실은 마차나 차량을 뜻하는바, 밴드왜건(대열의 앞에서 행렬을 선도하는 악대차)이 연주하면서 지나가면 사람들이 무엇 때문인지 궁금하여 모여들기 시작하고, 몰려가는 사람을 바라본 많은 사람들이 무엇인가 있다고 생각하며 무작정 뒤따르면서 군중들이 더욱더 불어나는 것에 비유하여 붙여진 이름으로, 남이 하니까 나도 한다는 식의 의사결

● 공직선거법상 선거 전 여론조사 공표 및 보도금지 규정의 입법 목적에 대한 합헌론 (3) 및 비판점 (1)

▶ 정을 뜻함.

▶ 공직선거법상 선거일 6일 전부터 일체의 선거여론조사의 결과에 대해 공표 및 보도를 하는 것을 금지하도록 하는 규정을 둔 입법의 목적은 선거권자가 투표를 하는 데 있어서 이른바 '밴드왜건 효과'나 '열세자 효과'와 같은 그릇된 현상을 발생시켜 앞의 합헌론이 주장하듯 유권자(선거권자 또는 투표자)의 투표에 대한 진의를 왜곡할 수 있는 것을 방지하기 위해서 그 입법 목적이 정당하다고 생각할 수 있음. 그러나 선거에 있어 이른바 밴드왜건 효과 또는 열세자 효과는 보편적으로 지지를 받지 못하는 하나의 가설에 불과한 것으로, 미국의 선전분석연구소가 밴드왜건 효과에 대한 고전적인 실험조사에서 집단압력과 동조에 관한 실험결과 사람들은 일단 타인이 자신과 다른

● **공직선거법상 선거 전 여론조사 공표 및 보도금지 규정의 입법 목적에 대한 합헌론의 비판점 (2)**

▶ 의견을 제시할 때 자신의 판단에 영향을 받을 수도 있지만, 단 한 사람이라도 만장일치를 깨는 상황에서는 그 영향력은 그다지 크지 않다는 것이 밝혀졌으므로, 이를 이유로 공직선거법 제108조 제1항의 입법 목적이 정당하다고 볼 수 없음.

▶ 설사 선거에 있어 밴드왜건 효과나 열세자 효과가 발생한다는 것을 인정하더라도 밴드왜건 효과나 열세자 효과가 동시에 발생하여 선거에 있이 서로 그 효과가 상쇄되어 결국 선거의 결과에 있어서는 이러한 효과에 의한 표의 차이가 거의 없게 될 수 있다는 점과 만약 유권자(선거권자 또는 투표자) 자신이 선거에 있어 지지하는 선거 후보자가 앞서 있거나 뒤쳐져 있다면 해당 선거후보자를 지지하는 유권자(선거권자 또는 투표자) 자신이 직접 투표를 하지 않아도 자기가 지지하는 선거후보자가 당선되거나 낙선될 것이라

● **공직선거법상 선거 전 여론조사 공표 및 보도금지 규정의 입법 목적에 대한 합헌론의 비판점 (3) 및 동 규정에 대한 헌법적 평가 (1)**

(이 헌법적 평가 부분은 이희훈 b, 앞의 글, 272면 참조)

▶ 는 생각에 해당 선거후보자의 유권자(선거권자 또는 투표자)의 기권표가 발생할 것이므로, 밴드왜건 효과나 열세자 효과가 발생하더라도 각각 그와 관련된 기권표도 동시에 발생하여 선거에 있어 서로 상쇄될 것이라는 점에서 공직선거법 제108조 제1항의 입법 목적이 정당하다고 볼 수 없음.

▶ 공직선거법 제108조 제1항에서 선거일 6일 전부터 선거일(투표일)까지 일체(전면적으로) 선거여론조사의 결과에 대해 공표 및 보도하는 것을 금지시키는 것은 비례의 원칙(과잉금지의 원칙) 중에서 수단의 적합성 원칙과 최소 침해의 원칙에 비추어 볼 때 다음과 같은 사유로 위헌성이 높은 규정이므로, 향후 개정 또는 폐지하는 것이 바람직함.

공직선거법상 선거 전 여론조사 공표 및 보도금지 규정에 대한 헌법적 평가 (2)

▶ 1. 불공정하거나 부정확한 선거여론조사 또는 그 기관은 결국 시장의 원리에 의해 사라지게 될 것이고, 의도적으로 왜곡된 선거여론조사 결과의 공표 및 보도에 대해서 매우 엄중한 형사처벌을 하는 등 선거여론조사의 공정성 확보를 위한 제도적 장치를 마련하며 선거기간 중에 선거여론조사의 결과에 대해 선거후보자 측에서 반박을 하고자 할 때에는 당해 선거후보자의 요청에 의해 신속하게 반박보도를 해 주도록 한다면 선거의 공정성은 어느 정도 확보될 수 있을 것이므로, '선거의 공정성'을 확보한다는 이유만으로 선거일 6일 전부터 선거일(투표일)까지 일체(전면적으로) 선거여론조사의 결과에 대해 공표 및 보도를 금지하고 있는 공직선거법 제108조 제1항은 비례의 원

공직선거법상 선거 전 여론조사 공표 및 보도금지 규정에 대한 헌법적 평가 (3)

▶ 칙(과잉금지의 원칙) 중에서 '수단의 적합성 원칙'에 위반된다고 사료됨.

▶ 2. 설사 공직선거법 제108조 제1항에서 선거일 6일 전부터 선거일(투표일)까지 일체(전면적으로) 선거여론조사의 결과에 대해 공표 및 보도하는 것을 금지시키는 것에 대해 비례의 원칙(과잉금지의 원칙) 중 수단의 적합성 원칙에 합치된다고 보더라도 민주주의 국가에서 언론기관들로 하여금 선거에 관한 국민 여론의 동향에 대한 다양하고 신속한 정보를 제공케 하고, 유권자(선거권자 또는 투표자)로 하여금 이러한 선거관련 정보에 자유롭게 접근하여 국민 여론의 동향을 파악하고 유권자(선거권자 또는 투표자) 자신의 의사를 형성하여 선거(투표)에 대한 판단을 유권자(선거권자 또는 투표자)

● 공직선거법상 선거 전 여론조사 공표 및 보도금지 규정에 대한 헌법적 평가 (4) 및 동 규정에 대한 종합적 검토 (1)

(이 종합적 검토 부분은 이희훈 b, 앞의 글, 249–250면 참조)

▶ 스스로 할 수 있도록 최대한 보장해 주어 유권자(선거권자 또는 투표자)의 다양한 선거정보에 대한 알 권리 등의 기본권 또는 인권을 최대한 보호해 주어야 한다는 점에 비추어 볼 때 공직선거법 제108조 제1항에서 선거여론조사의 결과에 대한 공표 및 보도의 금지기간이 선거일(투표일) 전 6일이라는 꽤 장기간 동안 유권자(선거권자 또는 투표자)의 다양한 선거정보에 대한 알 권리 등의 기본권 또는 인권을 과도하게 침해하므로 비례의 원칙(과잉금지의 원칙) 중에서 최소 침해의 원칙에 위반된다고 사료됨.

▶ 공직선거법 제108조 제1항에 의해 유권자(선거권자 또는 투표자)로 하여금 다른 유권자(선거권자 또는 투표자) 또는 유권자(선거권자 또는 투표자) 전체의 여론의 동향에 대해 선거일(투표 일) 전 6일이라는 금지기간 동안 일

● 공직선거법상 선거 전 여론조사 공표 및 보도금지 규정에 대한 종합적 검토 (2)

▶ 체 알 수 없도록 하여 이에 전혀 영향을 받지 않고 투표하도록 만들겠다는 입법의 목적이 과연 선거의 공정성을 확보시켜 주고 유권자(선거권자 또는 투표자)의 진의에 맞는 선거의 결과를 가져다 줄 것인지 및 민주주의의 실현에 진실로 부합되는 것인지에 대해서는 강한 의문과 회의감을 갖지 않을 수 없음.

▶ 그리고 전 세계적으로 OECD국가 중 미국과 독일 등 대부분의 국가에서는 우리나라와 달리 선거일 전 선거여론조사결과의 공표 및 보도를 금지하는 규정이 없어 선거에 관한 여론조사와 그 결과의 공표 및 보도를 법적으로 아무런 제한 없이 자유롭게 행하여 유권자(선거권자 또는 투표자)가 선거

- ## 공직선거법상 선거 전 여론조사 공표 및 보도금지 규정에 대한 종합적 검토 (3)

▶ 일(투표일) 전 날 또는 선거(투표)일 당일의 투표 마감시각까지 선거와 관련된 폭넓고 다양한 선거관련 정보를 알게 하여 이를 근거로 합리적인 판단을 하여 가장 적합한 선거후보자를 선택할 수 있게 해 주어 선거정보에 있어 알 권리 등의 기본권 또는 인권을 실현할 수 있게 해 주고, 정당이나 선거후보자들은 그들이 추진하고 있는 정책 등에 대한 지지도를 파악할 수 있게 하여 유권자(선거권자 또는 투표자)가 왜 자신의 정책 등을 싫어하여 지지도가 낮은지를 파악하게 해 주어 선거공약에서 여러 정책들을 시정할 수 있는 기회를 주어 정당이나 선거후보자에 대해 유권자(선거권자 또는 투표자)들이 원하는 정책이나 정치적 의견을 표명하거나 반영할 수 있도록 해 주어 민주주의를 실현할 수 있는 기회를 갖도록 해 준다는 점에서 공직선거

- ## 공직선거법상 선거 전 여론조사 공표 및 보도금지 규정에 대한 종합적 검토 (4)

▶ 법 제108조 제1항에서 선거일 전 6일 동안 일체 선거여론조사의 결과에 대한 공표 및 보도를 금지시키는 규정은 타당하지 않다고 헌법적으로 평가됨.

▶ 이러한 사유로 향후 우리나라의 헌법재판소가 가급적 빠른 시간 내에 공직선거법 제108조 제1항의 선거여론조사의 결과에 대한 공표 및 보도금지 규정을 위헌으로 결정하여 그 효력을 없애버리거나, 국회(입법부)가 스스로 동 규정을 폐지 또는 개정하여 입법론적으로 미국과 독일 등처럼 선거 당일의 투표마감시각까지 자유롭게 유권자(선거권자 또는 투표자)들이 선거여론조사의 결과를 공표 및 보도되는 것을 듣거나 볼 수 있도록 해 주거나 또는 프랑스처럼 선거일 2일 전부터 선거 당일의 투표마감시각까지 선거여론조

● 공직선거법상 선거 전 여론조사 공표 및 보도금지 규정에 대한
종합적 검토 (5)

▶ 사의 결과를 공표 및 보도할 수 없도록 하여 선거에 있어 유권자(선거권자
또는 투표자)의 선거에 대한 의사결정의 자율성과 선거정보의 알 권리 등을
최대한 보호받을 수 있도록 해주는 것이 바람직함.

▶ 향후 우리나라에서도 더 이상 선거를 앞두고 유권자의 눈과 귀를 막는 '깜
깜이' 선거형태는 사라질 것으로 전망되는바, 헌법적으로 민주주의 원리와 알
권리 등의 기본권 또는 인권의 보호 정도를 향상시켜준다는 점에서 타당함.

공직선거법상 선거후보자 측의 신상공개에 대한 규정의 주요 내용 (1)

(이 부분은 이희훈 c, 공직선거법상 후보자의 신상공개에 대한 헌법적 평가, 법과 정책 제16권 제2호, 2010. 8, 276-277면 일부 참조)

▶ 공직선거법 제49조 제4항에서는 선거후보자로 등록한 사람들에게 의무적으로(반드시) 1) 중앙선거관리위원회규칙이 정하는 피선거권에 관한 증명서류, 2) 자신의 공직자윤리법 제10조의2 제1항에 따른 등록대상재산에 관한 신고서, 3) 공직자 등의 병역사항신고 및 공개에 관한 법률 제9조 제1항에 따른 병역사항에 관한 신고서, 4) 최근 5년간의 후보자 및 그의 배우자와 직계 존속과 비속의 소득세와 재산세 및 종합부동산세의 납부 및 체납에 관한 신고서, 5) 벌금 100만원 이상의 형의 범죄경력(이하에서 '전과기록'으로 줄임)에 관한 증명서류, 6) 초, 중등교육법 및 고등교육법에서 인정하는 정규학력(이하에서 '정규학력'으로 줄임)에 관한 최종학력 증명서와 국내 정규학력에 준하는 외국의 교육기관에서 이수한 학력에 관한 각 증명서, 7) 대통령선거·

- **공직선거법상 선거후보자 측의 신상공개에 대한 규정의 주요 내용 (2)**

▶ 국회의원선거·지방의회의원 및 지방자치단체의 장의 선거와 교육의원선거 및 교육감선거에 후보자로 등록한 경력에 관한 신고서를 관할 선거구선거관리위원회에 제출하도록 규정하고 있음.

▶ 또한 공직선거법 제49조 제10항에서는 "후보자가 되고자 하는 자 또는 정당은 선거기간개시일 전 150일부터 본인 또는 후보자가 되고자 하는 소속 당원의 전과기록을 국가경찰관서의 장에게 조회할 수 있으며, 그 요청을 받은 국가경찰관서의 장은 지체없이 그 전과기록을 회보(回報)하여야 한다. 이 경우 회보받은 전과기록은 후보자등록시 함께 제출하여야 하며 관할선거구선거관리위원회는 그 확인이 필요하다고 인정되는 후보자에 대하여는 후보

- **공직선거법상 선거후보자 측의 신상공개에 대한 규정의 주요 내용 (3) 및 동 규정에 대한 입법 목적(취지) 검토 (1)**
  (이 동 규정에 대한 입법목적 부분은 이희훈 c, 앞의 글, 277－278면 일부 참조)

▶ 자등록마감 후 지체 없이 해당 선거구를 관할하는 검찰청의 장에게 그 후보자의 전과기록을 조회할 수 있고, 당해 검찰청의 장은 그 전과기록의 진위여부를 지체 없이 회보하여야 한다."라고 규정하고 있고, 공직선거법 제49조 제11항에서는 "누구든지 선거기간 중 관할 선거구선거관리위원회가 제10항의 규정에 의하여 회보 받은 전과기록을 열람할 수 있다."라고 규정하고 있음.

▶ 이렇듯 공직선거법 제49조 제4항과 제49조 제10항 및 제49조 제11항에 의해 선거후보자의 재산내역, 병역사항, 전과기록사항, 정규학력사항과 최근 5년간의 선거후보자 및 그의 배우자와 직계 존속과 비속(이하에서 '선거후보자 측'으로 줄임)의 소득세와 재산세 및 종합부동산세의 납부 및 체납사항(이하에서 '공직선거법상 선거후보자 측의 신상공개사항'으로 줄임)을 공개

● 공직선거법상 선거후보자 측의 신상공개 관련 규정에 대한 입법 목적(취지) 검토 (2)

▶ 하도록 규정하고 있는바, 이러한 규정들의 입법의 목적(취지)은 국민들로 하여금 국민의 전체의 봉사자이며, 국민에 대하여 책임을 져야 하는 공직자가 국민 전체의 봉사자로서 적합한지의 여부를 판단하기 위해 공직자가 되려는 선거후보자의 재산을 공개하게 함으로써 혹시 부정축재한 재산이 없는가를 알 수 있게 하고, 최근 5년간 소득세와 재산세 및 종합부동산세의 납부 및 체납납부실적을 공개함으로써 당해 선거후보자와 그 직계 존속과 비속의 소득에 대한 납부의무를 제대로 이행하였는지 및 선거후보자가 부정한 방법으로 병역의무의 이행을 면탈하지는 않았는지 및 선거후보자의 금고 이상의 형의 전과기록과 학력 등에 대해 투표 전에 공개함으로써 유권자들

● 공직선거법상 선거후보자 측의 신상공개 관련 규정에 대한 입법 목적(취지) 검토 (3)

▶ 에게 국가와 국민을 위해 진정으로 헌신하고 봉사할 수 있는 바르고 깨끗한 선거후보자를 선출할 수 있도록 하기 위해서라고 할 것임.

▶ 그러나 다른 한편으로는 공직선거법 제49조 제4항과 제49조 제10항 및 제49조 제11항에서 선거후보자 측의 프라이버시에 해당하는 재산 및 소득관련 사항, 병역관련 사항, 전과기록 사항과 학력 사항을 국민들에게 의무적(필수적)으로(반드시) 공개하도록 규정하고 있는 것이 선거후보자 측의 입장에서 생각해 보면 선거후보자 측의 감추고 싶은 중요한 사적인 비밀에 해당되는 사항 즉, 선거후보자 측의 헌법상 프라이버시권이라는 기본권 또는 인권을 침해하는 것이 아닌지 하는 문제가 제기됨.

● 공직선거법상 선거후보자 측의 신상공개 규정의 위헌 여부 검토 (1)

(이 부분은 이희훈 c, 앞의 글, 293-296면 일부 참조)

▶ 이하에서는 공직선거법 제49조 제4항과 제49조 제10항 및 제49조 제11항에 의해 선거후보자 측의 여러 신상공개를 의무적 또는 필수적으로 반드시 해야 하는 것이 선거후보자 측의 헌법상 프라이버시권이라는 기본권 또는 인권을 침해하는지 여부에 대해 헌법적인 시각에서 검토함.

▶ 먼저 정치인이 되기 위해서 출마한 선거후보자 측에서 선거후보자 자신은 '전면적인 공적 인물(공인: 어떤 개인이 그 자신의 재능, 명성, 생활양식 때문에 또는 일반인이 그 행위나 인격에 관하여 관심을 가지는 직업 때문에 공직인사가 된 자를 뜻함)'에 해당하고, 그 선거후보자의 직계 존속과 비속은 '비자발적 공적 인물'에 해당하는바, 선거후보자의 직계 존속과 비속은

● 공직선거법상 선거후보자 측의 신상공개 규정의 위헌 여부 검토 (2)

▶ 그 자신 의사나 그 자신의 의지에 의해 공적 인물이 된 것은 아니지만, 선거후보자와 혈연으로 맺어진 관계여서 그들의 신상을 공개하여 선거후보자의 부당한 재산의 축적 등 선거후보자의 공직에의 적합성과 청렴성 등을 판단하기 위한 자료를 제공해 준다는 점에서 국민들에게 알 권리를 실현시켜 주게 됨.

▶ 따라서 공직선거법상 선거후보자 측의 신상공개사항을 의무적(필수적)으로 반드시 공개하도록 규정한 것은 선거후보자 측에서 선거에 출마하면서 그들의 프라이버시권의 보호 정도를 일반인들과 같은 정도로 주장하거나 보장받으려는 것을 포기했다고 볼 수 있다는 점에서 선거후보자 측의 프라이버시권을 침해하는 위헌적 규정으로 볼 수는 없다고 사료됨.

● 공직선거법상 선거후보자 측의 신상공개 규정의 위헌 여부 검토 (3)

▶ 다만, 공직선거법상 선거후보자 측에게 이러한 프라이버시권의 제한이 합헌 이라고 인정되더라도 선거후보자 측의 프라이버시권이 없어져버리는 것, 즉 이 규정에 대한 어떤 예외적 규정을 두지 않는 것은 비례의 원칙(과잉금지 의 원칙)에 비추어 볼 때 최소 침해의 원칙에 위반되는 잘못된 것임. 따라서 선거후보자 측의 신상공개에 따른 프라이버시권의 제한으로 인하여 프라이 버시권의 본질적인 내용이 침해되지 않도록 규정해야 함.

▶ 이러한 사유로 공직선거법 제49조 제4항 제3호에서는 병역사항신고 및 공 개에 관한 법률 제8조 제3항과 시행령 제14조 제1항에 따라 병역사항과 관 련된 질병명 또는 심신장애내용이나 그 처분사유를 비공개할 수 있도록 규 정하여 공직선거법상 선거후보자 측의 신상공개 규정들에 의해 선거후보자

● 공직선거법상 선거후보자 측의 신상공개 규정의 위헌 여부 검토 (4)

▶ 측의 프라이버시권이 너무 과도하게 침해되지 않도록 규정하고 있음.

▶ 그리고 공직선거법 제49조 제4항 제4호에서는 선거후보자 및 그의 배우자 와 직계 존속과 비속의 소득세와 재산세 및 종합부동산세의 납부 및 체납에 대한 사항을 그들의 프라이버시권이 너무 과도하게 침해되지 않도록 선거를 기준으로 최근 5년간의 소득세와 재산세 및 종합부동산세의 납부 및 체납에 대한 사항만을 신고하도록 규정하고 있음.

▶ 또한 공직선거법 제49조 제4항 제4호에서는 결혼을 하여 출가한 딸과 외조 부모 및 외손자녀는 그 신고대상의 범위에서 제외하도록 규정하고 있고, 10 만원 이하 또는 3월 이내의 체납실적은 그 신고대상의 범위에서 제외하도

● 공직선거법상 선거후보자 측의 신상공개 규정의 위헌 여부 검토 (5)

▶ 록 규정하고 있으며, 선거후보자의 직계 존속은 자신의 세금납부 및 체납에 관한 신고를 거부할 수 있도록 규정하여 공직선거법상 선거후보자 측의 프라이버시권이라는 기본권 또는 인권이 너무 과도하게 침해되지 않도록 예외적 규정을 두고 있음.

▶ 공직선거법상 선거에 출마하는 선거후보자와 그 직계 존속과 비속의 신상공개를 의무적(필수적)으로 공개하도록 하여 이들의 여러 신상 관련 사항들을 유권자(선거권자 또는 투표자)들이 알 수 있도록 해 준 것은 민주주의를 실현하는 데 있어서 유권자(선거권자 또는 투표자)들이 당해 선거후보자의 공직에의 적합성과 공직의 남용 가능성 여부 및 공직자로서의 청렴성 등을

● 공직선거법상 선거후보자 측의 신상공개 규정의 위헌 여부 검토 (6)

▶ 판단할 수 있게 도와주고 알려주어 여러 선거후보자들 중에서 가장 바르고 깨끗한 책임감 있는 성실한 선거후보자에게 투표를 할 수 있게 해 주기 위한 것으로, 이는 국가의 발전과 국민 대다수의 이익을 실현하기 위한 공익을 실현하기 위한 것이므로, 그 입법의 목적은 정당한 합헌적 규정이라고 평가됨.

▶ 또한 비례의 원칙(과잉금지의 원칙)에 비추어 볼 때 공직선거법상 선거후보자 측의 의무적(필수적)인 신상공개규정으로 인하여 선거후보자 측의 프라이버시권이 너무 과도하게 침해되지 않도록 공직선거법 제49조 제4항 제3호와 제4호에서 선거후보자 측의 신상공개사항에 대한 여러 예외사유를 규정하고 있으므로, 공직선거법상 선거후보자 측의 의무적(필수적)인 신상공개규정은 위헌적 규정이 아니라고 평가됨.

인권법 사례 이야기
(7주차-1번째 강의)

● 7주차 강의의 개요와 학습목표

▶ 수강생들이 7주에 학습할 강의의 개요는 언론 및 출판의 자유의 의의, 언론 및 출판의 자유의 내용, 언론 및 출판의 자유의 제한에 대해 각각 강의하여, 향후 수강생들이 일상생활 속에서 발생할 수 있는 다양한 인권법적 사례와 쟁점에 대한 기초적인 지식을 알기 쉽고 능동적이며 흥미를 가지고 효과 있게 습득할 수 있도록 하는 것에 7주 강의의 학습 목표가 있음.

● 언론 및 출판의 자유의 의의 (1)
(이 부분은 이희훈 a, 앞의 책, 123-126면 참조)

▷ 내한민국 헌법 제21조에서는 "제1항: 모든 국민은 언론 및 출판의 자유와 집회 및 결사의 자유를 가진다. 제2항: 언론 및 출판에 대한 허가나 검열과 집회 및 결사에 대한 허가는 인정되지 아니한다. 제3항: 통신 및 방송의 시설기준과 신문의 기능을 보장하기 위하여 필요한 사항은 법률로 정한다. 제4항: 언론 및 출판은 타인의 명예나 권리 또는 공중도덕이나 사회윤리를 침해하여서는 아니된다. 언론 및 출판이 타인의 명예나 권리를 침해한 때에는 피해자는 이에 대한 피해의 배상을 청구할 수 있다."라고 규정하고 있음.
▷ 대한민국 헌법 제21조 제1항은 언론 및 출판의 자유와 집회 및 결사의 자유의 보장에 대한 총론적 규정이고, 헌법 제21조 제2항은 언론 및 출판에 대한 허가제나 검열제의 금지 및 집회 및 결사에 대한 허가제의 금지를

● 언론 및 출판의 자유의 의의 (2)

▷ 규정하고 있으며, 헌법 제21조 제3항은 언론기관시설 법정주의에 대해 규정하고 있고, 헌법 제21조 제4항은 언론 및 출판의 자유의 한계를 규정하고 있음.
▷ 대한민국 헌법 제21조 제1항은 넓게 보아 의사표현의 자유의 보장을 규정하고 있는바, 이는 개인적(개별적) 의사의 표현인 언론 및 출판의 자유와 집단적 의사 표현인 집회 및 결사의 자유를 헌법에서 보장한다는 것을 뜻함.
▷ 즉, 헌법 제21조에서 보장하고 있는 표현의 자유는 전통적으로는 사상 또는 의견을 자유롭게 표명할 수 있는 자유를 뜻하는 발표의 자유와 그것을 타인에게 전파할 수 있는 자유를 뜻하는 전달의 자유를 뜻하는바, 이렇듯 표현의 자유는 헌법 제17조의 사생활의 비밀과 자유, 헌법 제19조의 양심의 자유,

● 언론 및 출판의 자유의 의의 (3)

▷ 헌법 제20조의 종교의 자유, 헌법 제22조의 학문과 예술의 자유 등 정신적인 자유를 외부적으로 표현하는 자유를 뜻하므로, 이러한 여러 헌법상의 정신적 기본권들과 상호 밀접한 관련성이 있음(헌재 1989. 9. 4, 88헌마22).

▷ 이러한 자유로운 의사표명의 자유와 전파의 자유에는 자신의 신원을 누구에게도 밝히지 아니한 채 익명 또는 가명으로 자신의 사상이나 견해를 표명하고 전파할 익명표현의 자유도 보호된다고 할 것임(헌재 2010. 2. 25, 2008헌마324 등).

▷ 사상 또는 자유로운 의사표명은 자유로운 의사를 형성할 수 있을 것을 전제로 하는바, 이러한 자유로운 의사의 형성은 충분한 정보에의 접근이 보장

● 언론 및 출판의 자유의 의의 (4)

▷ 됨으로써 비로소 가능한 것임. 이를 '알 권리'라고 함. 그리고 이와 동시에 자유로운 의사표명의 자유는 자유로운 수용 또는 접수와 불가분의 관계에 있다고 할 것이므로, 정보에의 접근·수집·처리의 자유(알 권리)는 표현의 자유에 당연히 포함되는 것으로 보아야 함.

▷ 이와 관련하여 인권에 관한 세계선언 제19조는 "모든 사람은 모든 수단에 의하여 국경을 초월하여 정보와 사상을 탐구하거나 입수 또는 전달할 자유를 갖는다."라고 규정하여 알 권리를 명문으로 규정하고 있음(헌재 1989. 9. 4, 88헌마22).

▷ 이밖에 표현의 자유에 있어 의사표현 또는 전파의 매개체는 어떠한 형태이건 가능하며 그 제한이 없는바, 인터넷 게시판은 인터넷에서 의사를 형성

● 언론 및 출판의 자유의 의의 (5)

▶ 및 전파하는 매체로서의 역할을 담당하고 있으므로, 의사의 표현 및 전파 형식의 하나로서 인정된다고 할 것임(헌재 2010. 2. 25, 2008헌마324 등).

▶ 참고로, 표현의 자유는 전 세계적으로 살펴볼 때 인간의 역사에서 가장 야만적인 범죄가 발생한 제2차 세계대전이 끝난 후에 개인의 자유와 권리를 상세히 진술한 최초의 기록이자 인권과 근본적인 자유가 모든 사람과 모든 장소에서 적용된다는 내용을 최초로 인정한 세계인권선언 제19조에서 "모든 사람은 의견과 표현의 자유에 관한 권리를 가진다. 이 권리는 간섭 받지 않고 의견을 가질 자유와 모든 매체를 통하여 국경에 관계없이 정보와 사상을 추구하고, 접수하고, 전달하는 자유를 포함한다."라고 규정하여 표현의 자유를 보장하였음.

● 언론 및 출판의 자유의 의의 (6)

▶ 이러한 세계인권선언 이후에 1966년 12월에 제21차 국제연합 총회는 국제인권규약을 채택하여 1976년 1월 3일에 경제적, 사회적, 문화적 권리에 관한 국제규약(International Covenant on Economic, Social and Cultural Rights: ICESCR)과 같은 해 3월 23일에 시민적, 정치적 권리에 관한 국제규약(International Covenant on Civil and Political Rights: ICCPR) 등을 발효하였고, 이 시민적, 정치적 권리에 관한 국제규약 제19조 제2항에서 "모든 사람은 표현의 자유에 대한 권리를 가진다. 이 권리는 구두, 서면 또는 인쇄, 예술의 형태 또는 스스로 선택하는 기타의 방법을 통하여 국경에 관계없이 모든 종류의 정보와 사상을 추구하고 접수하며 전달하는 자유를 포함한다."라고 규정하여 정치적 의사표현을 포함한 표현의 자유를 보장함.

● 언론 및 출판의 자유의 의의 (7)

▶ 방송통신위원회의 설치 및 운영에 관한 법률, 뉴스통신 진흥에 관한 법률, 신문 등의 진흥에 관한 법률, 잡지 등 정기간행물의 진흥에 관한 법률, 언론 중재 및 피해구제 등에 관한 법률 등이 있음.

▶ 대한민국 헌법 제21조 제3항에서 통신·방송의 시설기준과 신문의 기능을 보장하기 위하여 필요한 사항을 법률로 정하도록 한 것은 일정한 통신·방송시설기준을 구비한 자에 대해서만 통신·방송사업을 허가하는 허가제가 허용될 여지를 주는 한편 통신·방송사업에 대한 시설기준을 법률로 정하도록 함으로써 행정부에 의한 통신·방송사업 허가제의 자의적 운영이 방지되도록 하며, 신문은 본질적으로 자유로워야 하지만, 공정하고 객관적인 보도를 통하여 민주적 여론형성에 기여하고 국민의 알 권리를 충족시켜야 한다

● 언론 및 출판의 자유의 의의 (8) 및 내용 (1)
(이 언론 및 출판의 자유의 내용 부분은 이희훈 a, 앞의 책, 127-137면 참조)

▶ 는 점에서 자유에 상응하는 공적 기능을 수행할 수 있도록 필요한 사항을 법률로 정하도록 하여 언론기관의 설립에 대한 자유를 제한하여 언론기관의 난립으로 인한 피해를 방지해 주고 있음. 따라서 동 규정은 다원화된 현대 정보산업사회에서 언론·출판이 가지는 사회적 의무와 책임에 대해 규정한 것이라고 할 것임(헌재 1998. 2. 27, 96헌바2).

▶ 헌법 제21조 제1항에 규정되어 있는 '언론'이란 담화, 토론, 연설, 방송, 영화, 가요 등 구두에 의한 사상이나 의견의 표명 및 전달을 뜻하고, '출판'이란 문서, 도화, 사진, 신문, 잡지 등 정기간행물, 서적, 소설 등 문자나 형상에 의한 사상이나 의견의 표명 및 전달을 뜻함(권영성, 앞의 책, 491면).

● 언론 및 출판의 자유의 내용 (2)

▶ 즉, 헌법 제21조에서 규정하고 있는 언론 및 출판의 자유 즉, 표현의 자유는 전통적으로 사상 또는 의견의 자유로운 표명(발표의 자유)과 그것을 전파할 자유(전달의 자유)를 의미하는 것으로서, 이러한 의사표현 및 전파의 자유에 있어서 의사표현 또는 전파의 매개체는 어떠한 형태이건 가능하며 그 제한이 없다.

▶ 즉, 담화, 연설, 토론, 연극, 방송, 음악, 영화, 가요 등과 문서, 소설, 시가, 도화, 사진, 조각, 서화 등 모든 형상의 의사표현 또는 의사전파의 매개체를 포함함(헌재 1993. 5. 13, 91헌바17).

▶ 또한 광고물도 사상, 지식, 정보 등을 불특정다수인에게 전파하는 것으로서 언론 및 출판의 자유에 의한 보호를 받는 대상이 되고(헌재 1998. 2. 27, 96헌바 2), 상업적 광고표현도 언론 및 출판의 자유의 보호 대상이 되며(헌재 2000.

● 언론 및 출판의 자유의 내용 (3)

▶ 3. 30, 99헌마143), 텔레비전 방송광고 역시 언론 및 출판의 자유의 보호의 대상이 됨(헌재 2008. 6. 26, 2005헌마506).

▶ 대한민국 헌법 제21조 제1항에서 보장하고 있는 표현의 자유는 사상 또는 의견의 자유로운 표명(발표의 자유)과 그것을 전파할 자유(전달의 자유)를 의미하는 것으로서, 그러한 의사의 '자유로운' 표명과 전파의 자유에는 자신의 신원을 누구에게도 밝히지 아니한 채 익명 또는 가명으로 자신의 사상이나 견해를 표명하고 전파할 익명표현의 자유도 포함됨(헌재 2010. 2. 25, 2008 헌마324).

▶ 그리고 표현의 자유에 있어 의사표현 또는 전파의 매개체는 어떠한 형태이건 가능하며 그 제한이 없는바, 인터넷 게시판은 인터넷에서 의사를 형성·

● 언론 및 출판의 자유의 내용 (4)

▷ 전파하는 매체로서의 역할을 담당하고 있으므로 의사의 표현·전파 형식의 하나로서 인정됨(헌재 2010. 2. 25, 2008헌마324 등).

▷ 대한민국 헌법상 언론·출판의 자유는 먼저 인간이 그 생활 속에서 지각하고 사고한 결과를 자유롭게 외부에 표출하고 타인과 소통함으로써 스스로 공동사회의 일원으로 포섭되는 동시에 자신의 인격을 발현하는 가장 유효하고도 직접적인 수단으로서 기능함.

▷ 즉, 언론·출판의 자유는 개인이 언론·출판의 활동을 통하여 자기의 인격을 형성하는 개인적 가치인 자기실현의 수단임과 동시에 사회 구성원으로서 평등한 배려와 존중을 기본원리로 공생·공존관계를 유지하고 정치적 의사

● 언론 및 출판의 자유의 내용 (5)

▷ 결정에 참여하는 사회적 가치인 자기통치를 실현하는 수단으로 기능함.

▷ 이렇듯 언론·출판의 자유는 개인이 인간으로서의 존엄과 가치를 유지하고, 행복을 추구하며, 국민주권을 실현하는 데 필수불가결한 것으로, 오늘날 민주국가에서 국민이 가지고 있는 가장 중요한 기본권 중의 하나임(헌재 1992. 2. 25, 89헌가104).

▷ 그리고 대한민국 헌법상 언론·출판의 자유는 민주체제에 있어서 불가결의 본질적 요소로서 기능함. 왜냐하면 사회구성원이 자신의 사상과 의견을 자유롭게 표현할 수 있다는 것이야말로 모든 민주사회의 기초이며, 사상의 자유로운 교환을 위한 열린 공간이 확보되지 않는다면 민주정치는 결코 기대할 수 없기 때문임.

● 언론 및 출판의 자유의 내용 (6)

▶ 따라서 민주주의는 사회 내에 여러 다양한 사상과 의견이 자유로운 교환과 정을 통하여 여과 없이 사회 구석구석에 전달되고 자유로운 비판과 토론이 활발하게 이루어질 때에 비로소 그 꽃을 피울 수 있게 됨. 만약 이러한 헌법적 기능을 하는 언론·출판의 자유가 보장되지 않는다면 사상은 억제되고 진리는 더 이상 존재하지 않게 될 것임. 문화의 진보는 한때 공식적인 진리로 생각되었던 오류가 새로운 믿음에 의해 대체되고 새로운 진리에 자리를 양보하는 과정 속에서 이루어짐. 진리를 추구할 권리는 우리 사회가 경화되지 않고 민주적으로 성장해가기 위한 원동력이며 불가결의 필요조건인 것임 (헌재 1998. 4. 30, 95헌가16).

● 언론 및 출판의 자유의 내용 (7)

▶ 헌법 제21조 제1항은 "모든 국민은 언론·출판의 자유와 집회·결사의 자유를 가진다."고 규정하여 언론의 자유를 보장하고 있는바, 언론의 자유에 신문의 자유와 같은 언론매체의 자유가 포함됨은 물론이다. 신문은 그 취재와 보도를 통하여 정치·경제·사회·문화 등 다양한 분야에서 일상적인 커뮤니케이션을 매개하고 있고, 특히 민주주의 정치과정에서 정치적 의사를 형성·전파하는 매체로서 중요한 역할을 담당함. 신문의 자유는 개인의 주관적 기본권으로서 보호될 뿐만 아니라, '자유 신문'이라는 객관적 제도로서도 보장되고 있음.

▶ 객관적 제도로서의 '자유 신문'은 신문의 사경제적·사법적 조직과 존립의 보장 및 그 논조와 경향, 정치적 색채 또는 세계관에 있어 국가권력의 간섭과 검열을 받지 않는 자유롭고 독립적인 신문의 보장을 내용으로 하는 한편,

● 언론 및 출판의 자유의 내용 (8)

▶ 자유롭고 다양한 의사형성을 위한 상호 경쟁적인 다수 신문의 존재는 다원주의를 본질로 하는 민주주의사회에서 필수불가결한 요소가 됨(헌재 2006. 6. 29, 2005헌마165 등).

▶ 이와 같이 신문은 본질적으로 자유로워야 하지만, 공정하고 객관적인 보도를 통하여 민주적 여론형성에 기여하고 국민의 알 권리를 충족시켜야 한다는 점에서 자유에 상응하는 공적 기능을 아울러 수행하게 됨(헌재 2002. 7. 18, 2001헌마605).

인권법 사례 이야기
(7주차-2번째 강의)

● 언론 및 출판의 자유의 내용 (9)

▷ 사상·의사(의견) 표현(표명)·전파(전달)의 자유 : 민주정치에 있어서 정치
  활동은 사상·의사(의견)의 자유로운 표현(표명)과 교환을 통하여 이루어지
  는 것이므로, 언론·출판의 자유가 보장되지 않는 상황에서 민주주의는 시행
  될 수 없고, 표현의 자유가 보장되어 있지 않은 나라는 엄격한 의미에서 민
  주국가라 하기 어려움. 따라서 헌법 제21조의 언론·출판의 자유에는 사상
  내지 의사(의견)의 자유로운 표현(표명)과 전파(전달)의 자유가 포함되고 이
  러한 전파(전달)의 자유에는 보급의 자유가 포함됨(헌재 1992. 11. 12, 89헌마
  88).

▷ 알 권리 : '알 권리'란 국민이 일반적으로 정보에 접근하고 수집·처리함에

● 언론 및 출판의 자유의 내용 (10)

▷ 있어서 국가권력의 방해를 받지 않음을 보장하고, 의사형성이나 여론 형성에 필요한 정보를 적극적으로 수집하며, 수집에 대한 방해의 제거를 청구할 수 있는 권리임(헌재 1991. 5. 13, 90헌마133).

▷ 이러한 알 권리를 명문으로 규정한 헌법은 전 세계적으로 독일의 경우를 제외하고는 거의 찾아보기 힘든바, 독일 기본법 제5조 제1항에서 "누구든지 언어·문서 및 도형으로 자유로이 의사를 표현하고 유포하며 일반적으로 접근할 수 있는 정보원으로부터 방해를 받지 아니하고 알 권리를 가진다."라고 하여 명문으로 알 권리를 규정하고 있음.

▷ 한편 우리나라는 공공기관의 정보공개에 관한 법률 제1조에서 "이 법은 공공기관이 보유, 관리하는 정보에 대한 국민의 공개청구 및 공공기관의 공개

● 언론 및 출판의 자유의 내용 (11)

▷ 의무에 관하여 필요한 사항을 정함으로써 국민의 알 권리를 보장하고 국정에 대한 국민의 참여와 국정운영의 투명성을 확보함을 목적으로 한다."라고 명시적으로 정보공개청구권으로서의 알 권리를 규정하고 있을 뿐, 우리나라는 헌법에서 알 권리를 명문으로 규정하고 있지 않음.

▷ 이러한 알 권리와 관련하여 대한민국 헌법재판소는 "정보에의 접근, 수집, 처리의 자유 즉, 알 권리는 표현의 자유에 당연히 포함되는 것으로 보아야 하는 것이다."라고 판시하여 알 권리의 헌법적 근거를 헌법 제21조의 표현의 자유에서 찾음(헌재 1989. 9. 4, 88헌마22).

● 언론 및 출판의 자유의 내용 (12)

▶ 그리고 대한민국의 대법원도 "국민의 알 권리, 특히 국가정보에의 접근의 권리는 우리 헌법상 기본적으로 표현의 자유와 관련하여 인정되는 것이다." 라고 판시하여 알 권리의 헌법적 근거를 헌법 제21조의 표현의 자유에서 찾음(대법원 1999. 9. 21, 97누5114).

▶ 헌법 제21조는 언론 및 출판의 자유, 즉 표현의 자유를 규정하고 있는데, 이 자유는 전통적으로 사상 또는 의견의 자유로운 표명(발표의 자유)과 그 것을 전파할 자유(전달의 자유)를 의미하는 것으로서 사상 또는 의견의 자유로운 표명은 자유로운 의사의 형성을 전제로 한다. 자유로운 의사의 형성은 정보에의 접근이 충분히 보장됨으로써 비로소 가능한 것이며, 그러한 의미에서 정보에의 접근·수집·처리의 자유, 즉 알 권리는 표현의 자유와 표리

● 언론 및 출판의 자유의 내용 (13)

▶ 일체의 관계에 있으며, 자유권적 성질과 청구권적 성질을 공유하는 것임.

▶ 여기서 자유권적 성질이란 일반적으로 정보에 접근하고 수집·처리함에 있어서 국가권력의 방해를 받지 아니한다는 것을 뜻하며, 청구권적 성질을 의사형성이나 여론 형성에 필요한 정보를 적극적으로 수집하고 수집의 방해를 제거하는 것을 청구할 수 있다는 것을 의미하는바, 이는 정보수집권 또는 정보공개청구권으로 나타남. 나아가 현대사회가 고도의 정보화 사회로 이행해감에 따라 알 권리는 한편으로 생활권적 성질까지도 획득해 나가고 있음 (헌재 1991. 5. 13, 90헌마133).

▶ 언론매체 접근·이용권(액세스(Access)권) : '액세스권'을 협의로 볼 때 언론매체나 매스미디어에 의해 명예훼손이나 비판(비난) 또는 인신공격 등을 받

● 언론 및 출판의 자유의 내용 (14)

▶ 은 국민이 그 언론매체나 매스미디어를 상대로 이러한 자기와 관련 있는 보도에 대해 반박(반론)을 하거나 해명을 요구할 수 있는 권리를 뜻함(성낙인, 앞의 책, 1154면). 이러한 협의의 액세스권과 관련하여 언론중재 및 피해구제 등에 관한 법률에서 정정보도청구권, 반론보도청구권, 추후보도청구권에 대해 규정하고 있음.

▶ 그리고 '액세스권'을 광의로 볼 때 국민이 자신의 사상이나 의견을 표현(표명)하기 위하여 다양한 언론매체나 매스미디어에 자유롭게 접근하여 그 언론매체를 이용할 수 있는 권리를 뜻함(권영성, 헌법학원론, 2009, 499면). 이러한 광의의 액세스권과 관련하여 대한민국 방송법상 시청자의 권익을 보호하기 위하여 시청자위원회를 두도록 규정하고 있음.

● 언론 및 출판의 자유의 내용 (15)

▶ '반론보도청구권'이란 방송이나 신문 또는 정기간행물 등의 언론사와 인터넷 뉴스서비스 사업자 및 인터넷 멀티미디어 방송사업자(이하에서 "언론사 등"으로 줄임)의 사실적 주장에 관한 언론 보도나 기사 등으로 인하여 피해를 입은 자가 그 언론보도의 내용에 관한 반론보도를 언론사 등에 청구할 수 있는 권리를 뜻함.

▶ 그리고 반론보도청구권의 대상이 된 언론사 등의 보도 내용은 허위임을 그 요건으로 하지 않고, 반론보도의 내용도 반드시 진실임을 증명할 필요가 없음(대법원 2009. 1. 15, 2008그193).

▶ 대한민국 대법원은 반론보도청구권과 관련하여 "반론보도 청구인이 스스로 반론보도청구의 내용이 허위임을 알았을 때에는 반론보도청구권을 행사할 정당한 이익이 없음.

● 언론 및 출판의 자유의 내용 (16)

▶ 즉, 반론제도가 본래 반론보도내용의 진실 여부를 요건으로 하지 않는 것이어서 허위반론의 위험을 감수하는 것은 불가피하더라도 반론보도 청구인에게 거짓말할 권리까지 부여하는 것은 아니고, 반론보도 청구인 스스로 허위임을 인식한 반론보도의 내용을 게재하는 것은 반론보도청구권이 가지는 피해자의 권리구제라는 주관적 의미나 올바른 여론의 형성이라는 객관적 제도로서의 의미 어느 것에도 기여하지 못하여 반론보도청구권을 인정한 헌법적 취지에도 부합되지 않는 것으로서, 이를 정당화할 아무런 이익이 존재하지 아니하는 반면에 이러한 반론으로부터 자유로울 언론기관의 이익은 그만큼 크다고 할 수 있기 때문에 허위임을 인식한 반론보도청구는 허용되지 않는다."라고 판시함(대법원 2006. 11. 23, 2004다50747).

● 언론 및 출판의 자유의 내용 (17)

▶ 이렇듯 반론보도청구권은 피해자에게 보도된 사실적 내용에 대하여 반론기회를 허용함으로써 피해자의 인격을 보호하고 공정한 여론형성에 참여할 수 있게 하여 언론보도의 공정성과 객관성을 향상시킴으로써 제도로서의 언론 보장을 더욱 충실하게 할 수 있게 하려는 데 있음.

▶ 즉, 반론보도청구권은 언론기관이 특정인의 일반적 인격권을 침해한 경우에 피해를 받은 개인에게 신속·적절하고 대등한 방어를 할 수 있게 해 주고, 공격 내용과 동일한 효과를 갖도록 보도된 매체 자체를 통하여 방어 주장의 기회를 보장해 주며, 독자의 입장에서 볼 때 언론기관이 시간적 제약 아래 일방적으로 수집 및 공급하는 정보에만 의존하기보다는 상대방의 반대주장까지 들어야 비로소 올바른 판단을 내릴 수 있기 때문에 반론보도청구권이

● 언론 및 출판의 자유의 내용 (18)

▷ 진실발견과 올바른 여론형성을 할 수 있도록 해 준다는 점에 의해 이러한 기능을 하는 반론보도청구권을 인정할 필요가 있음(헌재 1991. 9. 16, 89헌마 165).

▷ 언론중재 및 피해구제 등에 관한 법률상 언론사 등의 고의나 과실 또는 위법성을 필요로 하지 아니하며, 언론사 등의 보도 내용의 진실 여부와 상관없이 반론보도청구를 할 수 있음. 언론중재 및 피해구제 등에 관한 법률상 '정정보도청구권'이란, 언론사 등의 사실적 주장에 관한 언론보도 등이 진실하지 않아서 피해를 입은 자는 해당 언론보도 등이 있음을 안 날부터 3개월 이내에 당해 언론사 등을 상대로 그 언론보도 등의 내용에 관한 정정보도를 청구할 수 있는 권리를 뜻함.

▷ 그리고 언론중재 및 피해구제 등에 관한 법률상 이러한 정정보도청구권의 행사는 해당 언론보도 등이 있은 후로부터 6개월이 지났을 때에는 정정보도

● 언론 및 출판의 자유의 내용 (19)

▷ 를 청구할 수 없고, 정정보도청구권을 행사할 때에도 언론사 등의 고의나 과실 또는 위법성을 필요로 하지 않음.

▷ 또한 언론중재 및 피해구제 등에 관한 법률상 정정보도청구는 언론사 등의 대표자에게 서면으로 하여야 하며, 청구서에는 피해자의 성명, 주소, 전화번호 등의 연락처를 적고, 정정의 대상인 언론보도 등의 내용 및 정정을 청구하는 이유와 청구하는 정정보도문을 명시해야 함. 다만 인터넷신문 및 인터넷뉴스서비스의 언론보도 등의 내용이 해당 인터넷 홈페이지를 통하여 계속 보도 중이거나 매개 중인 경우에는 그 내용의 정정을 함께 청구할 수 있음.

▷ 이러한 정정보도청구를 받은 언론사 등의 대표자는 3일 이내에 그 수용 여부에 대한 통지를 청구인에게 발송해야 하고, 이 경우에 정정의 대상인 언론

● 언론 및 출판의 자유의 내용 (20)

▷ 보도 등의 내용이 방송이나 인터넷신문, 인터넷뉴스서비스 및 인터넷 멀티미디어 방송의 보도과정에서 성립한 경우에는 해당 언론사 등이 그러한 사실이 없었음을 입증하지 아니하면 그 사실의 존재를 부인하지 못함. 그리고 언론사 등이 이러한 정정보도청구를 수용할 때에는 지체 없이 피해자 또는 그 대리인과 정정보도의 내용 및 크기 등에 관하여 협의한 후, 그 청구를 받은 날부터 7일 내에 정정보도문을 방송하거나 게재해야 함.

▷ 다만 신문 및 잡지 등 정기간행물의 경우 이미 편집 및 제작이 완료되어 부득이할 때에는 다음 발행 호에 이를 게재해야 함.

▷ 이밖에 언론중재 및 피해구제 등에 관한 법률상 '추후보도청구권'이란 언론사 등에 의한 언론보도 등에 의해 범죄혐의가 있거나 형사상의 조치를 받았

● 언론 및 출판의 자유의 내용 (21)

▷ 다고 보도 또는 공표된 자가 그에 대한 형사절차가 무죄판결 또는 이와 동등한 형태로 종결되었을 때에 그 사실을 안 날부터 3개월 이내에 언론사 등에 이 사실에 관한 추후보도의 게재를 청구할 수 있는 권리를 뜻하며, 이러한 추후보도에는 청구인의 명예나 권리 회복에 필요한 설명 또는 해명이 포함되어야 함.

인권법 사례 이야기

(7주차-3번째 강의)

언론 및 출판의 자유에 대한 제한 (1)

(이 부분은 이희훈 a, 앞의 책, 138-143면 참조)

▶ 사전제한(억제)금지의 원칙 : '사전제한(억제)금지의 원칙'이란 어느 특정한 개인이 의사표현을 할 수 있는지의 여부를 국가기관이 미리 사전에 결정하는 것은 허용되지 않는다는 뜻으로(양건, 헌법강의, 2012, 486면), 대한민국 헌법 제21조 제2항에서 "언론과 출판에 대한 허가나 검열과 집회와 결사에 대한 허가는 인정되지 아니한다."라고 규정하고 있어 허가나 검열의 형태로 언론·출판의 자유를 제한하지 못한다는 것임.

▶ 즉, 헌법 제21조 제2항에서 뜻하는 '검열'은 그 명칭이나 형식과 관계없이 실질적으로 행정권이 주체가 되어 사상이나 의견 등이 발표되기 이전에 예방적 조치로서 그 내용을 심사, 선별하여 발표를 사전에 억제하는, 즉 허가

● 언론 및 출판의 자유에 대한 제한 (2)

▷ 받지 아니한 것의 발표를 금지하는 제도를 뜻하고, 이러한 사전검열은 법률에 의하더라도 불가능함(헌재 2005. 2. 3, 2004헌가8).

▷ 이렇듯 헌법 제21조 제2항에서 언론 및 출판에 대한 사전검열금지를 규정한 이유에 대해 대한민국 헌법재판소는 "사전검열이 허용될 경우에는 행정기관이 집권자에게 불리한 내용의 표현을 사전에 억제함으로써 이른바 관제의견이나 지배자에게 무해한 여론만을 허용하는 결과를 초래할 염려가 있기 때문에 절대직으로 금지된다."라고 판시함(헌재 2008. 6. 26, 2005헌마506).

▷ 그러나 대한민국 헌법재판소는 "사전검열금지의 원칙은 모든 형태의 표현에 대한 사전적 규제를 금지하는 것은 아니고, 의사표현의 발표 여부가 오로지 행정권의 허가에 달려있는 사전심사만을 금지하는 것을 뜻한다. 따라

● 언론 및 출판의 자유에 대한 제한 (3)

▷ 서 검열은 일반적으로 허가를 받기 위한 표현물의 제출의무의 존재, 행정권이 주체가 된 사전심사절차의 존재, 허가를 받지 아니한 의사표현의 금지 및 심사절차를 관철할 수 있는 강제수단의 존재의 요건을 갖춘 사전심사절차의 경우에만 금지되는 것이다."라고 판시함(헌재 2005. 2. 3, 2004헌가8).

▷ 2. 명확성의 원칙 : 표현의 자유를 규제하는 입법에 있어서 '명확성의 원칙'은 특별히 중요한 의미를 가지는바, 현대 민주사회에서 표현의 자유가 국민주권주의의 이념의 실현에 불가결한 존재인 점에 비추어 볼 때 불명확한 규범에 의한 표현의 자유의 규제는 헌법상 보호받는 표현에 대한 위축효과(Chilling Effect)를 수반하고, 그로 인해 다양한 의견, 견해, 사상의 표출을 가능케 하여 이러한 표현들이 상호 검증을 거치도록 한다는 표현의 자유의 본래의 기능을 상실케 함.

● 언론 및 출판의 자유에 대한 제한 (4)

▶ 즉, 무엇이 금지되는 표현인지가 불명확한 경우에 자신이 행하고자 하는 표현이 규제의 대상이 아니라는 확신이 없는 기본권 주체는 대체로 규제를 받을 것을 우려해서 표현행위를 스스로 억제하게 될 가능성이 높음. 따라서 표현의 자유를 규제하는 법률은 규제되는 표현의 개념을 세밀하고 명확하게 규정할 것이 헌법적으로 요구됨(헌재 1998. 4. 30, 95헌가16).

▶ 그리고 어떤 법규범이 명확한지의 여부는 그 법규범이 수범자에게 법규의 의미와 내용을 알 수 있도록 공정한 고지를 하여 예측가능성을 주고 있는지 여부 및 그 법규범이 법을 해석·집행하는 기관에게 충분한 의미와 내용을 규율하여 자의적인 법해석이나 법집행이 배제되는지의 여부, 즉 예측가능성 및 자의적인 법집행의 배제가 확보되는지의 여부에 따라 이를 판단할 수 있는바, 법규범의 의미와 내용은 그 문언뿐만 아니라 입법목적이나 입법취지,

● 언론 및 출판의 자유에 대한 제한 (5)

▶ 입법연혁, 법규범의 체계적 구조 등을 종합적으로 고려하는 해석방법에 의하여 구체화하게 됨. 따라서 어떤 법규범이 명확성의 원칙에 위반되는지의 여부는 이러한 해석방법에 의해 그 의미와 내용을 합리적으로 파악할 수 있는 해석기준을 얻을 수 있는지의 여부에 달려 있다고 할 것임(헌재 2009. 5. 28, 2006헌바109 등).

▶ 명백하고 현존하는 위험의 원칙 : '명백하고 현존하는 위험의 원칙'이란 장래에 해악을 가져올 경향이 있다는 사유만으로 표현을 제한할 수는 없고, 중대한 해악을 가져올 명백하고 현존하는 위험이 있어야만 표현을 제한할 수 있다는 것을 뜻함(양건, 앞의 책, 498면).

▶ 여기서 '명백'이란 표현과 해악의 발생 사이에 긴밀한 인과관계가 존재하는

● 언론 및 출판의 자유에 대한 제한 (6)

▷ 경우를 뜻하고, '현존'이란 해악의 발생이 시간적으로 근접하고 있는 경우를 뜻하며, '위험'이란 공공의 이익에 대한 위협의 발생을 뜻함(성낙인, 앞의 책, 1146면).

▷ 이에 대해 헌법재판소는 1990년 4월에 "표현의 자유는 민주주의의 제도적 토대라고 할 수 있어 헌법에서 보장된 여러 기본권 가운데에서도 특히 중요한 기본권이며, 그러기에 의사표현에 대하여 형벌을 과하는 법률은 최고도의 명확성이 요구될 뿐더러 그 의사표현행위를 처벌하기 위해서는 그것이 장래에 있어 국가나 사회에 단지 해로운 결과를 가져올 수 있는 성향을 띠었다는 것만으로는 부족하고, 법률에 의하여 금지된 해악을 초래할 명백하고도 현실적인 위험성이 입증된 경우에 한정되어야 한다. … 국가보안법 제7조 제1항 소정의 찬양·고무·동조 그리고 이롭게 하는 행위 모두가 곧바로

● 언론 및 출판의 자유에 대한 제한 (7)

▷ 국가의 존립·안전을 위태롭게 하거나 또는 자유민주적 기본질서에 위해를 줄 위험이 있는 것이 아니므로 그 행위일체를 어의대로 해석하여 모두 처벌한다면 합헌적인 행위까지도 처벌하게 되어 위헌이 되게 된다는 것은 앞서 본 바이다. 그렇다면 그 가운데서 국가의 존립·안전이나 자유민주적 기본질서에 무해한 행위는 처벌에서 배제하고, 이에 실질적 해악을 미칠 명백한 위험성이 있는 경우로 처벌을 축소·제한하는 것이 헌법 전문·제4조·제8조 제4항·제37조 제2항에 합치되는 해석일 것이다. 이러한 제한해석은 표현의 자유의 우월적 지위에 비추어 당연한 요청이라 하겠다. 여기에 해당되는가의 여부는 국가보안법 제7조 제1항 소정의 행위와 위험과의 근접 정도도 기준이 되겠지만 특히 해악이 크냐 작으냐의 정도에 따라 결정함이 합당할

● 언론 및 출판의 자유에 대한 제한 (8)

▶ 것이다.”라고 판시함(헌재 1990. 4. 2, 89헌가113).

▶ 이중기준의 원칙 : ‘이중기준의 원칙’이란 언론 및 출판의 자유 등 정신적 자유권은 경제적 자유권보다 상대적으로 우월하므로, 그 제한 및 규제에 있어 경제적 기본권의 규제입법에 관한 합헌성 판단의 기준보다 엄격한 기준을 적용해야 한다는 것을 뜻함(임병국, 언론법제와 보도, 2002, 105면).

▶ 이러한 이중기준의 원칙에 대해 헌법재판소는 1991년 6월에 “재산적·경제적 권리에 관한 합헌성의 판단기준은 신체 및 정신작용과 관련된 인신보호를 위한 기본권 등에 대한 제한의 합헌성 판단기준이 엄격하게 적용되는 것과는 달리 관대하게 적용됨으로써 국가의 재량의 범위를 비교적 넓게 인정

● 언론 및 출판의 자유에 대한 제한 (9)

▶ 하는 것이 현대국가의 추세이며, 이것이 이중기준의 원칙이다.”라고 판시함(헌재 1991. 6. 3, 89헌마204).

▶ 비례의 원칙 : 헌법 제37조 제2항에 근거한 비례의 원칙은 모든 기본권을 제한하는 입법의 한계 원리에 해당하므로, 표현의 자유를 제한하는 입법도 이 원칙을 준수해야 함(헌재 2009. 5. 28, 2006헌바109 등).

▶ 즉, 비례의 원칙은 국가가 국민의 기본권을 제한하는 내용의 입법활동을 함에 있어서 준수하여야 할 기본원칙 내지 입법활동의 한계를 의미하는 것으로서, 국민의 기본권을 제한하려는 입법 목적의 달성을 위하여 그 방법이 효과적이고 적절하여야 하며(방법의 적절성), 입법권자가 선택한 기본권 제한의 조치가 입법의 목적달성을 위해 설사 적절하다 할지라도 보다 완화된

● 언론 및 출판의 자유에 대한 제한 (10)

▶ 형태나 방법을 모색함으로써 기본권의 제한은 필요 최소한도에 그치도록 하여야 하며(피해의 최소성), 그 입법에 의하여 보호하려는 공익과 침해되는 사익을 비교형량할 때 보호되는 공익이 더 커야 한다(법익의 균형성)는 헌법상의 원칙임. 이러한 요건이 충족될 때 국가의 입법작용에 비로소 정당성이 인정되고, 그에 따라 국민의 수인(受忍)의무가 생겨나는 것으로서, 이러한 요구는 오늘날 법치국가의 원리에서 당연히 추출되는 확고한 원칙임(헌재 1990. 9. 3, 89헌가95).

▶ 대한민국 헌법상 언론 및 출판의 자유는 헌법이 예정하고 있듯이 결코 무제한적인 자유가 아닌바, 헌법상 언론 및 출판의 자유가 보장되더라도 그로 인해 공동체의 존립 자체가 파괴되거나 공동체에 소속되어 있는 다른 구성

● 언론 및 출판의 자유에 대한 제한 (11)

▶ 원들의 인간성과 인격이 파괴되는 것을 허용하는 것은 아니므로, 헌법 제21조 제4항과 헌법 제37조 제2항에 의해 법률로 헌법상의 언론 및 출판의 자유를 제한할 수 있도록 규정하고 있음. 그러나 국가는 단순히 어떤 표현이 가치 없거나 유해하다는 주장만으로 그 표현에 대한 규제를 정당화시킬 수는 없음. 왜냐하면 그 표현의 해악을 시정하는 1차적 기능은 시민사회 내부에 존재하는 사상의 경쟁메커니즘에 맡겨져 있기 때문임. 다만 대립되는 다양한 의견과 사상의 경쟁메커니즘에 의하더라도 그 표현의 해악이 처음부터 해소될 수 없는 성질의 것이거나 또는 다른 사상이나 표현을 기다려 해소되기에는 너무나 심대한 해악을 지닌 표현은 헌법상 언론 및 출판의 자유에 의한 보장을 받을 수 없고, 국가에 의한 내용 규제가 광범위하게 허용됨

● 언론 및 출판의 자유에 대한 제한 (12)

▶ (헌재 1998. 4. 30, 95헌가16).

▶ 헌법 제22조 제1항에서 "모든 국민은 학문과 예술의 자유를 가진다."라고 규정되어 있고, 헌법 제21조 제1항에서 "모든 국민은 언론·출판의 자유를 가진다."라고 규정되어 있는바, 예술의 영역에 속하는 문학, 영화, 도화 등에 대한 표현의 자유를 기본권으로 보장하고 있음. 그러나 헌법 제21조 제4항에서 "언론·출판은 공중도덕이나 사회윤리를 침해하여서는 아니된다."라고 규정되어 있고, 헌법 제37조 제2항에서 "국민의 모든 자유와 권리는 공공복리를 위하여 필요한 경우에 한하여 법률로써 제한할 수 있으며, 제한되는 경우에도 자유와 권리의 본질적인 내용을 침해할 수 없다."라고 규정되어 있어 문학, 영화, 도화 등에 대한 표현의 자유도 공중도덕이나 사회윤리를

● 언론 및 출판의 자유에 대한 제한 (13)

▶ 침해하는 경우에는 이를 제한할 수 있도록 규정되어 있음. 이러한 헌법 규정들에 따라 건전한 성적 풍속 내지 성도덕을 보호하기 위하여 형법 제243조에서는 음란한 문서를 판매한 자를, 그리고 형법 제244조에서는 음란한 문서를 제조한 자를 각 처벌하도록 규정하고 있음. 따라서 문학, 영화, 도화 등의 예술작품이라고 하더라도 무한정의 표현의 자유를 누려 어떠한 성적 표현도 가능하다고 할 수는 없고, 그것이 건전한 성적 풍속이나 성도덕을 침해하는 경우에는 형법의 제243조와 제244조 등의 규정에 의해 형사처벌을 받게 됨(대법원 1995. 6. 16, 94도2413).

인권법 사례 이야기
(9주차-1번째 강의)

● **9주차 강의의 개요와 학습목표**

▶ 수강생들이 9주에 학습할 강의의 개요는 언론 및 출판의 자유와 음란성 요건 및 관련 입법 규정, 보도의 자유의 의의와 제한, 취재의 자유의 의의, 취재원 비닉권에 대한 헌법적 검토, 언론 및 출판의 자유와 명예훼손에 대해 각각 강의하여, 향후 수강생들이 일상생활 속에서 발생할 수 있는 다양한 인권법적 사례와 쟁점에 대한 기초적인 지식을 알기 쉽고 능동적이며 흥미를 가지고 효과 있게 습득할 수 있도록 하는 것에 9주 강의의 학습 목표가 있음.

● 언론 및 출판의 자유와 음란성 요건 및 관련 입법 규정 (1)

(이 부분은 이희훈 a, 앞의 책, 144－152면 참조)

▶ 음란의 개념 : 형법 제243조와 제244조 등의 처벌 규정에서 '음란'이란 평가적, 정서적 판단을 요하는 규범적 구성요건 요소인바, 일반 보통인의 성욕을 자극하여 성적흥분을 유발하고 정상적인 성적 수치심을 해하여 성적 도의관념에 반하는 것을 뜻하는 것으로서, 헌법상 보호되지 않는 성적 표현을 가리킴. 여기서 '헌법상 보호되지 않는 성적 표현'이란 인간존엄 내지 인간성을 왜곡하는 노골적이고 적나라한 성표현으로서, 오로지 성적 흥미에만 호소할 뿐 전체적으로 보아 하등의 문학적, 예술적, 과학적 또는 정치적 가치를 지니지 않은 것으로서, 사회의 건전한 성도덕을 크게 해칠 뿐만 아니라 사상의 경쟁메커니즘에 의해서도 그 해악이 해소되기 어려워 언론 및 출판의 자유에 의한 보장을 받지 않음(헌재 1998. 4. 30, 95헌가16).

● 언론 및 출판의 자유와 음란성 요건 및 관련 입법 규정 (2)

▶ 음란성의 요건 : 형법 제243조의 음화 등 반포 및 제작 등의 죄 및 형법 제244조의 음화 등 제조 등의 죄에 해당하는 '음란한 문서'라 함은 일반 보통인의 성욕을 자극하여 성적 흥분을 유발하고 정상적인 성적 수치심을 해하여 성적 도의관념에 반하는 것을 가리키고, 문서의 음란성의 판단에 있어서는 당해 문서의 성에 관한 노골적이고 상세한 묘사 서술의 정도와 그 수법, 묘사 서술이 문서 전체에서 차지하는 비중, 문서에 표현된 사상 등과 묘사 서술과의 관련성, 문서의 구성이나 전개 또는 예술성, 사상성 등에 의한 성적 자극의 완화의 정도, 이들의 관점으로부터 당해 문서를 전체로서 보았을 때 주로 독자의 호색적 흥미를 돋우는 것으로 인정되느냐의 여부 등의 여러 점을 검토하는 것이 필요한바, 이들의 사정을 종합해 고려해 볼 때 ① 그 시

● 언론 및 출판의 자유와 음란성 요건 및 관련 입법 규정 (3)

▶ 대의 건전한 사회통념에 비추어 ② 그것이 공연히 성욕을 자극하여 흥분시키는 동시에 ③ 일반인의 성상적인 성적 정서와 선량한 사회풍속을 해칠 가능성이 있으며, ④ 선량한 성적 도의관념에 반하는 것이라고 할 수 있는가의 여부에 따라 결정되어야 함(대법원 1990. 10. 16, 90도1485).

▶ 이러한 견지에서 대한민국 대법원은 "… 소설 '즐거운 사라'는 미대생인 여주인공 '사라'가 성에 대한 학습요구의 실천이라는 이름 아래 벌이는 자유분방하고 괴벽스러운 섹스행각 묘사가 대부분을 차지하고 있는데, 그 성희의 대상도 미술학원 선생, 처음 만난 유흥가 손님, 여중 동창생 및 그의 기둥서방, 친구의 약혼자, 동료 대학생 및 대학교수 등으로 여러 유형의 남녀를

● 언론 및 출판의 자유와 음란성 요건 및 관련 입법 규정 (4)

▶ 포괄하고 있고, 그 성애의 장면도 자학적인 자위행위에서부터 동성연애 등 아주 다양하며, 그 묘사방법도 매우 적나라하고 장황하게 구체적이고 사실적이며, 자극적이고 선정적으로 묘사하고 있어 이 소설은 때와 장소, 상대방을 가리지 않는 다양한 성행위를 선정적 필치로 노골적이고 자극적으로 묘사하고 있을 뿐만 아니라 그러한 묘사부분이 양적 및 질적으로 문서의 중추를 차지하고 있으며, 그 구성이나 전개에 있어서도 문예성, 예술성, 사상성 등에 의한 성적 자극완화의 정도가 별로 크지 아니하여 주로 독자의 호색적 흥미를 돋우는 것으로밖에 인정되지 아니하므로, 이 소설은 작가가 주장하는 '성 논의의 해방과 인간의 자아확립'이라는 전체적인 주제를 고려하더라도 형법상 음란한 문서에 해당되는 것으로 볼 수밖에 없고, 오늘날 성이 개방

● 언론 및 출판의 자유와 음란성 요건 및 관련 입법 규정 (5)

▶ 된 추세에 비추어 보아도 이 소설은 그 헌법적 한계를 벗어나는 것임이 분명하다."라고 판시함(대법원 1995. 6. 16, 94도2413).

▶ 그리고 대한민국 대법원은 "… 이 사진들은 모델의 의상 상태, 자세, 촬영 배경, 촬영 기법이나 예술성 등에 의하여 성적 자극을 완화시키는 요소는 발견할 수 없고, 오히려 사진 전체로 보아 선정적 측면을 강조하여 주로 독자의 호색적 흥미를 돋우는 것으로서, 일반 보통인의 성욕을 자극하여 성적 흥분을 유발하고 정상적인 성적 수치심을 해하는 것이며, 성적 도의관념에 반하는 것에 해당하므로, 이 사진첩에 남자 모델이 전혀 등장하지 아니하고 남녀 간의 정교 장면에 관한 사진이나 여자의 국부가 완전히 노출된 사진이 수록되어 있지 않다는 것만으로 달리 볼 수 없어서 이 사진첩들을 음란한

● 언론 및 출판의 자유와 음란성 요건 및 관련 입법 규정 (6)

▶ 도화라고 판단한 원심의 조치는 정당하다."라고 판시함(대법원 1997. 8. 22, 97도937).

▶ 또한 대한민국 대법원은 "… 그림과 동영상은 미술교사인 피고인 김○○이 교사생활 틈틈이 제작하였다가 자신의 홈페이지를 개설하면서 거기에 게시한 자신의 미술작품과 사진 및 동영상의 일부인바, … '??'라는 제목의 사진은 임신하여 만삭인 피고인의 처와 피고인이 벌거벗은 몸으로 나란히 서있는 모습을 정면 가까이에서 촬영한 것으로, 두 사람의 벌거벗은 모습이 화면에 뚜렷하게 정면으로 가득하게 드러나 있고, 사진의 전체적인 구도를 볼 때 피고인과 그의 처의 벌거벗은 몸 외에 별다른 배경이 없어 사진을 보는 사람이 두 나신의 사진이 바로 현직교사요 홈페이지 개설자인 피고인과 그

● 언론 및 출판의 자유와 음란성 요건 및 관련 입법 규정 (7)

▶ 처 본인의 것임을 인식하면서 그 벌거벗은 남녀의 모습에 집중하게 되어 있는 점 등을 고려해 볼 때 피고인의 예술적인 제작 의도였다고 해서 꼭 홈페이지 개설자 본인 부부의 나신을 그렇게 적나라하게(얼굴이나 성기 부분 등을 적당히 가리지도 않은 채) 드러내 보여야 할 논리적 필요나 제작기법상의 필연성이 있다고 보기 어렵고, '??'이라는 일련의 작품의 예술성으로 인하여 위 사진을 처벌대상으로 삼을 수 없을 정도로 그 음란성이 완화되었다고 보기는 어려워 일반인들이 작가의 의도와는 달리 오히려 성적 수치심을 느끼거나 도색적 흥미를 갖게 되기가 쉽게 되어 있는 점 등을 종합해 볼 때 이 사진은 피고인이 주장하고 있는 바와 같은 표현의도와 예술성, 그리고 오늘날 우리 사회의 다분히 개방된 성 관념에 비추어 보더라도 음란하다고 보지 않을 수 없다."라고 판시함(대법원 2005. 7. 22, 2003도2911).

● 언론 및 출판의 자유와 음란성 요건 및 관련 입법 규정 (8)

▶ 음란성 관련 입법 규정의 주요 내용

▶ 형법상 음란물 관련 처벌 규정의 주요 내용

▶ 형법 제243조에서 "음란한 문서, 도화, 필름 기타 물건을 반포, 판매 또는 임대하거나 공연히 전시 또는 상영한 자는 1년 이하의 징역 또는 500만원 이하의 벌금에 처한다."라고 규정되어 있는바, 여기서 '음란한 문서, 도화, 필름'은 예시적 규정으로서, 동 규정의 '기타 물건'에는 음란한 성적 행위를 표현한 미술, 조각, 사진, 영화, 포스터, 녹음테이프, 비디오테이프, 컴퓨터 프로그램 등이 포함됨. 그러나 사람의 신체는 물건이 아니므로 동 규정에서 음란한 물건에 포함되지는 않고, 그 대신 형법 제245조의 공연음란죄에 해당

언론 및 출판의 자유와 음란성 요건 및 관련 입법 규정 (9)

▶ 될 수 있음. 그리고 동 규정에서 '반포'란 불특정 다수인에게 무상으로 교부하는 것을 뜻하고, '판매'란 불특정 다수인에게 유상으로 양도하는 행위를 뜻하며, '임대'란 유상으로 대여하는 행위를 뜻하고, '공연히 전시 또는 상영'이란 불특정 다수인이 관람할 수 있는 상태에 두는 것을 뜻함(임병국, 앞의 책, 280 – 281면).

▶ 그리고 형법 제244조에서 "제243조의 행위에 공할 목적으로 음란한 물건을 제조, 소지, 수입 또는 수출한 자는 1년 이하의 징역 또는 500만원 이하의 벌금에 처한다."라고 규정되어 있음. 이와 관련하여 대한민국 대법원은 "… 침대 위에 비스듬히 위를 보고 누워있는 천연색 여자 나체화 카드 사진이 비록 명화집에 실려 있는 그림이라고 하더라도 이것을 예술, 문학, 교육 등

언론 및 출판의 자유와 음란성 요건 및 관련 입법 규정 (10)

▶ 공공의 이익을 위해 이용하는 것이 아니고, 성냥갑 속에 넣어 판매할 목적으로 그 카드 사진을 복사 제조하거나 시중에 판매하였다고 한다면 이는 그 명화를 모독하여 음화에 해당된다고 할 것이므로, 이를 음화라고 본 원심판단은 정당하며, 피고인들이 이 그림의 음란성을 인식하지 못하였더라도 그 음란성의 유무는 그 그림 자체로서 객관적으로 판단해야 할 것이고, 그 제조자나 판매자의 주관적인 의사에 따라 좌우되는 것은 아니라고 할 것이며, 그 음화의 제조 내지 판매죄의 범의성립에 있어서도 그러한 그림이 존재한다는 것과 이를 제조나 판매하고 있다는 것을 인식하고 있으면 되고, 그 이상 더 나아가서 그 그림이 음란한 것인가 아닌가를 인식할 필요는 없다고 할 것이다."라고 판시함(대법원 1970. 10. 30, 70도1879).

• **언론 및 출판의 자유와 음란성 요건 및 관련 입법 규정 (11)**

▷ 정보통신망 이용촉진 및 정보보호 등에 관한 법률상 음란물 관련 처벌 규정 : 정보통신망 이용촉진 및 정보보호 등에 관한 법률상 "누구든지 정보통신망을 통하여 다음 각 호의 어느 하나에 해당하는 정보를 유통하여서는 아니된다. 1. 음란한 부호·문언·음향·화상 또는 영상을 배포·판매·임대하거나 공공연하게 전시하는 내용의 정보"라고 규정되어 있음.

▷ 같은 법에서 "다음 각 호의 어느 하나에 해당하는 자는 1년 이하의 징역 또는 1천만원 이하의 벌금에 처한다. 2. 제44조의7 제1항 제1호를 위반하여 음란한 부호·문언·음향·화상 또는 영상을 배포·판매·임대하거나 공공연하게 전시한 자"라고 규정하여, 온라인 매체에 의해 제작 및 유통되는 음란물에 대해 형사처벌을 하는 규정을 두고 있음.

• **언론 및 출판의 자유와 음란성 요건 및 관련 입법 규정 (12)**

▷ 여기서 '음란한 부호 등을 공공연하게 전시하였다'라는 뜻은 인터넷상에서 음란한 내용의 파일들을 직접 게시하였거나 이와 동일시할 수 있는 정도의 행위 즉 음란한 내용의 파일들을 직접 링크시키는 행위 등에 한정된다고 할 것임. 따라서 자신이 관리하는 인터넷 사이트에 음란한 내용의 파일들이 존재하는 주소를 바로 연결할 수 있도록 링크 사이트를 개설한 행위는 음란한 부호 등을 전시한 것과 동일시할 수 있는 형태의 행위라고 볼 수 없다고 할 것임(수원지방법원 1999. 12. 12, 98고단5874).

▷ 성폭력범죄의 처벌 등에 관한 특례법상 음란물 관련 처벌 규정 : 성폭력범죄의 처벌 등에 관한 특례법상 "자기 또는 다른 사람의 성적 욕망을 유발하거나 만족시킬 목적으로 전화, 우편, 컴퓨터, 그 밖의 통신매체를 통하여 성적 수치심이나 혐오감을 일으키는 말, 음향, 글, 그림, 영상 또는 물건을 상

● 언론 및 출판의 자유와 음란성 요건 및 관련 입법 규정 (13)

▶ 대방에게 도달하게 한 사람은 2년 이하의 징역 또는 500만원 이하의 벌금에 처한다.”라고 규정되어 있고, 같은 법에서 “제14조 제1항: 카메라나 그 밖에 이와 유사한 기능을 갖춘 기계장치를 이용하여 성적 욕망 또는 수치심을 유발할 수 있는 다른 사람의 신체를 그 의사에 반하여 촬영하거나 그 촬영물을 반포, 판매, 임대 또는 공공연하게 전시, 상영한 자는 5년 이하의 징역 또는 1천만원 이하의 벌금에 처한다. 제14조 제2항: 영리를 목적으로 제1항의 촬영물을 정보통신망 이용촉진 및 정보보호 등에 관한 법률 제2조 제1항 제1호의 정보통신망을 이용하여 유포한 자는 7년 이하의 징역 또는 3천만원 이하의 벌금에 처한다.”라고 규정되어 있음.

● 언론 및 출판의 자유와 음란성 요건 및 관련 입법 규정 (14)

▶ 위와 같은 성폭력범죄의 처벌 등에 관한 특례법 규정에서는 ‘성적 수치심이나 혐오감을 일으키는 …’ 또는 ‘성적 욕망 또는 수치심을 유발할 수 있는 …’이라고 규정하고 있어, 형법 제243조와 제244조에서의 ‘음란한 표현’보다는 좀 더 넓은 성적 표현물에 대해 규제하고자 하는 것이 입법자의 의도임을 알 수 있음.

▶ 아동·청소년의 성보호에 관한 법률상 음란물 관련 처벌 규정 : 아동·청소년의 성보호에 관한 법률상 “‘아동·청소년 이용 음란물’은 아동·청소년 또는 아동·청소년으로 인식될 수 있는 사람이나 표현물이 등장하여 제4호의 어느 하나에 해당하는 행위를 하거나, 그 밖의 성적 행위를 하는 내용을 표현하는 것으로서, 필름, 비디오물, 게임물 또는 컴퓨터나 그 밖의 통신매체를 통한 화상, 영상 등의 형태로 된 것을 말한다.”라고 규정되어 있고, 같은

● 언론 및 출판의 자유와 음란성 요건 및 관련 입법 규정 (15)

▷ 법에서 "아동, 청소년이용 음란물을 제작, 수입 또는 수출한 자는 5년 이상 의 유기징역에 처한다.

▷ 영리를 목적으로 아동, 청소년이용 음란물을 판매, 대여, 배포하거나 이를 목적으로 소지, 운반하거나 공연히 전시 또는 상영한 자는 7년 이하의 징역 에 처한다. 자신이 관리하는 정보통신망에서 아동, 청소년이용 음란물을 발 견하기 위하여 대통령령으로 정하는 조치를 취하지 아니하거나 발견된 아 동, 청소년이용 음란물을 즉시 삭제하고, 전송을 방지 또는 중단하는 기술적 인 조치를 취하지 아니한 온라인 서비스 제공자는 3년 이하의 징역 또는 2 천만원 이하의 벌금에 처한다. 아동, 청소년이용 음란물을 배포하거나 공연 히 전시 또는 상영한 자는 3년 이하의 징역 또는 2천만원 이하의 벌금에 처 한다.

● 언론 및 출판의 자유와 음란성 요건 및 관련 입법 규정 (16)

▷ 아동, 청소년이용 음란물을 소지한 자는 2천만원 이하의 벌금에 처한다. 아 동, 청소년이용 음란물을 제작할 것이라는 정황을 알면서 아동, 청소년을 아 동, 청소년이용 음란물의 제작자에게 알선한 자는 1년 이상 10년 이하의 징 역에 처한다."라고 규정되어 있는바, 이 규정들을 통해 아동과 청소년을 이 용한 음란물, 즉 아동 포르노의 근절을 위해 이러한 음란물의 제작과 판매 및 소지 등의 행위에 대해 형사처벌을 하는 규정을 두고 있음.

▷ 이러한 법 규정들과 관련하여 대한민국 헌법재판소는 "아동, 청소년의 성보 호에 관한 법률상 청소년이용 음란물의 제작 등 행위를 처벌하는 규정을 두 는 이유는 공중도덕이나 사회윤리의 차원에서 청소년의 성을 보호한다는 정

● 언론 및 출판의 자유와 음란성 요건 및 관련 입법 규정 (17)

▶ 당한 입법목적에 그 기초를 두고 있는바, 청소년의 성의 상품화, 즉 청소년의 성매매 및 이의 알선행위, 청소년을 이용하여 음란물을 제작·배포하는 행위 및 청소년에 대한 성폭력행위 등 청소년에 대한 성적 착취가 심각한 사회문제로 대두되면서 이로부터 청소년을 보호·구제하여 이들의 인권을 보장하고 건전한 사회구성원으로 성장할 수 있도록 한다는 아동·청소년의 성보호에 관한 법률의 입법목적에 따라 청소년에 대한 성적 착취의 대표적인 사례인 청소년을 이용한 필름, 비디오테이프, 컴퓨터 기타 통신매체를 통한 영상 등의 음란물 제작행위에 대하여 처벌을 강화하려는 이유에서 입법이 이루어진 것이다."라고 판시함(헌재 1998. 4. 30, 95헌가16).

인권법 사례 이야기
(9주차-2번째 강의)

• 보도의 자유의 의의 (1)
(이 부분은 이희훈 a, 앞의 책, 155면 참조)

▶ 대한민국 헌법 제21조 제1항의 언론 및 출판의 자유에는 신문이나 잡지 또는 방송 등 각종 매스컴에 의해 뉴스 등을 보도할 자유인 '보도의 자유'가 포함됨(김철수, 헌법학개론, 2007, 846면).

▶ 여기서 '보도의 자유'란 인쇄매체 또는 전파나 통신매체에 의해 어떠한 의사를 표현하고 사실을 전달함으로써 여론형성에 참여할 수 있는 자유를 뜻함(임병국, 앞의 책, 403면).

▶ 이러한 보도의 자유가 헌법상 보장됨으로써 언론매체는 법률로써 금지되는 것을 제외하고 모든 문제에 대해 공평하고 사실에 입각하여 보도할 수 있게 되며, 보도의 자유 안에는 뉴스 등을 보도할 자유와 신문 등의 발행의 자유 및 신문 등을 배포할 자유가 포함됨(임병국, 앞의 책, 81-82면).

• 보도의 자유의 의의 (2)

▷ 그리고 보도의 자유는 취재의 자유 없이는 실질적으로 확립될 수가 없기 때문에 보도의 자유는 취재의 자유를 포함함(성낙인, 앞의 책, 1172–1173면).

▷ 즉, 보도는 언론매체가 수집한 정보와 이에 기한 평가적 의사를 신문이나 방송 등의 매체를 통해 불특정 다수인에게 알리는 행위로서, 이러한 언론매체의 보도행위는 다양한 정보를 수집하는 취재행위와 반포행위를 통해 결국 이루어지므로, 보도의 자유는 취재의 자유를 포함한다고 보는 것이 타당함(김옥조, 미디어법, 2012, 265면). 한편 보도의 자유는 의사표현의 자유와 달라서 평가적인 의사표현뿐만 아니라 단순한 사실의 전달도 포함하고 있으며, 의사표현과 사실전달의 수단으로 인쇄매체 또는 전파나 통신매체가 이용

• 보도의 자유의 의의 (3) 및 보도의 자유의 제한 (1)

(이 보도의 자유 제한 부분은 이희훈 a, 앞의 책, 155–156면 참조)

▷ 됨(임병국, 앞의 책, 403면).

▷ 보도의 자유가 각종 언론 및 출판매체를 통해 사회 내의 여러 다양한 의견들을 나타낼 수 있게 하여 국민들 사이에서 비교적 자유롭고 건전하게 여론을 형성하여 민주주의의 발전에 기여할 수 있도록 하기 위해서는 신문이나 잡지 또는 방송 등 언론매체가 막강한 권력이나 거대한 자본으로부터 자유로워야 할 것이며, 그 스스로의 독자적인 조직과 형태를 갖추어 유지 및 발전해 나가야 할 것임. 이러한 사유로 대한민국 헌법 제21조 제3항에서 통신·방송·신문 등의 언론매체시설에 대한 법정주의를 규정하고 있음. 이에 따라 신문 등의 진흥에 관한 법률과 방송법에서는 언론매체의 설립과 그 시설기준 등에 대해 일정한 제한을 하고 있음(정종섭, 앞의 책, 606면).

● 보도의 자유의 제한 (2) 및 취재의 자유의 의의 (1)
(이 취재의 자유 부분은 이희훈 a, 앞의 책, 156-157면 참조)

▷ 그리고 행정권은 기자 등의 취재 및 보도행위를 정당한 사유 없이 원칙적으로 제한할 수 없으며, 국가의 기밀이나 개인의 프라이버시 등의 법익 보호를 위한 목적 하에 헌법 제37조 제2항에 의한 과잉금지의 원칙에 위반되지 않는 범위 내에서 일정한 제한을 할 수 있을 뿐임.

▷ '취재의 자유'란 누구든지 자기가 필요로 하는 정보를 자유로이 수집할 수 있는 자유로, 현대사회의 특수사정에 기인하여 제도적으로 헌법 제21조 제1항의 언론·출판의 자유를 수탁 받은 언론매체가 정보의 원천에 자유롭게 접근하여 취재할 수 있어야 하고, 특히 공공적인 정보원에 대해서는 더욱 적극적으로 정보공개의 의무를 이행하도록 요구할 수 있는 자유를 뜻함. 그리고 취재의 자유는 알 권리에 기초하여 공사(公私)의 사회집단에 대하여 사회의 관심과 이해가 걸려 있는 정보를 발굴하기 위하여 정보수용자의

● 취재의 자유의 의의 (2)

▷ 공익을 합리적으로 판단하면서 그에 상당한 방법을 개발할 수 있는 자유까지 포함함(유일상, 취재의 자유와 기밀보호의 한계, 방송연구 제43집, 1996. 12, 287면).

▷ 오늘날 대한민국 헌법 제21조의 언론·출판의 자유의 존재의의는 헌법 제21조에 언론·출판의 자유의 자유가 보장되어 사상 또는 의견을 자유롭게 표명할 수 있을 때 개개인은 인간으로서의 존엄과 가치를 유지하여 자신의 인격을 발현할 수 있다는 점과 민주시민으로서 국정에 참여하고 인간다운 생활을 영위하기 위해 합리적이고 건설적인 사상이나 의견의 형성이 불가피한바, 이러한 사상이나 의견의 형성이 가능하게 하려면 국가나 사회로부터 필요한 정보를 넓게 수집할 수 있는 기회가 마련되어야 함(권영성, 앞의 책, 492면).

취재원 비닉권에 대한 헌법적 검토 (1)

(이 부분은 이희훈 a, 앞의 책, 157-163면 참조)

▶ 이러한 취재의 자유와 관련하여 기자에게 재판 등에서 취재원에 대한 진술을 거부할 수 있는 권리인 취재원 비닉권(秘匿權) 또는 취재원 묵비권(默祕權)(이하에서 '취재원 비닉권'으로 줄임)을 헌법상 인정할 것인지의 문제가 있음(이하에서 취재원 비닉권에 대한 헌법적 검토 부분에 대한 것은 이희훈 d, 취재원 비닉권과 취재원 보호 입법에 대한 연구, 연세대 법학연구 제18집 제4호, 2008. 12, 259-293면 참조).

▶ '취재원 비닉권'이란 언론매체의 종사자로서 일정한 정보를 수집한 자가 자신이 수집한 정보의 출처 즉, 정보의 기초가 되는 내용이나 정보제공자의 이름 등을 비밀로 할 수 있는 권리 또는 검찰의 수사과정이나 법원의 재판 과정에서 이에 대한 증언을 요구 받았을 때 이를 거부할 수 있는 권리를 뜻함(계희열, 헌법학(중), 2007, 445면).

취재원 비닉권에 대한 헌법적 검토 (2)

▶ 즉, 취재원 비닉권은 국민에 대한 정보전파의 목적으로 내적 신뢰관계를 통하여 취재한 취재원의 공개를 당하지 않을 권리를 의미함(성낙인, 앞의 책, 1173면).

▶ 언론기관의 기자 등이 취재원을 비닉해야 하는 이유로 다음과 같이 크게 세 가지의 사유를 들 수 있음.

▶ 첫째, 만약 언론기관의 기자 등이 익명을 조건으로 정보를 제공한 취재원의 신원을 밝힌다면 취재원은 '익명언론권'이라는 취재원 자신의 표현의 자유라는 헌법적 이익을 침해 받는 결과가 되기 때문임(임병국, 앞의 책, 473면).

▶ 둘째, 취재원 비닉권이 헌법상 보장되지 않는다면 취재원이 일정한 후환이 따르거나 보복 또는 처벌 등으로 인한 경제적·사회적 불이익을 받을 우려가 있어 그는 기자에게 정보의 제공을 꺼리게 될 것임(계희열, 앞의 책, 445면).

● 취재원 비닉권에 대한 헌법적 검토 (3)

▶ 이에 취재원의 신원을 밝힌 기자는 마치 신용이 없는 상인과 같이 되어 다시는 정보를 얻기 어려워져 정보의 자유로운 유통을 막아 결국 국민의 알 권리가 축소되거나 봉쇄되어 보도의 자유가 침해될 수 있기 때문임(성낙인, 취재의 자유와 취재원 비닉권, 고시계 제487호, 1997. 9, 141면; 유일상, 미국의 취재원 보호법과 주요판례, 세계언론법제동향 제7집, 2000. 7, 9-10면; 임병국, 앞의 책, 472면). 즉, 기자의 자유로운 보도를 위해서 그리고 이를 통해 국민의 알 권리를 보장하기 위해서는 헌법상 취재원 비닉권을 보장할 필요가 있음.

▶ 셋째, 취재원에 대한 진술의 강제는 언론기관으로 하여금 뉴스 취재에 전심전력해야 하는 인력과 자원을 낭비하게 하고 정부로부터 독립된 언론기관의 위상에도 문제를 주며, 취재의 활동을 위축시켜 언론기관의 바탕을 무너뜨

● 취재원 비닉권에 대한 헌법적 검토 (4)

▶ 려 결국 언론·출판의 자유를 해치게 되기 때문임(지성우, 언론기관의 취재원보호권에 관한 연구, 성균관법학 제15권 제2호, 2003. 10, 12면).

▶ 이에 반하여 헌법상 취재원을 비닉권을 인정해서는 안 되고, 반드시 취재원을 밝히도록 해야 한다는 이유로는 다음과 같이 크게 세 가지의 사유를 들 수 있음.

▶ 첫째, 만약 헌법상 취재원 비닉권을 인정한다면 재판절차에 있어 공정한 재판의 실현과 실체적 진실의 발견을 위해 당해 사건의 증인으로부터 특히, 사건을 취재한 기자로부터 당해 사건에 대한 증언을 들어야만 현실적인 필요성이 있을 때 사법상 실체적 진실발견이 대단히 어려워져 '재판의 공정성

● 취재원 비닉권에 대한 헌법적 검토 (5)

▶ 확보'라는 또 다른 중요한 헌법적 가치를 보장할 수 없고 침해될 수 있기 때문임(계희열, 앞의 책, 445면; 지성우, 앞의 글, 12면).

▶ 둘째, 만약 헌법상 취재원 비닉권을 인정한다면 기자가 목격하지 않은 사실을 마치 목격한 것처럼 전달할 수 있어 부정직하고 부정확한 사실을 전달할 수 있게 할 뿐만 아니라 언론이 정보의 출처를 애매하게 표시할 수 있어 독자들로 하여금 정보의 가치를 추측하는 단서를 박탈하게 되어 그 정보의 가치를 정확히 알지 못한 채 수용할 수 있어 진실되지 않은 정보를 마치 진실된 정보인 것처럼 왜곡하거나 조작할 수 있기 때문에 이러한 위험을 방지하여 보도의 질을 높이고, 거짓이 아닌 정보를 보도할 수 있게 하여 진정으로 언론·출판의 자유를 실현할 수 있도록 하기 위해서는 헌법상 취재원

● 취재원 비닉권에 대한 헌법적 검토 (6)

▶ 비닉권을 부정하여 적극적으로 취재원을 밝히게 할 필요가 있기 때문임(지성우, 앞의 글, 12 - 13면).

▶ 셋째, 언론인과 취재원 사이에 자발적으로 담합하여 취재원의 편에서 어떤 정책이나 의사결정을 위해 여론의 동향을 살펴볼 때 특정의 매체를 선정하여 이러한 기사자료를 'Off the Record(취재원에게서 입수한 정보를 참고만 할 뿐, 기사화하지 않는 것으로 비보도나 보도의 금지를 뜻함)'의 형태로 제공한 후, 여론의 추이가 긍정적일 때에는 공식적인 기자회견을 통해 이러한 내용을 공식적으로 확인하고, 여론의 추이가 부정적일 때에는 취재원이 이러한 정보를 부정하여 취재원은 자신의 의지에 의해 여론을 호도할 수 있게 되는바, 이렇게 될 때에 언론기관은 취재원의 선전도구로 전락하여(지성우,

● 취재원 비닉권에 대한 헌법적 검토 (7)

▶ 앞의 글, 13면) 진정으로 언론·출판의 자유를 실현할 수 없게 되기 때문임.

▶ 생각건대, 대한민국 헌법 제21조의 언론·출판의 자유에 의하여 개인은 자유롭게 형성된 의견을 공권력의 부당한 간섭 없이 표명하거나 전달할 수 있게 되고, 공권력은 개인의 의견 형성을 강제하거나 의사표현의 과정을 지배해서는 안 됨. 이에 따라 개인은 사회의 구성원으로서 타인과의 관계에서 인격을 실현할 수 있게 되며, 사회구성원 간에 대의과정에 자유로운 의사소통에 의하여 개인의 의사를 투입시켜 민주주의를 실현할 수 있음(전광석, 한국헌법론, 2017, 366면).

▶ 헌법상 언론기관의 기자들로 하여금 취재원에 대한 보호의 책임을 다할 수

● 취재원 비닉권에 대한 헌법적 검토 (8)

▶ 있게 해야 취재원이 경제적·사회적 불이익을 받게 될 걱정이 없어 밝히기 힘든 정보까지 풍부하게 밝혀 보도의 자유를 최대한 보장할 수 있게 되어 민주주의를 실현할 수 있게 될 것임. 그리고 국민의 알 권리는 여론의 자유로운 형성을 위한 전제임과 동시에 민주정치의 필수불가결한 요소인바, 헌법상 취재원 비닉권을 보장해서 풍부하고 다양한 정보가 자유롭게 흐를 수 있게 하여 국민이 주권자로서 국정에 참여할 수 있는 기초를 제공해주어 진정으로 민주주의를 실현시킬 수 있도록 해야 할 것임(지성우, 앞의 글, 14면). 이러한 사유로 취재원 비닉권을 헌법상 보장하는 것이 타당함. 이러한 견지에서 독일 연방헌법재판소는 취재원 비닉권 또는 편집의 비밀은 취재의 자

● 취재원 비닉권에 대한 헌법적 검토 (9)

▶ 유 또는 자유로운 언론·출판에 불가결한 내용에 속한다고 판시함(BVerfGE 25, 296(304); BVerfGE 36, 193(204); BVerfGE 64, 108(11) 등).

▶ 이러한 사유로 헌법상 취재원 비닉권의 존재 의의나 본질은 취재원이나 언론 기자의 사적인 이익을 보호해 주는 기능도 있지만 이러한 기능보다는 공중에 대한 자유로운 정보의 유통을 확보할 수 있게 하고 나아가 국민이 국가 내에서 발생된 다양한 각종 정보들을 올바르게 알고 국가권력에 대해 정확한 판단을 내릴 수 있도록 하는 국민의 알 권리의 공익을 보호해 주는 기능을 한다고 보는 것이 타당함.

▶ 취재원 비닉권은 국회에서의 조사절차, 법원에서의 민·형사절차, 경찰과 검찰에서의 압수나 수색과 같은 수사절차 등 모든 절차에 보장되는 것으로 폭

● 취재원 비닉권에 대한 헌법적 검토 (10)

▶ 넓게 인정하는 것이 바람직함.

▶ 그리고 취재원 비닉권은 취재원의 구체적인 성명이나 주소, 취재원과의 의사소통을 했던 내용, 취재의 메모, 필름 등 취재원의 신원이 밝혀질 수 있는 일체의 사항을 그 보호대상으로 보는 것이 바람직함. 따라서 한 번 공표된 것이거나 공중 앞에서 취재된 것 등은 취재원 비닉권의 객체가 되지 않는다고 보는 것이 타당함.

▶ 또한 취재원 비닉권의 객체로 보호 대상이 되는 정보로는 취재한 정보 중 이미 기사화된 정보 이외에도 아직 기사화되지 않고 기자가 소지하고 있는 정보도 포함되는 것으로 넓게 보는 것이 바람직함(장석권, 현대 헌법과 보도의 자유, 단국대 법학논총 제13집, 1985. 4, 18면; 지성우, 앞의 글, 16-17면).

● 취재원 비닉권에 대한 헌법적 검토 (11)

▷ 한편 취재원 비닉권도 헌법 제37조 제2항에 의해 국가안전보장이나 질서유지 또는 공공복리를 위하여 관련 법률에 의해 과잉금지의 원칙에 위반되지 않는 범위 내에서 제한할 수 있음.

▷ 대한민국 형사소송법 제149조에서는 "변호사, 변리사, 공증인, 공인회계사, 세무사, 대서업자, 의사, 한의사, 치과의사, 약사, 약종상, 조산사, 간호사, 종교의 직에 있는 자 또는 이러한 직에 있던 자가 그 업무상 위탁을 받은 관계로 알게 된 사실로서 타인의 비밀에 관한 것은 증언을 거부할 수 있다. 단, 본인의 승낙이 있거나 중대한 공익상 필요 있는 때에는 예외로 한다."라고 규정하여 직무상의 비밀과 증언거부권에 대해 규정하고 있음.

▷ 그리고 같은 법 제112조에서는 "변호사, 변리사, 공증인, 공인회계사, 세무사, 대서업자, 의사, 한의사, 치과의사, 약사, 약종상, 조산사, 간호사, 종교의

● 취재원 비닉권에 대한 헌법적 검토 (12)

▷ 직에 있는 자 또는 이러한 직에 있던 자가 그 업무상 위탁을 받아 소지 또는 보관하는 물건으로 타인의 비밀에 관한 것은 압수를 거부할 수 있다.

▷ 단, 그 타인의 승낙이 있거나 중대한 공익상 필요가 있는 때에는 예외로 한다."라고 규정하여 직무상의 비밀을 보장하기 위하여 압수를 거부할 수 있는 권리를 규정하고 있는바, 여기에 언론 기자는 포함되어 있지 않음. 따라서 현행 대한민국의 형사소송법의 해석상 언론 기자가 법정에서 증언을 거부하면 형사소송법 제151조 – 제152조와 제161조에 의해 일정한 제재를 받게 됨.

▷ 한편 민사소송법 제315조 제1항에서는 "증인은 다음 각호 가운데 어느 하나에 해당하면 증언을 거부할 수 있다. 1. 변호사·변리사·공증인·공인회계사·세무사·의료인·약사, 그밖에 법령에 따라 비밀을 지킬 의무가 있는 직

취재원 비닉권에 대한 헌법적 검토 (13)

▷ 책 또는 종교의 직책에 있거나 이러한 직책에 있었던 사람이 직무상 비밀에 속하는 사항에 대하여 신문을 받을 때, 2. 기술 또는 직업의 비밀에 속하는 사항에 대하여 신문을 받을 때"라고 규정하여 직무상의 비밀과 증언거부권에 관하여 규정하여 형사소송법보다는 다소 완화된 규정을 두고 있음.

▷ 생각건대, 언론 기자와 정보제공자 간에 취재원을 공개하지 않는다는 강한 신뢰관계가 형성되어 있어야 정확한 정보가 제공될 것임. 즉, 언론 기자가 취재원을 공개한다면 그 후 정보의 수집에 상당히 곤란을 겪거나 아예 불가능해질 수도 있음. 또한 취재원을 비공개하는 것이 사회적으로 언론 기자의

취재원 비닉권에 대한 헌법적 검토 (14)

▷ 의무라는 점을 고려할 때 언론 기자의 취재원은 민사소송법 제315조 제1항 제2호에서의 '직업의 비밀'에 속하는 것으로 보는 것이 타당함(박용상, 언론이 사법에 미치는 영향, 근대사법 백주년기념 심포지엄: 언론과 사법 결과보고서, 법원행정처, 1995. 6, 151면).

▷ 이에 향후 우리나라는 취재원 비닉권을 헌법상 인정하는 것이 바람직하며, 이러한 전제 하에, 취재원 비닉권을 인정하고 있는 독일 연방형사소송법(StPO) 제53조 제1항 제5호에서 "정기간행물 기타 방송의 준비·제작·배포에 직업적으로 종사하고 있거나 종사하였던 자는 관련 기사나 기타 기록 및 전달이 편집활동을 위하여 문제되었던 범위 내에서 증언을 거부한 경우에는 정당화된다."라는 규정과 이와 유사한 내용의 독일 연방민사소송법(ZPO) 제383조 제1항 제5호 규정 및 우리나라에서 1980년 12월에 제정했던 언론기

● **취재원 비닉권에 대한 헌법적 검토 (15)**

▶ 본법 제8조 제1항에서 "언론인은 공표사항의 필자, 제보자 또는 그 자료의 보유자의 신원이나 공표내용의 기초가 된 사실에 관하여 진술을 거부할 수 있다."라는 규정과 같이 취재원 비닉권을 원칙적으로 명확히 보장해 주는 구체적인 입법을 신설(마련)하는 것이 바람직함(이희훈 d, 앞의 글, 284–285면).

▶ 다만 취재원 비닉권에 대한 예외적 제한, 즉 취재원에 대한 공개 여부의 결정은 해당 사건의 성질, 양태, 중요성, 요증 사실과 취재원과의 관련성 및 취재원의 공개가 장래 취재의 자유에 미칠 영향의 정도 및 취재원을 밝힐 필요성(임병국, 앞의 책, 482면) 등을 종합적으로 고려하여 결정할 수 있도록 하는 것이 바람직함.

인권법 사례 이야기
(9주차–3번째 강의)

● 언론·출판의 자유와 명예훼손 (1)
(이 부분은 이희훈 a, 앞의 책, 164−173면 참조)

▶ 인간은 타인으로부터 인격체로 인정받고 그 가치에 적합한 대우를 받을 때에 사회에서 적절한 생활을 영위해 나가고 발전해 나갈 수 있는바, 언론매체의 취재나 보도에 의해 어떤 사람이 자신의 인격적 가치를 침해 받았을 때에는 사회의 구성원으로서 생활해 나가고 발전해 나갈 가능성도 침해 받게 됨(임병국, 앞의 책, 143면).

▶ 이에 대한민국 형법 제307조부터 제311조까지에서는 명예훼손 및 모욕에 대한 형사처벌 규정을 두고 있음.

▶ 이중에서 대한민국 형법 제308조의 사자(死者)에 대한 명예훼손죄와 형법 제311조의 모욕죄는 피해자의 고소가 있어야 공소를 제기할 수 있는 친고죄로 형법에서 규정하고 있고, 형법 제307조의 명예훼손죄와 형법 제309조의

● 언론·출판의 자유와 명예훼손 (2)

▷ 출판물 등에 의한 명예훼손죄는 피해자의 명시적 의사에 반하여 공소를 제기할 수 없는 반의사불벌죄로 규정되어 있음.

▷ 이하에서 먼저 명예의 의의와 보호법익 및 주체에 대해 살펴본 후, 형법 제307조부터 제309조까지의 각 명예훼손죄의 성립요건 및 형법 제310조의 명예훼손죄에 대한 위법성 조각사유에 대해 검토함.

▷ '명예'의 사전적 의미는 세상에 널리 인정받아 얻은 좋은 평판이나 이름을 뜻하는바, 법적인 의미로는 사람의 가치에 대한 사회적 평가(김옥조, 앞의 책, 386면) 또는 사람이 사회생활에서 가지는 가치를 뜻함(임병국, 앞의 책, 143면).

● 언론·출판의 자유와 명예훼손 (3)

▷ 그리고 대한민국 대법원은 1992년 10월에 "민법 제764조에서 말하는 명예훼손이란 사람의 사회적 평가를 저하시키는 행위를 말하고, 단순히 주관적으로 명예감정이 침해되었다고 주장하는 것만으로는 명예훼손이 되지 않는다고 할 것이다."라고 판시하였는바(대판 1992. 10. 27, 92다756), 이를 통해 형법과 민법 등의 법에서 보호 또는 보장하고 있는 명예의 보호법익으로 자기의 인격적 가치에 대한 자기 자신의 주관적 평가나 감정을 뜻하는 '명예감정'은 포함될 수 없다는 것을 알 수 있음. 그리고 사람이 가지고 있는 인격의 내부적 가치를 뜻하는 '내적 명예'도 사람으로서 누구나 당연히 가지게 되는 인격적 가치로서 타인의 침해에 의해 훼손될 수 있는 성질이 아니므로, 형법과 민법 등의 법에서 보호 또는 보장하고 있는 명예의 보호법익으로 볼 수 없음(임병국, 앞의 책, 144면).

● 언론·출판의 자유와 명예훼손 (4)

▷ 따라서 대한민국의 형법과 민법에서 '명예'란 사람의 품성, 덕행, 명예, 신용 등에 대해 세상으로부터 받는 객관적·사회적인 평가를 뜻하는 '외적 명예'로 보는 것이 타당함(대판 1988. 6. 14, 87다카1450).

▷ 이러한 사유로 자기 자신이 본인에 대한 평가가 침해되었다고 생각하더라도 사회적인 평가가 객관적으로 낮아지지 않았다면 형법상 명예훼손죄가 성립되지 않음. 또한 자신의 인격적 가치에 대한 주관적인 감정이 상했다는 사유만으로 형법상 명예훼손죄가 성립되지 않으며, 예를 들면 범죄행위로 인하여 얻어진 악명 등과 같은 사회적으로 부정적인 평가가치는 명예훼손의 범위에 속하지 않음(김옥조, 앞의 책, 386면).

● 언론·출판의 자유와 명예훼손 (5)

▷ 한편 명예의 주체는 사람인바, 모든 자연인은 인격적 가치를 가지므로 자연인은 모두 명예의 주체가 됨. 따라서 자연인인 이상 태아, 유아, 정신병자, 범죄자, 실종선고를 받은 자 등도 명예의 주체가 된다고 할 것이고, 죽은 사람도 민·형사상 명예의 주체가 될 수 있다고 할 것이며, 법인이나 기타 단체도 명예의 주체가 될 수 있음. 따라서 정당, 노동조합, 주식회사, 병원, 종교단체 등도 명예의 주체가 될 수 있음(임병국, 앞의 책, 145면).

▷ 대한민국 형법 제307조 제1항에서 "공연히 사실을 적시하여 사람의 명예를 훼손한 자는 2년 이하의 징역이나 금고 또는 5백만원 이하의 벌금에 처한다."라고 규정되어 있고, 동법 동조 제2항에서 "공연히 허위의 사실을 적시하여 사람의 명예를 훼손한 자는 5년 이하의 징역, 10년 이하의 자격정지

● 언론·출판의 자유와 명예훼손 (6)

▷ 또는 1천만원 이하의 벌금에 처한다.”라고 규정되어 있음. 여기서 먼저 ‘공연히’라는 공연성에 대해 살펴보면 대한민국 형법 제307조에서의 ‘공연히’란 ‘불특정 또는 다수인이 인식할 수 있는 상태’라고 할 것이며, 비밀이 잘 보장되어 외부에 전파될 염려가 없는 경우가 아니라면 비록 개별적으로 한 사람에 대하여 타인의 명예를 훼손하는 사실을 유포하였더라도 그 한 사람이 타인에게 그 타인이 또 다른 제3자에게 등 연속하여 여러 명에게 그 사실을 유포하여 그 유포한 사실이 외부에 전파될 가능성이 있다면 형법 제307조에서의 공연성이 있다(전파성의 이론)고 할 것임(대판 1968. 12. 24, 68도1569).

▷ 이와 달리 전파될 가능성이 없다면 특정한 한 사람에 대한 사실의 유포는 대한민국 형법상 공연성을 결한다고 할 것임. 이에 따라 기자가 아닌 보통 사람에게 사실을 적시할 경우에는 그 자체로서 적시된 사실이 외부에 공표

● 언론·출판의 자유와 명예훼손 (7)

▷ 되는 것이므로, 그 때부터 곧 전파가능성을 따져 대한민국 형법 제307조의 공연성의 여부를 판단해야 하겠지만, 그와는 달리 기자를 통해 사실을 적시하는 경우에는 실제로 기사화되어 보도되어야만 적시된 사실이 외부에 공표된다고 보아야 할 것이므로, 기자가 취재를 한 상태에서 아직 기사화하여 보도하지 아니한 경우에는 전파가능성이 없다고 할 것이어서 같은 법 제307조의 공연성이 없다고 보는 것이 타당함(대판 2000. 5. 16, 99도5622).

▷ 다음으로 같은 법 제307조의 ‘사실의 적시’ 중 ‘사실’이란 가치판단이나 평가를 내용으로 하는 의견표현에 대치되는 개념으로, 시간과 공간적으로 구체적인 과거 또는 현재의 사실관계에 관한 보고 내지 진술을 의미하는 것이

● 언론·출판의 자유와 명예훼손 (8)

▶ 며, 그 표현내용이 증거에 의한 입증이 가능한 것을 뜻하고, 판단할 진술이 사실인가 또는 의견인가를 구별함에 있어서는 언어의 통상적 의미와 용법, 입증 가능성, 문제된 말이 사용된 문맥, 그 표현이 행하여진 사회적 정황 등 전체적인 정황을 고려하여 판단해야 함(대판 1997. 4. 25, 96도2910).

▶ 그리고 사람의 사회적 가치나 평가를 저하시킬 만한 사실이라면 무엇이든 상관없이 대한민국 형법상 명예훼손죄의 구성요건에 해당될 수 있으며, 사실은 반드시 악의를 가지고 할 필요는 없고, 이미 알려진 사실이더라도 이를 타인에게 적시함으로써 더욱 명예를 침해하는 것이라면 형법상 명예훼손죄에 해당될 수 있음(임병국, 앞의 책, 152면).

● 언론·출판의 자유와 명예훼손 (9)

▶ 또한 대한민국 형법 제307조에서의 '사실의 적시' 중 '적시'란 피해자가 구체적으로 특정되어 있어야 한다는 뜻으로, 적시된 사실은 이로써 특정인의 사회적 가치 내지 평가가 침해될 가능성이 있을 정도로 구체성을 띠어야 함 (대판 2000. 2. 25, 98도2188).

▶ 다만 그 특정을 함에 있어서 반드시 사람의 성명을 명시하여야만 하는 것은 아니고, 사람의 성명을 명시하지 않은 경우라도 그 표현의 내용을 주위 사정과 종합해 볼 때 그 표시가 누구를 지목하는가를 알아차릴 수 있을 정도이면 피해자가 특정, 즉 적시되었다 할 것이며, 아울러 직업, 학력, 지연, 출신 등에서 유래하는 공통성을 가지는 사람들의 집단에 대하여 그 집단에 속하는 일부 구성원들에게만 해당될 수 있는 명예훼손 사실이 보도된 경우

언론·출판의 자유와 명예훼손 (10)

▷ 에 그 보도로 인하여 그 집단에 속한 구성원 개개인 모두에 대하여 명예훼손이 성립하는지는 그 집단에 속한 구성원의 수(집단의 크기), 그 집단을 다른 집단이나 단체와 구별하게 하는 구성원들 사이의 공통 요소, 보도 내용 등을 종합하여 판단해야 함.

▷ 그리고 방송 등 언론 매체의 명예훼손 행위와 관련하여 적시된 사실이 진실이라고 믿을 상당한 이유가 있는지의 여부는 그 방송에 신속성이 요청되는지와 그 방송의 근거가 된 자료가 믿을 만한지 및 피해자와의 대면 등 진실 확인이 용이한가 하는 점을 종합적으로 고려하여 판단해야 함. 또한 언론의 보도로 어느 집단 혹은 단체에 대한 명예훼손이 이루어졌을 때에 그 명예훼손은 집단 혹은 단체의 개별 구성원에 이르러서는 그 비난의 정도가

언론·출판의 자유와 명예훼손 (11)

▷ 희석되어 집단이나 단체의 개별 구성원에 대해서까지 사회적 평가가 저하되었다고 보기 어려운 경우가 많기 때문에 원칙으로는 집단이나 단체 자체에 대한 명예훼손만이 문제될 뿐, 그 집단이나 단체의 개별 구성원에 대한 명예훼손까지 인정되지는 않는다고 보아야 할 것이며, 그 집단의 크기와 구성원의 수, 조직 체계, 대외적인 구성원의 개성의 부각 정도 등에 비추어 집단이나 단체의 개별 구성원에 대한 사회적 평가까지 아울러 저하되었다고 볼 수 있는 특별한 사정이 있는 경우에만 개별 구성원에 대한 명예훼손을 인정할 수 있음(서울지법 2000. 10. 18, 99가합95970).

▷ 그리고 여기서 사실을 적시하는 방법에는 제한이 없으므로, 연극이나 소설에 의하든, 언어나 문서 또는 도화에 의하든, 신문이나 잡지 또는 라디오나

● 언론·출판의 자유와 명예훼손 (12)

▷ 텔레비전 등에 의하든 묻지 않음(임병국, 앞의 책, 154-155면).

▷ 이밖에 형법상 명예훼손죄가 성립하기 위해서는 타인의 명예를 훼손하는 데 적합한 사실을 적시한다는 고의가 있어야 하는바, 미필적 고의도 여기에 해당하며, 명예훼손의 목적이나 비방의 목적이 있어야만 하는 것은 아님(임병국, 앞의 책, 155면).

▷ 한편 대한민국 형법 제308조에서 "공연히 허위의 사실을 적시하여 사자(死者)의 명예를 훼손한 자는 2년 이하의 징역이나 금고 또는 5백만원 이하의 벌금에 처한다."라고 규정되어 있는바, 죽은 사람에 대해 허위의 사실이 아닌 진실한 사실을 적시한 때에는 대한민국 형법 제308조에 의한 사자의 명예훼손죄가 성립되지 않음.

● 언론·출판의 자유와 명예훼손 (13)

▷ 이에 대해 대한민국 대법원은 1983년 10월에 "형법상 사자의 명예훼손죄는 사자에 대한 사회적·역사적 평가를 보호법익으로 하는 것이므로, 그 구성요건으로서의 사실의 적시는 허위의 사실일 것을 요하는바, 피고인이 사망자의 사망사실을 알면서도 망인(亡人)은 사망한 것이 아니고 빚 때문에 도망다니면서 죽은 척 하는 나쁜 놈이라고 장례식장에서 타인에게 말한 것은 공연히 허위의 사실을 적시한 행위로서 이는 형법상 사자의 명예를 훼손하였다고 볼 것이다."라고 판시함(대판 1983. 10. 25, 83도1520).

▷ 대한민국 형법 제309조 제1항에서 "사람을 비방할 목적으로 신문, 잡지 또는 라디오 기타 출판물에 의하여 제307조 제1항의 죄를 범한 자는 3년 이하의 징역이나 금고 또는 7백만원 이하의 벌금에 처한다."라고 규정되어 있고,

● 언론·출판의 자유와 명예훼손 (14)

▶ 같은 법 제309조 제2항에서 "제1항의 방법으로 제307조 제2항의 죄를 범한 자는 7년 이하의 징역, 10년 이하의 자격정지 또는 1천 5백만원 이하의 벌금에 처한다."라고 규정되어 있음.

▶ 여기서 먼저 대한민국 형법 제309조 제1항의 '기타 출판물'이란 사실 적시의 방법으로 출판물 등을 이용하는 경우에 그 성질상 다수인이 견문할 수 있는 높은 전파성과 신뢰성 및 장기간의 보존가능성 등 피해자에 대한 법익 침해의 정도기 더욱 그다는 점에서 그 가중처벌의 이유가 있으므로, 그것이 등록·출판된 제본 인쇄물이나 제작물은 아니라고 할지라도 적어도 그와 같은 정도의 효용과 기능을 가지고 사실상 출판물로 유통·통용될 수 있는 외관을 가진 인쇄물로 볼 수 있어야 하는바(대판 1998. 10. 9, 97도158), 대한민국 형법 제309조 제1항의 '기타 출판물'에는 영화, DVD, 비디오테이프, 카세트 테이프, 인터넷 등이 포함됨(김옥조, 앞의 책, 401면).

● 언론·출판의 자유와 명예훼손 (15)

▶ 그리고 대한민국 형법 제309조 제1항의 '비방'이란 뜻은 정당한 이유 없이 상대방을 깎아내리거나 헐뜯는 것을 의미하며, '비방할 목적'이란 상대방의 사회적인 평가를 객관적으로 저하시킬 것을 의도하고 이를 행위의 주요 동기로 삼는 것을 뜻함(김옥조, 앞의 책, 401면).

▶ 이에 대해 대한민국 대법원은 1998년 10월에 "형법 제309조 제1항의 '사람을 비방할 목적'이란 가해의 의사 내지 목적을 요하는 것으로서, 공공의 이익을 위한 것과는 행위자의 주관적 의도의 방향에 있어 서로 상반되는 관계에 있다고 할 것이므로, 형법 제310조의 공공의 이익에 관한 때에는 처벌하지 아니한다는 규정은 사람을 비방할 목적이 있어야 하는 형법 제309조 제1항 소정의 행위에 대해서는 적용되지 아니하고, 그 목적을 필요로 하지 않는

● 언론·출판의 자유와 명예훼손 (16)

▶ 형법 제307조 제1항의 행위에 한하여 적용되는 것이며, 적시한 사실이 공공의 이익에 관한 것인 경우에는 특별한 사정이 없는 한 비방 목적은 부인된다고 봄이 상당하므로, 이러한 경우에는 형법 제307조 제1항 소정의 명예훼손죄의 성립 여부가 문제될 수 있고, 이에 대해서는 다시 형법 제310조에 의한 위법성 조각 여부가 문제로 될 수 있다."라고 판시함(대판 1998. 10. 9, 97도158).

▶ 한편 신문 등 언론매체의 어떠한 표현행위가 명예훼손과 관련하여 문제가 될 때 그 표현이 사실을 적시하는 것인가, 아니면 단순히 의견 또는 논평을 표명하는 것인가, 또는 의견 또는 논평을 표명하는 것이라면 그와 동시에 묵시적으로라도 그 전제가 되는 사실을 적시하고 있는 것인가 그렇지 아니한가의 구별은 당해 기사의 객관적인 내용과 아울러 일반의 독자가 보통의

● 언론·출판의 자유와 명예훼손 (17)

▶ 주의로 기사를 접하는 방법을 전제로 기사에 사용된 어휘의 통상적인 의미, 기사의 전체적인 흐름, 문구의 연결 방법 등을 기준으로 판단해야 하고, 여기에다가 당해 기사가 게재된 보다 넓은 문맥이나 배경이 되는 사회적 흐름 등도 함께 고려해야 함(대판 2000. 2. 25, 98도2188).

▶ 대한민국 형법 제310조에서 "형법 제307조 제1항의 행위가 진실한 사실로서 오로지 공공의 이익에 관한 때에는 처벌하지 아니한다."라고 규정되어 있는바, 공연히 사실을 적시하여 사람의 명예를 훼손한 행위가 대한민국 형법 제310조에 의해 위법성이 조각되어 처벌받지 않기 위해서는 적시된 사실이 객관적으로 볼 때 공공의 이익에 관한 것으로서 행위자도 공공의 이익을 위하여 그 사실을 적시한 것이어야 되며, 그 적시된 사실이 진실한 것이거나 적어도 행위자가 그 사실을 진실한 것으로 믿었고, 또 그렇게 믿을 만한

● 언론·출판의 자유와 명예훼손 (18)

▷ 상당한 이유가 있어야 함(대판 1994. 8. 26, 94도237).

▷ 여기서 먼저 대한민국 형법 제310조에서 '진실한 사실'이란 그 내용 전체의 취지를 살펴볼 때 중요한 부분이 객관적 사실과 합치되는 사실이라는 의미로서 세부에 있어 진실과 약간 차이가 나거나 다소 과장된 표현이 있더라도 무방함. 그리고 대한민국 형법 제310조에서 '오로지 공공의 이익에 관한 때'란 적시된 사실이 객관적으로 볼 때 공공의 이익에 관한 것으로서 행위자도 주관적으로 공공의 이익을 위하여 그 사실을 적시한 것이어야 함.

▷ 또한 대한민국 형법 제310조에서 '공공의 이익에 관한 때'란 널리 국가나 사회 기타 일반 다수인의 이익에 관한 것뿐만 아니라 특정한 사회집단이나 그 구성원 전체의 관심과 이익에 관한 것도 포함하는 것이고, 적시된 사실이 공공의 이익에 관한 것인지 여부는 당해 적시 사실의 내용과 성질, 당해

● 언론·출판의 자유와 명예훼손 (19)

▷ 사실의 공표가 이루어진 상대방의 범위, 그 표현의 방법 등 그 표현 자체에 관한 제반 사정을 감안함과 동시에 그 표현에 의하여 훼손되거나 훼손될 수 있는 명예의 침해 정도 등을 비교·고려하여 결정해야 하며, 행위자의 주요한 동기 내지 목적이 공공의 이익을 위한 것이라면 부수적으로 다른 사익적 목적이나 동기가 내포되어 있더라도 대한민국 형법 제310조의 적용을 배제할 수 없음(대판 1998. 10. 9, 97도158).

▷ 이와 관련하여 서울 고등법원은 1993년 2월에 "국세청장의 보도자료 제공에 의하여 게재된 신문기사의 내용이 원고의 명예를 훼손하는 경우에 있어서도, 그 보도자료 및 기사의 내용이 공공의 이해에 관한 것으로서 오로지 공익을 위한 것이고, 그 내용이 진실한 것이거나 또는 비록 그 내용이 진실한 것은 아니지만 국세청장이 이를 진실로 인정한 것에 관하여 상당한

● 언론·출판의 자유와 명예훼손 (20)

▶ 이유가 있는 경우에는 귀책사유로서의 고의 또는 과실이 흠결되고 그 위법성이 조각된다고 할 것임. 여기서 '진실한 것으로 믿은 데 상당한 이유가 있는 경우'란 현대 사회에 있어서의 언론매체가 갖는 사회적 영향력의 광범위성과 그 전파속도의 신속성 및 일단 언론매체에 의하여 개인의 명예가 훼손된 후에는 그 실질적 회복이 지극히 곤란한 점과 사생활의 비밀을 보호하고 있는 대한민국 헌법 제17조의 입법취지 등에 비추어 볼 때 통상적으로 하여야 할 조사를 다한 후 합리적 의심이 불식될 정도의 단계에서 얻어진 믿음이어야 할 것이다."라고 판시함(서울고법 1993. 2. 25, 92나32878).

▶ 이밖에 서울 지방법원은 1991년 12월에 "타인의 명예를 훼손하는 행위를 하였을 경우 그것이 공공의 이익에 관한 사항으로서 그 목적이 오로지 공공

● 언론·출판의 자유와 명예훼손 (21)

▶ 의 이익을 위한 것일 때에는 진실한 사실이라는 증명이 있거나 그러한 증명이 없었더라도 행위자가 그것을 진실이라고 믿을 만한 상당한 이유가 있는 경우에는 위법성이 조각된다 할 것이고, 정치인, 연예인과 같은 공적 존재의 행위는 언론매체에서 상대적으로 자유로운 보도와 비판 및 평가의 대상이 된다 하겠지만, 이 경우에도 신문에 비하여 신속성의 요청이 덜한 잡지에 인신공격의 표현으로 비난하는 내용의 기사를 게재함에 있어서는 기사 내용의 진실여부에 대하여 미리 충분한 조사 활동을 거쳐야 할 것이고, 기사의 내용 중에 "…라고 한다."와 같은 전문적인 표현을 사용하더라도 결과에 있어서는 통상의 기사와 크게 다름이 없다고 할 것이므로, 그 소문이나 전문내용의 진실여부에 관하여도 통상적인 표현을 사용한 기사와 동등하게 조사 및 확인해야 한다.

● **언론·출판의 자유와 명예훼손 (22)**

▷ 따라서 피고인 이O복과 현O는 상당한 발행 부수를 가진 여성동아 잡지의 편집책임자과 기자로서 한 개인의 일신에 관한 기사를 취재 및 작성함에 있어서는 적어도 직접 당사자를 면담하고 소문을 직접 뒷받침할 수 있는 충분한 자료를 수집하여야 할 것인바, 이O복과 현O는 별다른 조사 활동은 하지 않고 이미 피해자의 명예를 훼손하였다는 이유로 피해자로부터 명예훼손소송이 제기된 피고인 유O종의 이야기만 듣고 이를 근거 있는 소문인 것처럼 기사화한 것이 인정되므로, 피고인 이O복과 현O의 피해자에 대한 기사 게재행위는 오로지 공공의 이익을 위한 것을 기사내용의 진실성을 신빙할 만한 상당한 이유가 있을 때에 해당하지 않는다고 볼 것이다."라고 판시함(서울지법 1991. 12. 24, 91노5416).

인권법 사례 이야기

(10주차-1번째 강의)

● 10주차 강의의 개요와 학습목표

▶ 수강생들이 10주에 학습할 강의의 개요는 집회의 자유의 의의와 내용, 집회 및 시위에 관한 법률상 집회, 시위 신고의 문제점에 대한 개선방안, 성폭력의 개념과 대학 내 성폭력의 실태 및 설문조사 결과, 대학 내 성폭력에 대한 효과적인 예방책에 대해 각각 강의하여, 향후 수강생들이 일상생활 속에서 발생할 수 있는 다양한 인권법적 사례와 쟁점에 대한 기초적인 지식을 알기 쉽고 능동적이며 흥미를 가지고 효과 있게 습득할 수 있도록 하는 것에 10주 강의의 학습 목표가 있음.

● 집회의 자유의 의의와 내용 (1)

(이 부분은 이희훈 a, 앞의 책, 186 – 191면)

▷ 대한민국 헌법 제21조 제1항에서 "모든 국민은 언론·출판의 자유와 집회·
결사의 자유를 가진다."라고 규정하여 개인적(개별적) 의사 표현의 자유인
언론·출판의 자유와 구분하여 별도로 집단적 의사 표현의 자유인 집회의
자유라는 기본권을 보장하고 있음.

▷ 대한민국 헌법재판소는 이러한 집회의 자유의 헌법적 기능과 관련하여 "집
회의 자유는 인간의 존엄성과 자유로운 인격발현을 최고의 가치로 삼는 우
리 헌법질서 내에서 집회의 자유도 다른 모든 기본권과 마찬가지로 일차적
으로는 개인의 자기결정과 인격발현에 기여하는 기본권이다. 인간이 타인과
의 접촉을 구하고 서로의 생각을 교환하며 공동으로 인격을 발현하고자 하
는 것은 사회적 동물인 인간의 가장 기본적인 욕구에 속하는 것이다.

▷ 집회의 자유는 공동으로 인격을 발현하기 위해 타인과 함께 하려는 자유,

● 집회의 자유의 의의와 내용 (2)

▷ 즉 타인과 의견교환을 통하여 공동으로 인격을 발현하는 자유를 보장하고
타인으로부터 고립되는 것으로부터 보호하는 기본권이다. 즉 공동의 인격발
현을 위하여 타인과 함께 모인다는 것은 이미 그 자체로서 기본권에 의하여
보호될 만한 가치가 있는 개인의 자유영역인 것이다. 집회의 자유는 결사의
자유와 더불어 타인과 함께 모이는 자유를 보장하는 것이다. 집회를 통하여
국민들이 자신의 의견과 주장을 집단적으로 표명함으로써 여론의 형성에 영
향을 미친다는 점에서, 집회의 자유는 표현의 자유와 더불어 민주적 공동체
가 기능하기 위하여 불가결한 근본요소에 속한다. 집회의 자유는 집단적 의
견표명의 자유로서 민주국가에서 정치의사형성에 참여할 수 있는 기회를 제
공한다.

▷ 직접민주주의를 배제하고 대의민주제를 선택한 우리나라 헌법에서 일반 국

● 집회의 자유의 의의와 내용 (3)

▷ 민은 선거권의 행사, 정당이나 사회단체에 참여하여 활동하는 것 외에는 단지 집회의 자유를 행사하여 시위의 형태로써 공동으로 정치의사형성에 영향력을 행사하는 가능성밖에 없다. 또한 집회의 자유는 사회·정치현상에 대한 불만과 비판을 공개적으로 표출케 함으로써 정치적 불만이 있는 자를 사회에 통합하고 정치적 안정에 기여하는 기능을 한다. 특히 집회의 자유는 집권세력에 대한 정치적 반대의사를 공동으로 표명하는 효과적인 수단으로서 현대사회에서 언론매체에 접근할 수 없는 소수집단에게 그들의 권익과 주장을 옹호하기 위한 적절한 수단을 제공한다는 점에서, 소수의견을 국정에 반영하는 창구로서 그 중요성을 더해 가고 있다.

▷ 이러한 의미에서 집회의 자유는 소수의 보호를 위한 중요한 기본권인 것이다. 소수가 공동체의 정치적 의사형성과정에 영향을 미칠 수 있는 가능성이

● 집회의 자유의 의의와 내용 (4)

▷ 보장될 때, 다수결에 의한 공동체의 의사결정은 보다 정당성을 가지며 다수에 의하여 압도당한 소수에 의하여 수용될 수 있는 것이다. 헌법이 집회의 자유를 보장한 것은 관용과 다양한 견해가 공존하는 다원적인 '열린 사회'에 대한 헌법적 결단인 것이다."라고 판시함(헌재 2003. 10. 30, 2000헌바67 등). 그리고 대한민국 헌법재판소는 집회의 자유의 헌법적 보장내용에 대해 "집회의 자유는 집회의 시간, 장소, 방법과 목적을 스스로 결정할 권리를 보장한다. 집회의 자유에 의하여 구체적으로 보호되는 주요행위는 집회의 준비 및 조직, 지휘, 참가, 집회의 장소와 시간의 선택이다. 그러나 집회를 방해할 의도로 집회에 참가하는 것은 보호되지 않는다. 주최자는 집회의 대상, 목적, 장소 및 시간에 관하여 집회의 참가자는 참가의 형태와 정도, 복장을 자유로이 결정할 수 있다. 비록 헌법이 명시적으로 밝히고 있지는 않으나 집회

● 집회의 자유의 의의와 내용 (5)

▷ 의 자유에 의하여 보호되는 것은 단지 '평화적' 또는 '비폭력적' 집회이다. 집회의 자유는 민주국가에서 정신적 대립과 논의의 수단으로서, 평화적 수단을 이용한 의견의 표명은 헌법적으로 보호되지만, 폭력을 사용한 의견의 강요는 헌법적으로 보호되지 않는다."라고 판시함(헌재 2003. 10. 30, 2000헌바 67 등).

▷ 이렇듯 대한민국 헌법상 집회의 자유에서 보호되지 않는 폭력적 집회에서 '폭력'의 의미에 대해 살펴보면 집회를 행하는 사람들이 일정한 장소에 모여 그들의 공동의 의사를 국가권력을 향해 집단적으로 표현하여 대의민주주의 하에서 그들의 의사를 국가권력에 영향을 미쳐 민주주의를 실현하기 위하여 이처럼 집회자들이 일정한 장소에 모인 것 자체가 집회와 관련 없는 일반인에게는 어떤 심리적인 압력 또는 폭행을 가하는 것이 될 수 있음. 따라서 폭력의 의미를 만약에 심리적 폭력으로 이해한다면 대의민주주의 하에서

● 집회의 자유의 의의와 내용 (6)

▷ 집회를 통해 자신들의 의사를 집단적으로 국가권력에 표현하여 민주주의를 실현시키려고 하는 적법한 집회마저도 헌법 제21조에서 보장하고 있는 집회의 자유에 의해 보호를 받을 수 없는 불합리한 결과를 초래할 수 있음.

▷ 따라서 헌법 제21조에서 보장하고 있는 집회의 범위를 부당하게 협소하게 만들지 않기 위해서는 집회의 자유에 의해 보호되지 않는 폭력적 집회에서 '폭력'의 뜻은 집회를 행할 때 사람이나 물건을 향하여 어떤 물리적인 유형력을 행사하여 사람을 다치게 하거나 물건을 상하게 하는 것으로 보는 물리적 폭력으로 이해하는 것이 헌법적으로 타당함.

▷ 참고로 미국 연방 수정헌법 제1조에서는 "의회는 종교를 새롭게 만들거나 자유로운 종교의 활동을 금지하거나, 언론 및 출판의 자유와 평화로운 집회

● 집회의 자유의 의의와 내용 (7)

▶ 의 권리 및 고통의 구제를 위하여 정부에 청원할 수 있는 권리를 제한하는 어떠한 법률도 만들 수 없다."라고 규정하여 헌법전에서 명문으로 평화적 집회만이 헌법상 보호됨을 규정하고 있음.

▶ 독일은 기본법 제8조 제1항에서 "모든 독일인은 신고나 허가 없이 평화롭게 그리고 무기를 휴대하지 않고 집회할 권리를 가진다."고 규정하여 평화롭지 못한 집회 즉, 폭력적 집회는 독일 기본법상 집회의 자유에 의해 보호되는 집회가 아님을 명시적으로 규정하고 있음.

▶ 향후 대한민국 헌법이 개정될 때 집회의 자유 관련 규정에서 집회를 행할 때 평화로운 집회만이 헌법적으로 허용된다는 것을 명확하게 각인시켜 주고 강조하기 위해서 미국과 독일의 경우처럼 규정하는 것이 바람직함.

▶ 대한민국 헌법상 집회의 자유는 개인이 일정한 장소에 모여 타인과 사적

● 집회의 자유의 의의와 내용 (8)

▶ 또는 공적인 사항에 대해 각자 자신의 의사를 표현하거나 의견을 교환하여 그들의 공동의 의사를 집단적으로 표현할 수 있게 하여 개인이 사회로부터 고립되지 않도록 해 주어 개인의 인격을 발현할 수 있게 하는 헌법적 기능을 한다는 점에서 개인이 자신의 인격을 발현할 수 있게 일정한 장소에 모일 타인의 수는 자신을 제외한 1인 이상이 필요하므로, 최소한 2인 이상이 있어야 헌법 제21조 제1항에서 보장하고 있는 집회의 자유에 속하는 '집회'의 개념에 속할 수 있을 것임.

▶ 이에 대해 대한민국 대법원은 "집회 및 시위에 관한 법률 제3조에서의 집회란 특정 또는 불특정 다수인이 특정한 목적 아래 일시적으로 일정한 장소에 모이는 것이며, 그 모이는 장소나 사람의 다과에 제한이 없다."라고 판시함(대법원 1982. 10. 26, 82도1861).

● 집회의 자유의 의의와 내용 (9)

▷ 이러한 대법원의 판결에 비추어 볼 때 특정 또는 불특정의 다수인이라고 판시하였기 때문에 적어도 1인은 배제된다고 할 것이고, 모이는 사람의 다과에는 제한이 없다고 판시하였기 때문에 1인을 제외한 2인 이상이 있으면 집회를 개최할 수 있다는 것을 나타내고 있다고 할 것임. 따라서 최소한 2인 이상이면 집회를 개최할 수 있다고 보는 것이 타당함.

▷ 그리고 시위에 대해 대한민국 집회 및 시위에 관한 법률상 "시위란 여러 사람이 공동의 목적을 가지고 도로, 광장, 공원 등 일빈인이 자유로이 통행할 수 있는 장소를 행진하거나 위력(威力) 또는 기세(氣勢)를 보여, 불특정한 여러 사람의 의견에 영향을 주거나 제압(制壓)을 가하는 행위"라고 규정됨.

● 집회의 자유의 의의와 내용 (10)

▷ 따라서 시위를 행하기 위해서는 집회 및 시위에 관한 법률상 여러 사람이 공동의 목적을 가지고 도로, 광장, 공원 등 일반인이 자유로이 통행할 수 있는 장소이어야 한다는 점 및 위력(威力) 또는 기세(氣勢)를 보여, 불특정한 여러 사람의 의견에 영향을 주거나 제압(制壓)을 가하여야 함.

▷ 한편 집회는 개인이 타인과 함께하려는 내적인 유대의사를 가지고 일정한 장소에 타인과 모여 공적 또는 사적인 사항에 대해 자신의 의사를 표현하거나 그들 상호간에 의견을 교환하여 그들의 공동의 의사를 형성하거나 형성된 공동의 의사를 집단적으로 표현하는 것을 가능하게 하여 집회자 개개인의 인격을 발현할 수 있게 해 줌.

▷ 따라서 집회를 개최할 경우에는 개인이 타인과 함께 그들의 공공동의 의

● 집회의 자유의 의의와 내용 (11)

▷ 사를 표현할 수 있는 장소라면 그 장소가 일반인이 자유로이 통행할 수 있는 장소이든 아니든 상관없다고 할 것이며, 집회는 시위처럼 반드시 불특정한 여러 사람에게 위력이나 기세를 보일 필요가 없다고 할 것임. 이런 점에 비추어 살펴볼 때 집회는 시위보다 크거나 넓은 개념이라고 할 것임.

▷ 또한 '1인 시위'는 대한민국 헌법상 집회의 자유에 속하는 시위의 개념에 속하지 않음과 동시에 대한민국 집회 및 시위에 관한 법률상의 시위에 해당되지 않음.

▷ 즉, 대한민국 헌법과 집회 및 시위에 관한 법률상 보장되는 시위가 되기 위해서는 최소한 2인 이상이 있어야 할 것인바, 1인 시위는 집회가 되기 위한 다수인(최소 2인 이상)에 해당하지 않으며, 집회 및 시위에 관한 법률상 '여러 사람'에 해당되지 않음.

● 집회의 자유의 의의와 내용 (12)

▷ 따라서 우리가 평상시 자주 접하게 되는 '1인 시위'라는 말은 법적으로 살펴볼 때 집회 및 시위에 관한 법률상 '다수인'이라는 요건을 결하므로, 엄밀한 의미에서 '1인 시위'라는 용어를 사용하는 것은 타당하지 않음.

▷ 이에 향후 '1인 시위'에서 '시위'라는 용어 대신 1인 시위가 뜻하는 개인의 적극적인 (의사)표현행위를 나타내 줄 수 있는 1인 표현, 1인 의사표현, 1인 표현행위, 1인 의사표현행위, 단독 표현행위 등이 법적으로 좀 더 타당할 것임(이희훈 e, 1인 시위에 대해 바로 알기, 선문대학교 신문 256호 교수논단, 2011. 10. 4, 6면).

▷ 그리고 집회의 자유는 일차적으로 국가공권력의 침해에 대한 방어를 가능하게 하는 기본권으로서, 개인이 집회에 참가하는 것을 방해하거나 또는 집

● 집회의 자유의 의의와 내용 (13)

▶ 회에 참가할 것을 강요하는 국가행위를 금지하는 기본권임. 따라서 집회의 자유는 집회에 참가하지 못하게 하는 국가의 강제를 금지할 뿐만 아니라, 예컨대 집회장소로의 여행을 방해하거나, 집회장소로부터 귀가하는 것을 방해하거나, 집회참가자에 대해 검문의 방법으로 시간을 지연시켜 집회장소에 접근하는 것을 방해하거나, 국가가 개인이 집회에 참가하는 행위를 감시하고 그에 관한 정보를 수집하여 집회에 참가하고자 하는 자로 하여금 불이익을 두려워하여 미리 집회참가를 포기하도록 개인의 집회참가의사를 약화시키는 것 등 집회의 자유행사에 영향을 미치는 모든 조치를 금지함(헌재 2003. 10. 30, 2000헌바67 등).

인권법 사례 이야기

(10주차-2번째 강의)

● 집회 및 시위에 관한 법률상 집회, 시위 신고의 문제점에 대한 개선방안 (1)

(이 부분은 이희훈 f, 집회 및 시위에 관한 법률과 경찰의 집회 신고에 대한 문제점과 개선방안, 입법학 연구 15집 1호, 2018. 2 참조)

▶ 최근 2017년 3월 10일에 대한민국에서 최초로 헌법재판소에 의해 대통령의 탄핵이 인용되었음. 이렇게 될 수 있었던 가장 큰 힘과 원천은 무엇보다도 대한민국의 민주주의를 수호하고 헌정질서를 유지할 수 있도록 열망한 약 1,700만 명으로 추산되는 수많은 국민들이 2016년 10월 29일부터 시작되어 2017년 3월 11일까지 총 20차례 서울 광화문 광장 등에서 개최되었던 대통령의 탄핵을 바라는 집회 및 시위(이하에서 "집회"로 줄임)의 영향이 크게 작용했다고 볼 수 있음. 한편 이와 반대로 대통령의 탄핵에 반대하는 집회들도 수 차례 개최되었음.

▶ 이렇게 국가의 혼란스런 상황에서도 참으로 다행스러운 것은 이렇듯 사상 초유의 대단히 큰 규모의 대립된 양상의 많은 집회들이 여러 곳에서 개최

- **집회 및 시위에 관한 법률상 집회, 시위 신고의 문제점에 대한 개선방안 (2)**

▷ 되었지만, 거의 평화적으로 행하여져서 불행한 큰 사고가 거의 없었음.

▷ 이를 통해 우리나라 국민들의 평화적 집회를 통한 정권교체의 열망 및 소망에 대한 집단적인 의사를 알 수 있었고, 나아가 이를 통해 우리나라 국민들 스스로 대한민국의 주인으로서 국가를 지키겠다는 결연한 의지를 알 수 있었음. 이에 대해 각종 외신들은 이러한 대규모의 평화로운 촛불집회에 놀라움을 감출 수 없다고 전하였고, 2017년 3월 현재 서울시는 이러한 촛불집회의 노벨 평화상 추천과 유네스코 세계기록유산 등재를 추진하였는바(http://news.joins. com/article/ 21384885), 2017년 12월 5일에 독일 베를린에서 프리드리히 에버트 재단으로부터 "민주적 참여와 집회의 자유는 민주

- **집회 및 시위에 관한 법률상 집회, 시위 신고의 문제점에 대한 개선방안 (3)**

▷ 주의의 필수적인 구성요소인바, 한국 국민의 박근혜 대통령 퇴진을 위한 평화적인 촛불집회는 이러한 중요한 사실을 전 세계 시민에게 각인시키는 계기가 되었다."는 사유로 '한국의 촛불시민'이 2017년 인권상의 수상을 받게 되었음(http://news.sbs.co.kr/news/endPage.do?news_id=N1004437622&plink=ORI&cooper=DAUM).

▷ 이러한 시대적 상황에 발맞추어 우리나라 경찰은 2017년 9월 7일에 그동안 국민들과 시민단체들로부터 끊임없이 제기되어 왔던 집회 및 시위에 관한 법률(이하에서 "집시법"으로 줄임)상 집회의 대응 방식에 대한 크고 작은 여러 문제점들에 대하여 경찰 스스로 경찰개혁위원회를 통하여 개선의 의지를 적극적으로 국민들에게 표명했음. 즉, 2017년 9월 7일에 경찰개혁위원회는

- 집회 및 시위에 관한 법률상 집회, 시위 신고의 문제점에 대한 개선방안 (4)

▷ 서울 서대문구 경찰청사에서 "2015년 11월 민중총궐기 투쟁대회에서 고(故) 백남기 농민이 경찰의 직사 살수에 머리를 맞고 쓰러져 결국 사망하게 되는 불행한 사건이 발생하는 등 그동안 집회 현장에서 경찰의 경찰인력 운용, 경찰장구 사용, 살수차 사용, 차벽 설치 등으로 인한 집회의 주최자와 참가자들(이하에서 "집회자"로 줄임)의 기본권의 제약과 인권침해 문제가 심각하게 제기되었다. 이에 경찰은 평화적인 집회를 폭 넓게 보장하고 보다 인권 친화적 자세로 전환해야 한다."라는 경찰개혁위원회 집회 권고안의 취지와 목적을 발표하면서 이에 경찰의 구체적인 집시법상 집회의 대응 측면

- 집회 및 시위에 관한 법률상 집회, 시위 신고의 문제점에 대한 개선방안 (5)

▷ 에서의 주요 개선방안으로 집회 보장을 위한 신고절차의 개선, 집회 금지(제한)통고 기준의 명확화, 살수차와 차벽 및 채증 등 집회의 대응절차의 개선, 집회 해산절차의 개선, 1인 시위와 기자회견에 대해 평화적 진행을 최대한 보장, 집회시 형법상 일반교통방해죄의 미적용의 원칙, 집회 현장에서 경찰관의 식별 표지와 무전망의 녹음 등을 제시하였음. 이러한 경찰개혁위원회의 집회의 자유 보장 방안 권고안 및 부속의견의 내용들에 대해 이철성 경찰청장은 그 자리에서 "경찰개혁위원회의 모든 권고사항을 적극 수용하겠다."라고 하여, 집회에 대한 이전의 경찰의 입장과 태도와 달리 집회의 대응 방식에 대한 전향적인 개선의지를 표명하였음(http://news.khan.co.kr/khnews/khan_art_view.html?artid=201709071001001&code=940100).

- ● 집회 및 시위에 관한 법률상 집회, 시위 신고의 문제점에 대한 개선방안 (6)

▶ 이하에서는 이러한 경찰개혁위원회의 집회의 자유 보장 방안 권고안 및 부속의견의 여러 내용들 중에서 특히 현행 집시법과 경찰의 집회 신고제와 관련된 여러 문제점과 개선방안에 한하여 자세히 살펴보겠음.

▶ 향후 집회 신고와 관련된 집시법과 경찰 각각의 바람직한 아홉 가지의 개선방안들을 제시하면 다음과 같음.

▶ 첫째, 향후 집시법 제6조 제1항에서 평화롭고 비폭력적인 소규모의 집회인 경우와 평화롭고 비폭력적인 단시간 집회인 경우에는 집회 신고를 면제해 주는 집회 신고에 대한 예외 규정을 신설하는 것이 바람직함.

▶ 이에 경찰은 이렇게 국회에 의해 집시법 제6조 제1항이 개정되기 전까지

- ● 집회 및 시위에 관한 법률상 집회, 시위 신고의 문제점에 대한 개선방안 (7)

▶ 실무적으로 평화롭고 비폭력적인 소규모의 집회와 평화롭고 비폭력적인 단시간 집회에 대해서는 집시법 제6조 제1항에서 집회 전에 신고를 하지 않은 것을 이유로 집시법상 해산명령이나 형사처벌을 부과하지 않는 것이 바람직함.

▶ 둘째, 향후 집시법 제6조 제1항에서 관할 경찰서장에게 집회 전에 신고해야 되는 규정에 대한 예외로, 평화롭고 비폭력적인 긴급 집회의 경우에는 집회 신고를 할 수 있게 된 즉시 할 수 있도록 하는 규정을 신설하고, 우발적 집회의 경우에는 집회 신고를 하지 않아도 되는 규정을 신설하는 것이 바람직함.

▶ 이에 경찰은 이렇게 국회에 의해 집시법 제6조 제1항이 개정되기 전까지 실무적으로 평화롭고 비폭력적인 긴급 집회와 우발적 집회에 대해서는 집시

- **집회 및 시위에 관한 법률상 집회, 시위 신고의 문제점에 대한 개선방안 (8)**

▶ 법 제6조 제1항에서 집회 전에 신고를 하지 않은 것을 이유로 집시법상 해산명령이나 형사처벌을 부과하지 않는 것이 바람직함.

▶ 셋째, 향후 집시법 제6조 제3항이나 제7조 제1항에 집회자의 집회의 자유를 보다 강하고 넓게 보장하기 위해서 집회자 집회 신고 후 해당 신고의 내용을 집회자 스스로 수정할 수 있도록 집회 신고의 자기 주도적이고 능동적인 변경절차를 신설하는 것이 바람직함.

▶ 이에 경찰은 조속히 집시법상 집회자 스스로 능동적인 집회 신고 변경 절차를 마련될 수 있게 하여, 집회자의 집회의 자유를 최대한 보장해 주는 것이 바람직함.

- **집회 및 시위에 관한 법률상 집회, 시위 신고의 문제점에 대한 개선방안 (9)**

▶ 넷째, 향후 집시법 제6조 제1항에 현행처럼 직접 집회자가 관할 경찰관서에 집회 신고서를 제출하는 방법은 그대로 두고, 추가로 집회자의 집회의 자유를 보다 신속하고 편리하게 보장하기 위해서 온라인(인터넷) 집회 신고제를 도입하여 집시법상 온라인(인터넷)으로도 선택적으로 집회 신고를 할 수 있도록 하는 것이 바람직함.

▶ 이에 경찰은 조속히 집시법 제6조 제1항에서 집회 신고를 온라인(인터넷)으로 편리하게 할 수 있도록 온라인(인터넷) 집회 신고 시스템을 마련하여, 집회자의 헌법상 집회의 자유를 최대한 보장해 주는 것이 바람직함.

▶ 다섯째, 향후 경찰은 조속히 기자회견에서의 구호제창 여부와 플래카드의

집회 및 시위에 관한 법률상 집회, 시위 신고의 문제점에 대한 개선방안 (10)

▶ 사용 여부 및 확성장치의 사용 여부 등의 기준을 형식적으로 적용하여 기자회견을 집회로 판단해서는 안 될 것인바, 만약 기자회견이 집회에 해당하는지 여부에 관한 판단이 어려울 경우에는 기자회견을 행하는 현장에서의 해당 기자회견의 진행을 최대한 보장하고, 추후에 해당 기자회견에 대한 집회 여부를 판단해야 할 것이며, 설사 경찰이 기자회견을 집회라고 판단하더라도, 해당 기자회견이 평화적으로 진행될 경우에는 경찰이 방송차를 이용하여 기자회견의 자진 해산을 요청하거나 해산 명령을 부과하는 방식으로 해당 기자회견의 평화적 진행을 최대한 방해하지 않도록 하여, 기자회견을 행하는 사람들의 헌법상 언론·출판의 자유를 최대한 보장해 주는 것이 바람직함.

집회 및 시위에 관한 법률상 집회, 시위 신고의 문제점에 대한 개선방안 (11)

▶ 여섯째, 향후 집시법 제8조 제2항에서 중복 집회 신고의 경우에 관할 경찰관서장이 양쪽 집회의 목적으로 보아 서로 상반되거나 방해가 된다고 인정하면 선순위 집회 신고자와 후순위 집회 신고자 양쪽의 집회 간에 시간을 나누거나 장소를 분할하여 개최할 수 있도록 합리적으로 조정한 방안에 대해 "…노력하여야 한다."라고 임의규정으로 할 것이 아니라, 향후 집시법 제8조 제2항에서 "…하여야 한다."로 강행 내지 강제 규정으로 개선하여, 비록 앞과 뒤의 집회 신고자의 집회가 해당 집회 장소와 해당 시간 동안 일정 부분 각각 제한을 받기는 하지만, 결과적으로 양쪽의 헌법상 집회의 자유를 모두 일정 부분씩 보호해 주어, 단지 아주 짧은 시간적인 사유만으로 선량한 후순위 집회 신고자의 헌법상 집회의 자유가 침해되지 않도록 개선하는 것이 바람직함.

- **집회 및 시위에 관한 법률상 집회, 시위 신고의 문제점에 대한 개선방안 (12)**

▶ 그리고 향후 집시법 제8조 제5항을 신설하여, 해당 집회 장소에서 집회 신고를 한 집회의 주최자가 그 신고한 집회의 일수(日數) 중 미개최한 일수가 일정한 비율 이상인 때에는 그 집회의 종료일의 다음 날부터 30일의 범위 안에서 그 해당 집회 장소에서 집회를 개최할 수 없도록 새롭게 규정하는 것이 바람직하다.

▶ 또한 향후 집시법 제26조 제1항에서 악의를 가지고 고의적으로 허위 집회를 선순위로 신고한 자에게는 형사처벌을 부과할 수 있도록 개정하여, 선순위의 허위 집회자에 의하여 진실 되고 선량한 후순위 집회 신고자의 헌법상 집회의 자유가 침해되지 않도록 개선하는 것이 바람직함.

- **집회 및 시위에 관한 법률상 집회, 시위 신고의 문제점에 대한 개선방안 (13)**

▶ 일곱째, 향후 집시법 제22조 제2항에서 미신고 집회에 대하여 2년 이하의 징역 또는 200만원 이하의 벌금이라는 형사처벌 이외에도, 과태료의 부과 또는 처벌하지 않도록 하는 예외적 사유들을 신설하여 미신고 집회자의 헌법상 집회의 자유를 최대한 보장해 주는 것이 바람직하다. 이에 경찰은 조속히 집시법 제6조 제1항의 집회시 사전신고제도가 지나치게 과다한 신고사항을 요구하여 이를 누락시 보완통고를 받은 집회 신고자는 이를 보충하여 기재해야 하는바, 이를 위반하였다고 하여 관할 경찰서장은 바로 금지통고를 해서는 안 되고 최대한 금지통고를 자제하여 집회자의 헌법상 집회의 자유를 최대한 보장해 주는 것이 바람직함.

● 집회 및 시위에 관한 법률상 집회, 시위 신고의 문제점에 대한 개선방안 (14)

▶ 그리고 집시법 제6조 제1항과 집시법 시행령 제2조는 신고기재사항 중 목적과 일시, 장소, 주최자, 그리고 시위의 진로와 확성기의 사용 여부와 그 숫자 및 대강의 시위 방법과 참가예정인원 정도를 신고하면 집회가 가능하도록 집시법 제6조 제1항과 집시법 시행령 제2조의 집회 신고에 대한 기재사항을 좀 더 간소화 및 축소화하는 개선을 하여 집회자의 헌법상 집회의 자유를 최대한 보장해 주는 것이 바람직함.

▶ 또한 향후 경찰은 조속히 집회 신고서에 기재한 참가예정 단체 및 인원, 시위방법 및 진로, 준비물 등의 내용이 설사 실제로 행하고 있는 집회와 다소간의 차이가 있더라도 해당 집회가 평화적으로 진행되는 이상 원칙적으로 최대한 집회의 행사를 보장하고, 집회 신고서의 내용이 보완되지 못했다는

● 집회 및 시위에 관한 법률상 집회, 시위 신고의 문제점에 대한 개선방안 (15)

▶ 이유만으로 경찰은 집회에 대한 금지통고를 행하는 관행을 과감히 탈피하여 집회자의 헌법상 집회의 자유를 최대한 보장해 주는 것이 바람직함.

▶ 아홉째, 평화적이고 비폭력적인 소규모 집회이거나 단시간 동안의 집회라서 공공의 안녕 질서를 해치거나 법적 평화 등과 비교적 마찰을 빚지 않는 집회이거나 집시법에 의한 사전 집회 신고를 부득이 집회의 성격상 할 수 없는 긴급 집회나 우발적 집회이거나 기자회견 등의 미신고 집회의 경우에는 향후 집시법 제20조 제1항 제2호에서 해산명령을 할 수 없도록 하는 예외규정을 신설하여, 집회자의 헌법상 집회의 자유를 최대한 보장해 주는 것이 바람직함.

- **집회 및 시위에 관한 법률상 집회, 시위 신고의 문제점에 대한 개선방안 (16)**

▶ 그리고 향후 집시법 제20조 제2항에 의하여 집회자를 정당하게 해산시키기 위해서는 제20조 제1항 제2호에서 일반적인 미신고 집회로 인하여 '타인의 법익이나 공공의 안녕 질서 또는 법적 평화에 대한 직접적이고 명백하며 현존하는 구체적 위험이 발생하는 경우'에 한하여 해당 집회자에게 해당 경찰관서장이 해산을 정당하게 명할 수 있는 요건을 신설하는 것이 바람직하다.

▶ 또한 향후 집시법 제24조 제5호에서 타인의 법익이나 공공의 안녕 질서 또는 법적 평화에 대한 직접적이고 명백하며 현존하는 구체적 위험이 있을 때 경찰의 해산명령에 집회자가 불응하는 경우에 한해서만 처벌할 수 있도록 개선하는 것이 바람직함.

▶ 이에 향후 경찰은 조속히 집시법 시행령 제17조 제3호에 따른 해산명령은

- **집회 및 시위에 관한 법률상 집회, 시위 신고의 문제점에 대한 개선방안 (17)**

▶ 해당 집회가 직접적인 원인이 되어서 타인의 법익이나 공공의 안녕질서에 대한 직접적이고 명백하며 현존하는 구체적인 위험이 발생할 경우인지 여부를 신중히 판단한 후에, 이러한 요건을 갖춘 경우에 한하여 해당 집회에 대해 해산명령을 부과할 수 있도록 개선하여, 집회자의 헌법상 집회의 자유를 최대한 보장해 주는 것이 바람직함.

● 성폭력의 개념 (1)

(이 부분은 이희훈 a, 앞의 책, 208-209면 참조)

▶ 우리나라에서 '성폭력'이라는 용어는 1980년대 후반에 여성, 사회단체에서 사용하기 시작했고, 법적으로는 1994년에 '성폭력범죄의 처벌 및 피해자보호 등에 관한 법률'에서 공식적으로 처음 사용되었음. 다만, 이 성폭력범죄의 처벌 및 피해자보호 등에 관한 법률에서는 구체적으로 '성폭력'에 대한 개념을 정의하지는 않았는바, 성폭력이라는 개념은 강간이나 성추행을 포함하여 성희롱 등이 포함되는 개념으로, 상대방의 의사에 반해 가해지는 즉, 상대방의 헌법상 보호(보장)되는 성적 자기결정권 등을 침해하는 모든 신체적·언어적·정신적 폭력을 뜻함.

▶ 이렇듯 '성폭력'이란 성을 매개로 하여 인간에게 가해지는 정신적, 신체적, 언어적 폭력을 의미하는바, 성폭력은 강간, 윤간, 강도강간뿐만 아니라 성추행, 언어적 희롱, 음란전화 등 상대방의 의사에 반하여 가하는 성적 행위로

● 성폭력의 개념 (2)

▷ 모든 신체적, 언어적, 정신적 폭력을 포괄하는 광범위한 개념임.

▷ 일반적으로 성폭력은 형사상의 강간이나 강제추행 등 신체적, 물리적인 폭력을 의미하는 것으로 받아들여지고 있고, 성희롱은 이러한 형사상의 강간이나 강제추행 등을 제외한 가벼운 정도의 성적 행위로 받아들여지고 있음. 예를 들어 서울대학교의 '성희롱, 성폭력 예방과 처리에 관한 규정'에서 '성희롱'의 개념은 성범죄행위의 구성여부와 관계없이 성적 수치심이나 성적 혐오감을 일으키는 일체의 행위로서, 그 기준은 피해자의 합리적인 주관적 판단을 따르는 것을 원칙으로 한다고 규정되어 있음.

▷ 이러한 성폭력은 상대방의 의사와 관계없이 또는 상대방의 의사에 반하여

● 성폭력의 개념 (3)

▷ 일어나므로, 헌법상의 피해자의 성적 자기결정권과 인격권을 침해(훼손)하며, 상대방에게 불쾌감이나 고통을 줌. 최근에 성폭력은 다양한 성적 행동을 포함하는 포괄하는 용어로 사용되고 있는바, 성적인 농담이나 음란 전화부터 성추행이나 강간에 이르기까지 포함하는 광범위한 뜻으로 사용되고 있음.

▷ 생각건대, 대학 내 성폭력의 개념은 대학교 안에서 또는 장소적으로 대학 구내가 아니더라도 대학 구성원들 간에 상대방이 원하지 않는 성적인 접근이나 접촉의 요구나 기타 성적인 성격의 언어적 또는 육체적 행위의 수용이 명시적 또는 묵시적으로 피해자의 학업의 조건이 되거나 그러한 행위의 거부가 피해자의 학업에 영향을 미치거나 지장을 초래하는 경우 및 사기 저하와 불쾌한 학업 분위기를 조성할 의도를 띠었거나 결과적으로 그러한 효과

● 성폭력의 개념 (4)

▷ 가 발생하는 경우 등 피해자에게 정신적, 신체적, 사회적 피해를 입히는 모든 행위를 뜻함.

▷ 본 강의에서 '성폭력'의 개념은 이 중에서 남녀고용평등법 제2조 제2항의 업무나 고용 기타의 관계에서 공공기관의 종사자, 사용자 또는 근로자가 그 지위를 이용하거나 업무 등과 관련하여 성적 언동 등으로 성적 굴욕감 또는 혐오감을 느끼게 하거나 성적 언동이나 기타의 요구 등에 불응한 것을 이유로 고용상의 불이익을 주는 개념인 성희롱을 제외한 성희롱과 가해자의 성욕의 흥분이나 자극 또는 만족을 목적으로 행하는 행위로 건전한 상식 있는 일반인의 성적 수치감이나 혐오감을 느끼게 하는 일체의 행위를 뜻하는 성추행을 포함하여 폭행이나 협박을 통해 피해자의 의사에 반하여 강제로 성행위를 하거나 성행위가 아닌 그 밖의 형태로 피해자로 하여금 성적 수치심

● 성폭력의 개념 (5) 및 대학 내 성폭력의 실태 (1)

(이하 대학 내 성폭력에 대한 부분은 이희훈 g, 대학 내 성폭력 문제에 대한 연구, 선문대 학생생활연구, 2012. 1, 135-154면 참조)

▷ 을 가지게 하는 형사상의 강간이나 강제추행을 포함하는 성폭행을 포함하는 개념을 뜻함.

▷ 우리나라의 대학 내 성희롱에 대한 실태 조사는 1994년에 동국대학교 학생생활연구소에서 여학생을 대상으로 처음으로 실시됨. 당시 조사에 따르면 학내에서 성희롱을 당한 경험으로는 음란한 눈빛으로 쳐다보는 행위가 30%, 노골적으로 피부접촉을 하는 행위가 26%, 술을 따르라고 요구하는 행위가 28%, 음란물을 보여주는 행위가 9%, 강제로 데이트를 요구하는 행위가 26%, 강간이 1% 등으로 나타남.

▷ 한국 성폭력 상담소에서 2001년에 분석한 대학 내 성폭력 상담지원을 한 사례를 살펴보면 전체 대학 내 성폭력 사건 중 교수나 강사 또는 대학교 선

• 대학 내 성폭력의 실태 (2)

▶ 배에 의한 피해가 전체 발생률의 67.8%를 차지함.

▶ 2002년에 여성부의 대학 내 성희롱 실태조사에 따르면 음란한 농담이나 음담패설이 23.1%, 외모에 대한 성적인 비유나 평가가 23.9%, 회식 자리 등에서 술을 따르도록 강요하는 행위가 21.7% 등으로 나타남.

▶ 교수(강사)와 학생 간의 성폭력 실태 : 교수(강사)에 의한 성폭력 사건은 우리 사회가 스승에 대한 신뢰와 존경을 표하는 것을 학생의 기본적인 윤리로 받아들이는 경향이 있어 대부분의 대학 내 성폭력 피해 학생들은 가해 교수(강사)의 성적인 말이나 신체적인 접촉에 불쾌감을 느끼면서도 스승에 대한 절대적인 믿음과 존경이라는 시각에서 이를 성폭력으로 생각하기보다는 주관적인 불쾌감이나 또는 친밀감의 표현으로 참거나 그냥 넘어가는 경우가 많음.

• 대학 내 성폭력의 실태 (3)

▶ 교수(강사)가 공적인 만남 이후에 이루어지는 술자리나 논문이나 리포트를 봐 주겠다거나 상담할 것이 있다는 등의 이유를 들어 교수(강사)가 피해자에게 접근할 때 피해자인 학생은 스승에 대한 신뢰와 존경 하에서 믿고 따라가기 쉬워져 성폭력에 그만큼 노출될 가능성이 더욱 높아짐.

▶ 대학에서 명시적 또는 묵시적으로 학점이나 학위 인정 또는 졸업 논문의 통과 문제나 졸업 이후의 진로 문제 등에 있어서 학생에 대한 교수의 영향력은 꽤 크다는 점도 대학 내 성폭력의 요인이 되고 있는바, 대부분의 성폭력 가해 교수들은 학점이나 학위 인정 또는 졸업 논문의 통과 여부나 졸업 이후의 진로 등에 대한 자신의 영향력을 빌미로 피해 학생들을 다른 사람의 눈에 잘 보이지 않는 교수 연구실 등에서 협박하거나 유인하여 강제적인

대학 내 성폭력의 실태 (4)

▶ 신체 접촉이나 데이트의 강요 또는 성적인 모욕을 주는 언동 등을 행하는 것으로 나타남. 특히, 학생에 대한 교수의 영향력이 상대적으로 큰 4학년 학생이거나 대학원생의 경우 또는 예체능계 학생일수록 이러한 경우가 자주 발생하는 것으로 나타남. 실제로 피해 학생들은 교수의 이러한 영향력 때문에 교수의 성폭력에 대해 적극적으로 거부표시나 저항을 하기 어렵다고 생각하고 있으며, 실제로 성폭력 가해 교수의 요구에 불응하여 재적을 당한 피해 학생도 심지어 있었음. 이에 반해 성폭력 가해 교수는 감봉 등의 비교적 가벼운 징계처벌을 받는 경우가 많아 피해 학생들을 더욱 힘들게 하고 대학 내 성폭력이라는 문제의 심각성과 비판의 초점을 흐리게 만들고 있음.

대학 내 성폭력의 실태 (5)

▶ 선배나 후배 또는 동기 간의 성폭력 실태 : 전체 대학 내 성폭력 발생 건수에서 가장 높은 비율을 나타내고 있는 것은 대학교 선배나 동기 또는 후배 사이에 일어나는 성폭력을 들 수 있는바, 동아리나 학과 등 학우들의 인간관계에서 대학교 선배들이 일반 학우들에 대해 갖는 권위나 영향력은 사제 간의 관계에서의 성폭력이 나타나는 것 못지않게 크다고 할 것임.

▶ 예를 들어, 피해 학생들은 MT나 새내기 배움터 또는 답사 뒤풀이 모임, 동아리 회식 모임 등의 자리에서 대학교 선·후배나 동기에 대한 신뢰와 의지 속에서 선배의 행동이나 요청을 쉽게 거절할 수 없게 되고, 그 결과 강제적인 성적 접촉이나 불쾌감을 유발하는 성적 농담이나 음담패설 또는 술을 강제로 따르게 하는 등 기타 성폭력이 자주 일어나게 된다. 특히, 같은 학과나 같은 동아리에 속해 있는 등 피해자와 밀접한 관련이 있는 성폭력 가해

● 대학 내 성폭력의 실태 (6)

▶ 선배들의 경우 피해자가 소속한 인간관계 집단 속에서 이들이 가지는 영향력이 커서 피해자가 자신의 피해 사실을 주변 사람들에게 말할 경우에 자신이 소속한 집단 속에서 소외되거나 배척될지 모른다는 두려움 때문에 자신의 성폭력 피해 사실을 그냥 덮어두려는 경우가 의외로 많아, 성폭력이 발생한 이후에 이러한 점을 이용하여 오히려 성폭력 가해자가 피해자를 계속 협박하는 경우가 많음.

▶ 앞에서 예를 들은 K대 의대생 3명의 경우에도 6년간 알고 지내 온 동기 여학생을 MT를 가서 술자리를 같이 한 이후에 성폭력 가해자 3명을 피해 여학생은 정말 친한 동기로 생각하여 편한 마음으로 잠이 들자, 이들 3명이 집단으로 피해 여학생을 성추행 한 후, 이를 촬영한 것에 대해 피해 여학생

● 대학 내 성폭력의 실태 (7) 및 설문조사 결과 (1)

▶ 에게 이후에 진심으로 반성하고 사과를 하지 않고, 오히려 피해 여학생이 평소 학교생활이 다른 여학생들처럼 정상적이거나 평범하지 않았다는 것을 밝히고자 일종의 피해 여학생에 대한 평소 생활 태도에 대한 일종의 설문지를 다른 학생들에게 돌렸다가 이것이 더 큰 화근이 되어 법원의 재판부에서 이들에게 정상참작을 통한 형의 감면을 해 주지 않고, 오히려 중형을 선고하게 되었음.

▶ 지난 2001년에 한국성폭력상담소가 서울 소재의 4년제 대학 10곳의 남녀 대학생과 대학원생 1,000명을 대상으로 실시한 대학 내 성폭력 실태 조사의 결과에 따르면 여성의 경우 28.3%가 직접적으로 대학 내 성폭력을 당한 적이 있다고 응답하여 전체 설문 여성 응답자 거의 3명 중 1명꼴로 그 피해를 입었다고 응답함.

● 대학 내 성폭력의 실태 설문조사 결과 (2)

▷ 대학 내 성폭력의 피해를 입은 경험 중에서 가장 많은 응답(복수 응답 가능)은 상대방의 동의 없이 행해진 신체 접촉(77%)이었으며, 상대방의 신체에 대한 비하나 언급이 45.9%로 그 다음을 차지하였고, 상대방에게 음담패설을 하거나 성적인 언사로 희롱을 하는 행위 및 불쾌한 시선으로 신체의 특정 부위를 계속 쳐다보는 행위가 41.5%, 상대방이 싫다는데도 원치 않는 방법으로 집요하게 계속 구애를 하는 행위가 16.3%, 상대방의 성경험의 전력에 대한 소문이나 유언비어를 퍼뜨리는 행위가 7.4%, 성 관계의 강요가 6.7%의 순서로 각각 나타남.

▷ 대학 내 성폭력 피해자가 가해자와의 관계에 대해서는 대학교 선배가 85.8%로 가장 많이 차지하였으며, 동기가 51.5%로 그 다음 순이었으며, 교수와 강사가 21%의 순으로 각각 나타났다. 이를 통해 대학 내에서 선, 후배

● 대학 내 성폭력의 실태 설문조사 결과 (3)

▷ 사이에 또는 교수와 학생 사이에 나이나 직위에 따른 권위나 권력관계가 부과되는 경우에 성폭력은 더욱 빈번히 발생하고 있음.

▷ 2002년에 여성부가 전국의 20개 대학의 남녀 교직원과 학생을 대상으로 실시한 대학 내 성희롱의 실태 조사에 따르면 전체 여성 응답자의 36.7%(이중에서 여성 교수는 30.8%, 여성 직원은 30.3%, 여성 대학원생은 39.4%, 여성 대학생은 39.1%)가 지난 1년간 1번 이상 성희롱을 당한 적이 있고, 남성의 46.1%는 성희롱에 해당하는 행위를 한 적이 있는 것으로 나타남.

▷ 이러한 대학 내 성희롱의 피해는 대체로 교수와 교수 사이, 직원과 직원 사이, 학생과 학생 사이와 같이 업무나 활동의 성격이 유사하여 접촉의 기회가 많은 경우에 발생할 확률이 높은 것을 알 수 있었고, 행위 유형별로 보면

● 대학 내 성폭력의 실태 설문조사 결과 (4)

▶ 언어적인 성희롱이 가장 많았으며, 그 다음이 신체적 유형이 그 다음을 차지함.

▶ 성희롱이 가장 빈번하게 발생하는 장소로는 음식점과 노래방 및 주점 등의 순이었고, 대학생의 경우에는 MT 장소가 큰 비중을 차지하는 것으로 나타남.

▶ 그러나 이처럼 대학 내에서 많은 여성들이 성희롱을 겪었음에도 불구하고 여성 응답자의 가장 많은 수치인 55%가 불쾌하지만 그냥 참고 넘어가는 식으로 대처한다고 응답하였고, 교내외의 성희롱 관련 전문 상담기관을 이용한 경우는 그들 중 극소수인 0.6%에 그치는 것으로 나타남.

● 대학 내 성폭력에 대한 효과적인 예방책 (1)

▶ 대학 내 성폭력을 예방하기 위한 효과적인 방안들에 대해 살펴보면 먼저 성폭력의 피해를 당하지 않도록 하기 위해서는 평소 자기 자신이 성에 대한 뚜렷한 가치관을 가지도록 하고, 대학 내에서 성폭력이 일어날 수 있는 동아리방 등의 외진 곳을 가급적 혼자 다니지 않도록 하며, 이러한 대학 내의 외진 장소는 평소에 순찰활동을 강화해야 할 것임.

▶ 성폭력의 피해를 당하지 않도록 하기 위해서는 평소에 자신의 의사표현과 자기의 주장을 분명히 하는 생활태도를 갖도록 하고, 자신의 성에 대한 가치관과 행동범위의 한계에 대해 분명한 결정선을 갖도록 하며, 대학 내에서 음담패설을 하는 것을 삼가고, 자신이 가는 곳을 주변 사람들에게 알리고, 사전에 성폭력에 대한 충분한 예비지식과 대처방법을 숙지토록 하는 것이

● 대학 내 성폭력에 대한 효과적인 예방책 (2)

▷ 하나의 방안이 될 수 있음.

▷ 그리고 학교 당국이 대학 내 성폭력에 대한 요건이나 처리 및 징계 절차 등에 대한 명시적인 학칙이나 내부 규정 등의 제도적 장치를 마련한 후, 만약 대학 내에서 성폭력 사건이 발생하면 대학 내에 설치된 성폭력과 관련된 전담 기구가 중심이 되어 피해 학생을 돕고 가해 학생을 처벌할 수 있다는 사실을 널리 대학 구성원들에게 공지 및 홍보를 하면 대학 내에서 성폭력을 예방할 수 있는 깃으로 나타났고, 대학 내에서의 성폭력을 예빙하는 차원에서뿐만 아니라 학생들의 건강한 성에 대한 인식과 성지식을 가질 수 있도록 하기 위해 성과 관련된 과목이나 관련 프로그램을 기획, 실시해야 함.

▷ 대학 구성원 전체를 대상으로 정기적인 대학 내 성폭력 예방교육을 실시하

● 대학 내 성폭력에 대한 효과적인 예방책 (3)

▷ 고, 대학생 선배나 후배나 동기 간의 MT 등을 가서 숙박을 해야 하는 경우에 밤늦은 시간까지 서로 얘기를 나누거나 게임을 하는 등을 하면서 술을 마신 후, 남녀 대학생이 서로 한 방에서 잠을 자게 되는 경우에는 이성능력과 판단력이 흐려져 있는 상태에 있어 이로 인해 성폭력이 행하여질 위험성이 그만큼 높아질 수 있을 것임.

▷ 따라서 모두가 취침을 하려고 할 때 교수나 조교 또는 선배 등이 솔선수범하여 일일이 방마다 확인을 해 술에 취해 남녀 대학생이 같은 방에서 취침을 할 수 없도록 분리토록 하는 조치를 하는 것이 바람직함.

▷ 대부분 대학 내 성폭력의 가해자들은 성폭력에 해당하는 자신의 행위가 친밀감의 표시였다고 이야기하는 경우가 많고 이를 처음부터 명확히 거부하지

- ## 대학 내 성폭력에 대한 효과적인 예방책 (4)

▶ 않으면 점점 갈수록 이를 거부하기가 어려워지고 성폭력은 지속될 것인바, 이러한 피해를 당하면 그 피해자는 불쾌한 표정을 짓거나 그 자리를 피하는 등의 소극적으로 대처하지 말고, 일단 그 가해자에게 그러한 행동을 중지하거나 거부하는 의사표시를 냉정하고 차분하게 분명히 여러 사람들 앞에서 명확하게 하는 것이 이러한 대학 내 성폭력에 대해 효과적으로 대처하는 하나의 방안이 될 것임.

▶ 만약 이러한 거부의 의사표시를 계속 했는데도 불구하고 그 피해가 계속되거나 그 가해 사실을 부정하고 오히려 피해자를 비난하거나 피해자에게 어떠한 불이익을 주려고 할 때에는 대학 내의 성폭력 상담소나 각종 여성보호 단체 등의 도움과 상담을 적극적으로 요청하여 보호받는 것이 이러한 대학 내 성폭력에 대해 효과적으로 대처하는 방안이 될 것임.

- ## 대학 내 성폭력에 대한 효과적인 예방책 (5)

▶ 대학 내 성폭력이 형법상 강간죄와 강제추행죄 등에 해당되거나 또는 성폭력범죄의 처벌 등에 관한 특례법상 특수 강간죄 등에 해당될 때에는 해당 대학 내 성폭력 가해자를 형사 고소하여 형사처벌을 받게 하고, 이를 통해 정신적, 물질적, 신체적 피해에 대한 민사상의 손해배상청구나 위자료 청구를 하는 것이 이러한 대학 내 성폭력에 대해 효과적으로 대처하는 방안이 될 것임. 이러한 형사상이나 민사상의 법적 소송을 하기 위해서 대학 내 성폭력 사건에 대한 구체적인 증거자료를 확보할 수 있도록 해야 할 것임. 그리고 대학 내에 설치된 성폭력 상담소 등의 전담기구가 그 피해자를 적극적으로 돕고, 그 가해자를 적극적으로 처벌하거나 재교육시킬 수 있도록 해야 할 것임.

인권법 사례 이야기
(11주차-1번째 강의)

• 11주차 강의의 개요와 학습목표

▶ 수강생들이 11주에 학습할 강의의 개요는 주민등록증과 주민등록번호에 대한 머리말, 주민등록증의 시행 필요성 여부 검토, 일본의 마이 넘버의 주요 내용, 개인정보와 개인정보자기결정권의 의미, 개인정보자기결정권의 용어 검토, 개인정보자기결정권의 성립 배경과 헌법적 근거 및 주체와 내용, 인터넷상 주민등록번호 사용에 의한 개인정보자기결정권의 침해 방지에 대해 각각 강의하여, 향후 수강생들이 일상생활 속에서 발생할 수 있는 다양한 인권법적 사례와 쟁점에 대한 기초적인 지식을 알기 쉽고 능동적이며 흥미를 가지고 효과 있게 습득할 수 있도록 하는 것에 11주 강의의 학습 목표가 있음.

주민등록증과 주민등록번호에 대한 머리말 (1)

(이 부분은 이희훈 a, 앞의 책, 96–98면 참조)

▶ 현행 우리나라의 주민등록법 제24조 제1항에 의하면 시장, 군수 또는 구청장은 관할 구역에 주민등록이 된 자 중 17세 이상인 자에 대하여 주민등록증을 발급하도록 규정되어 있음.

▶ 현행 우리나라의 주민등록법 제24조 제2항에 의해 발급되는 주민등록증에는 성명, 사진, 주민등록번호, 주소, 지문(指紋), 발행일, 주민등록기관이 필수적(의무적)으로 기재됨. 다만, 혈액형에 대해서는 대통령령이 정하는 바에 따라 주민의 신청이 있으면 추가로 주민등록증에 수록(기재)할 수 있음.

▶ 이 중에서 주민등록번호는 총 13자리로 구성되어 있는바, 이러한 주민등록번호의 총 13자리 중에서 앞의 6자리 숫자는 생년월일을 나타내며, 뒤의 7자리부터 13자리까지에 대해 살펴보면 주민등록번호의 7번째 숫자는 성별

주민등록증과 주민등록번호에 대한 머리말 (2)

▶ 을, 8번째~11번째 숫자는 최초로 주민번호를 발급받은 지역코드를, 12번째 숫자는 동일한 성을 가진 지역주민 중 접수순위를, 13번째 숫자는 오류 수정번호를 각각 나타내도록 구성되어 있음.

▶ 2007년 7월 10일에 SBS의 8시 뉴스에서 2007년 6월에 중국 남부의 휴양지 하이난다오로 신혼여행을 떠난 류 모씨의 주민등록번호 중 출생신고지역코드가 탈북자들의 정착사무소가 있는 경기도 안성의 주민등록번호 중 지역코드인 '25'와 같아 류 모씨를 탈북자로 오해하여 중국 공안(경찰) 3명이 류 모씨의 부부를 강제로 하루 동안 호텔 밖으로의 외출을 일체 금지시킨 후 호텔 안에서만 머물게 한 후에 한국으로 다시 돌려보내는 사건이 발생했다

> ## ● 주민등록증과 주민등록번호에 대한 머리말 (3)

▷ 고 보도하면서 이와 유사한 사례로 탈북자가 아닌 경기도 안성이나 용인 또는 김포에서 태어난 사람들도 중국에서 탈북자로 오해를 많이 받아 중국에 입국하는 것 자체가 거부되는 일이 자주 발생하고 있지만, 출입국과 관련된 문제는 해당 국가가 주관적으로 판단할 사안에 해당하므로, 우리나라는 중국에 공식적으로 이에 대한 문제를 제기할 수 없다는 내용이 방송되었음.

▷ 이러한 어이 없는 일들이 발생하게 된 이유로는 우리니라 국민이면 누구나 17세 이상이 되면 강제로 개인의 나이와 성별 및 출신지역 등을 나타내는 사람을 코드화한 주민등록번호를 부여 받기 때문임.

> ## ● 주민등록증과 주민등록번호에 대한 머리말 (4)

▷ 즉, 주민등록번호는 그 자체로 나이와 성별 및 출신지역 등 개인의 내밀한 정보를 그의 의사와 상관없이 드러나게 하고, 한번 부여 받은 주민등록번호는 거의 평생 동안 변경(수정)할 수 없도록 되어 있기 때문에 '개인정보자기결정권'이라는 기본권을 부당하게 제한(침해)하는 것이 아닌가 하는 문제가 제기됨.

▷ 한편 현행 플라스틱 재질의 주민등록증은 성명(한자 병기), 사진, 13자리의 주민등록번호, 주소변경사항, 지문 등 내밀한 개인 정보들이 많이 수록(기재)되어 있어 만약 주민등록증을 분실하게 되는 사고가 발생하거나 타인이 쉽게 열람할 수 있게 또는 엿볼 수 있도록 되어 있어 개인이 외부에 밝히고 싶지 않은 내밀한 많은 개인정보들을 범죄에 사용할 수 있게 할 수 있는

● 주민등록증과 주민등록번호에 대한 머리말 (5)

▶ 문제점이 있고, 최첨단의 인쇄 장비를 사용하거나 포토샵 등의 방법을 통해 주민등록증의 기재사항 자체를 쉽게 위조하거나 변조하여 범죄에 이용할 수 있는 문제점도 있으며, 주민등록증이 햇빛에 장시간 노출되거나 가소제와 접촉시 그 표면의 기재사항이 변색이나 탈색이 되어 그 기재사항을 알아보기 힘들게 할 수 있는 문제점 등이 있다는 사유로 과거 이명박 대통령 때 주민등록번호 등의 내밀한 개인정보들은 IC 칩 안에 넣는 방식의 전자적 처리를 한 이른바 '전자주민증'을 도입하여 외부로 쉽게 내밀한 개인정보들을 보이지 않도록 하여 개인의 프라이버시권을 보호하고 주민등록증의 위조나 변조를 방지하려고 추진했지만, 국회에서 관련 법안이 끝내 통과되지 못하여 폐기됨.

● 주민등록증과 주민등록번호에 대한 머리말 (6)

(이 부분은 이희훈 h, 일본 마이 넘버 제도의 개인정보 보호에 대한 시사점 연구, 비교법연구 제17권 제3호, 2017. 12, 263-273면 참조)

▶ 2016년 이전까지 일본은 우리나라의 주민등록법상 주민등록번호와 같은 정부에서 모든 국민을 대상으로 하는 1개의 단일한 통합적인 개인식별번호를 발급해 주는 제도가 없었음. 따라서 2016년 이전까지 일본에서는 개인이 사회의 각 영역에서 본인의 신원을 확인시켜주고 증명하는 수단으로 여권, 학생증, 면허증 등에 기재되어 있는 각 영역별 개인식별번호를 사용하여 왔음. 이렇듯 일본은 2016년 이전까지 개인의 내밀한 정보를 강하게 보호하겠다는 목적 하에 우리나라의 1개의 단일한 통합적인 개인식별번호인 주민등록번호와 달리, 일본에서의 여권이나 학생증 또는 면허증 등의 사회의 각 영역별 개인식별번호를 개인의 신원을 확인시켜주고 증명하는 데 사용하여 왔음.

● 주민등록증과 주민등록번호에 대한 머리말 (7)

▶ 즉, 그동안 일본에서 어떤 개인이 본인에 대한 신원을 확인시켜 주고 증명하는 수단으로 여권이나 학생증 또는 면허증 등에 기재되어 있는 각 영역별 개인식별번호를 사용토록 하는 것은 일본에서 개인정보의 유출이나 오남용 문제에 따른 하나의 효과적인 개인정보의 보호방안이 될 수도 있지만, 다른 한편으로는 이렇게 여권이나 학생증 또는 면허증 등에 기재되어 있는 각 영역별 개인식별번호를 사용하여 어떤 개인이 본인에 대한 신원을 확인시켜 주고 증명하는 수단은 각각 관련된 행정기관 등에서 관리하여 일본에서 어떤 개인이 자신의 신원을 확인하는 데 필요한 각종 행정 업무를 처리하려고 할 때 이와 관련된 여러 행정기관 등에서 해당 신원확인의 여러 절차와 해당 업무들이 복잡하고 길어져서 해당 신원 확인이나 증명을 하는 데 필요한

● 주민등록증과 주민등록번호에 대한 머리말 (8)

▶ 행정업무의 처리 시간이 너무 오래 걸리는 등의 큰 불편과 고충이 계속 제기되었던 문제가 있어왔음.

▶ 이에 일본 정부의 아베 내각에서는 2016년 1월부터 새롭게 일본의 여러 각 행정기관이나 지방자치단체 등에서 개인의 신원 확인을 위한 개인식별에 필요한 개인정보를 상호 대조하거나 기록 또는 입력 하는 등에 걸리는 불필요하게 길었던 시간이나 노동력을 대폭 줄이고 각종 신원 확인에 필요한 각종 행정 처리의 업무시 소요되는 까다로운 해당 업무의 절차를 훨씬 간소화하고, 어떤 개인이 필요한 해당 행정 업무 등을 신청할 때 제출했었던 각종 개인 신원확인을 위한 첨부되는 여러 해당 증명 서류들을 대폭 줄여주며, 이러한 서류들의 발급 비용에 대한 부담을 낮추어 주어, 일본 국민에게 개인

● 주민등록증과 주민등록번호에 대한 머리말 (9)

▶ 본인의 신원을 확인하기 위한 개인정보를 확인하고 증명하기 위한 각종 행정 서비스를 그 이전보다 훨씬 신속하고 편리하며 저렴한 비용으로 제공 받을 수 있도록 하는 등을 위한 목적으로, 일본 국민에게 1개의 단일한 통합적인 개인식별번호인 정부 부여의 '마이 넘버(My Number, 내 번호)' 제도를 전격 도입 및 시행하게 되었음.

▶ 일본에서 사회보장 부분과 세금 제도 부분의 효율성과 투명성을 높이고, 사회보장과 세금 등 여러 행정 분야에서 개인의 신원 확인 및 증명을 하는 데 들어가는 많은 시간과 비용 등에서 국민의 편리성 등을 높이기 위하여 최근 시행된 일본 정부가 부여하는 1개의 단일한 통합적인 개인식별번호인 마이

● 주민등록증과 주민등록번호에 대한 머리말 (10)

▶ 넘버의 사용에 대하여 최근 2015년 7월 21일에 일본의 크로스 마케팅 주식회사에서 조사 및 발표한 일본 국민의 마이 넘버 제도에 대한 찬반의 의견 여론 조사 결과에서, 마이 넘버 제도에 대해 찬성하는 의견으로는 총 50.7%, 반대하는 의견으로는 총 49.3%로 나타났음(http://www.ditoday.com/articles/articles_view.html?idno=20561).

▶ 이러한 마이 넘버 제도의 시행에 대한 일본 국민의 여론조사의 결과를 살펴볼 때, 일본 국민들은 일본 정부의 마이 넘버 제도 시행에 대해 일본 사회 내에서 마이 넘버의 무단 유출로 인한 사생활의 침해나 개인정보의 침해를 걱정하거나 우려하여 마이 넘버 제도에 대해 반대하거나 비판하는 의견도 있었음. 그러나 일본 사회 내에서 사회보장 부분과 세금 제도 부분의 효율성과 투명성 및 기타 사회 분야에서의 행정 효율성을 높여 주고, 여러 행정

● 주민등록증과 주민등록번호에 대한 머리말 (11)

▶ 처리에서의 개인 식별을 위한 확인 및 증명을 하는 데 들어가는 불필요한 시간과 비용 등을 효과적으로 절약해 주어 국민의 편의성을 높여 주는 등에 의해 마이 넘버 제도의 시행에 대한 우호적인 기대감과 지지 및 찬성하는 의견이 좀 더 많은 것을 알 수 있음.

▶ 즉, 국가가 어떤 개인의 본인 확인을 증명하기 위하여 정부가 부여하는 1개의 단일한 통합적인 개인식별번호를 부여한다면, 사회보장과 세금 부분 등 여러 공적 부분과 기타 민간 부분에서 개인을 식별하고 그 신원 확인을 위한 행정의 효율성과 신속성을 크게 높여 주어, 국민에게 편의성을 제고시켜 주며, 사회복지와 세금 분야 등에서 필요한 개인의 소득이나 재산 등의 부분에서 중복·누수·소외 등의 문제를 효율적으로 해결해 주는 등의 여러 장

● 주민등록증과 주민등록번호에 대한 머리말 (12)

▶ 점들을 더 좋아하고 지지하는 국민들이 좀 더 많다는 것을 알 수 있음.

▶ 이에 비추어 볼 때, 현재 우리나라에서 시·군 또는 구의 주민을 등록하게 함으로써 주민의 거주관계 등 인구의 동태를 항상 명확하게 파악하여 주민 생활의 편익을 증진시키고 행정사무를 적정하게 처리하기 위한 주민등록법에 의하여 주민등록번호라는 정부 부여의 1개의 단일한 통합적인 개인식별번호를 부여하고 있는 것은 공적 부분과 민간 부분에서 매우 효율적으로 개인을 식별하고 식별된 개인의 신원을 확인하고 증명하는 데 필요한 여러 행정 업무와 절차 등을 신속하게 처리할 수 있게 해 주고, 국가가 사회보장과 세금 등의 분야에서 개인의 소득이나 재산 등에 대해 효과적으로 파악할 수 있게 해 주는 등의 장점에 비추어 볼 때 우리나라는 현행 주민등록번호처럼

● 주민등록증과 주민등록번호에 대한 머리말 (13)

▶ 계속해서 정부 부여의 공공 및 민간 분야의 통합적인 개인식별번호를 사용 및 활용토록 하는 것이 바람직하다는 것을 우리나라에 시사해 줌.

▶ 일본 정부는 마이 넘버를 도입 및 시행시 우리나라의 주민등록번호 자체에서 생년월일과 성별 및 주민등록을 최초로 신고한 지역 등의 여러 내밀한 개인정보들이 담긴 것과는 달리 마이 넘버의 사용 및 활용시에 마이 넘버의 무단 유출에 의하여 사생활 내지 개인정보가 침해될 수 있는 문제점을 사전에 효과적으로 방지하여 일본 국민들 중 일본 정부가 부여하는 1개의 단일한 통합적인 개인식별번호인 마이 넘버의 사용에 대한 반감이나 걱정하는 여론을 잠재우기 위하여 마이 넘버에 개인의 내밀하고 민감한 여러 개인정보들이 전혀 담기지 않은 임의번호 부여방식을 채택하여, 개인정보를 강하게 보호해 주려고 하는 입장에 있음.

● 주민등록증과 주민등록번호에 대한 머리말 (14)

▶ 이렇듯 정부가 부여하는 통합적인 개인식별번호 제도는 계속 유지하되, 향후 우리나라의 주민등록번호의 체계나 구성 방식을 개인식별번호 그 자체만으로 개인의 내밀하고 민감한 연령, 성별, 출생지역 등이 쉽게 외부에 노출 및 유출되지 않도록, 일본의 마이 넘버의 구성 방식이나 체계처럼 개인의 어떤 내밀하고 민감한 여러 개인정보들을 담고 있지 않은 임의번호 부여 방식으로 전격 개선하는 것이 개인의 헌법상 개인정보자기결정권을 더욱 강하게 보호된다는 점에서 바람직하다는 것을 우리에게 시사해 줌.

▶ 한편 만약 우리나라 정부가 향후에도 정부 부여의 통합적인 개인식별번호 그 자체로 개인의 연령·성별·출생지역 등 여러 개인의 내밀하고 민감한 정보들을 외부에 쉽게 노출 또는 유출될 수 있어 헌법상 개인정보자기결정권이 침해될 가능성이 큰 현행 주민등록번호의 구성방식이나 체계를 계속 유

● 주민등록증과 주민등록번호에 대한 머리말 (15)

▶ 지 및 고수하려는 입장이라면, 이러한 개인의 여러 내밀하고 민감한 개인정보들이 담긴 현행 주민등록번호는 그대로 두되, 이러한 현행의 주민등록번호 이외에 추가적으로 일본의 마이 넘버와 같이 별도의 임의번호로 구성된 정부 부여 방식의 통합적인 개인식별번호를 발급하여, 이렇게 추가로 발급된 별도의 통합적인 임의번호의 개인식별번호를 현행의 주민등록번호를 대신하여 우리나라의 다양한 공공 분야와 각종 민간 분야에서 개인을 식별하거나 또는 식별된 개인의 신원을 확인 및 증명하는 데 사용 및 활용토록 하고, 현행의 주민등록번호와 별개의 임의번호인 개인식별번호가 무단으로 유출되는 등의 문제가 있을 때에는 그러한 별도의 임의번호인 개인식별번호를 자유롭게 변경할 수 있도록 한다면 개인의 헌법상 개인정보자기결정권이 현재보다 한층 더 강하게 보호 내지 보장될 수 있다는 점에서 바람직하다는 것을 우리에게 시사해 줌.

인권법 사례 이야기
(11주차-2번째 강의)

● 주민등록증의 시행 필요성 여부 검토 (1)
(이 부분은 이희훈 a, 앞의 책, 102-103면 참조)

▶ 우리나라의 국가기관, 지방자치단체, 공공단체, 사회단체, 기업 등에서 자신의 해당 업무를 수행하면서 17세 이상의 자에 대해 민원서류나 그 밖의 서류를 접수할 때, 특정인에게 자격을 인정하는 증서를 발급할 때, 그 밖에 신분을 확인하기 위하여 성명, 사진, 주민등록번호 또는 주소를 확인할 필요가 있을 때에는 그와 관련된 별도의 증빙서류를 요구하지 않고 주민등록증을 대신 제시할 것을 요구하여 신분을 확인하고 있으며, 경찰이 범인을 체포하는 등 그 직무를 수행할 때에 17세 이상인 자의 신원이나 거주 관계를 확인할 필요가 있으면 주민등록증의 제시를 요구할 수 있음.

▶ 이렇듯 우리 사회에서 주민등록증은 행정의 목적으로 주민의 거주관계를 증명하는 기능을 수행할 뿐만 아니라, 일상생활에 있어서도 개인의 신분을

- ## 주민등록증의 시행 필요성 여부 검토 (2)

▷ 쉽고 빠르게 확인해 주는 공적 증명서로 광범위하게 활용되고 있으므로, 주민등록증은 우리나라에서 시행을 할 필요성이 있음.

▷ 외국은 보통 테러방지나 자국민 보호 등 사회 안정성 확보와 함께 납세업무나 의료보험 등과 연계하여 행정의 효율성 제고를 위해 국가신분증 제도를 두고 있음.

▷ 일본에서는 각 지방자치단체별로 출생 신고시에 성명, 생년월일, 성별, 세대주 및 관계, 호적지, 주민등록 연월일, 주소 및 주소등록일, 개인번호(마이넘버), 지자체 전입일, 주민표 코드, 선거명부, 의료보험·고령자·국민연금 등 사회복지 관련 사항을 기재한 주민표를 작성하여 관리하고 있다. 그리고 2016년 1월 1일부터 새롭게 발급되기 시작한 마이 넘버 카드는 주민표에

- ## 주민등록증의 시행 필요성 여부 검토 (3) 및 일본의 마이 넘버의 주요 내용 (1)

(이 일본의 마이 넘버의 주요 내용은 이희훈 h, 앞의 글, 273-288면 참조)

▷ 있어서도 개인의 신분을 쉽고 빠르게 확인해 주는 공적 증명서로 광범위하게 활용되고 있으므로, 주민등록증은 우리나라에서 시행을 할 필요성이 있음.

▷ 외국은 보통 테러방지나 자국민 보호 등 사회 안정성 확보와 함께 납세업무나 의료보험 등과 연계하여 행정의 효율성 제고를 위해 국가신분증 제도를 두고 있음.

▷ 일본의 마이 넘버란, 일본에서 국민 한 사람 한 사람에게 부여되는 12자리의 번호를 뜻하는바, 이 번호는 일본에서 연금, 노동, 복지, 의료 등 각종 사회보장과 세금 및 재해대책 분야에서 개인을 식별하는 데 사용됨.

▷ 이러한 마이 넘버 제도는 행정의 투명성을 높이고, 국민에게 편리성을 높여주며, 공평하고 공정한 사회를 실현하기 위한 사회기반으로 기능하며, 일본

● 일본의 마이 넘버의 주요 내용 (2)

▶ 에서 주민표를 가진 중기체류자인 외국인과 특별영주자인 외국인에게도 마이 넘버는 부여됨.

▶ 즉, 일본에서 마이 넘버 제도가 시행됨으로 인하여 일본 국민의 소득이나 각종 행정서비스의 수급 상황을 파악하기 쉽게 되었음. 따라서 일본에서 세금이나 각종 사회보장의 부담을 부당하게 피하거나 부정하게 수급하는 것을 방지하여 진정으로 각종 사회보장의 지원이 필요한 사람들에게 다양한 여러 지원들을 가능하게 해 줌.

▶ 이에 따라 일본 정부는 마이 넘버와 마이 넘버 카드 등의 마이 넘버 제도를 통하여 각종 사회보장제도와 세금 및 재해대책 관련 행정 분야에서 2016년 이전보다 신속하고 정확하게 개인을 식별할 수 있게 하고, 식별된 개인의 신원 확인이나 신분 증명시 필요한 각종 행정 사무를 간소화하며, 각종 행정

● 일본의 마이 넘버의 주요 내용 (3)

▶ 서비스의 효율성을 향상시켜서 일본 국민의 편의성과 만족도를 높임.

▶ 이와 함께 일본의 마이 넘버 제도는 개인의 소득세를 더 정확히 파악하고 좀 더 세부적인 사회보장 제도를 설계하고 수행할 수 있도록 해 주어, 일본 사회가 좀 더 공평하고 공정하게 될 수 있도록 2016년 1월부터 일본의 주민표 코드를 기반으로 각 지방자치단체가 아닌 중앙행정기관(중앙성청)인 내각부의 하위조직인 내각관방의 주관으로 주민표를 가진 개인에게 주민등록 수속시에 특별한 다른 수속절차 없이 마이 넘버라는 정부 부여 방식의 개인별 단일한 통합적인 고유식별번호의 이용이 시작됨.

▶ 좀 더 구체적으로 일본에서 마이 넘버의 사용 분야에 대해 살펴보면 마이 넘버는 공공 분야에서 납세, 각종 사회보장제도 및 재해대책 분야에서의

• 일본의 마이 넘버의 주요 내용 (4)

▷ 개인의 식별을 위해서 및 민간 분야에서 기업 및 금융기관 등에서의 각종 업무 과정에서 개인의 식별을 위해 사용되고 있음.

▷ 즉, 일본에서 마이 넘버는 각종 사회보장 제도 중에서 연금 분야에서는 연금의 자격 취득과 확인, 연금 수령시 사용되고 있고, 노동 분야에서는 고용보험 등의 자격 취득과 확인, 고용보험 수령시, 고용사무소 등에서의 개인의 식별을 위하여 사용되고 있으며, 복지 의료와 기타 사회보장 분야에서는 의료보험 등의 보험료 징수 등 의료 보험자에 대해 수속시, 각종 사회복지 분야에서 수급시, 생활보호를 실시할 때와 저소득자 대책 사무에서 개인의 식별을 위하여 사용됨.

▷ 또한 조세 분야에서는 국민이 세무당국에 제출하는 확정 신고서와 각종 세

• 일본의 마이 넘버의 주요 내용 (5)

▷ 금조서 등에서 사용되며, 세무당국의 각종 내무 사무에서 개인의 식별을 위하여 사용됨.

▷ 재해 대책 분야에서는 재해 피해자의 대장 작성에 관한 사무와 재해 피해자의 생활 재건 지원금의 지급 사무에서 개인의 식별을 위하여 사용된다. 이밖에도 행정기관이나 각종 민간 기업에서 마이 넘버는 각종 해당 신고서, 신청서, 조서와 그 외의 서류에서 개인의 식별을 위하여 사용되고, 금융기관에서 개인이 계좌를 개설하거나 온라인 뱅킹을 비롯한 각종 민간의 온라인 거래 등의 사무에서 개인의 식별을 위하여 사용됨.

▷ 이에 비추어 볼 때 우리나라의 개인식별번호인 주민등록번호의 사용에 대하여 신속하고 정확하게 개인을 식별하고, 이렇게 식별된 개인의 신원 확인 및 증명을 위하여 주민등록번호의 사용범위를 불필요하고 무분별하며 광범

일본의 마이 넘버의 주요 내용 (6)

▶ 위하게 필요 이상으로 사용되지 않도록 최소화시켜 헌법상 개인정보자기 결정권을 한층 강하게 보호 내지 보장해 주는 것이 바람직하다는 것을 시사해 줌.

▶ 즉, 일본의 마이 넘버 제도에 비추어 볼 때, 우리나라는 현재 국가에서 주민등록번호와 같이 통합적인 개인식별번호를 부여하는 체계나 방법을 계속 유지하여, 다양한 공공 분야와 각종 민간 분야에서 개인을 식별하고 식별된 개인의 신원을 확인하고 증명하는 데 들어가는 여러 행정 절차의 효율성을 높이고, 여러 행정 처리에서의 시간과 비용을 절약하여, 국민의 편의를 높여 주는 것이 바람직하다는 것을 알 수 있음. 다만 우리나라는 일본의 마이 넘버 제도처럼 예를 들어, 사회보장과 세금 및 재해 대책 분야 등과 연관된 공공 분야와 민간 분야에서 사용되도록 그 사용 범위를 더욱 한정 또는 제한

일본의 마이 넘버의 주요 내용 (7)

▶ 하여 우리나라에서 주민등록번호의 유출로 인한 정신적·재산적 피해나 부담을 줄여 주고 최소화시켜 주는 것이 바람직하다는 것을 시사해 줌.

▶ 일본에서 '마이 넘버'는 임의번호인 11개의 숫자와 1개의 검증번호인 총 12개의 숫자로 구성됨. 다만 일본에서 개인이 각 지방자치단체에서 주민표를 작성할 때에 부여 받는 개인고유의 식별번호인 주민표 코드는 임의번호인 10개의 숫자와 1개의 검증번호인 총 11개의 숫자로 구성된다. 그리고 일본의 마이 넘버는 한번 부여받으면 원칙적으로 평생 동일한 마이 넘버를 사용하도록 하고 있어, 자유롭게 변경할 수 없도록 되어 있다. 다만 마이 넘버가 유출되어 무단으로 사용될 우려가 있다고 인정될 경우에 한하여 예외적으로 마이 넘버가 유출된 개인 본인의 신청이나 해당 지역에 시장의 직권으로

● 일본의 마이 넘버의 주요 내용 (8)

▷ 변경할 수 있도록 하고 있음.

▷ 일본에서는 각 지방자치단체별로 출생 신고시에 성명, 생년월일, 성별, 세대주 및 관계, 호적지, 주민등록 연월일, 주소 및 주소등록일, 개인번호(마이 넘버), 지자체 전입일, 주민표 코드, 선거명부, 의료보험·고령자·국민연금 등 사회복지 관련 사항을 기재한 주민표를 작성하여 관리하고 있음. 그리고 2016년 1월 1일부터 새롭게 발급되기 시작한 마이 넘버 카드는 주민표 등록된 내국인과 외국인 중 희망자에게 자율적으로 발급받을 수 있게 하였고, 마이 넘버 카드의 수록항목으로는 성명, 성별, 생년월일, 사진, 마이 넘버, 주소, 유효기간이고, 마이 넘버 카드의 전자 칩 안에는 인증서와 비밀번호를 수록하도록 되어 있음.

● 일본의 마이 넘버의 주요 내용 (9)

▷ 그리고 2016년 1월 1일부터 신규 발급된 마이 넘버 카드의 재질은 PVC이고, 마이 넘버 카드의 위·변조의 방지를 위하여 전자신분증 형태로 전자 칩을 내장하여 전자신분증을 운영하고 있음. 이러한 마이 넘버 카드의 전자 칩 안에 수록되는 인증서의 종류는 다음과 같이 크게 두 가지임.

▷ 첫 번째, '소지자 전자서명용 인증서'는 인터넷을 통한 전자문서의 생성 및 제출을 할 때 활용됨. 예를 들어, e-Tax 등 전자신청서의 제출시 또는 온라인뱅킹 등 사적 온라인 거래를 위한 등록 시에 사용됨.

▷ 두 번째, '사용자 공적인증용 인증서'는 웹사이트나 편의점에서 다용도 단말기를 통한 로그인 등을 할 때 활용됨. 예를 들어, 개인정보공동기록 폐쇄시스템 등 정부 웹사이트에 로그인을 할 때나 온라인뱅킹 등 사적 웹사이트

● 일본의 마이 넘버의 주요 내용 (10)

▷ 에 로그인을 할 때나 편의점 발급 서비스 등과 같은 서비스에 사용됨.

▷ 이러한 마이 넘버 카드의 전자 칩 안의 인증서의 인증 방법으로는 다음과 같은 두 가지의 핀(Pin)을 설정할 필요가 있음.

▷ 첫 번째, 소지자 전자서명용 인증서에 대한 인증시 사용되는 비밀번호 6자리는 영문 대문자와 숫자의 조합만 허용됨.

▷ 두 번째, 사용자 공적인증용 인증서에 대한 인증시 사용되는 비밀번호 4자리는 숫자 조합만 허용하고 있음.

▷ 이밖에 마이 넘버 카드의 전자 칩 안의 인증서의 비밀번호를 설정하는 절차로는 최초 초기화된 비밀번호를 시·구·정·촌(市·區·町·村)에서 개인의 핀(Pin)으로 변경하여 설정하고, 핀(Pin)의 변경은 온라인 및 시·구·정·촌 사무소에서 가능하며, 비밀번호의 분실 또는 5회 이상의 오류에 의한 마이

● 일본의 마이 넘버의 주요 내용 (11)

▷ 넘버 카드의 잠금 시에는 온라인으로 해제가 불가능하도록 하고 있어, 반드시 해당 시·구·정·촌 사무소를 개인이 직접 방문하여 마이 넘버 카드의 전자 칩의 잠금 해제를 할 수 있도록 하고 있으며, 만약 마이 넘버 카드를 분실할 경우에는 그 무단 도용을 방지하기 위하여 언제나 365일 24시간 콜센터를 운영하고 있고, 임시로 마이 넘버 카드의 사용을 중지할 수 있도록 운영하고 있음.

▷ 이렇듯 일본은 2016년 1월부터 마이 넘버에 의하여 사회복지와 세금 및 재해대책 분야와 연관된 공공 분야와 금융 기관에서 개인 계좌를 개설하거나 여권을 신규로 발급 받거나 온라인 뱅킹을 비롯한 각종 민간의 온라인 거래 및 편의점에서 개인의 주민 표 사본·인감 등록 증명서·주민 표 기재 사항

● 일본의 마이 넘버의 주요 내용 (12)

▶ 증명서·각종 세금 증명서·호적 증명서 등 각종 개인 증명서의 발급 등 민간 분야에서 어떤 개인을 신속하고 정확하게 식별한 후에, 마이 넘버 카드는 그 전자 칩 안의 비밀번호에 의한 인증에 의하여 식별된 개인의 신원을 신속하고 정확하게 확인 또는 증명을 하는 데 사용되는 기능을 하고 있음.

▶ 일본에서 마이 넘버는 개인을 식별하는 데 있어서 우리나라에서 생년월일·성별·출생지역 등 개인의 여러 민감하고 내밀한 개인정보들이 담긴 주민등록번호와는 다르게 임의번호를 사용하고 있어, 개인식별번호 그 자체만으로 개인의 여러 민감하고 내밀한 개인정보들이 외부에 쉽게 노출되거나 유출되지 않도록 해 주어 헌법상 개인정보자기결정권을 한층 강하게 보호 내지 보장해 주고 있음을 시사해 줌.

● 일본의 마이 넘버의 주요 내용 (13)

▶ 따라서 향후 우리나라는 현재의 정부 부여의 공공 및 민간 분야에서의 통합적인 개인식별번호인 주민등록번호 자체를 일본의 마이 넘버처럼 아무런 개인정보가 담기지 않은 임의번호 방식으로 전면적으로 변경·교체하거나 또는 만약 현재의 여러 개인정보들이 담겨 있는 주민등록번호를 그대로 두더라도 이러한 주민등록번호와 별도의 정부 부여 방식의 임의번호를 추가로 발급하여 우리 사회에서 다양한 공공 분야와 각종 민간 분야에서 주민등록번호를 사용토록 하지 않고 주민등록번호와 별도의 정부 부여 방식의 임의번호를 사용토록 한다면 헌법상 개인정보자기결정권이 좀 더 강하게 보호 내지 보장해 줄 수 있다는 점에서 바람직하다는 것을 시사해 줌.

▶ 일본의 마이 넘버의 기능은 어떤 개인을 식별하는 용도로만 사용되도록

● 일본의 마이 넘버의 주요 내용 (14)

▷ 하고, 이렇게 식별된 개인을 마이 넘버 카드에 내장된 전자 칩 안의 인증서에 의하여 해당 개인이 설정해 놓아 해당 개인만이 알 수 있는 비밀번호에 의하여 인증이 되었을 때에 한하여 개인의 신원이 확인 및 증명되도록 하여, 어떤 개인을 식별하는 것과 식별된 개인의 신원을 확인 및 증명하는 것과 각각 별개로 분리하여, 설사 마이 넘버라는 개인식별번호가 무단으로 노출되거나 유출되더라도 그렇게 무단으로 노출되거나 유출된 마이 넘버 그 자체만으로는 어떤 개인의 신원을 확인 또는 증명을 하는 데 바로 쉽게 연결하여 사용할 수 없도록 하여, 헌법상 개인정보자기결정권의 침해 가능성 대폭 줄여주고 있다는 점에서 바람직하다는 것을 우리나라에 시사해 줌.

▷ 따라서 우리나라는 현재 정부가 부여하는 통합적인 주민등록번호를 우리

● 일본의 마이 넘버의 주요 내용 (15)

▷ 사회에서 다양한 공공 분야와 각종 민간 분야에서 개인식별번호로 사용됨과 동시에 식별된 개인의 신원 확인 및 증명번호로 사용되도록 해 왔던 것을 향후에는 개인의 식별과 식별된 개인의 신원 확인 또는 증명을 각각 별도로 분리시켜 헌법상 개인정보자기결정권을 강하게 보호 내지 보장해 줄 필요가 있음.

▷ 이에 우리나라는 향후에 현재의 주민등록번호를 일본의 마이 넘버처럼 전격 일괄적으로 임의번호로 변경·교체하거나 또는 현재의 주민등록번호를 그대로 둔 채, 이와 별도로 일본의 마이 넘버처럼 정부가 각 개인에게 임의번호를 부여하여 현재의 주민등록번호 대신에 이러한 별개의 임의번호를 공공 및 민간분야에서 통합적인 개인식별번호로 사용토록 하거나 또는 설사

● 일본의 마이 넘버의 주요 내용 (16)

▶ 현재의 주민등록번호를 그대로 개인식별번호로 사용토록 계속 유지하더라도, 만약 개인식별번호가 무단으로 노출 또는 유출되더라도 해당 개인의 국가 신분증 카드 안에 수록한 별도의 인증서에서 개인만이 알 수 있는 비밀번호에 의한 인증에 의한 식별된 개인의 신원을 확인 및 증명하는 절차를 반드시 거치도록 한다면, 해당 개인의 사생활이나 개인정보자기결정권이 침해될 수 있는 문제는 거의 발생하지 않거나 대폭 발생률이 감소될 것임.

▶ 따라서 우리나라는 향후 일본의 마이 넘버 제도처럼 개인식별번호에 의하여 어떤 개인을 식별한 후에 이와는 별도로 주민등록증의 전자 칩 안의 인증서에서 해당 개인만이 알 수 있는 비밀번호의 인증에 의해서만 식별된 개인의 신원을 확인 및 증명하도록 개인식별번호에 의한 개인의 식별과 이렇

● 일본의 마이 넘버의 주요 내용 (17)

▶ 게 식별된 개인의 신원 확인 및 증명을 하는 인증하는 절차와 단계를 각각 구분해서 분리한다면 설사 어떤 형태의 개인식별번호가 무단으로 노출 또는 유출되더라도, 별도의 개인의 신원 확인 및 증명에 필요한 인증을 할 수 없게 하여, 해당 개인식별번호의 무단 노출이나 유출로 인한 여러 정신적·재산적 피해를 대폭 줄일 수 있게 하여 헌법상 개인정보자기결정권을 좀 더 강하게 보호 내지 보장해야 할 것임.

▶ 즉, 일본의 마이 넘버 제도에 비추어 볼 때 우리나라는 향후에도 계속해서 현재처럼 다양한 공공 분야와 각종 민간 분야에서 개인을 식별하는 데 있어 시간과 비용 등의 효율성과 편리성 등을 위하여 주민등록번호와 같이 정부가 부여하는 통합적인 개인식별번호를 사용하는 것이 바람직함.

일본의 마이 넘버의 주요 내용 (18)

▷ 그리고 우리나라는 이러한 정부 부여의 통합적인 개인식별번호를 사용하는 데 있어, 향후에 일본의 마이 넘버처럼 민감하고 내밀한 여러 개인정보들이 담기지 않은 무작위의 임의 번호를 부여하는 것으로 수정(변경)하는 것이 헌법상 개인정보자기결정권을 강하게 보호 내지 보장해 줄 수 있다는 점에서 바람직함.

▷ 따라서 우리나라는 향후에 현행 주민등록번호를 완전히 전면적으로 일본의 마이 넘버처럼 임의번호 방식으로 수정(변경)하든지 또는 현재 주민등록번호는 그대로 두고 이와 별도로 정부 부여의 또 다른 통합적인 임의번호인 개인식별번호를 추가적으로 발급하든지 또는 현재처럼 그대로 주민등록번호를 계속 개인식별번호로 사용토록 유지하더라도 일본의 마이 넘버 제도처럼

일본의 마이 넘버의 주요 내용 (19)

▷ 이러한 개인식별번호는 어떤 개인을 식별하는 개인식별번호의 용도로만 그 기능을 한정하고, 향후 주민등록증에 전자 칩을 수록하여 그러한 전자 칩 안에 인증서 및 그 인증서 안의 개인만이 알고 있는 비밀번호에 의해서 식별된 개인의 신원 확인 및 증명을 하도록 개인의 식별과 식별된 개인의 신원 확인을 각각 별도로 구분 또는 구별하는 것이 헌법상 개인정보자기결정권을 강하게 보호 내지 보장해 줄 수 있다는 점에서 바람직함.

인권법 사례 이야기
(11주차-3번째 강의)

개인정보와 개인정보자기결정권의 의미 (1)
(이 부분은 이희훈 a, 앞의 책, 91-92면 참조)

▶ '정보'란 특정될 수 있거나 특정이 가능한 자연인의 인적 사항 및 물적 사항
에 대한 모든 것을 뜻함.

▶ 이러한 정보의 개념을 바탕으로 '개인정보'란 '신원을 확인할 수 있는 개인
에 관한 일체의 정보(당해 정보만으로 특정 개인을 식별할 수 없더라도 다
른 정보와 쉽게 결합하여 식별할 수 있는 것을 포함)'를 뜻함.

▶ '개인정보자기결정권'이란 기본권은 오늘날 현대 정보화 사회에서 개인의
인적 사항이나 생활상의 각종 정보가 정보주체의 의사와는 전혀 무관하게
타인의 수중에서 무한대로 집적되고 이용 또는 공개될 수 있는 새로운 정보
환경에 놓이게 되고, 국가의 개인정보에 대한 수집 및 처리 역량의 강화로

● 개인정보와 개인정보자기결정권의 의미 (2) 및 개인정보자기결정권의 용어 검토 (1)

(이 부분은 이희훈 a, 앞의 책, 91–92면 참조)

▶ 국가는 개인의 일상사를 낱낱이 파악하여 개인의 사생활을 침해할 수 있게 된 위험으로부터 개인의 사생활을 보호해 주어 궁극적으로 개인의 인격을 보호해 주는 데 필요한 매우 중요한 기본권임에도 불구하고, 우리나라 헌법에 명시적으로 규정되어 있지 않음.

▶ '개인정보자기결정권'이란 기본권은 개인이 자신의 정보에 대해 언제 누구에게 얼마만큼 줄 것인가와 사용하도록 할 것인가, 그리고 이용 또는 사용 중지나 수정 또는 삭제 등을 주체적 입장에서 원칙적으로 결정할 수 있게 하여 궁극적으로 자신의 인격을 실현하는 것을 보장해 주는 권리를 뜻함.

▶ '개인정보자기결정권'은 자기정보관리통제권, 자기정보통제권, 개인정보통제권, 정보자기결정권, 자기정보에 대한 통제권, 자기정보의 자율적 통제권,

● 개인정보자기결정권의 용어 검토 (2)

▶ 정보의 자결권, 개인정보자결권 등의 용어로 사용되고 있음.

▶ 이 중에서 '개인정보자기결정권'의 의미가 어떤 개인이 자신에 관련된 정보를 어느 일정한 경우에 누군가 필요에 의해 보유 또는 이용을 할 수 있도록 해 주고, 자신의 정보를 상대방에게 보유 또는 이용을 할 수 있도록 하던 중이라도 그 보유나 이용을 할 정당한 이유가 없어졌을 때 개인이 자신의 정보에 대한 수정이나 사용중지 또는 삭제 등을 해 줄 것을 자기 스스로(주체적으로) 결정할 수 있는 기본권임을 뜻한다고 볼 때 '개인정보자기결정권'은 '자기정보통제권' 등과 그 뜻에서 별 차이가 없음.

▶ 따라서 개인이 자신에 대한 정보를 언제 누구에게 얼마만큼 줄 것인가와

● 개인정보자기결정권의 용어 검토 (3) 및 개인정보자기결정권의 성립 배경 (1)

▶ 사용하도록 할 것인가, 그리고 이용 또는 사용중지나 수성 또는 삭제 등을 주체적 입장에서 원칙적으로 결정할 수 있는 기본권이라는 뜻을 가장 잘 나타내 주는 용어인 '개인정보자기결정권'을 본 강의에서 사용함.

▶ 오늘날과 같은 고도로 발달된 정보화 사회에서 국가가 사회구조 및 경제구조의 형성자로서의 기능을 수행하기 위해서는 필연적으로 개인의 행태를 유도하고, 조정하며, 계획하는 유형의 활동을 해야만 하고, 국가가 이러한 활동을 효율적으로 수행하기 위해서는 사회경제질서 및 이와 관련된 개인의 정보를 수집하고, 평가하며, 보존하여야 할 필요성이 있음.

▶ 그러나 이러한 국가의 정보수요는 개인의 신상과 관련된 정보의 수집과

● 개인정보자기결정권의 성립 배경 (2)

▶ 배포, 또는 자신의 정보가 개인이 의도하지 않는 방법과 목적으로 사용될 수 있어 개인에게 어느 정도의 사생활에 대한 희생을 요구하고, 개인의 자유에 대한 위협요소가 되기도 하며, 기업이나 기타 단체는 효율적인 업무수행이나 활동을 하기 위해서 개인의 정보를 수집하고, 처리하며, 급속한 컴퓨터 이용기술의 발달이라는 환경적 요인으로 인해 개인은 정보주체로서의 지위가 약해져 가고 있음.

▶ 이에 개인이 적극적이고 능동적인 정보주체로서의 지위를 확보할 수 있도록 오늘날과 같은 고도의 정보화 사회에서 개인정보자기결정권이라는 기본권의 성립이 새롭게 필요함.

▶ 개인정보자기결정권은 우리나라 헌법상 명확한 근거 규정이 없는바, 이 기

● 개인정보자기결정권의 헌법적 근거 (1)

(이 부분은 이희훈 a, 앞의 책, 92-93면 참조)

▷ 본권에 대한 헌법적 근거에 대해 대법원과 헌법재판소는 각각 다음과 같이 판시함.

▷ 1998년 7월 24일에 대법원은 "헌법 제10조와 헌법 제17조는 개인의 사생활 활동이 타인으로부터 침해되거나 사생활이 함부로 공개되지 아니할 소극적인 권리는 물론, 오늘날 고도로 정보화된 현대사회에서 자신에 대한 정보를 자율적으로 통제할 수 있는 적극적인 권리까지도 보장하려는 데에 그 취지가 있다."고 보아 개인정보자기결정권의 헌법적 근거는 헌법 제10조와 제17조에서 도출된다고 판시함(대판 1998. 7. 24, 96다42789 판결).

▷ 2005년 5월 26일에 헌법재판소는 "개인정보자기결정권의 헌법상 근거로는 헌법 제17조의 사생활의 비밀과 자유, 헌법 제10조 제1문의 인간의 존엄과

● 개인정보자기결정권의 헌법적 근거 (2)

▷ 가치 및 행복추구권에 근거를 둔 일반적 인격권 또는 위 조문들과 동시에 우리 헌법의 자유민주적 기본질서 규정 또는 국민주권원리와 민주주의원리 등을 고려할 수 있다. 그러나 개인정보자기결정권으로 보호하려는 내용을 위 각 기본권들 및 헌법원리들 중 일부에 완전히 포섭시키는 것은 불가능하다고 할 것이므로, 그 헌법적 근거를 굳이 어느 1~2개에 국한시키는 것은 바람직하지 않다. 따라서 개인정보자기결정권은 이들을 이념적 기초로 하는 독자적 기본권으로서 헌법에 명시되지 아니한 기본권이라고 보아야 할 것이다."라고 보아 개인정보자기결정권의 헌법적 근거를 헌법 제37조 제1항에서 도출되는 기본권이라고 판시한 경우도 있음(헌재 2005. 5. 26, 99헌마513 및 2004헌마190 참조).

개인정보자기결정권의 헌법적 근거 (3) 및 개인정보자기결정권의 주체 (1)

(이 개인정보지기결정권의 주체 부분은 이희훈 a, 앞의 책, 94면 일부 참조)

▷ 2005년 7월 21일에 헌법재판소는 "인간의 존엄과 가치, 행복추구권을 규정한 헌법 제10조 제1문에서 도출되는 일반적 인격권 및 헌법 제17조의 사생활의 비밀과 자유에 의하여 보장되는 개인정보자기결정권은 자신에 관한 정보가 언제 누구에게 어느 범위까지 알려지고 또 이용되도록 할 것인지를 그 정보주체가 스스로 결정할 수 있는 권리이다."라고 보아 개인정보자기결정권의 헌법적 근거를 헌법 제10조와 제17조에서 도출되는 기본권이라고 판시함 (헌재 2005. 7. 21, 2003헌마282 참조).

▷ 개인정보자기결정권은 개인이 자신의 정보에 대해 언제 누구에게 얼마만큼 줄 것인가와 사용하도록 할 것인가, 그리고 이용 또는 사용중지나 수정 또는 삭제 등을 주체적 입장에서 원칙적으로 결정할 수 있게 하여 궁극적으로

개인정보자기결정권의 주체 (2)

▷ 개인의 인격을 실현하는 것을 보장해 주는 기본권이므로, 그 주체는 자연인에 한정된다고 보는 것이 타당함.

▷ 따라서 자연인인 이상 국민을 포함하여 외국인이나 무국적자도 개인정보자기결정권의 주체가 된다고 할 것임.

▷ 이러한 견지에서 개인정보 보호법 제2조 제1호에서 "개인정보란 살아 있는 개인에 관한 정보로서 성명, 주민등록번호 및 영상 등을 통하여 개인을 알아볼 수 있는 정보를 말한다."라고 규정함.

▷ 이러한 사유로 개인정보자기결정권의 주체의 범위에 법인이나 기타 단체는 포함될 수 없고, 사자(死者)도 그 주체에서 배제된다고 할 것임.

● 개인정보자기결정권의 내용 (1)

(이 부분은 이희훈 I, 개인정보자기결정권과 정보통신망 이용촉진 및 정보보호 등에 관한 법률 개정안에 대한 연구, 입법학연구 제13집 제2호, 2017. 2, 130－136면 참조)

▶ 오늘날 정보통신기술의 발달에 따라 국가의 정치적 필요나 기업 또는 사인이 시장의 필요에 따른 거래 관계에 있어 그 거래 당사자의 신원확인을 매우 높게 확인할 수 있으므로, 적법하게 수집된 개인정보를 처리할 때 그 입력이나 사용 또는 타인에게 제공시 정보주체의 식별을 최소화하여 그러한 각종 신원 확인시 헌법적 차원에서 적절히 제한 내지 통제할 수 있도록 개인정보자기결정권의 한 내용으로 '익명권'을 보장해야 함(권건보, 개인정보보호와 자기정보통제권, 경인문화사, 2005, 219면 참조).

▶ 이에 따라 개인정보 보호법 제3조 제7항에서는 "개인정보처리자는 개인정보의 익명처리가 가능한 경우에는 익명에 의하여 처리될 수 있도록 하여야 한다."라고 규정하고 있음.

▶ 개인정보자기결정권에 의해 개인은 자신에 대한 정보를 언제 얼마만큼을

● 개인정보자기결정권의 내용 (2)

▶ 누구에게 주어 상대방이 자신의 정보를 수집하도록 할 것인가를 원칙적으로 결정할 수 있는 자신의 정보수집에 대한 동의권을 가짐.

▶ 이러한 개인의 정보에 대한 수집동의권은 상대방의 충분한 개인정보의 수집목적과 정보수집자와 관리자의 신원 및 향후 개인정보에 대해 정보주체가 관여할 수 있는가 등에 대한 설명과 고지와 적법한 절차에 따른 수집이 전제되어야 함.

▶ 한편 개인의 사상이나 신조 등 개인의 민감하고 내밀한 개인정보에 대해서는 원칙적으로 그 수집을 제한해야 함. 왜냐하면 개인의 이러한 무분별한 정보의 수집은 개인의 사생활을 크게 해쳐 궁극적으로는 개인의 인격권을 침해하기 때문임.

▶ 이에 따라 개인정보 보호법 제4조 제1호 및 제2호에서는 "정보 주체는 자

● 개인정보자기결정권의 내용 (3)

▷ 신의 개인정보 처리와 관련하여 다음 각 호의 권리를 가진다. 1. 개인정보의 처리에 관한 정보를 제공받을 권리, 2. 개인성보의 처리에 관한 동의 여부, 동의 범위 등을 선택하고 결정할 권리"라고 규정하고 있음.

▷ 개인이 자신에 대한 정보를 수집한 자나 현재 그 정보를 보유한 자가 자신이 허락한 사용범위를 초과하거나 무단으로 제3자에게 제공하거나 또는 제3자에게 자신의 개인정보가 무방비로 노출될 위험에 처해 있는 등 자신의 개인정보를 사용·관리·처분을 잘못하고 있을 경우 및 정보주체가 더 이상 자신의 개인정보를 보유 및 관리하고 있는 상대방에게 보유나 관리를 하고 있게 할 필요가 없어졌을 때 등의 경우에는 자신의 개인정보를 사용·관리·처분을 하고 있던 그 상대방에게 자신의 개인정보에 대한 사용중지나 삭제나

● 개인정보자기결정권의 내용 (4)

▷ 폐기 등을 청구할 수 있도록 개인정보자기결정권의 한 내용으로 자신의 개인정보에 대한 '정보 수집 및 이용 제한청구권'을 보장해야 함.

▷ 이에 따라 개인정보 보호법 제3조 제1항부터 제4항까지 "제1항: 개인정보처리자는 개인정보의 처리 목적을 명확하게 하여야 하고 그 목적에 필요한 범위에서 최소한의 개인정보만을 적법하고 정당하게 수집하여야 한다. 제2항: 개인정보처리자는 개인정보의 처리 목적에 필요한 범위에서 적합하게 개인정보를 처리하여야 하며, 그 목적 외의 용도로 활용하여서는 아니 된다. 제3항: 개인정보처리자는 개인정보의 처리 목적에 필요한 범위에서 개인정보의 정확성, 완전성 및 최신성이 보장되도록 하여야 한다. 제4항: 개인정보처리자는 개인정보의 처리 방법 및 종류 등에 따라 정보주체의 권리가 침해 받

● 개인정보자기결정권의 내용 (5)

▶ 을 가능성과 그 위험 정도를 고려하여 개인정보를 안전하게 관리하여야 한다."라고 규정하고 있음. 그리고 개인정보 보호법 제18조 제1항에서 "개인정보처리자는 개인정보를 제15조 제1항에 따른 범위를 초과하여 이용하거나 제17조 제1항 및 제3항에 따른 범위를 초과하여 제3자에게 제공하여서는 아니 된다."라고 규정하고 있음. 또한 개인정보 보호법 제4조 제2호에서는 "정보주체는 자신의 개인정보 처리와 관련하여 다음 각 호의 권리를 가진다. 4. 개인정보의 처리 정지, 정정, 삭제 및 파기를 요구할 권리"라고 규정하고 있음.

▶ 개인이 자신에 대한 정보에 대한 수집에 동의한 후에 자신의 정보에 대해 필요시 해당 개인정보를 보유하고 있는 해당 기관에 원칙적으로 자신의

● 개인정보자기결정권의 내용 (6)

▶ 개인정보에 대해 확인 및 열람할 수 있도록 개인정보자기결정권의 한 내용으로 '정보열람청구권'을 보장해야 함.

▶ 이에 따라 개인정보 보호법 제3조 제5항에서는 "개인정보처리자는 개인정보 처리방침 등 개인정보의 처리에 관한 사항을 공개하여야 하며, 열람청구권 등 정보주체의 권리를 보장하여야 한다."라고 규정하고 있음. 그리고 개인정보 보호법 제4조 제3호에서는 "정보주체는 자신의 개인정보 처리와 관련하여 다음 각 호의 권리를 가진다. 3. 개인정보의 처리 여부를 확인하고 개인정보에 대하여 열람(사본의 발급을 포함한다)을 요구할 권리"라고 규정하고 있음.

▶ 개인정보의 주체가 자신의 개인정보에 대해 확인 및 열람한 결과 그 정보

● 개인정보자기결정권의 내용 (7)

▶ 의 내용이 부정확해지거나 변경할 필요가 생겼을 때에는 그 정보의 수집자나 현재 그 정보의 보유자에게 자신의 정보에 대해 신속히 수성이나 정정 또는 변경을 요청할 수 있고, 그 요청에 대한 결과를 알 수 있도록 하기 위하여 개인정보자기결정권의 한 내용으로 자신의 개인정보에 대한 '정보 수정(정정)청구권'을 보장해야 함.

▶ 이에 따라 개인정보 보호법 제4조 제2호에서는 "정보주체는 자신의 개인정보 처리와 관련하여 다음 각 호의 권리를 가진다. 4. 개인정보의 처리 정지, 정정, 삭제 및 파기를 요구할 권리"라고 규정하고 있음.

▶ 특정된 목적을 위해 수집된 개인정보는 다른 기관에서 다른 목적을 위해 수집된 개인정보와 원칙적으로 통합시키지 않고 개인정보 간에 목적별로

● 개인정보자기결정권의 내용 (8)

▶ 각각 분리된 상태로 보유 및 관리해야 하고, 개인정보처리 시스템의 설치여부, 설치 목적, 정보처리방식, 처리정보의 항목, 시스템운영책임자, 처리시스템에 의한 자동결정이 이루어지는지 여부 등 수집된 개인정보에 대한 보유와 처리상황 등이 전반적으로 투명하게 공개하기 위하여 개인정보자기결정권의 한 내용으로 '정보 분리와 시스템 공개 청구권'을 보장해야 함(권건보, 앞의 책, 220면 참조).

▶ 이에 따라 개인정보 보호법 제3조 제6항에서는 "개인정보처리자는 정보주체의 사생활 침해를 최소화하는 방법으로 개인정보를 처리하여야 한다."라고 규정하고 있음.

▶ 개인정보처리자는 특정된 목적을 위해 수집된 개인정보에 대해 정보주체의 사생활 침해를 최소화하는 방법으로 관리하도록 노력해야 할 것과 이에 대

● 개인정보자기결정권의 내용 (9)

▷ 해 잘못 관리하여 발생한 피해에 대하여 적정한 책임을 질 수 있도록 하여 개인정보자기결정권이 실질적으로 보호될 수 있도록 개인정보자기결정권의 한 내용으로 '정보 관리 책임 청구권'을 보장해야 함.

▷ 이에 따라 개인정보 보호법 제3조 제8항 및 제4조 제5호에서는 "제3조 제8 항: 개인정보처리자는 이 법 및 관계 법령에서 규정하고 있는 책임과 의무 를 준수하고 실천함으로써 정보주체의 신뢰를 얻기 위하여 노력하여야 한 다. 제4조 제5호: 정보주체는 자신의 개인정보 처리와 관련하여 다음 각 호 의 권리를 가진다. 5. 개인정보의 처리로 인하여 발생한 피해를 신속하고 공 정한 절차에 따라 구제받을 권리"라고 규정하고 있음.

▷ 우리나라에서 2013년 2월 18일부터 인터넷상 주민등록번호의 유출로 인한

● 인터넷상 주민등록번호 사용에 의한 개인정보자기결정권의 침 해 방지
(이 부분은 이희훈 a, 앞의 책, 95면 참조)

▷ 헌법상 개인정보자기결정권이 침해되는 것을 방지해 주기 위하여 인터넷 상에서 주민번호를 요구하는 것이 모두 금지되었음. 즉, 인터넷의 웹사이트 에 회원으로 가입하거나 스마트폰에서 성인임을 인증할 때 이름과 주민등록 번호를 입력하는 방식은 모두 2013년 2월 18일부터 불법임.

▷ 또한 정보통신망 이용촉진 및 정보보호 등에 관한 법률 제23조의 2 규정에 따라 각종 포털 사이트와 게임 사이트 등에서 인터넷상 주민번호의 수집 및 이용이 금지됨. 그 대신 아이핀이나 공인인증서의 인증 또는 휴대전화의 인 증을 통해 본인을 확인하는 방법으로 변경해야 함. 그러나 전자상거래법상 인터넷 결제나 은행, 보험 등 금융기관의 거래, 공공기관 등은 예외로 인터 넷상 주민번호의 수집이 예외적으로 가능함.

인권법 사례 이야기
(12주차-1번째 강의)

● 12주차 강의의 개요와 학습목표

▶ 수강생들이 12주에 학습할 강의의 개요는 신체의 자유의 내용, 거주·이전의 자유의 내용, 주거의 자유의 내용, 사생활의 비밀과 자유의 내용, 인권보호기관인 사법부의 독립과 조직과 구성, 사법절차와 운용방법, 인권보호기관인 법원의 권한, 인권보호기관인 헌법재판소의 조직과 구성 및 심판절차, 인권보호기관인 헌법재판소의 권한에 대해 각각 강의하여, 향후 수강생들이 일상생활 속에서 발생할 수 있는 다양한 인권법적 사례와 쟁점에 대한 기초적인 지식을 알기 쉽고 능동적이며 흥미를 가지고 효과 있게 습득할 수 있도록 하는 것에 12주 강의의 학습 목표가 있음.

● 신체의 자유의 내용 (1)

(이 부분은 이희훈 a, 앞의 책, 81-85면 참조)

▶ 우리나라 헌법 제12조 제1항에서 " … 법률과 적법한 절차에 의하지 아니하고는 처벌·보안처분 또는 강제노역을 받지 아니한다."라고 규정하고 있는 바, 이러한 헌법상의 적법절차원칙은 1987년 10월 29일에 제9차 개정의 현행헌법에서 처음으로 영미법계의 국가에서 국민의 인권을 보장하기 위한 기본원리의 하나로 발달되어 온 적법절차의 원칙을 도입하여 헌법에 명문화한 것으로, 역사적으로 볼 때 적법절차의 원칙은 1215년의 영국의 마그나 카르타(대헌장) 제39조, 1335년의 에드워드 3세 제정법률, 1628년의 권리청원 제4조를 거쳐 1791년의 미국연방수정헌법 제5조 제3문과 1868년의 미국 연방수정헌법 제14조에 명문화되어 모든 국가작용을 지배하는 일반원리로 해석·적용되는 중요한 원칙으로서, 오늘날에는 독일기본법 제104조 등 대륙법계

● 신체의 자유의 내용 (2)

▶ 의 국가에서도 이에 상응하여 일반적인 법치국가원리로 정립된 것임(헌재 1992. 12. 24, 92헌가8).

▶ 이러한 적법절차원칙 중에서 '적법'이란 절차의 적법성뿐만 아니라 절차의 적정성까지 보장되어야 한다는 뜻으로, 이 원칙은 형식적인 절차뿐만 아니라 실체적 법률내용이 합리성과 정당성을 갖춘 것이어야 한다는 실질적 의미로 확대 해석이 되고 있으며, 이러한 적법절차의 원칙을 법률의 위헌여부에 관한 심사기준으로서 그 적용대상을 형사소송절차에 국한하지 않고 모든 국가작용 특히 입법작용 전반에 대해 문제된 법률의 실체적 내용이 합리성과 정당성을 갖추고 있는지의 여부를 판단하는 기준으로 적용하고 있음(헌재 1989. 9. 8, 88헌가6).

• 신체의 자유의 내용 (3)

▶ 우리나라 헌법 제12조 제2항에서 "모든 국민은 고문을 받지 아니하며, 형사상 자기에게 불리한 진술을 강요당하지 아니한다."라고 규정하여 형사사법기관이 피의자나 피고인에게 자백 등을 받기 위하여 가하는 폭력행위 즉, 고문을 금지하고 있음.

▶ 이렇듯 우리나라 헌법 제12조 제2항에서 진술거부권을 보장하고 있는 이유는 피고인 또는 피의자의 인권을 실체적 진실발견이나 사회정의의 실현이라는 국가이익보다 우선적으로 보호함으로써 인간의 존엄성과 가치를 보장하고 비인간적인 자백의 강요와 고문을 근절시키고, 피고인 또는 피의자와 검사 사이에 무기평등을 도모하여 공정한 재판의 이념을 실현하려는 데 있음. 이러한 진술거부권은 현재 피의자나 피고인으로서 수사 또는 공판절차에 계속 중인 자뿐만 아니라 장차 피의자나 피고인이 될 자에게도 보장되며, 형

• 신체의 자유의 내용 (4)

▶ 사절차뿐 아니라 행정절차나 국회에서의 조사절차 등에서도 보장됨. 또한 진술거부권은 고문 등 폭행에 의한 강요는 물론 법률로써도 진술을 강요당하지 아니함을 의미함(헌재 1990. 8. 27, 89헌가118).

▶ 이와 관련하여 우리나라 헌법재판소는 "헌법 제12조 제2항은 진술거부권을 보장하고 있으나, 여기서 '진술'이라 함은 생각이나 지식, 경험사실을 정신작용의 일환인 언어를 통하여 표출하는 것을 의미하는데 반해, 1995년 1월 5일에 개정된 구 도로교통법 제41조 제2항에 규정된 음주측정은 호흡측정기에 입을 대고 호흡을 불어 넣음으로써 신체의 물리적, 사실적 상태를 그대로 드러내는 행위에 불과하므로, 이를 두고 진술이라 할 수 없어 주취운전의 혐의자에게 호흡측정기에 의한 주취 여부의 측정에 응할 것을 요구하고

● 신체의 자유의 내용 (5)

▶ 이에 불응할 경우 처벌한다고 하여도 이는 형사상 불리한 진술을 강요하는 것에 해당한다고 할 수 없기 때문에 도로교통법 제41조 제2항은 헌법 제12조 제2항의 진술거부권조항에 위배되지 아니한다.”라고 판시함(헌재 1997. 3. 27, 96헌가11).

▶ ‘영장주의’란 체포·구속·압수 등의 강제처분을 함에 있어서는 사법권 독립에 의하여 그 신분이 보장되는 법관이 발부한 영장에 의하지 않으면 안 된다는 원칙으로, 영장주의의 본질은 헌법상 신체의 자유를 침해하는 강제처분을 함에 있어서는 중립적인 법관이 구체적 판단을 거쳐 발부한 영장에 의해야만 한다는 것에 있음(헌재 1997. 3. 27, 96헌바28·31·32(병합)).

▶ 우리나라 헌법 제12조 제3항에서 “체포, 구속, 압수 또는 수색을 할 때에는 적법한 절차에 따라 검사의 신청에 의하여 법관이 발부한 영장을 제시하여

● 신체의 자유의 내용 (6)

▶ 야 한다. 다만 현행범인인 경우와 장기 3년 이상의 형에 해당하는 죄를 범하고 도피 또는 증거인멸의 염려가 있을 때에는 사후에 영장을 청구할 수 있다.”라고 규정하여 적법절차의 원칙과 함께 영장주의를 밝히고 있음.

▶ 우리나라 헌법 제12조 제4항에서 “누구든지 체포 또는 구속을 당한 때에는 즉시 변호인의 조력을 받을 권리를 가진다. 다만 형사피고인이 스스로 변호인을 구할 수 없을 때에는 법률이 정하는 바에 의하여 국가가 변호인을 붙인다.”라는 규정과 형사소송법 제30조 제1항에서 “피고인 또는 피의자는 변호인을 선임할 수 있다.”라는 규정 등에 의한 헌법상의 기본권인 변호인의 조력을 받을 권리는 형사절차에서 피의자 또는 피고인이 검사 등 수사·공소기관과 대립되는 당사자의 지위에서 변호인 또는 변호인이 되려는 자와 사이에 충분한 접견교통에 의하여 피의사실이나 공소사실에 대하여 충분하

신체의 자유의 내용 (7) 및 거주 · 이전의 자유의 내용 (1)
(이 거주·이전의 자유의 내용 부분은 이희훈 a, 앞의 책, 88면 참조)

▷ 게 방어할 수 있노록 함으로써 피고인이나 피의자의 인권을 보장하려는 데 그 제도의 취지가 있음(헌재 1998. 8. 27, 96헌마398).

▷ 따라서 형사사건에 있어 변호인의 조력을 받을 권리는 피의자나 피고인을 불문하고 보장됨(헌재 2008. 9. 25, 2007헌마1126).

▷ 피의자나 피고인이 체포나 구속을 당한 때 및 불구속 피의자나 피고인에게 모두 수사절차의 개시에서부터 재판절차의 종료에 이르기까지 변호인을 옆에 두고 조언과 상담을 구하기 위한 변호인의 조력을 받을 권리는 모두 인정됨(헌재 2004. 9. 23, 2000헌마138).

▷ 우리나라 헌법 제14조의 거주·이전의 자유는 국가의 간섭 없이 자유롭게 거주와 체류지를 정할 수 있는 자유로서 정치·경제·사회·문화 등 모든 생활

거주 · 이전의 자유의 내용 (2) 및 주거의 자유의 내용
(이 주거의 자유의 내용 부분은 이희훈 a, 앞의 책, 89면 참조)

▷ 영역에서 개성신장을 촉진함으로써 헌법상 보장되고 있는 다른 기본권들의 실효성을 증대시켜 주는 기능을 하며, 구체적으로는 국내에서 체류지와 거주지를 자유롭게 정할 수 있는 자유영역뿐 아니라 나아가 국외에서 체류지와 거주지를 자유롭게 정할 수 있는 '해외여행 및 해외 이주의 자유'를 포함하고 덧붙여 대한민국의 국적을 이탈할 수 있는 '국적변경의 자유' 등도 그 내용에 포섭된다고 보아야 함. 따라서 해외여행 및 해외이주의 자유는 필연적으로 외국에서 체류 또는 거주하기 위해서 대한민국을 떠날 수 있는 '출국의 자유'와 외국체류 또는 거주를 중단하고 다시 대한민국으로 돌아올 수 있는 '입국의 자유'를 포함함(헌재 2004. 10. 28, 2003헌가18).

▷ 우리나라 헌법 제16조에서 보장하는 주거의 자유는 개방되지 않은 사적 공간인 주거를 공권력이나 제3자에 의해 침해 당하지 않도록 함으로써 국민의 사생활영역을 보호하기 위한 권리임(헌재 2014. 7. 24, 2012헌마662).

사생활의 비밀과 자유의 내용 (1)

(이 부분은 이희훈 a, 앞의 책, 89-91면 참조)

▶ 우리나라 헌법 제17조에서 "모든 국민은 사생활의 비밀과 자유를 침해 받지 아니한다."라고 규정하여 사생활의 비밀과 자유를 보장하고 있는바, 여기서 '사생활의 비밀'이란 사생활과 관련된 사사로운 자신만의 영역이 본인의 의사에 반해서 타인에게 알려지지 않도록 할 수 있는 권리를 뜻하며, '사생활의 자유'란 사회공동체의 일반적인 생활규범의 범위 내에서 사생활을 자유롭게 형성해 나가고 그 설계 및 내용에 대해서 외부로부터의 간섭을 받지 아니할 권리를 뜻함(헌재 2001. 8. 30, 99헌바92 등).

▶ 우리나라 헌법 제17조의 사생활의 비밀과 자유의 불가침 규정의 입법취지를 살펴보면 1980년에 제8차 헌법개정시 현대 사회가 정보화 사회로 발전하면서 개인의 사생활이 노출되는 위험이 증대하고, 국가기관이나 기업 등 각종 단체 또는 타인에 의한 개인의 사사(私事)에 관한 정보의 수집·보관 등

사생활의 비밀과 자유의 내용 (2)

▶ 의 과정에서 개인의 사생활이 침해되는 면이 많이 생겨 개인의 사생활을 보호해야 할 필요성이 커져 이에 개인의 사생활을 포괄적으로 보호하는 조항을 1980년 헌법의 제16조에 신설한 것이라고 할 것임. 즉, 정보기술의 발달에 따른 직접적인 기본권의 보호를 위해 기존의 고전적인 주거의 자유와 달리 우리나라 헌법 제17조의 사생활의 비밀과 자유 규정을 신설한 것이라고 할 것임(성낙인, 언론정보법, 나남출판, 1998, 486면; 한상범, 제5공화국 헌법의 특색, 고시계 제288호, 1981. 2, 18면).

▶ 이러한 사생활의 비밀과 자유와 관련하여 우리나라 헌법재판소는 "사람의 육체적·정신적 상태나 건강에 대한 정보, 성생활에 대한 정보와 같은 것은 인간의 존엄성이나 인격의 내적 핵심을 이루는 요소이다. 따라서 외부세계의 어떤 이해관계에 따라 그에 대한 정보를 수집하고 공표하는 것이 쉽게

● 사생활의 비밀과 자유의 내용 (3)

▶ 허용되어서는 개인의 내밀한 인격과 자기정체성이 유지될 수 없다. 공직자 등의 병역사항 신고 및 공개에 관한 법률 제8조 제1항 본문 가운데 '4급 이상의 공무원 본인의 질병명에 관한 부분'(이하에서 '이 사건 법률조항'이라 함)에 의하여 그 공개가 강제되는 질병명은 내밀한 사적 영역에 근접하는 민감한 개인정보로서, 특별한 사정이 없는 한 타인의 지득(知得), 외부에 대한 공개로부터 차단되어 개인의 내밀한 영역 내에 유보되어야 하는 정보이다. 이러한 성격의 개인정보를 공개함으로써 사생활의 비밀과 자유를 제한하는 국가적 조치는 엄격한 기준과 방법에 따라 섬세하게 행하여지지 않으면 아니된다. 병무행정에 관한 부정과 비리가 근절되지 않고 있으며, 그 척결 및 병역부담 평등에 대한 사회적 요구가 대단히 강한 우리 사회에서 '부정한 병역면탈의 방지'와 '병역의무의 자진이행에 기여'라는 입법목적을 달

● 사생활의 비밀과 자유의 내용 (4)

▶ 성하기 위해서는 병역사항을 신고하게 하고 적정한 방법으로 이를 공개하는 것이 필요하다고 할 수 있다. 한편 질병은 병역처분에 있어 고려되는 본질적 요소이므로 병역공개제도의 실현을 위해 질병명에 대한 신고와 그 적정한 공개 자체는 필요하다 할 수 있다. 그런데 이 사건 법률조항은 사생활 보호의 헌법적 요청을 거의 고려하지 않은 채 인격 또는 사생활의 핵심에 관련되는 질병명과 그렇지 않은 것을 가리지 않고 무차별적으로 공개토록 하고 있으며, 일정한 질병에 대한 비공개요구권도 인정하고 있지 않다. 이에 그 공개시 인격이나 사생활의 심각한 침해를 초래할 수 있는 질병이나 심신장애 내용까지도 예외 없이 공개함으로써 신고의무자인 공무원의 사생활의 비밀을 심각하게 침해하고 있다. 따라서 이 사건 법률조항이 공적 관심의 정도가 약한 4급 이상의 공무원들까지 대상으로 삼아 모든 질병명을 아무런

● 사생활의 비밀과 자유의 내용 (5)

▶ 예외 없이 공개토록 한 것은 입법목적 실현에 치중한 나머지 사생활 보호의 헌법적 요청을 현저히 무시한 것이고, 이로 인하여 해당 공무원들의 헌법 제17조가 보장하는 기본권인 사생활의 비밀과 자유를 침해하는 것이다." 라고 판시함(헌재 2007. 5. 31, 2005헌마1139).

▶ 이후 이 사건 법률조항은 병역신고대상자가 대통령령으로 정하는 질병·심신장애 또는 처분사유로 제2국민역에 편입된 경우와 병역이 면제된 경우 중 어느 하나에 해당하면 병적증명서 발급을 신청하거나 병역사항 또는 변동사항을 신고할 때에 질병명·심신장애내용 또는 처분사유의 비공개를 요구할 수 있고, 이 경우 병무청장은 그 질병명·심신장애내용 또는 처분사유를 공개해서는 안 되는 것으로 개정됨.

인권법 사례 이야기

(12주차-2번째 강의)

● 인권보호기관인 사법부의 독립과 조직 및 구성 (1)

(이 부분은 이희훈 a, 앞의 책, 330-335면 참조)

▶ 법원은 당사자 간에 발생한 법적 다툼 문제에 대하여 제3자의 관점에서 객관적이고 독립적이며 공정한 입장에서 해당 법적 분쟁사건에 대한 판결을 내려주어 당사자의 법적 다툼과 분쟁을 해결해 주는 역할을 행하는 국가최고기관 중의 하나임.

▶ 사법부는 입법부로부터 독립해야 함. 다만 입법부의 입법에 의하여 사법부가 구성되고, 법관이 법률에 구속되어 재판을 하도록 되어 있는바, 이것은 법치국가의 당연한 요청으로서 법원이 국회에 예속되어 있음을 의미하는 것은 아님.

▶ 입법부인 국회는 헌법 제61조 제1항에 의한 국정감사·국정조사권, 헌법 제104조 제1·2항에 의한 대법원장과 대법관에 대한 임명동의권, 헌법 제54조

● 인권보호기관인 사법부의 독립과 조직 및 구성 (2)

▶ 제1항에 의한 법원예산심의 · 확정권과 헌법 제65조 제1항에 의한 법관탄핵
소추권을 가지며, 헌법 제107조 제1항에 의해 사법부는 헌법재판소에 위헌
법률심판제청권을 가짐으로써 국회와 상호 견제와 균형의 관계를 이루고
있음.

▶ 권력분립의 원칙상 사법부와 행정부는 상호 독립되어 있는바, 사법부는 헌
법 제107조 제2항에 의해 행정처분에 대한 심판권이나 명령 · 규칙이 재판의
전제성을 갖는 한도에서 위헌 · 위법 명령 · 규칙심사권을 가지는 반면, 행정
부는 헌법 제54조 제2항에 의한 사법부 예산의 편성권과 헌법 제79조에 의
한 사면권 등을 갖고 양자 간에 견제와 균형의 관계를 이루고 있음.

● 인권보호기관인 사법부의 독립과 조직 및 구성 (3)

▶ 우리나라 헌법 제103조에서 "법관은 헌법과 법률에 의하여 그 양심에 따라
독립하여 심판한다."라고 규정하여 법관에게 재판상 어느 누구로부터도 간
섭을 받지 않고, 오로지 헌법과 법률에 의하여 그 양심에 따라 독립하여 심
판할 수 있도록 헌법은 보장하고 있는바, 이를 법관의 '재판상(직무상) 독립'
이라고 함.

▶ 즉, 법관이 재판을 함에 있어서 국회나 행정부 등의 국가기관의 지시나 명
령에 구속 받지 아니하고, 여러 국가기관들은 재판에 간섭해서는 안 됨. 이
에 법관 스스로 정치적 활동이나 이권문제에 개입하는 행위 등을 해서는 안
됨. 이에 우리나라 법원조직법상 "법관은 재직 중 다음의 행위를 할 수 없
다. 1. 국회 또는 지방의회의 의원이 되는 일, 2. 행정부서의 공무원이 되는

● 인권보호기관인 사법부의 독립과 조직 및 구성 (4)

▶ 일, 3. 정치운동에 관여하는 일, 4. 대법원장의 허가 없이 보수 있는 직무에 종사하는 일, 5. 금전상의 이익을 목적으로 하는 업무에 종사하는 일, 6. 대법원장의 허가 없이 보수의 유무를 불문하고 국가기관 외의 법인과 단체 등의 고문, 임원, 직원 등의 직위에 취임하는 일, 7. 기타 대법원규칙으로 정하는 일"이라고 규정하고 있음.

▶ 그리고 법관의 재판상(직무상) 독립을 위해 법관이 재판을 함에 있어서 소송당사자로부터 독립해야 함.

▶ 이에 따라 각종 소송법에서는 법관의 제척, 기피, 회피제도를 규정하여 재판의 공정성을 제고시키고 있음. 다만 국민이나 언론 또는 정치, 사회단체 등은 재판의 내용에 대해 비판할 수 있음.

● 인권보호기관인 사법부의 독립과 조직 및 구성 (5)

▶ 그러나 법원에서 판결하기 전에 재판에 영향을 주기 위해 법관에게 직접적인 위협이나 유형력을 행사하는 것은 인정되지 아니함.

▶ 또한 대법원장이나 상소심법원장 또는 소속법원장도 당해 재판을 하는 법관에게 사전에 재판에 지시하거나 간섭할 수 없고, 판결 후에 재판을 취소하거나 변경시킬 수는 없음.

▶ 참고로 '제척'이란 재판의 공정을 보장하기 위해 구체적인 사건에서 법관이 사건 자체 또는 사건의 당사자와 특수한 관계를 가진 경우 그를 집무집행으로부터 배제하는 것을 뜻함.

▶ 예를 들어, 민사소송법상 "법관은 다음 각호 가운데 어느 하나에 해당하면 직무집행에서 제척된다. 1. 법관 또는 그 배우자나 배우자이었던 사람이 사

● 인권보호기관인 사법부의 독립과 조직 및 구성 (6)

▶ 건의 당사자가 되거나, 사건의 당사자와 공동권리자·공동의무자 또는 상환의무자의 관계에 있는 때, 2. 법관이 당사자와 친족의 관계에 있거나 그러한 관계에 있었을 때, 3. 법관이 사건에 관하여 증언이나 감정을 하였을 때, 4. 법관이 사건당사자의 대리인이었거나 대리인이 된 때, 5. 법관이 불복사건의 이전 심급의 재판에 관여하였을 때"라고 규정하고 있음.

▶ 다음으로 '기피'란 법관이 제척원인 이외에 재판의 공정을 방해할 만한 사정이 있는 경우에 당사자의 신청에 의해 그 법관을 직무집행으로부터 배제하는 것을 뜻함. 예를 들어, 민사소송법상 "당사자는 법관에게 공정한 재판을 기대하기 어려운 사정이 있는 때에는 기피신청을 할 수 있다."라고 규정

● 인권보호기관인 사법부의 독립과 조직 및 구성 (7)

▶ 하고 있음.

▶ '회피'란 법관이 제척이나 기피의 사유가 있을 때에 서면으로 감독권이 있는 법원의 허가를 받아 재판에 참여하지 않을 수 있는 것을 뜻함.

▶ 사법부의 주된 기능인 재판의 실질적 독립보장을 위해 법관의 신분상 독립 즉, 인사상 독립과 법관의 자격제 및 헌법 제106조에서 보장하고 있는 법관의 임기보장 등을 위해 법원조직법으로 이에 대해 자세한 규정을 두어 법관의 신분보장을 하고 있음.

▶ 이를 위해 우리나라 헌법 제104조 제3항에서는 "대법원장과 대법관이 아닌 법관은 대법관회의의 동의를 얻어 대법원장이 임명한다."라고 규정하고 있

인권보호기관인 사법부의 독립과 조직 및 구성 (8)

▷ 고, 헌법 제101조 제3항에서는 법관이 될 수 있는 자격을 법률로 정하도록 규정하고 있으며, 헌법 제105조에서는 "대법원장의 임기는 6년으로 하며, 중임할 수 없다(제1항). 대법관의 임기는 6년으로 하며, 법률이 정하는 바에 의하여 연임할 수 있다(제2항). 대법원장과 대법관이 아닌 법관의 임기는 10년으로 하며, 법률이 정하는 바에 의하여 연임할 수 있다(제3항). 법관의 정년은 법률로 정한다(제4항)."라고 규정하고 있음.

▷ 또한 우리나라 법원조직법 제45조 제4항에서는 "대법원장과 대법관의 정년은 각각 70세, 판사의 정년은 65세로 한다."라고 규정하고 있음.

인권보호기관인 사법부의 독립과 조직 및 구성 (9)

▷ 우리나라 헌법 제101조 제2항에 의해 법원은 대법원을 최고법원으로 하여 각급법원으로 조직된다. 그리고 헌법 제102조 제3항에 의해 대법원과 각급법원의 조직은 법률로 정하도록 하고 있는바, 이에 대한 법률로는 '법원조직법'과 '각급 법원의 설치와 관할구역에 관한 법률'이 있음.

▷ 대법원은 우리나라 헌법 제102조 제1항에 의해 사법부 내의 최고의 법원으로서 대법원에는 부를 둘 수 있도록 규정하고 있음.

▷ 그리고 우리나라 헌법 제102조 제2항 제1문에 의해 대법원에는 국회의 동의를 얻어 대통령이 임명하는 대법원장(헌법 제104조 제1항)과 대법원장의 제청으로 국회의 동의를 얻어 대통령이 임명하는 대법관(헌법 제104조

● 인권보호기관인 사법부의 독립과 조직 및 구성 (10)

▷ 제2항)을 두게 됨.

▷ 또한 대한민국 헌법 제102조 제2항 제2문에 의해 대법원의 업무의 과중을 덜기 위하여 법률이 정하는 바에 의하여 대법관이 아닌 법관을 둘 수 있음.

▷ 대법원의 하급법원으로 법원조직법상 고등법원과 특허법원을 두고 있고, 지방법원 및 지방법원급에 해당하는 행정법원과 가정법원을 두고 있으며, 특별법원으로는 헌법 제110조에서 군사법원을 각각 두고 있음.

▷ 이중에서 특허법원과 행정법원 및 가정법원을 '특수법원'이라고 하는바, '특수법원'이란 법관의 자격을 가진 자가 재판을 담당하고, 최고법원인 대법원에 상고를 할 수 있도록 인정된다고 하더라도 그 관할이 한정되고 그 대상이 특수한 법원을 뜻함.

● 인권보호기관인 사법부의 독립과 조직 및 구성 (11)

▷ 이중에서 특허법원은 지난 1998년 3월 1일에 사법제도 개혁의 영향으로 신설됨.

▷ 한편 우리나라 헌법 제110조에서는 군사법원에 대해 규정하고 있고, 이에 근거한 군사법원법에서는 군사법원의 조직과 권한 및 심판절차와 군사법원에 설치되는 군검찰관의 조직에 대해 규정하고 있음.

▷ 우리나라 군사법원법 제5조에 의하면 군사법원의 종류로 고등군사법원과 보통군사법원을 두고 있고, 군사법원법 제6조 제1항에 의해 고등군사법원은 국방부에 설치하며, 군사법원법 제6조 제2항에 의해 보통군사법원은 국방부, 국방부직할 통합부대, 각 군 본부 및 편제상 장관급 장교가 지휘하는 예

- ## 인권보호기관인 사법부의 독립과 조직 및 구성 (12)과 사법절차와 운용방법 (1)
  <small>(이 사법절차와 운용방법 부분은 이희훈 a, 앞의 책, 335~336면 참고)</small>

  ▷ 하부대 또는 기관(이하에서 '부대'로 줄임. 다만 군 수사기관은 제외함)에 설치하도록 규정하고 있음. 그리고 군사법원법 제7조에 의하여 군사법원에 관할관을 두고, 고등군사법원의 관할관은 국방부장관으로 하며, 보통군사법원의 관할관은 그 설치되는 부대와 지역의 사령관, 장 또는 책임지휘관으로 한다. 다만 국방부 보통군사법원의 관할관은 고등군사법원의 관할관이 겸임하도록 규정하고 있음.

  ▷ 재판은 원칙적으로 3심 제도로 운영됨. 즉, 민사·형사·행정사건은 지방법원합의부(행정법원 또는 지방법원본원합의부) ⇒ 고등법원 ⇒ 대법원의 3심제가 원칙임.

- ## 사법절차와 운용방법 (2)

  ▷ 그러나 소액사건의 경우에는 지방법원(지원)단독부 ⇒ 지방법원(본원)항소(합의)부 ⇒ 대법원의 3심제를 채택하고 있다.

  ▷ 여기서 대한민국 소액사건 심판규칙 제1조의2에 의하면 "소액사건은 제소한 때의 소송목적의 값이 2천만원을 초과하지 아니하는 금전 기타 대체물이나 유가증권의 일정한 수량의 지급을 목적으로 하는 제1심의 민사사건으로 한다."라고 규정되어 있음.

  ▷ 한편 이러한 3심 제도에 대한 예외로서 2심제도와 대법원을 관할로 하는 단심제가 있음.

  ▷ 이중에서 먼저 2심 제도에 해당되는 예로는 1심 법원이 특허법원이 되고, 2심 법원이 대법원이 되는 특허소송 등을 들 수 있음.

● 사법절차와 운용방법 (3)

▷ 그리고 대법원을 관할로 하는 단심제에 해당되는 예로는 다음과 같은 다섯 가지가 있음.

▷ ① 헌법 제110조 제4항에 의해 비상계엄 하의 군사재판은 군인, 군무원의 범죄나 군사에 관한 간첩죄의 경우와 초병, 초소, 유독음식물공급, 포로에 관한 죄 중 법률이 정한 경우에 한하여 단심으로 할 수 있음. 다만 사형을 선고한 경우에는 그러하지 아니함.

▷ 그리고 공직선거법상 ② 대통령선거 및 ③ 국회의원선거에 있어서 선거의 효력에 관하여 이의가 있는 선거인, 정당(후보자를 추천한 정당에 한한다) 또는 후보자와 ④ 비례대표 시, 도의원선거 및 ⑤ 시, 도지사선거에 있어서 선거의 효력에 관한 공직선거법 제220조의 결정에 불복이 있는 소청인(당선

● 사법절차와 운용방법 (4)

▷ 인을 포함한다)은 바로 대법원에 소를 제기할 수 있도록 하여 각각 단심제를 규정하고 있음.

▷ 공직선거법상 ② 대통령선거 및 ③ 국회의원선거에 있어서 당선의 효력에 이의가 있는 정당(후보자를 추천한 정당에 한한다) 또는 후보자와 ④ 비례대표 시, 도의원선거 및 ⑤ 시, 도지사선거에 있어서 당선의 효력에 관한 공직선거법 제220조의 결정에 불복이 있는 소청인 또는 당선인인 피소청인은 바로 대법원에 소를 제기할 수 있도록 한 것을 들 수 있음.

▷ '재판공개의 원칙'은 재판의 공정성을 여론의 감시에 의해 보장하려는 취지에 근거를 둔 것으로, 대한민국 헌법은 제27조 제3항에서 형사재판에 대하여 공개재판을 받는 것을 국민의 권리로 보장하는 한편, 헌법 제109조에서는 형사재판뿐만 아니라 민사재판을 포함한 재판 일반에 대한 사법부의

● 사법절차와 운용방법 (5) 및 인권보호기관인 법원의 권한 (1)

(이 인권보호기관인 법원의 권한 부분은 이희훈 a, 앞의 책, 336−337면 참조)

▷ 의무로서 재판에 대한 공개주의를 규정하고 있음.

▷ 법원의 명령 및 규칙심사권이란 법원이 재판의 대상이 되고 있는 구체적 사건에 적용할 명령이나 규칙의 효력을 심사하여 이를 무효로 판단할 때에는 당해 명령이나 규칙을 당해 사건에 적용하는 것을 배제시키는 권한을 뜻함.

▷ 이에 대해 헌법 제107조 제2항에서는 "명령, 규칙 또는 처분이 헌법이나 법률에 위반되는 여부가 재판의 전제가 된 경우에는 대법원은 이를 최종적으로 심사할 권한을 가진다."라고 규정하고 있음.

▷ 즉, 명령 및 규칙심사권의 주체는 대법원을 포함한 각급 법원이 재판의 대

● 인권보호기관인 법원의 권한 (2)

▷ 상이 되고 있는 구체적 사건에 적용할 명령이나 규칙의 효력을 심사할 수 있음.

▷ 그리고 법원이 명령이나 규칙을 심사하기 위해서는 법원이 구체적인 사건을 재판함에 있어서 그 사건에 적용할 명령, 규칙의 위헌, 위법 여부에 따라 당해 사건을 담당한 법원이 다른 내용의 재판을 하게 되는 경우라야 함.

▷ 만약 법원이 명령이나 규칙 또는 처분이 헌법이나 법률에 위반된다고 인정하였을 때에는 법원은 당해 사건에 적용되는 명령이나 규칙 또는 처분을 당해 사건에서 거부할 수 있을 뿐(개별적 효력의 부정), 무효를 선언할 수는 없음.

▷ 왜냐하면 법원의 본연의 역할은 구체적 사건에 대한 심판에 있는 것이지, 당해 사건에 적용되는 명령이나 규칙 또는 처분의 효력 그 자체를 심사하는 것에 있는 것이 아니기 때문임.

인권법 사례 이야기
(12주차-3번째 강의)

인권보호기관인 헌법재판소의 조직과 구성 (1)
(이 부분은 이희훈 a, 앞의 책, 337-338면 참조)

▶ 법관의 자격을 가진 총 9인의 재판관으로 구성되는바, 이들은 모두 헌법 제111조 제2항에 의해 대통령에 의해 임명됨.

▶ 그리고 9인의 헌법재판소 재판관 중에서 대통령이 지명하는 3인을 제외한 나머지 6인은 헌법 제111조 제3항에 의해 3인은 국회에서 선출된 자를, 또 다른 3인은 대법원장이 지명하는 자를 임명해야 함.

▶ 또한 우리나라 헌법 제111조 제4항과 헌법재판소법 제12조 제2항에 의해 헌법재판소장은 국회의 동의를 얻어 헌법재판소 재판관 9인 중에서 1인을 대통령이 임명함.

▶ 먼저 대통령은 국회의 동의를 얻어 헌법재판소 재판관 중에서 1인의 재판관을 헌법재판소장으로 임명하는바(헌법 제111조 제4항과 헌법재판소법

인권보호기관인 헌법재판소의 조직과 구성 (2)

▷ 제12조 제2항), 헌법재판소장은 헌법재판소를 대표하고, 헌법재판소의 사무를 총괄하며, 소속 공무원을 지휘 및 감독함(헌법재판소법 제12조 제3항).

▷ 그리고 헌법재판소장은 헌법재판소의 조직, 인사, 운영, 심판절차와 그 밖에 헌법재판소의 업무와 관련된 법률의 제정 또는 개정이 필요하다고 인정하는 경우에는 국회에 서면으로 그 의견을 제출할 수 있으며(헌법재판소법 제10조의 2), 헌법재판소장의 대우와 보수는 대법원장의 예에 따름(헌법재판소법 제15조).

▷ 다음으로 헌법재판소 재판관의 대우와 보수는 대법관의 예에 따름(헌법재판소법 제15조).

▷ 그리고 헌법재판소 재판관의 임기는 6년이고, 연임할 수 있으며(헌법 제112

인권보호기관인 헌법재판소의 조직과 구성 (3)

▷ 조 제1항과 헌법재판소법 제7조 제1항), 헌법재판소 재판관의 정년은 65세이고, 헌법재판소장인 재판관의 정년은 70세임(헌법재판소법 제7조 제2항).

▷ 또한 헌법재판소 재판관은 헌법과 법률에 의하여 양심에 따라 독립하여 심판하고(헌법재판소법 제4조), 헌법재판소 재판관은 탄핵 또는 금고 이상의 형의 선고에 의하지 아니하고는 파면되지 않으며(헌법 제112조 제3항), 헌법재판소의 재판관 회의는 헌법재판소 재판관 전원인 9인으로 구성하고, 헌법재판소장이 헌법재판소 재판관 회의의 의장이 됨(헌법재판소법 제16조 제1항). 이러한 헌법재판소 재판관 회의는 헌법재판소 재판관 7명 이상의 출석과 출석인원 과반수의 찬성으로 의결함(헌법재판소법 제16조 제2항).

인권보호기관인 헌법재판소의 심판절차 (1)

(이 부분은 이희훈 a, 앞의 책, 339-340면 참조)

▶ 변호사의 자격이 있는 소속 직원을 대리인으로 선임하여 심판을 수행하게 할 수 있으며(헌법재판소법 제25조 제2항), 각종 심판절차에서 사인이 당사자인 경우에는 변호사를 대리인으로 선임하여 심판청구를 하게 하거나 심판수행을 하도록 해야 함(헌법재판소법 제25조 제3항).

▶ 헌법재판소에 심판청구를 하기 위해서는 심판절차별로 정하여진 청구서를 헌법재판소에 제출해야 함. 다만 위헌법률심판에서는 법원의 제청서, 탄핵심판에서는 국회의 소추의결서의 정본으로 청구서를 갈음하며(헌법재판소법 제26조 제1항), 이러한 심판 청구서에는 필요한 증거서류 또는 참고자료를 첨부할 수 있음(헌법재판소법 제26조 제2항).

인권보호기관인 헌법재판소의 심판절차 (2)

▶ 그리고 헌법재판소가 청구서를 접수한 때에는 지체 없이 그 등본을 피청구기관 또는 피청구인(이하에서 "피청구인"으로 줄임)에게 송달해야 하고(헌법재판소법 제27조 제1항), 위헌법률심판의 제청이 있으면 법무부장관 및 당해 소송사건의 당사자에게 그 제청서의 등본을 송달해야 함(헌법재판소법 제27조 제2항).

▶ 또한 청구서 또는 보정 서면을 송달 받은 피청구인은 헌법재판소에 답변서를 제출할 수 있고(헌법재판소법 제29조 제1항), 답변서에는 심판청구의 취지와 이유에 대응하는 답변을 기재함(헌법재판소법 제29조 제2항).

▶ 먼저 9인의 헌법재판소 재판관이 참여하는 전원재판부는 헌법재판소 재판관 7명 이상의 출석으로 사건을 심리하고(헌법재판소법 제23조 제1항), 탄

인권보호기관인 헌법재판소의 심판절차 (3)

▷ 핵심판, 정당해산심판 및 권한쟁의심판은 구두변론에 의하며(헌법재판소법 제30조 제1항), 위헌법률심판과 헌법소원 심판은 서면심리에 의함(헌법재판소법 제30조 제2항).

▷ 또한 심판의 변론과 결정의 선고는 공개함. 다만 서면심리와 평의는 공개하지 않음(헌법재판소법 제34조 제1항).

▷ 한편 헌법재판소의 심판비용은 원칙적으로 국가가 부담함(헌법재판소법 제37조 제1항).

▷ 재판부가 심리를 마쳤을 때에는 종국결정을 하는바(헌법재판소법 제36조 제1항), 재판부는 종국심리에 관여한 헌법재판소 재판관 과반수의 찬성으로 사건에 관한 결정을 함. 다만 위헌법률심판과 탄핵심판 및 위헌정당해산심

인권보호기관인 헌법재판소의 심판절차 (4)

▷ 판에 대한 결정, 헌법소원에 관한 인용결정을 하는 경우와 종전에 헌법재판소가 판시한 헌법 또는 법률의 해석 적용에 관한 의견을 변경하는 경우에는 헌법재판소 재판관 6명 이상의 찬성이 있어야 함(헌법재판소법 제23조 제2항).

▷ 한편 재판부는 만약 심판청구가 부적합할 경우에 각하결정을 하고, 심판청구가 적법하지만 이유가 없을 때에는 기각결정을 하며, 심판청구가 적법하고 이유가 있을 때에는 인용결정을 함.

▷ 그리고 헌법재판소가 권한쟁의심판의 청구를 받았을 때에는 직권 또는 청구인의 신청에 의하여 종국결정의 선고시까지 심판 대상이 된 피청구인의 처분의 효력을 정지하는 결정을 할 수 있고(헌법재판소법 제65조), 헌법재판소는 심판사건을 접수한 날부터 180일 이내에 종국결정의 선고를 해야 함

● 인권보호기관인 헌법재판소의 심판절차 (5) 및 권한 (1)

(이 헌법재판소의 권한 부분은 이희훈 a, 앞의 책, 340−344면 참조)

▷ (헌법재판소법 제38조).

▷ 또한 헌법재판소가 법률에 대해 위헌결정을 했을 때에는 법원과 그 밖의 국가기관 및 지방자치단체를 기속하며(헌법재판소법 제47조 제1항), 헌법소원의 인용결정은 모든 국가기관과 지방자치단체를 기속함(헌법재판소법 제75조 제1항).

▷ 헌법재판소는 헌법 제111조 제1항 제1호에 의해 국회가 만든 법률이 헌법에 위반되는지 여부를 심사하고, 헌법에 위반된다고 판단하는 경우에 그 법률의 효력을 잃게 하거나 적용하지 못하게 하는 위헌법률심판권을 가지고 있음.

▷ 즉, 어떤 법률이 헌법에 위반되는 여부가 재판의 전제가 된 때에는 당해 사건을 담당하는 법원은 직권 또는 당사자의 신청에 의한 결정으로 헌법재판

● 인권보호기관인 헌법재판소의 권한 (2)

▷ 소에 위헌법률심판을 제청하고, 위헌법률심판의 제청은 각급 법원이 할 수 있지만 대법원을 반드시 거쳐야 하며, 위헌법률제청신청서에는 사건 및 당사자, 위헌이라고 해석되는 법률 또는 법률의 조항, 위헌이라고 해석되는 이유, 기타 필요한 사항을 기재하여 법원에 제출해야 함.

▷ 그리고 법원이 위헌법률심판을 헌법재판소에 제청한 때에는 당해 소송사건의 재판은 원칙적으로 헌법재판소의 종국결정이 있을 때까지 정지되고, 위헌심판제청이 이유 있을 때에는 헌법재판소는 심판의 대상이 된 법률 또는 법률조항이 위헌임을 선언하는 결정을 선고하며, 위헌으로 결정된 법률 또는 는 법률의 조항은 그 결정이 있는 날부터 효력을 상실하고, 헌법재판소의

● 인권보호기관인 헌법재판소의 권한 (3)

▷ 법률에 대한 위헌결정은 법원 기타 국가기관 및 지방자치단체를 기속함.

▷ 우리나라 헌법재판소는 헌법 제111조 제1항 제2호에 의해 형벌 또는 보통의 징계절차로는 처벌하기 곤란한 고위 공무원이나 특수한 직위에 있는 공무원이 맡은 직무와 관련하여 헌법이나 법률에 어긋나는 행위를 하였을 경우 그에 대한 소추를 통하여 당해 공무원을 재판으로 파면하거나 공직에서 물러나게 하는 탄핵심판을 결정할 수 있는 권한을 가지고 있음.

▷ 먼저 헌법재판소법 제49조 제1항에 의해 국회법제사법위원회의 위원장이 탄핵심판의 소추위원이 되고, 동법 제50조에 의해 탄핵소추의 의결을 받은 자는 헌법재판소의 심판이 있을 때까지 그 권한행사가 정지됨.

● 인권보호기관인 헌법재판소의 권한 (4)

▷ 그리고 헌법재판소법 제54조 제1항에 의해 탄핵결정은 피청구인의 민사상 또는 형사상의 책임을 면제하지 아니하며, 헌법재판소법 제54조 제2항에 의해 탄핵결정에 의하여 파면된 자는 결정선고가 있은 날로부터 5년을 경과하지 아니하면 공무원이 될 수 없음. 또한 탄핵심판에는 변호사 강제주의가 적용되며, 탄핵심판은 구두변론에 의함.

▷ 우리나라 헌법재판소는 헌법 제111조 제1항 제4호와 헌법재판소법 제61조 제1항에 의해 국가기관 상호간이나 지방자치단체 상호간 또는 국가기관과 지방자치단체 사이에 권한이 누구에게 있는지 또는 권한이 어디까지 미치는지에 관하여 다툼이 생길 경우에 이러한 분쟁을 해결하는 권한쟁의심판권을 가지고 있음.

● 인권보호기관인 헌법재판소의 권한 (5)

▶ 피청구인의 처분 또는 부작위, 청구의 이유, 기타 필요한 사항을 권한쟁의 심판의 청구서에 기재하여 헌법재판소법 제63조 제1항에 의해 권한쟁의심 판의 사유가 있음을 안 날로부터 60일 이내에, 그 사유가 있은 날로부터 180일 이내에 청구해야 함.

▶ 이러한 권한쟁의심판에는 변호사 강제주의가 적용되지 않으며, 권한쟁의심 판은 구두변론에 의함.

▶ 우리나라 헌법재판소는 헌법 제111조 제1항 제3호와 헌법재판소법 제55조 에 의해 어떤 정당의 목적이나 활동이 헌법이 정하는 민주적 기본질서에 위 배될 때에는 정부는 국무회의의 심의를 거쳐 그 정당을 해산할 것인지 여부 를 결정하는 위헌정당해산심판 결정권을 가지고 있음.

● 인권보호기관인 헌법재판소의 권한 (6)

▶ 먼저 헌법재판소법 제25조 제1항에 의해 법무부장관이 정부를 대표하여 동 법 제56조에 의해 위헌정당해산심판을 청구하는 이유와 위헌정당해산을 요 구하는 정당을 표시하여 헌법재판소에 정당해산심판을 청구할 수 있음.

▶ 그리고 헌법재판소법 제57조에 의해 헌법재판소는 정당해산심판의 청구인 의 신청 또는 직권으로 종국결정의 선고시까지 피청구인의 활동을 정지하는 결정을 할 수 있고, 헌법재판소장은 동법 제58조 제1항에 의해 위헌정당해 산심판의 청구가 있는 때와 가처분결정을 한 때 및 그 심판이 종료한 때에 그 사실을 국회와 중앙선거관리위원회에 통지해야 하며, 동법 제58조 제2항 에 의해 위헌정당해산을 명하는 결정서는 피청구인과 국회와 행정부 및 중 앙선거관리위원회에도 이를 송달해야 함.

● 인권보호기관인 헌법재판소의 권한 (7)

▶ 또한 위헌정당해산심판청구가 이유 있는 때에는 헌법재판소는 정당의 해산을 명하는 결정을 선고하고, 위헌정당의 해산을 명하는 결정이 선고된 때에는 그 정당은 해산됨.

▶ 위헌정당해산을 명하는 헌법재판소의 결정은 중앙선거관리위원회가 정당법에 따라 집행하며, 중앙선거관리위원회는 그 정당의 등록을 말소하고 지체 없이 그 뜻을 공고해야 하고, 해산된 정당의 재산은 국고에 귀속하며, 그 정당의 강령 또는 기본정책과 동일 또는 유사한 대체정당을 새로 만들지 못함과 동시에 그 어떤 정당도 위헌정당으로 해산된 정당과 동일한 명칭을 사용하지 못함.

▶ 이러한 위헌정당해산심판에는 변호사 강제주의가 적용되지 않으며, 위헌정당해산심판은 구두변론에 의함.

● 인권보호기관인 헌법재판소의 권한 (8)

▶ 우리나라 헌법재판소는 헌법 제111조 제1항 제5호와 헌법재판소법 제68조 제1항에 의해 법원의 재판에 대한 것을 제외하고 공권력의 행사 또는 불행사로 인하여 헌법상 보장된 기본권을 직접적으로 현재에 침해 받은 자가 다른 법률에 의한 구제절차를 모두 거친 후, 자신의 기본권을 침해한 공권력의 행사 또는 불행사가 헌법에 위반되는지의 여부에 대해 심판할 수 있는 헌법소원심판권을 가지고 있음.

▶ 여기서 '헌법소원'이란 공권력에 의하여 헌법에 의해 보장된 기본권을 국민 등이 침해 받은 경우에 헌법재판소에 그 침해된 기본권의 구제를 청구하는 제도임.

▶ 이러한 헌법소원심판에는 크게 다음과 같은 2개의 종류가 있음.

인권보호기관인 헌법재판소의 권한 (9)

▶ 첫째, 공권력의 행사 또는 불행사로 인하여 헌법상 보장된 기본권을 침해 받은 자는 법원의 재판을 제외하고는 헌법재판소에 헌법소원심판을 청구할 수 있지만, 다른 법률에 구제절차가 있는 경우에는 그 절차를 모두 거친 후 가 아니면 청구할 수 없도록 되어 있는 '권리구제형(헌법재판소법 제68조 제1항에 의한) 헌법소원'이 있음.

▶ 둘째, 법률이 헌법에 위반되는 여부가 소송사건에서 재판의 전제가 되어 당 사자가 법원에 그 법률의 위헌심판제청을 신청하였지만 그 신청이 기각된 때에는 헌법재판소에 헌법소원심판을 청구할 수 있지만, 이 경우에 그 당사 자는 당해 사건의 소송 절차에서 동일한 사유를 이유로 다시 위헌여부 심판 의 제청을 신청할 수 없도록 되어 있는 '위헌심사형(헌법재판소법 제68조 제

인권보호기관인 헌법재판소의 권한 (10)

▶ 2항에 의한) 헌법소원'이 있음.

▶ 한편 헌법재판소에 헌법소원심판을 청구할 때에는 변호사를 선임하여 헌법 재판소법 제71조 제1항에 의해 청구인 및 대리인의 표시, 침해된 권리, 침해 의 원인이 되는 공권력의 행사 또는 불행사, 청구이유, 기타 필요한 사항 등 을 서면에 기재하여 권리구제형 헌법소원심판은 그 사유가 있음을 안 날부 터 90일 이내에, 그 사유가 있은 날부터 1년 이내에 청구해야 함.

▶ 다만, 권리구제형 헌법소원심판의 경우에 다른 법률에 의한 구제절차를 거 친 경우에는 그 최종결정의 통지를 받은 날부터 30일 이내에 청구해야 함.

▶ 한편 위헌심사형 헌법소원심판은 위헌법률심판의 제청신청이 기각된 날부 터 30일 이내에 청구해야 함.

● 인권보호기관인 헌법재판소의 권한 (11)

▶ 그리고 이러한 헌법소원심판에는 변호사 강제주의가 적용되며, 헌법소원심판은 서면심리에 의함.

인권법 사례 이야기
(13주차-1번째 강의)

• 13주차 강의의 개요와 학습목표

▶ 수강생들이 13주에 학습할 강의의 개요는 행복추구권의 내용, 평등권의 내용, 영화에 대한 상영등급분류제도 및 제한상영가 등급에 대한 머리말, 영비법상 영화에 대한 상영등급분류 규정 및 제한 상영가 등급 규정의 문제점 및 영화의 의미, 영화와 관련된 기본권, 영화에 대한 상영등급분류제도의 헌법적 타당성, 영화의 상영등급분류제도에 대한 외국의 입법례, 영비법상 제한상영가 등급에 대한 헌법적 평가, 셧다운제의 의미와 문제점, 셧다운제의 주요 법적 내용, 셧다운제에 대한 헌법적 검토에 대해 각각 강의하여, 향후 수강생들이 일상생활 속에서 발생할 수 있는 다양한 인권법적 사례와 쟁점에 대한 기초적인 지식을 알기 쉽고 능동적이며 흥미를 가지고 효과 있게 습득할 수 있도록 하는 것에 13주 강의의 학습 목표가 있음.

• 행복추구권의 내용 (1)
(이 부분은 이희훈 a, 앞의 책, 77-80면 참조)

▷ 헌법 제10조의 '행복추구권'이란 소극적으로는 사람이 고통과 불쾌감이 없는 상태를 추구할 권리를 뜻하고, 적극적으로는 사람이 만족감을 느끼는 상태를 추구할 수 있는 권리라고 할 것인바, 행복이라는 개념 자체가 역사적인 조건이나 때와 장소에 따라 그 개념이 달라질 수 있으며, 행복을 느끼는 정신적 상태는 개인의 생활환경이나 생활조건, 인생관, 가치관에 따라 각기 다르다고 할 것이어서 일률적으로 정의하기 어려움(헌재 1997. 7. 16, 95헌가6,13(병합)).

▷ 헌법 제10조의 행복추구권의 법적 성격에 대해 자연권적 권리이며, 헌법 제10조의 인간으로서의 존엄과 가치의 존중 규정과 밀접 불가분의 관계가 있고, 헌법에 규정되어 있는 모든 개별적, 구체적 기본권은 물론 그 이외에 헌법에 열거되지 아니하는 모든 자유와 권리까지도 그 내용으로 하는 포괄적

• 행복추구권의 내용 (2)

▷ 기본권이라고 할 것임(헌재 1997. 7. 16, 95헌가6,13(병합)).

▷ 그러나 헌법 제10조의 행복추구권은 국민이 행복을 추구하기 위하여 필요한 급부를 국가에게 적극적으로 요구할 수 있는 것을 내용으로 하는 것이 아니라, 국민이 행복을 추구하기 위한 활동을 국가권력의 간섭 없이 자유롭게 할 수 있다는 포괄적인 의미의 자유권으로서의 성격만을 가진다고 할 것임(헌재 1995. 7. 21, 93헌가14).

▷ 그리고 헌법 제10조의 행복추구권은 다른 기본권에 대한 보충적 기본권으로서의 성격을 지니므로, 만약 공무담임권이라는 우선적으로 적용되는 기본권이 존재하여 그 침해여부를 판단하게 되면 헌법 제10조의 행복추구권의 침해 여부는 독자적으로 판단할 필요가 없다고 할 것임(헌재 2000. 12. 14, 99

● 행복추구권의 내용 (3)

▷ 헌마112,137(병합)).

▷ 한편 헌법 제10조의 인간의 존엄과 가치 조항은 헌법에서 명확히 규정되어 있지 않은 사람의 인격 형성과 관련된 권리를 보호하는 기능을 하며, 헌법 제10조의 행복추구권 조항은 헌법에서 명확히 규정되어 있지 않은 사람의 인격 형성이나 인격적 성격과 크게 연관되어 있지 않은 '일반적 행동자유권' 과 '개성의 자유로운 발현권' 및 '자기결정권' 등의 근거가 되는 기본권인 점에서 구별됨.

▷ 이중에서 '일반적 행동자유권'이란 개인이 행위를 할 것인가의 여부에 대하여 자유롭게 결단하는 것을 전제로 하여 이성적이고 책임감 있는 사람이라면 자기에 관한 사항은 스스로 처리할 수 있을 것이라는 생각에서 인정되는 것임. 일반적 행동자유권에는 적극적으로 자유롭게 행동을 하는 것은 물

● 행복추구권의 내용 (4)

▷ 론 소극적으로 행동을 하지 않을 자유(부작위의 자유)도 포함되는 것으로서 법률행위의 영역에 있어서는 계약의 체결을 강요 받지 않을 자유인 계약자유의 원칙이 포함됨(헌재 2005. 12. 22, 2004헌바64).

▷ '일반적 행동자유권'은 모든 행위를 할 자유와 행위를 하지 않을 자유로 가치 있는 행동만 그 보호영역으로 하는 것은 아닌 것으로, 그 보호영역에는 개인의 생활방식과 취미에 관한 사항도 포함되며, 여기에는 위험한 스포츠를 즐길 권리와 같은 위험한 생활방식으로 살아갈 권리도 포함됨(헌재 2003. 10. 30, 2002헌마518).

▷ '개성의 자유로운 발현권'은 상당수 헌법 제10조의 행복추구권의 구체적인 표현으로서 일반적인 행동자유권과 함께 행복추구권 안에 포함됨(헌재 1991. 6. 3, 89헌마204).

● 행복추구권의 내용 (5)

▷ 헌법상 '자기결정권'이란 자기의 사적인 사항인 결혼, 이혼, 출산, 피임, 낙태 등 인생의 전반에 걸친 설계에 관한 사항과 생명연장치료의 거부, 자살, 장기이식 등 삶과 죽음에 관한 사항 및 머리모양, 복장, 등산, 수영, 흡연, 음주 등 개인의 생활방식이나 취미에 관한 사항, 그리고 혼전성교, 혼외성교 등 성인 간의 합의에 의한 성적행동에 관한 사항 등에 관하여 스스로 자유롭게 결정하고 그 결정에 따라 행동할 수 있는 권리를 뜻함(김주현, 자기결정권과 그 제한, 헌법논총 제7집, 헌법재판소, 1996, 30면).

▷ 인격 형성이나 인격적 성격과 크게 연관되어 있지 않은 '일반적 행동자유권'과 '개성의 자유로운 발현권' 및 '자기결정권' 등의 근거가 되는 기본권인 점에서 구별됨.

▷ 헌법 제10조의 행복추구권의 주체는 인간의 존엄과 가치와 같이 인간의 권

● 행복추구권의 내용 (6) 및 평등권의 내용 (1)
(이 평등권의 내용은 이희훈 a 앞의 책, 80−81면 참조)

▷ 리에 속한다고 할 것이므로, 자연인(국민과 외국인이 포함됨)은 그 주체가될 것이지만, 법인이나 기타 단체는 그 주체가 될 수 없음.

▷ 헌법 제11조 제1항은 "모든 국민은 법 앞에 평등하다."라고 규정하여 모든 개인에게 기회의 균등 또는 평등의 원칙을 선언하고 있는바, 이러한 평등의 원칙은 국민의 기본권 보장에 관한 우리 헌법의 최고원리로, 국가가 입법을 하거나 법을 해석 및 집행함에 있어 따라야 할 기준인 동시에 국가에 대하여 합리적 이유 없이 불평등한 대우를 하지 말 것과 평등한 대우를 요구할 수 있는 모든 국민의 권리로서, 국민의 기본권 중의 기본권임(헌재 1989. 1. 25, 88헌가7).

● 평등권의 내용 (2)

▶ 우리나라 헌법 제11조 제1항에서 '법'이란 모든 법규범을 의미하므로, 성문법, 불문법, 헌법, 법률, 행정입법, 자치법규, 국제법규범 등을 포함함.

▶ 우리나라 헌법 제11조 제1항에서 '법 앞에'라는 의미는 행정부나 사법부에 의한 법 적용상의 평등만을 의미하는 것이 아니고, 입법권자에게 정의와 형평의 원칙에 합당하게 합헌적으로 법률을 제정하도록 하는 것을 명하는 법 내용상의 평등을 의미하고 있기 때문에 그 입법 내용이 정의와 형평에 반하거나 자의적으로 이루어진 경우에는 평등권 등의 기본권을 본질적으로 침해한 입법권의 행사로서 위헌성을 면하기 어렵다고 할 것임(헌재 1989. 5. 24, 89헌가37, 96(병합)).

● 영화에 대한 상영등급분류제도 및 제한상영가 등급에 대한 머리말 (1)
(이 부분은 이희훈 a 앞의 책, 202－204면 참조)

▶ 제70회 베니스 국제영화제 비경쟁 부문에 초청 받은 김기덕 감독의 영화 '뫼비우스'는 영화의 내용 중에서 아들과 어머니 사이(母子간)에 선정적인 성적 표현이 담긴 장면 등이 지나치게 비윤리적이고 반사회적인 표현에 해당된다는 이유로 영상물등급위원회(이하에서 '영등위'로 줄임)로부터 청소년에게 유해한 내용이라는 판정을 받아 2번의 '제한상영가' 등급의 결정을 받아 이러한 제한상영가 등급의 영화를 상영할 수 있는 제한상영관이 우리나라에 단 1곳도 없어 사실상(현실적으로) 국내 개봉을 할 수 없는 상황 하에서 김기덕 필름 측은 영등위가 뫼비우스의 장면들 중에서 문제가 있다고 본 21곳의 2분 30초 정도의 영화 장면을 삭제한 후에 87분 50초로 최종 편집된 영화 뫼비우스를 2013년 9월 5일에 우리나라에서 개봉하게 되었음.

- **영화에 대한 상영등급분류제도 및 제한상영가 등급에 대한 머리말 (2)**

▷ 이밖에 우리나라의 영등위로부터 제한상영가 등급의 판정을 받았던 적이 있는 영화로는 '죽어도 좋아, 킬 빌, 악마를 보았다, 숏버스, 줄탁동시, 무게, 자가당착' 등을 그 예로 들 수 있음.

▷ 이렇듯 현재 우리나라에서 영화의 제작자나 배급사 등(이하에서 '영화업자'로 줄임) 영화업자는 영화 및 비디오물의 진흥에 관한 법률(이하에서 '영비법'으로 줄임) 제29조 제1항 제1호부터 제3호까지에 규정된 영화를 제외한 제작 또는 수입한 모든 영화에 대해 그 상영 전까지 영등위에 영비법 제29조 제1항에 의해 상영등급을 분류 받아야만 하고, 영비법 제29조 제3항에 의해 누구든지 영비법 제29조 제1항 및 제2항의 규정을 위반하여 상영등급을 분류 받지 아니한 영화를 상영해서는 안 되는 제한을 받는바, 만약 이

- **영화에 대한 상영등급분류제도 및 제한상영가 등급에 대한 머리말 (3)**

▷ 를 위반했을 때에는 영비법 제94조 제1호에 의해 3년 이하의 징역이나 3천만원 이하의 벌금에 처하도록 규정하고 있음.

▷ 만약 영비법 제29조 제2항의 5개의 영화상영등급 중에서 영등위로부터 제한상영가 등급을 판정 받으면 영비법 제33조에 의해 제한상영가 영화에 관한 광고 또는 선전을 제한상영관 안에서만 게시해야 하고, 이 경우에 당해 게시물이 제한상영관 밖에서는 보이지 않도록 제한하고 있는바, 만약 이를 위반했을 때에는 영비법 제95조 제2호에 의해 2년 이하의 징역이나 2천만원 이하의 벌금에 처하도록 규정하고 있음.

▷ 그리고 영비법 제43조 제1항에 의해 누구든지 제한상영관이 아닌 장소나 시설에서 제한상영가 등급의 영화를 상영해서는 안 되고, 영비법 제43조 제

● 영화에 대한 상영등급분류제도 및 제한상영가 등급에 대한 머리말 (4)

▷ 2항에 의해 누구든지 제한상영가 등급의 영화와 동일한 영화를 비디오물 등의 다른 영상물로 제작하거나 그 제작된 영상물을 상영, 판매, 전송, 대여하거나 시청에 제공해서는 안 되도록 제한하고 있는바, 만약 이를 위반했을 때에는 영비법 제94조 제3호와 제4호에 의해 각각 3년 이하의 징역이나 3천만원 이하의 벌금에 처하도록 규정하고 있음.

▷ 또한 영비법 제43조 제3항에 의해 제한상영관에서는 전체관람가 영화, 12세 이상 관람가 영화, 15세 이상 관람가 영화, 청소년 관람불가 영화를 상영해서는 안 되도록 제한하고 있는바, 만약 이 규정을 위반했을 때에는 영비법 제95조 제3호에 의해 2년 이하의 징역이나 2천만원 이하의 벌금에 처하도록 규정하고 있음.

● 영비법상 영화에 대한 상영등급분류 규정 및 제한상영가 등급 규정의 문제점 및 영화의 의미

▷ 이렇듯 영비법상 영등위의 영화에 대한 상영등급분류제도를 두는 것 자체와 제한상영가 등급을 두는 것 및 제한상영가 등급을 받은 영화에 대해 영비법상 여러 제한 규정들을 두고 있는 것이 다른 나라의 입법례와 비례의 원칙(과잉금지의 원칙)에 비추어 볼 때 영화를 제작하거나 수입하여 상영하려는 영화업자의 표현의 자유와 예술의 자유 및 성인 관객들의 알 권리 및 제한상영관 업주의 직업의 자유(이하에서 '영화업자 등의 표현의 자유 등'으로 줄임)를 부당하게 제한하는 것은 아닌지 하는 헌법적인 문제가 제기됨.

▷ '영화'란 영비법 제2조 제1호에 의하면 연속적인 영상이 필름 또는 디스크 등의 디지털 매체에 담긴 저작물로서 영화상영관 등의 장소 또는 시설에서 공중에게 관람하게 할 목적으로 제작된 것을 뜻함.

● 영화와 관련된 기본권 (1)

(이 부분은 이희훈 J, 영화 및 비디오물의 진흥에 관한 법률상 제한상영가 등급에 대한 헌법적 평가, 법학논총 제23집, 2010. 2, 6－7면 참조)

▶ 우리나라 헌법 제21조 제1항의 언론, 출판의 자유에서 '언론'이란 구두에 의한 표현을 의미하고, '출판'이란 문자나 상형에 의한 표현을 의미하지만 오늘날 표현방법의 다양화 및 종합화에 따라 사상이나 의견을 표현하는 것이면 그 형식에 관계없이 헌법 제21조 제1항에 의해 보장된다고 할 것이므로, 연극, 영화, 방송, 음악, 사진, 도화, 조각, 기호, 부호, 몸짓, 플래카드, 현수막, 심볼, 표지 등도 인간의 사상이나 의견을 표현하는 이상 그 표현물은 원칙적으로 헌법 제21조 제1항의 언론, 출판의 자유라는 기본권에 의해 보호됨.

▶ 즉, 예술작품이나 오락목적을 위해 제작되거나 상영되는 영화도 간접적 또는 묵시적으로 일정한 의사나 정보를 전달하기 때문에 헌법 제21조 제1항의

● 영화와 관련된 기본권 (2)

▶ 언론·출판의 자유라는 기본권에 의해 보호됨.

▶ 이러한 견지에서 헌법재판소도 1993년과 2001년 및 2008년에 언론, 출판의 자유의 내용 중 의사표현과 전파의 자유에 있어서 의사표현 또는 전파의 매개체는 어떠한 형태이건 가능하며 그 제한이 없는바, 담화, 연설, 토론, 연극, 방송, 음악, 영화, 가요 등과 문서, 소설, 시가, 도화, 사진, 조각, 서화 등 모든 형상의 의사표현 또는 의사전파의 매개체를 포함한다고 판시함(헌재 1993. 5. 13, 91헌바17; 헌재 2001. 8. 30, 2000헌가9; 헌재 2008. 10. 30, 2004헌가18). 그리고 1996년에 헌법재판소는 의사표현의 자유는 헌법 제21조 제1항이 규정하는 언론·출판의 자유에 속하고, 여기서 의사표현의 매개체는 어떠한 형태이건 그 제한이 없다고 할 것인바, 영화도 의사표현의 한 수단이므로 영

● 영화와 관련된 기본권 (3) 및 영화에 대한 상영등급분류제도의 헌법적 타당성 (1)

(이 영화에 대한 상영등급분류제도의 헌법적 타당성 부분은 이희훈 J, 앞의 글, 15-16면 참조)

▶ 화의 제작 및 상영은 다른 의사표현수단과 마찬가지로 헌법 제21조 제1항에 의한 보장을 받는다고 판시함(헌재 1996. 10. 04 선고 93헌가13 91헌바10(병합)).

▶ 또한 헌법 제22조 제1항의 예술의 자유에서의 '예술'에는 미술, 음악, 연극, 영화, 비디오물, 게임물 등이 포함되므로, 예술의 자유라는 기본권에 의해 원칙적으로 영화제작자의 창작 및 형성활동을 보호할 뿐만 아니라 이러한 활동의 객관화로서 영화를 보호함과 동시에 영화의 배포나 상영 또는 여타의 의사소통적인 전달하는 것은 보호됨.

▶ 영화는 시청각을 표현수단으로 하는 영상매체의 특수성으로 인해 일단 상영된 후에는 그 자극이나 충격이 매우 강하게 그리고 직접적으로 전달되어

● 영화에 대한 상영등급분류제도의 헌법적 타당성 (2)

▶ 그 영향력이 매우 클 뿐만 아니라, 비디오나 인터넷상의 동영상으로 인해 그 파급효과가 대단히 광범위하게 이루어질 수 있게 되어 일단 소비자에게 보급되고 난 뒤에는 이를 효율적으로 규제할 방법이 사실상 없으므로, 헌법 제37조 2항의 공공의 안녕과 질서의 유지를 위해서 영화가 상영되거나 보급되기 전에 영화의 내용을 심사하거나 규제해야 할 헌법적 필요성이 있음. 특히 청소년이 음란이나 폭력 등이 남발된 영화에 접근하는 것을 미리 차단하여 청소년을 보호해야 할 헌법적 필요성이 있음.

▶ 이렇듯 영화의 상영으로 인한 실정법 위반의 가능성을 사전에 막고, 청소년 등에 대한 상영이 부적절할 경우 이를 유통단계에서 매우 효과적으로 통제

● 영화에 대한 상영등급분류제도의 헌법적 타당성 (3)

▶ 및 관리하기 위하여 영비법상 영화에 대한 상영등급분류제도에 의해 영화를 상영하기 전에 미리 영화의 등급을 심사하는 것은 헌법 제21조 제4항에서 금지하고 있는 사전검열에 해당한다고 볼 수 없어 헌법적으로 타당한 제도라고 생각됨.

인권법 사례 이야기
(13주차-2번째 강의)

● 영화의 상영등급분류제도에 대한 외국의 입법례 (1)
(이 부분은 이희훈 J, 앞의 글, 9-12면 참조)

▶ 1. 미국

▶ 미국에서 영화에 대한 상영등급분류는 미국 영화협회(MPAA : Motion Picture Assotiation of America)와 미국 극장주협회(NATO : National Assotiation of Theatre Owners) 및 미국 국제영화수입 및 배포자협회(IFIDA : International Film Impoters and Distributers of America)의 협의에 의해 1961년 11월 1일에 자율적인 영화심사기구로 만들어진 등급분류관리국(CARA : Classification and Rating Administration) 내에 소속된 영화등급위원회(FRB : Film Rating Board)에서 담당함.

▶ 미국의 등급분류관리국(CARA) 내에 소속된 영화등급위원회(FRB)는 8~13인의 민간인들로 구성되는바, 그 구성원이 되기 위해서는 자녀를 둔 경험이

● 영화의 상영등급분류제도에 대한 외국의 입법례 (2)

▶ 있고, 지적으로 성숙하며, 평균적인 미국의 부모의 입장에 서서 자녀들의 영화관람에 대한 결정을 돕고 적절한 등급을 정할 수 있는 능력을 갖추고 있어야 함.

▶ 미국의 등급분류관리국(CARA)은 인사와 예산에 있어 정부로부터 독립되어 있는 민간자율기관인바, 그 재원은 미국에서 영화의 등급 분류를 신청하는 제작자들과 배급자들이 지불하는 수수료로 충당함.

▶ 미국에서 영화의 경우에 책정된 등급대로 상영되고 홍보되도록 미국 영화협회(MPAA)에서 관리하고 있으며, 그 관리대상은 모든 지면 광고, 라디오와 텔레비전 및 언론 보도자료, 간판 등과 같은 실외광고, 인터넷 사이트, 비디오와 DVD, 극장 및 홈비디오 출시시 예고편 등을 모두 포함함.

● 영화의 상영등급분류제도에 대한 외국의 입법례 (3)

▶ 미국에서 영화의 상영등급은 총 5개로 분류되는바, G(General Audience) 등급 영화는 모두가 볼 수 있는 영화이고, PG(Parent Guidance suggested) 등급 영화는 일부 내용에 대해 부모의 지도가 필요한 영화이며, PG-13 (Parents strongly cautioned) 등급 영화는 13세 미만의 어린이에게 부적절한 내용이 있어 부모의 지도가 강하게 요구되는 영화임. 그리고 R(Restricted) 등급 영화는 17세 이하는 혼자서 관람할 수 없고 부모를 동반해야만 관람할 수 있는 영화이고, NC-17(No one 17 and Under Admitted) 등급 영화는 성인 영화로서 17세 이하의 청소년은 절대로 관람할 수 없는 영화임.

▶ 미국에서 영화의 상영등급 분류시 영화의 주제, 저속어, 폭력성, 성적표현

영화의 상영등급분류제도에 대한 외국의 입법례 (4)

▶ 및 약물 남용 등 각 개별적 요소들의 정도뿐만 아니라, 이러한 요소들이 영화의 전체 맥락상 어떻게 적용되고 있는가도 판단기준에 포함됨.

▶ 미국에서 이러한 영화에 대한 등급분류는 강제적인 것이 아니라 자발적인 것이므로, 미국에서 제작되는 영화는 반드시 등급분류를 받아야만 하는 것은 아니며, 등급분류를 거치지 않고서도 상영할 수도 있고, 자기 나름의 등급을 붙여 상영할 수 있음.

▶ 그러나 미국 극장주협회(NATO)에 따르면 대부분의 극장주들은 미국의 등급분류관리국(CARA) 내에 소속된 영화등급위원회(FRB)의 등급분류제도를 자발적으로 준수하고 있음. 왜냐하면 연방국가인 미국에서 각 주가 적용하는 법적 규제가 서로 다르기 때문에 미국 전역에 영화를 배급하기 위해서는

영화의 상영등급분류제도에 대한 외국의 입법례 (5)

▶ 영화산업 스스로 미국의 모든 주가 수긍할 수 있는 규제 시스템을 정립할 필요가 있기 때문이며, 무등급 영화나 NC-17등급의 영화에 대해서는 대부분의 신문과 방송에서 광고해 주지 않고, 대부분의 극장에서 이런 영화를 상영하지 아니할 조건으로 임대차계약이 맺어져 상영관을 찾기 힘들며, 미국 최대의 비디오대여 체인점인 Blockbuster사는 이러한 등급의 영화를 취급하지 않아 영화로 많은 수익을 얻기 위해서는 영화제작자는 필사적으로 이러한 등급을 받지 않으려고 최선의 노력을 다하며, 영화의 상영등급 분류에 자발적으로 적극 참여함.

▶ 2. 영국

● 영화의 상영등급분류제도에 대한 외국의 입법례 (6)

▶ 영국은 1912년에 각 지방자치단체마다 상이한 영화의 사전 검열기준을 통
일성을 부여하고, 전국적으로 받아늘일 수 있는 판단수제를 형성하기 위하
여 영화산업 내부에서 자율적인 심사기구로 영국 영화등급분류위원회(BBFC :
British Board of Film Classification)를 설립해 운영하였고, 영국의 각 지방
자치단체는 BBFC의 결정을 번복할 수 있는 권한을 가지고 있지만, 1920년
이후에 영국의 각 지방자치단체는 BBFC의 결정을 거의 그대로 따르는 관행
이 확립됨.

▶ 영국에서 1923년에 BBFC는 정부에 의해 공적 기구로 승인되었고, 영국에서
어떠한 영화도 BBFC의 승인 없이는 영화를 상영할 수 없도록 함.

● 영화의 상영등급분류제도에 대한 외국의 입법례 (7)

▶ 영국에서 영화에 대한 등급은 총 6개로 구분되는바, U(Universal) 등급 영
화는 전체 관람가 영화이고, PG(Parental Guidance) 등급 영화는 일부 내용
에 대해 부모의 지도가 필요한 영화이며, 12 등급과 15 등급 및 18 등급 영
화는 각각 12세 미만과 15세 미만 및 18세 미만은 관람불가인 영화임. 그리
고 R18 등급 영화는 18세 이상의 성년에 대해서 특별히 허가 받은 영화 클
럽이나 섹스 숍 같은 곳에서만 관람이 가능한 영화임.

▶ 3. 독일

▶ 독일에서 영화에 대한 상영등급 분류는 1948년에 영화사업자들이 자율적으
로 조직한 영화산업중앙기관(SPIO)의 하부기관인 영화산업자율규제기구(FSK)
가 독자적인 직무규정에 의해 국가의 간섭을 받지 않고 자율적으로 등급심
사를 하고 있음.

영화의 상영등급분류제도에 대한 외국의 입법례 (8)

▶ 독일의 영화산업자율규제기구(FSK)에는 약 150명 이상의 영화의 상영등급 심사위원들이 무보수 명예직으로 해당 심사업무를 담당하며, 이러한 심사위원들은 독일 사회에서 다양한 사회적 계층과 직업을 가지고 있는 사람들로 구성하지만, 심사위원의 대부분은 어린이와 청소년에 관계된 업무에 종사한 경험이 있는 사람들로서, 독일의 각 주의 최고 행정청은 1985년 4월 1일에 주 상호 간에 체결된 공법상의 계약에 따라 FSK의 등급심사결정을 자신의 결정으로 채택해야 할 의무가 있음.

▶ 독일의 공공장소에서의 청소년 보호에 관한 법률(Gesetz zum Schutze der Jugend in der Offentlichkeit) 제6조 제3항 및 동법 제7조 제2항에 의하면 독일에서 영화에 대한 등급은 총 5개로 구분되는바, 전체 관람가인 영화와 6세 이상, 12세 이상, 16세 이상 각각 관람이 가능한 영화 및 18세 미만이

영화의 상영등급분류제도에 대한 외국의 입법례 (9)

▶ 관람불가인 영화로 분류됨.

▶ 4. 프랑스

▶ 프랑스에서 영화에 대한 상영등급분류는 프랑스 문화부 산하에 있는 영화등급분류위원회에서 모든 영화에 대해 행하는바, 이 위원회는 민간자율기구가 아니며, 이 위원회는 프랑스의 수상에 의해 임명되는 위원장과 부위원장 및 행정 각부의 대표자들과 그 대리인으로 구성된 위원회, 영화산업, 프랑스 가족단체, 프랑스 청소년청, 프랑스 시장협의회의 대표자들과 그 대리인으로 구성된 위원회, 사회학자, 심리학자, 공무원, 의사, 교사 등 프랑스 사회의 다양한 계층의 사람들로 구성함.

● 영화의 상영등급분류제도에 대한 외국의 입법례 (10)

▶ 프랑스에서는 영화산업에 관한 법률에 의해 영화의 상영등급 분류가 강제되지 않고 자율적으로 영화등급분류위원회에서 영화에 대한 등급심사를 행하며, 그 등급 심사 후에 심사 필증에 대한 발급을 거부할 수 없도록 하고 있어 영화에 대한 상영자체를 사전에 완전히 봉쇄하는 형태의 영화등급심사는 하지 못함.

▶ 프랑스에서 영화에 대한 등급은 총 5개로 구분되는바, TP(Total Public) 등급 영회는 전체 관람가 영화이고, 12 등급과 16등급 영화는 각각 12세 미만과 16세 미만은 관람불가인 영화이며, X 등급 영화는 포르노성인 영화로 18세 미만은 관람불가인 영화인바, 이 X 등급 영화는 전문상영관에서만 상영해야 하고, 이 X 등급을 받은 영화를 상영하는 자에게는 중과세가 부과되며, 이러한 X 등급을 받은 영화를 만드는 제작사와 배급사 및 상영관은 정

● 영화의 상영등급분류제도에 대한 외국의 입법례 (11)

▶ 부차원의 보조금 지급대상에서 제외됨.

▶ 한편 TB(Total Ban) 등급의 영화는 일반극장에서 상영하는 것이 전면적으로 금지되는 등급의 영화인바, 이 TB 등급의 영화는 1981년 이후 단 한 번도 없었음.

▶ 5. 일본

▶ 일본에서 영화에 대한 상영등급분류는 영화의 제작이나 배급 또는 수입을 대표하는 20개의 영화회사에 의해 구성된 영화유지기구가 설립한 영화윤리관리위원회(AMCE : Administration commission of Motion Picture Code Ethics)가 행하는바, 각종 영화흥행조합에 가입하고 있는 영화흥행 회사들은 그 심사를 받지 아니한 영화를 상영해서는 안 되며, AMCE의 심의를 받지 아니한 영화는 자주상영이나 특별상영이란 형태로 상영되어 일반적으로 흥

● 영화의 상영등급분류제도에 대한 외국의 입법례 (12)

▶ 행을 거두기 매우 힘듦.

▶ 일본에서는 영화관의 대부분이 영화흥행조합에 가입하고 있어 AMCE의 심의를 받지 아니한 영화를 상영할 수 있는 영화관을 찾기 힘듦.

▶ 일본에서 영화에 대한 등급은 총 4개로 구분되는바, G(General Audience) 등급 영화는 전체 관람가 영화이고, PG12(Parent Guidance suggested 12) 등급 영화는 12세 미만의 어린이가 관람하는데 있어 부모의 동반이 바람직한 영화이며, R15(Restricted 15) 등급 영화와 R18(Restricted 18) 등급 영화는 각각 15세 미만과 18세 미만은 관람이 불가한 등급의 영화임.

● 영비법상 제한상영가 등급에 대한 헌법적 평가 (1)
(이 부분은 이희훈 J, 앞의 글, 16−22면 일부 참조)

▶ 영화의 내용 중에서 성적 표현에 의해 형법적으로 처벌되는 음란물에는 해당하는 정도는 아니지만 지나치게 노골적인 성적 표현물에 대해서 성인 관객들 중에 이를 역겹게 느끼거나 혐오감이나 불쾌감을 느낄 수 있고, 나아가 강한 폭력성 짙은 내용의 잔인한 영화의 내용이나 욕설 등이 난무하여 지나치게 거친 대사나 장면이 많은 영화에 대해 심한 혐오감이나 불쾌감을 느끼는 성인 관객이 있음.

▶ 만약 우리나라에서 제한상영가 등급이 없다면 이러한 성인들이 청소년 관람불가등급에서 나타나는 일반적인 성적 표현이나 폭력적인 대사나 장면만을 염두에 두고 영화를 관람하러 갔다가 예상치 못한 지나치게 선정적이거나 매우 강한 폭력적인 장면에 무방비의 상태에서 그대로 노출되어 이로 인한 정신적 고충과 충격을 받을 것이므로, 이러한 폐단을 방지하기 위해서는

● 영비법상 제한상영가 등급에 대한 헌법적 평가 (2)

▷ 영비법에 제한상영가 등급을 두는 것 자체는 필요하다고 판단됨.

▷ 영비법상 제한상영가 등급은 형법상 '음란'에는 해당하지 않지만, 영화의 내용 중에서 선정성, 폭력성, 사회적 행위 등의 표현이 지나치게 과도하여 인간의 보편적 존엄, 사회적 가치, 선량한 풍속 또는 국민정서를 현저하게 해할 우려가 있는 영화(영비법 제29조 제2항 제5호)로, 일반 국민의 법 감정에 비추어 볼 때 특히 이러한 영화의 내용을 극히 싫어하는 성인 관객들에게 이렇게 형법상 '음란'에는 해당하지는 않지만 지나치게 노골적으로 성을 묘사한 영화나 형법에 의해 처벌할 수는 없지만 지나치게 과도한 폭력적인 영화나 인간의 보편적 존엄에 반하는 정도의 영화라는 것을 미리 알려 주어 영화의 관람 도중에 갑자기 예상치 못한 정신적 고충이나 충격을 받지 않게

● 영비법상 제한상영가 등급에 대한 헌법적 평가 (3)

▷ 해 줄 필요성이 있다고 할 것이므로, 영비법에 제한상영가 등급을 두는 것 자체는 합헌이라고 생각됨.

▷ 그러나 영비법에서 제한상영가 등급의 영화를 상영할 수 있는 장소를 제한상영관으로만 한정시켜 놓고, 제한상영관이 아닌 일반 극장이나 다른 매체를 통해서 광고나 선전을 할 수 있게 하되, 제한상영가 등급의 영화 속에서 지나치게 선정적이거나 폭력적 또는 비윤리적인 장면이나 줄거리는 광고나 선전을 하지 못하도록 하지 않고, 일체(전면적으로) 제한상영가 등급 영화의 광고나 선전을 제한상영관에서만 가능하도록 하고 제한상영관의 밖에서는 보이지 않도록 규정하고 있는 점, 제한상영가 등급의 영화를 비디오물이나 다른 영상물로 제작 및 유통할 수 있게 하되, 그 다른 영상물에 제한상영가

● 영비법상 제한상영가 등급에 대한 헌법적 평가 (4)

▶ 등급을 명확히 표시하여 성인들만 드나들 수 있는 비디오방(숍)이나 DVD 방(숍)에서만 판매나 대여 또는 상영 등을 하게 하거나 인터넷상의 철저한 성인인증을 통해 유료로 다운받게 하거나 상영 등을 할 수 있게 하지 않고, 제한상영가 등급 영화를 비디오물 등 다른 영상물로의 제작이나 유통을 일체(전면적으로) 금지하고 있는 점, 제한상영관에서 다른 등급의 영화를 일정한 기간을 설정하거나 흥행성 높은 일반 영화의 상영 편수를 제한하는 등 예외적으로 상영할 수 있게 하지 않고, 제한상영관에서 다른 등급의 영화를 일체 상영하지 못하도록 금지하고 있는 것은 제한상영가 등급의 영화를 상

● 영비법상 제한상영가 등급에 대한 헌법적 평가 (5)

▶ 영하려는 영화업자 등의 표현의 자유 등을 지나치게 과다하게 제한하는 것으로, 영비법상의 제한상영가 등급 영화에 대해 제한을 하고 있는 여러 규정들은 비례의 원칙(과잉금지의 원칙) 중에서 최소 침해의 원칙에 위반되는 위헌적 규정이라고 생각됨.

▶ 향후에 우리나라는 영비법상의 제한상영가 등급의 영화에 대한 여러 제한 규정들에 대해 각각 위와 같은 예외적 규정들을 두도록 개정하는 것이 바람직함.

인권법 사례 이야기

(13주차-3번째 강의)

● 셧다운제의 의미와 문제점 (1)

(이 부분은 이희훈 a, 앞의 책, 174-175면 참조)

▶ 우리나라에서 2011년에 16세 미만의 청소년들이 심야시간(자정-오전 6시) 동안에 인터넷(온라인)게임에 접속할 수 없도록 하는 것을 주요 골자로 하는 이른바 '셧다운제'를 본격적으로 시행하였음.

▶ 이러한 셧다운제에 의해 헌법상 16세 미만의 청소년들의 일반적 행동자유 권이라는 기본권과 16세 미만의 청소년을 둔 학부모의 자녀교육권 및 인터 넷게임 제공자들의 직업수행의 자유라는 기본권을 침해하는 것이 아닌지의 문제 및 셧다운제는 국내에서 스마트폰 등의 모바일 게임 사업자를 제외한 유독 인터넷상의 PC게임을 제공하는 사업자만을 규제하고 있어 국내에서도 유독 인터넷상의 PC게임 사업자와 외국에서 인터넷 게임을 제공하는 사업 자를 셧다운제의 규제 대상에서 제외하는 등의 이유로 헌법상의 평등권을 침해하는 것이 아닌지 헌법적으로 검토할 필요가 있음.

● 셧다운제의 의미와 문제점 (2)

▷ 우리나라 및 전 세계적으로 인터넷의 이용과 사용이 널리 보편화됨에 따라 인터넷상의 게임도 오락활동의 하나로 자리잡게 되었지만, 인터넷의 이용이 급격히 증가하면서 인터넷상의 게임에 중독되거나 며칠 동안 식사를 하지 않을 정도로 과몰입 하는 증상이 있는 청소년이 자살을 하거나 게임을 그만 둘 것을 말한 어머니를 자신에게 잔소리를 했다는 이유로 잔인하게 살해를 하거나 옆방에 있는 아기를 게임을 이유로 계속 돌보지 않아 아기가 굶어서 방치되어 죽는 등의 인터넷 게임과 관련된 많은 사건들이 우리나라에서 계속 발생하는 등 인터넷의 게임 중독 내지 과몰입 현상의 심각성의 문제가 우리나라에서 문제시됨.

▷ 이에 정부는 법 제도적 차원에서 이러한 그릇된 인터넷상의 게임 중독에

● 셧다운제의 의미와 문제점 (3)

▷ 대한 문제점을 예방하고 치유하며 대처하기 위하여 여러 방안들이 제시됨.

▷ 이렇듯 인터넷상의 게임에 대한 중독 현상을 예방하고 치유하며 이에 대체 하기 위한 여러 법 제도적 방안들 중의 하나가 특정 시간대에 16세 미만의 청소년에게 인터넷게임 제공을 일률적으로 금지하는 '강제적 셧다운제(이하 에서 "셧다운제"로 줄임)'의 도입 및 시행이었음.

▷ 이러한 인터넷 게임에 대한 셧다운제의 구체적인 도입 논의는 우리나라에 서 2010년부터 시작되었지만, 정부 부처 간에 셧다운제의 적용 연령대 및 그 적용 대상에 대해 합의가 이루어지지 않다가, 셧다운제의 적용 연령을 16세 미만의 청소년으로 규정하고, 게임 중독의 위험성이 상대적으로 불분

● 셧다운제의 의미와 문제점 (4) 및 셧다운제의 주요 법적 내용 (1)

(이 셧다운제의 주요 법적 내용은 이희훈 a, 앞의 책, 176–177면 참조)

▷ 명한 이동통신단말기기 및 휴대용 정보단말기기 등을 이용한 인터넷상의 게임에 대해서는 그 적용을 일단 유예하는 것을 조건으로 하여, 이러한 셧다운제는 2011년 5월 19일에 청소년보호법이 개정(법률 제10659호)되면서 처음 도입되었으며, 이후 2011년 9월 15일에 청소년보호법이 전부 개정되었지만, 해당 규정의 위치만 변경되었을 뿐, 그 실질적인 내용은 변경 없이 그대로 현재까지 유지되고 있음.

▷ 우리나라 청소년보호법 제26조 제1항에 의하면 "인터넷게임의 제공자는 16세 미만의 청소년에게 오전 0시부터 오전 6시까지 인터넷게임을 제공하여서는 아니 된다."라고 규정하고 있고, 같은 법 제59조 제5호에서는 "다음 각

● 셧다운제의 주요 법적 내용 (2)

▷ 호의 어느 하나에 해당하는 자는 2년 이하의 징역 또는 1천만원 이하의 벌금에 처한다. 제5호: 청소년보호법 제26조를 위반하여 심야시간대에 16세 미만의 청소년에게 인터넷게임을 제공한 자"라고 규정하고 있음.

▷ 이렇듯 대한민국 청소년보호법상 셧다운제 규정에 의해 인터넷게임의 제공자가 16세 미만의 청소년에게 오전 0시부터 오전 6시까지(이하에서 '심야시간대'로 줄임) 인터넷상의 게임을 제공하는 것이 금지됨.

▷ 그리고 대한민국 청소년보호법상 셧다운제의 규정을 위반시 형사처벌을 하도록 하여 강제되고 있음.

▷ 따라서 인터넷게임 제공자는 오전 0시 이전에 인터넷게임에 접속한 16세 미만 청소년에 대해서는 오전 0시를 기준으로 그 이용을 중단시키고, 오전

● 셧다운제의 주요 법적 내용 (3)

▶ 0시부터 오전 6시 사이에 청소년의 인터넷게임에의 신규 접속을 차단하는 기술적 조치를 취하여야 하는 의무를 부담하며, 그 직접적 효과로 16세 미만 청소년은 심야시간대에 인터넷게임을 이용 및 사용할 수 없음.

▶ 각종 게임의 종류 중 게임의 이용에 인터넷 등 정보통신망에의 접속이 필요한 '인터넷게임'만이 그 적용대상임.

▶ 이러한 인터넷게임은 게임의 컨텐츠가 정보통신망을 통하여 실시간 제공되어야 수행될 수 있는 구조이므로 주로 다른 사람과 함께 게임을 형성해 나가거나 다른 사람을 상대로 게임을 진행하는 형태 또는 2인 이상이 동시에 접속하여 대전의 형태로 진행되는 네트워크게임이 게임의 대부분을 차지함.

● 셧다운제의 주요 법적 내용 (4)

▶ 한편 개인용 컴퓨터인 PC를 이용하는 인터넷게임이 아니라, 이동통신 단말기기나 휴대용 정보 단말기기를 이용하는 인터넷게임의 경우 중독의 우려가 상대적으로 적다고 보아 청소년보호법 부칙 등에서 그 적용을 유예하고 있음.

▶ 따라서 원칙적으로 게임의 시작 및 실행을 위하여 인터넷이나 네트워크 등 정보통신망에의 접속이 필요한 게임이라면 게임 기기 또는 게임물의 종류와 무관하게 모두 인터넷게임에 해당하고, 사행성게임물 등 게임산업법상의 게임물이 아닌 것 및 게임의 개시와 실행을 위하여 정보통신망에의 접속이 필요 없는 게임은 청소년보호법상의 셧다운제의 적용대상인 '인터넷게임'에 해당하지 않음.

▶ 즉, 정보통신망을 통해 제공되지 않는 게임물로 컴퓨터에 저장되어 있는

● 셧다운제의 주요 법적 내용 (5)

▷ 게임물, 별도의 저장장치로 다운로드 받아 이용하는 게임물로서 네트워크 기능이 없거나 그 실행에 인터넷 접속이 필요 없는 휴대기기 게임·콘솔 게임·CD게임, 오락실용 아케이드 게임은 '인터넷게임'에 해당하지 않음.

▷ 그러나 별도로 다운로드를 받았거나 구입한 게임이더라도 네트워크에서 다중접속으로 수행하기 위하여 인터넷에 접속하여 프로그램을 실행하는 형태의 게임물은 청소년보호법상의 규제대상인 셧다운제의 적용을 받는 '인터넷게임'에 해당함.

▷ 또한 스마트폰 등 이동통신 단말기기나 태블릿 컴퓨터 등 휴대용 정보 단말기기를 이용하는 인터넷게임 등의 경우 PC를 기반으로 하는 인터넷게임에 비하여 상대적으로 심각한 중독의 우려가 적다고 보아 청소년보호법상의 셧다운제 규정의 적용을 당분간 유예하고 있음.

● 셧다운제의 주요 법적 내용 (6) 및 셧다운제에 대한 헌법적 검토 (1)
(이 셧다운제에 대한 헌법적 검토는 이희훈 a, 앞의 책, 178-183면 참조)

▷ 이렇듯 대한민국에서 최근 인터넷게임에 대한 16세 미만의 청소년의 보호를 위한다는 목적 하에 셧다운제를 도입 및 시행하고 있음.

▷ 이러한 인터넷게임에 대한 셧다운제는 헌법상 청소년의 일반적 행동자유권과 학부모의 자녀교육권 및 인터넷게임 제공업자의 직업의 자유와 평등권을 침해하는 것이 아닌지에 대한 헌법적 문제점이 제기됨(이하에서 셧다운제에 대한 헌법적 검토 부분에 대해서는 헌재 2014. 4. 24, 2011헌마659·683(병합), 판례집 26-1(하), 192-196면 참조).

▷ (1) 대한민국 청소년보호법상 셧다운제 관련 규정의 입법 목적의 정당성 여부 검토

● 셧다운제에 대한 헌법적 검토 (2)

▷ 청소년기는 20대 이후의 사회생활을 대비하고 전 생애에 걸쳐 필요한 지식과 소양을 습득하는 시기이고, 청소년은 미래에 국가발전을 위한 중요한 인적자원임.

▷ 한편 청소년은 자기행동의 개인적 또는 사회적인 의미에 대한 판단능력과 그 결과에 대한 책임능력이 성인에 비하여 미숙한 존재임. 따라서 청소년의 건전한 성장과 발달을 위하여 특별한 보호가 필요한바, 헌법도 국가에 대하여 청소년의 복지향상을 위한 정책을 실시할 의무를 헌법 제34조 제4항에서 부과하고 있음. 따라서 청소년보호법상 셧다운제 규정은 청소년의 과도한 인터넷게임 이용 및 그 중독 문제가 사회적으로 심각하게 대두되고 있음에도 가정 및 학교 등의 자율적인 노력만으로는 이에 대한 적절한 대처가 어렵다는 인식 하에 도입된 제도로, 국가의 청소년 보호의무의 일환으로 마련

● 셧다운제에 대한 헌법적 검토 (3)

▷ 된 제도라고 하겠음.

▷ 청소년보호법상 셧다운제의 규정은 특히 심야시간대에만 그리고 16세 미만의 청소년만을 대상으로 인터넷게임의 이용만을 제한하고 규제함으로써, 정신적·육체적으로 성장 단계에 있는 16세 미만 청소년의 적절한 수면시간을 확보하고 청소년의 인터넷게임의 과몰입 또는 중독되는 현상을 방지하여 궁극적으로 청소년의 건전한 성장과 발달에 기여하며, 16세 미만 청소년의 인터넷게임 중독으로 인한 여러 사회적 문제들의 발생을 사전에 미리 예방 또는 방지하려는 것이기 때문에 그 입법목적은 정당하다고 보는 것이 타당하다고 우리나라 헌법재판소는 2011헌마659·683(병합) 결정에서 판시함.

▷ (2) 대한민국 청소년보호법상 셧다운제 관련 규정이 지나치고 과도하게 여

● 셧다운제에 대한 헌법적 검토 (4)

▶ 러 기본권들을 침해하는지 여부 검토

▶ 인터넷게임 그 자체는 오락 내지 여가활동의 일종으로 청소년에게 언제나 부정적인 영향을 미친다고 할 수 없음. 그러나 인터넷게임에 과몰입되거나 중독이 된다면 더 이상 오락 내지 여가활용의 하나로서 게임의 순기능은 기대하기 어렵고, 건강악화, 생활파괴, 우울증 등 성격변화, 현실과 가상공간의 혼동 등 육체적·정신적으로 부정적 결과를 초래할 수 있으며, 교사나 교우와의 관계, 학교수업 및 학교생활에 부정적인 영향을 끼칠 수 있음.

▶ 특히 인터넷게임은 인터넷이나 네트워크에 접속하여 현실과 다른 가상의 공간에서 동시 접속자인 다른 사람과 함께 게임을 형성해 나가거나 다른 사람을 상대로 게임을 진행하는 것이 대부분이고, 정보통신망이 연결되는 곳에서는 장소적, 시간적 제약 없이 지속적으로 게임을 즐길 수 있다는 점에

● 셧다운제에 대한 헌법적 검토 (5)

▶ 서 게임자가 자발적인 의지로 중단하는 것이 쉽지 않음.

▶ 각종 조사 결과를 보면 우리나라는 초고속인터넷의 확산으로 인터넷 사용 인구가 매우 많은 편이어서 대부분의 청소년이 인터넷을 이용할 수 있는데, 청소년들이 인터넷을 이용하는 주된 이유는 정보검색이 아니라 인터넷게임으로 나타남.

▶ 또한 전체 게임시장에서 인터넷게임이 차지하는 비중은 80% 이상이고, 청소년들이 즐기는 각종 게임 중에서 인터넷게임의 이용률이 가장 높음.

▶ 한편 대부분의 청소년은 인터넷을 주로 집에서 이용하는데, 청소년 중 상당수와 학부모 중 절반 이상이 청소년 스스로 인터넷게임 이용시간의 통제가 어렵다고 인식하고 있는 것으로 나타남.

● 셧다운제에 대한 헌법적 검토 (6)

▶ 따라서 청소년의 과도한 인터넷게임의 이용에 대해서는 어느 정도 시간적 규제가 필요하다고 보여짐. 그런데 이 사건 금지조항은 청소년의 인터넷게임 이용을 전면적으로 금지하는 것이 아니라 이를 원칙적으로 허용하면서, 가정 내에서도 통제가 쉽지 않고 장시간 이용으로 이어질 수 있는 심야시간대인 오전 0시부터 오전 6시까지로 한정하여 제한하고 있고, 그 적용대상도 청소년 중에서 초등학생 및 중학생에 해당하는 나이인 16세 미만의 자로 한정하고 있는바, 청소년을 과도한 인터넷게임 이용 및 중독 현상으로부터 보호하고 이를 예방하기 위하여 이러한 정도의 시간적 규제가 과도하다고 보기 어려움.

▶ 또한 인터넷게임 이용에 대한 과잉규제를 피하기 위하여 여성가족부장관으로 하여금 제한대상 게임물의 범위의 적절성에 대하여 2년마다 평가하여 개

● 셧다운제에 대한 헌법적 검토 (7)

▶ 선 등의 조치를 하도록 하고, PC이용 인터넷게임 외에 모바일기기를 이용한 인터넷게임물의 경우 상대적으로 중독의 우려가 적다고 보아 일단 그 적용을 유예하고 있으며, 여성가족부의 인터넷게임물 고시에서 인터넷게임이라 하더라도 시험용게임물, 게임대회·전시회용 게임물, 교육·공익홍보용 게임물에 대하여는 적용을 배제하고 있는 등 청소년보호법상 셧다운제 규정에 의하여 인터넷게임 사업자의 피해를 최소화하는 장치도 마련되어 있음.

▶ 한편 인터넷게임 사업자의 측면에서 볼 때 게임산업법상 인터넷게임 사업자는 게임물 이용자의 회원가입시 실명·연령 확인 및 본인 인증 조치와 청소년의 회원가입시 친권자 등 법정대리인의 동의를 확보하는 조치를 해야 함(게임산업법 제12조의3 제1항).

● 셧다운제에 대한 헌법적 검토 (8)

▶ 따라서 이러한 기본적인 조치를 기반으로 하여 16세 미만 청소년의 심야시간대 접속을 차단하는 기술적 조치를 추가하는 것이 비용적 측면에서 인터넷 사업자에게 큰 부담이 된다고 보기 힘듦.

▶ 그리고 청소년 본인이나 그 법정대리인의 요청이 있는 경우에는 게임의 이용방법 및 시간을 제한할 수 있는 이른바 '선택적 셧다운제'가 게임산업법에 규정되어 있는바, 이는 청소년 자신 및 그 법정대리인이 적절한 시점에 과몰입 내지 중독의 위험을 인식하고 인터넷게임의 종류 및 시간대를 임의 선택하여 인터넷게임 제공자에게 직접 그 제한을 요청하는 제도임.

▶ 그러나 이 제도는 청소년 자신이나 부모 등의 자율적 시정 노력을 전제로 하고 있는바, 현재까지 청소년이나 부모의 선택적 셧다운제의 이용률은 매

● 셧다운제에 대한 헌법적 검토 (9)

▶ 우 미미한 수준으로 보고되고 있으므로, 이러한 제도 자체만으로는 과도한 인터넷게임 이용 및 중독에 대한 적절한 대처가 된다고 보기 어려움. 따라서 게임산업법상 '선택적 셧다운제'가 청소년보호법상의 셧다운제와 동일한 입법목적을 달성하기 위한 덜 제한적인 조치에 해당한다고 볼 수 없기 때문에 청소년보호법상 셧다운제는 청소년의 건전한 성장과 발달에 기여하기 위한 것이라는 해당 입법 목적의 달성을 위하여 필요한 최소한의 조치에 해당한다고 할 것이므로, 16세 미만의 청소년과 학부모 및 게임사업자의 각각의 관련기본권을 지나치게 과도하게 제한하여 위헌적 제도가 아니라고 우리나라 헌법재판소는 2011헌마659·683(병합) 결정에서 판시함.

• 셧다운제에 대한 헌법적 검토 (10)

▶ (3) 대한민국 청소년보호법상 셧다운제 관련 규정이 평등권을 침해하는지 여부 검토

▶ PC에 내장되어 있거나 모바일이나 별도의 장치로 다운로드를 받은 게임으로서, 네트워크의 기능을 이용하지 않는 게임은 인터넷게임과 달리 실시간 제공되는 정보통신망을 이용하는 것이 아니어서 다른 게임 이용자들과의 상호교류가 없기 때문에 장시간 이용의 가능성이나 중독의 우려가 상대적으로 적다고 볼 수 있음.

▶ 또한 정보통신망을 이용하지 않는 이들 게임에 대한 시간적 규제는 현실적으로 불가능함.

▶ 한편 아케이드 게임의 경우는 심야시간대에 청소년의 게임장 출입 및 이용 자체가 불가능하므로 차별적 결과가 발생하지 않음.

• 셧다운제에 대한 헌법적 검토 (11)

▶ 따라서 인터넷게임을 이용하는 경우와 인터넷게임이 아닌 다른 게임을 이용하는 경우에 대한 규제를 달리하는 것에는 합리적 이유가 있다고 할 것이므로, 이로 인하여 청소년과 학부모 및 게임사업자의 헌법상 평등권이 침해된다고 볼 수 없음.

▶ 우리나라 청소년보호법상 셧다운제 규정은 원칙적으로 모바일기기를 이용한 인터넷게임도 그 적용대상으로 하고 있는바, 향후 스마트기기의 보급 확산과 PC와 스마트기기에서 동시에 게임의 이용이 가능한 크로스플랫폼 현상 등 게임 산업을 둘러싼 환경의 변화에 따라 그 적용 여부가 변경될 수 있으므로, 현재 일부 인터넷게임에 대하여 적용이 유예되고 있다는 점만으로 청소년과 학부모 및 게임사업자의 헌법상 평등권이 침해된다고 볼 수 없음.

● 셧다운제에 대한 헌법적 검토 (12)

▶ 우리나라 청소년보호법상 셧다운제 규정에서의 규제 대상인 '인터넷게임 제
공자'는 전기통신사업법에 따라 기간통신사업자로서 부가통신사업을 경영하
는 경우이거나 부가통신사업자로 신고한 자를 뜻함.

▶ 이에 해외 인터넷게임 업체의 경우에는 국내에 별도의 지사 설립 등을 통
해 부가통신사업자로 신고하고 제공하려는 인터넷게임에 대하여 게임산업법
상 등급분류절차를 밟도록 규정되어 있는바, 정상적인 인터넷게임 제공행위
를 하는 인터넷게임 제공자의 경우에는 국내 업체인지 해외 업체인지를 불
문하고 대한민국 청소년보호법상 셧다운제의 적용대상이 된다는 점에서 그
차이가 없음.

▶ 따라서 우리나라 청소년보호법상 셧다운제 규정에 의하여 해외의 인터넷

● 셧다운제에 대한 헌법적 검토 (13)

▶ 게임 업체에 비하여 국내의 인터넷게임 업체에 대해 차별적인 결과를 야기
한다고 볼 수 없기 때문에 인터넷게임 사업주(제공자)의 헌법상 평등권이
침해된다고 볼 수 없다고 우리나라 헌법재판소는 2011헌마659·683(병합)
결정에서 판시함.

인권법 사례 이야기
(14주차-1번째 강의)

● 14주차 강의의 개요와 학습목표

▶ 수강생들이 14주에 학습할 강의의 개요는 탈북자의 인권 침해와 보호에 대한 머리말, 탈북자의 발생 원인과 북한의 현실, 탈북자에 대한 중국의 태도 (입장), 탈북자에 대한 북한의 태도(입장), 김정은 집권 이후 북한의 탈북자에 대한 태도(입장), 재중 탈북자의 헌법적 지위, 국제사회에서 재중 탈북자의 헌법적 지위에 대한 주장의 한계, 재중 탈북자에 대한 난민으로서의 지위, 국제사회에서 재중 탈북자의 협약상의 난민에 해당한다는 주장의 한계, 탈북자의 인권침해 실태와 탈북자의 인권보호 방안에 대해 각각 강의하여, 향후 수강생들이 일상생활 속에서 발생할 수 있는 다양한 인권법적 사례와 쟁점에 대한 기초적인 지식을 알기 쉽고 능동적이며 흥미를 가지고 효과 있게 습득할 수 있도록 하는 것에 14주 강의의 학습 목표가 있음.

● 탈북자의 인권침해와 보호에 대한 머리말 (1)

▷ 2013년 5월 28일 라오스에 체류하면서 대한민국으로 오길 희망했던 탈북 청소년 9명이 북한으로 강제 송환되는 사건이 발생하였는바, 이에 대해 마르주끼 다루스만 유엔(UN) 북한인권 특별보고관은 2013년 5월 30일에 "북한으로 강제송환된 9명의 탈북 청소년들이 북한 당국으로부터 받게 될 처벌과 대우가 심히 우려되며, 북한 당국은 국제사회에 이들 스스로 자신들의 지위와 행복을 결정할 수 있도록 해 주었다는 것을 투명하게 보여줘야 한다."라고 북한에 요구하면서, 그는 "전 세계의 어떤 나라도 탈북자를 북한으로 되돌아가면 사형이나 고문 등의 처벌과 학대에 직면하게 될 북한으로 재송환해서는 안 되는바, 라오스 정부가 이들을 보호해야 할 책임을 저버린 것에 대해 매우 실망했다."라고 밝혔음. 또한 안토니오 구테레스 유엔난민

● 탈북자의 인권침해와 보호에 대한 머리말 (2)

(이 부분은 이희훈 k, 재중 탈북자에 대한 인권 침해와 인권 보호 방안, 인권 이론과 실천 제10호, 2011. 12, 105-106면 참조)

▷ 기구(UNHCR) 최고대표도 "이들 9명의 탈북 청소년들이 북한으로 되돌아 갔을 때 그들의 기본적인 인권과 안전이 심히 우려된다."라고 밝혔음 (http://www.yonhapnews.co.kr/politics/2013/05/30/0503000000AKR2013053011375 1043.HTML; http://www.yonhapnews.co.kr/northkorea/2013/05/31/1801000000AKR2013 0531002551088.HTML 참조).

▷ 그리고 지난 2011년 9월 27일에 중국의 선양(瀋陽)에서 탈북자 20명, 웨이하이(威海)에서 10명, 옌지(延吉)에서 2011년 9월 29일에 탈북자 3명, 2011년 9월 30일에 탈북자 2명 등 중국에 체류하고 있는 탈북자(이하에서 '재중 탈북자'로 줄임) 총 35명이 체포되어 2011년 10월 초에 중국의 투먼(圖們)을 거쳐 북한으로 강제송환되었고, 2011년 10월 24일에서 25일 쯤에 중국의 산둥성 칭다오에서 탈북자 5명이 중국 공안에 체포되었으며, 2011년 11월

• 탈북자의 인권침해와 보호에 대한 머리말 (3)

▶ 초에는 중국의 허난성 정저우 부근에서 탈북자 3명이, 중국의 랴오닝성 단둥에서 탈북자 11명, 중국의 윈난성 쿤밍에서도 탈북자 4명이 각각 중국 공안에 체포되어 북한으로 강제송환되었음.

▶ 탈북자가 체류하고 있는 여러 국가들 중에서 중국이 북한과 지리적으로 가장 근접해 있고, 중국 내에 탈북자와 언어가 통하는 조선족이 거주하고 있으므로, 중국에 체류하고 있는 탈북자들의 수가 다른 국가들에 체류하고 있는 탈북자들의 수보다 훨씬 많아 중국 내 탈북자의 인권침해문제가 가장 많이 발생하고 있음.

▶ 전 세계에 중국 내 탈북자들이 처한 상황과 중국에서 북한으로 강제송환된 탈북자들은 북한에서 가혹한 처벌을 받아 인권을 침해당하고 있는 상황을 알리어 국내외적으로 재중 탈북자의 인권침해와 인권보호의 문제에 대해

• 탈북자의 인권침해와 보호에 대한 머리말 (4)

▶ 큰 관심을 불러일으켰던 계기가 되었던 사건으로는 지난 2001년 6월에 탈북자 장길수군 가족이 중국 베이징에 있는 UNHCR의 사무실에 진입해 중국 정부에 자신들을 난민으로 인정하여 자신들의 인권을 보호해 줄 것을 요청하였던 사건을 들 수 있으며, 이후에도 이러한 유형의 탈북 현상은 계속됨.

▶ 이렇듯 우리나라에 들어 온 탈북자의 수는 지난 1993년부터 1998년까지 8~71명에 불과했지만, 1999년에서 2001년까지 148~583명으로 증가하였고, 2002년에는 이들의 수가 1,139명으로 1천 명이 넘어선 이후 급속히 증가하

탈북자의 인권침해와 보호에 대한 머리말 (5) 및 탈북자의 발생 원인과 북한의 현실 (1)

(※ 탈북자의 발생 원인과 북한의 현실 부분은 이희훈 k, 앞의 글, 108면 참조)

▷ 여 2004년에는 1,894명이었고, 2007년에 1만 명을 돌파하였으며, 2010년에 2만 명을 넘어선 이후에 2011년에 우리나라에 들어 온 탈북자의 수는 약 2만 3천명에 이르고 있는바, 이처럼 우리나라에 들어오고 있는 탈북자의 수는 점점 더 증가하고 있음.

▷ 북한 주민들이 계속 탈북을 시도하는 이유로 크게 다음과 같은 네 가지 사유를 들 수 있음.

▷ 첫째, 북한 내에 유학생, 무역업자 등 외국을 경험한 자들로부터 대한민국의 발전상을 인지하였고, 북한 체제에 대한 문제점을 자각하였으며, 대한민국의 라디오 또는 TV 방송을 듣거나 볼 수 있는 사람들이 증가하여 발전된 대한민국의 호기심과 기대감이 높아졌기 때문일 것임.

탈북자의 발생 원인과 북한의 현실 (2)

▷ 둘째, 북한 내에서 제3차 7개년 계획의 실패 등으로 인한 생필품과 식량부족이 매우 심각하고, 북한 관료들의 부정부패로 인한 암거래의 성행 등 각종 사회부조리 현상이 증가하여 북한 주민들의 북한 체제에 대한 불만과 좌절감이 높아졌기 때문일 것임.

▷ 셋째, 북한 내에서 '돈만 있으면 못할 것이 없다'는 배금주의 가치가 확산되어 좀 더 많은 돈을 벌어 경제적으로 잘 살아 보기 위해서 사유재산제가 인정되고, 경제적으로 풍요로운 대한민국으로 오고 싶어 하기 때문일 것임.

▷ 넷째, 탈냉전 후에 자유민주주의로의 개혁과 개방요소가 침투하지 못하도록 주민통제를 더욱 강화하고 있는 북한 통제 메카니즘의 부작용과 문제점을 탈북의 원인으로 들 수 있는바, 북한사회는 출신성분과 당성에 의해 사회

탈북자의 발생 원인과 북한의 현실 (3) 및 탈북자에 대한 중국의 태도(입장) (1)

(이 탈북자에 대한 중국의 태도(입장) 부분은 이희훈 k, 앞의 글, 109-111면 참조)

▶ 적 이동이 통제됨으로써 정치적 및 사회적 계층구조의 심화 및 경직화를 초래하여 이에 대해 반항심을 가진 정치적 사상범이 크게 증가하였고, 이 정치적 사상범에 대한 가혹한 처벌은 굴욕감과 좌절감 및 공포심을 줌으로써 탈북을 조장하는 원인이 되고 있다고 할 것임.

▶ 중국은 보통 재중 탈북자들을 순수한 경제적 난민으로 보거나, 불법으로 국경을 넘어 온 불법월경자로 보아, 대한민국이나 제3국 또는 UNHCR과 같은 인권보호 국제기구들이 재중 탈북자들에 대한 처리 문제에 대해 개입할 문제가 아니라는 태도를 보여 왔음.

▶ 여기서 '경제적 난민'이란 오로지 경제적인 목적, 즉 개인적인 생활수준을

탈북자에 대한 중국의 태도(입장) (2)

▶ 향상시키기 위하여 자신의 거주국을 떠나 보다 경제적 삶이 나은 국가로 이주하는 자를 뜻하는바, 이러한 경제적 난민이 합법적으로 이주하는 경우에는 '이민'에 해당하여 법적으로 문제될 것이 없지만, 불법적인 경우에는 보통 '불법입국자' 또는 '불법체류자'라고 하여 체류국에 의해 강제추방을 당하게 되어, 경제적 난민에 해당될 때에는 국제법에 의해 전혀 보호를 받지 못함.

▶ 지난 2003년 1월 21일에 중국 외교부의 장 치유 대변인은 재중 탈북자들을 비밀리에 외부로 탈출하도록 지원하는 국제기구들에 의해 중국의 공공안전이 어지럽혀지고 있다면서 재중 탈북자들은 정치적 망명 희망자들이 아닌 경제 유민으로 중국 내에 불법으로 체류하고 있는 자들로, 이들을 북한으로

• 탈북자에 대한 중국의 태도(입장) (3)

▷ 강제송환을 하는 것은 국제법적으로 아무런 문제가 없다고 밝혔음.

▷ 그리고 중국은 중국과 북한 간에 체결한 다음과 같은 조약들에 의해 국제적 비난에도 불구하고 재중 탈북자들을 북한으로 보통 강제송환을 해 왔음.

▷ 1966년에 체결한 '조, 중 탈주자 및 범죄인 상호 인도 협정(일명 밀입국자 송환협정)'이라는 규정과 1986년에 체결한 '국경지역의 국가안전 및 사회질서 유지 업무를 위한 상호협력의정서' 제4조 제1항의 "쌍방은 주민의 불법 월경방지 업무에 관해 상호 협력한다. 합법적인 증명을 미소지히기나 소지한 증명이나 명시된 통행지점 및 검사기관을 거치지 않고 월경한 경우 불법 월경자로 처리한다."라는 규정 및 1986년에 체결한 '국경지역의 국가안전 및 사회질서 유지업무를 위한 상호협력의정서' 제4조 제2항의 "불법월경인원에

• 탈북자에 대한 중국의 태도(입장) (4)

▷ 대해서는 상황에 따라 그 명단 및 유관자료를 상대방에게 넘겨준다. 단, 월경 후 범죄행위가 있는 경우에는 본국의 법률에 따라 처리하되 그 상황을 상대방에게 통보한다."라는 규정과 1986년에 체결한 '국경지역의 국가안전 및 사회질서 유지업무를 위한 상호협력의정서' 제5조 제1항의 "범죄자 처리 문제를 상호 협력한다. 반혁명분자와 일반 범죄자가 상대측의 경계 내로 도주할 위험이 발생하는 경우에는 상대측에 반드시 통보한다. 통보를 받은 측은 상대측이 범죄자를 저지, 체포할 수 있도록 돕는다. 자국으로 도망해 온 범인의 조사 체포를 위탁 받은 경우에는 신속히 체포해 관련 자료와 함께 인도한다."라는 규정과 1986년에 체결한 '국경지역의 국가안전 및 사회질서 유지업무를 위한 상호협력의정서' 제5조 제2항의 "상대측 국경의 안전, 사

● 탈북자에 대한 중국의 태도(입장) (5)

▶ 회질서를 해하는 정보를 입수한 경우에는 상호 통보한다."라는 규정 및 1998년부터 중국과 북한에 그 효력이 적용되기 시작한 '길림성변경관리조례'와 2003년 10월에 중국과 북한이 체결한 '민형사 사법협조 조약' 및 '1951년 난민협약' 제1조 F(b)의 "난민으로서 피난지국에의 입국이 허가되기 전에 피난지국 밖에서 중대한 비정치적 범죄를 범한 사람은 이 협약의 규정이 적용되지 아니한다."라는 규정과 '1951년 난민협약' 제33조 제2항의 "난민이 거주하는 국가의 안전에 위협으로 간주될 합리적 이유가 있거나 특별히 중대한 판결을 받아 그 국가 사회전반에 대한 위협이 되는 난민은 강제송환금지의 원칙이 적용되지 않는다."라는 규정 등을 근거로 하여 중국은 재중 탈북자들을 북한으로 강제송환을 하는 것은 국제법적으로 아무런 문제가 되지

● 탈북자에 대한 중국의 태도(입장) (6)

▶ 않는다는 태도를 계속 보여 왔음.

▶ 그리고 중국은 1997년에 형법을 개정하면서 형법 제8조에 국경관리 방해죄를 신설하여 재중 탈북자들을 돕는 중국 국민에게 5년 이하의 유기징역에 처할 수 있도록 규정하고 있음.

▶ 중국은 재중 탈북자들을 난민으로 인정해 줄 경우 대량 탈북으로 인해 북한의 체제가 자칫 붕괴될 수 있고, 중앙아시아 및 티베트 지역에서의 월경 사태와 난민 시비 등과 같은 재중 탈북자와 비슷한 사례가 발생할 여지를 만들어 주어 중국 내에 소수 민족의 분리 독립 요구로 인한 중국 전체의 정치적 및 사회적 혼란의 발생을 방지하기 위해서 및 재중 탈북자들을 난민으로 인정해 줄 경우에 중국에 엄청난 경제적 부담을 지울 수 있는 책임을 회피하기 위해서 재중 탈북자에 대해 공안(경찰)이나 특무(북한 사회안전부

● 탈북자에 대한 중국의 태도(입장) (7)

▷ 요원)를 통해 재중 탈북자들을 체포한 후, 이들을 보통 북한으로 강제송환을 해 왔음.

▷ 2006년 6월 14일 미국의 민간단체인 난민, 이민위원회(USCRI: US Committee for Refugees and Immigrants)의 그레고리 첸 정책 분석 국장이 발표한 '2006년도 국제난민조사 보고서'에 의하면 지난 2006년에 중국은 매주 약 100명의 재중 탈북자들을 북한으로 강제 송환하였으며, 지난 2005년에만 재중 탈북자의 약 5,000명을 북한으로 강제 송환한 것으로 파악된다고 밝혔으며, 북한으로 강제송환된 재중 탈북자들이 중국에 머물 때 기독교인이나 서양인들과 접촉한 사실이 드러나면 처형시켜버리거나 또는 북한 보위부의 조사를 받은 후에 무거운 형사처벌을 받는다고 밝힘.

● 탈북자에 대한 북한의 태도(입장) (1)

(이 부분은 이희훈 I, 중국 내 탈북자의 법적지위와 인권보호에 대한 연구, 공법연구 제35집 제2호, 2006. 12, 215면 참조)

▷ 북한은 현지공관을 중심으로 국가안전보위부 요원과 현지공관원 3~4명으로 구성된 '체포조'를 편성하거나, '국가안전보위부 그루빠'를 현지에 파견하여 탈북자를 색출하거나 체포활동을 전개하면서 탈북자들을 체포하여 이들을 북한으로 송환시켜 왔음.

▷ 그러나 북한은 탈북자의 수가 점차 증가하자 국경지역 주민들을 대상으로 사상교육을 강화하였고, 탈북자들의 귀환을 유도하기 위해 회유성 조치도 취해 왔음.

▷ 이후 북한은 1992년 북한 헌법 제86조에서 조국과 인민을 배반하는 죄가 가장 큰 죄이며 법에 따라 엄중히 처벌한다고 규정하였으나, 1998년 헌법에서는 이 부분을 삭제시켜 다시 탈북자에 대한 처벌을 완화하였음.

● 탈북자에 대한 북한의 태도(입장) (2)

▶ 그리고 북한은 1987년에 북한 형법 제47조에서는 탈북을 조국반역행위로서 7년 이상의 로동교화형에 처했던 것을 2004년에 북한 형법 제62조에서 "공민이 조국을 배반하고 다른 나라로 도망쳤거나 투항, 변절하였거나 비밀을 넘겨준 조국반역행위를 한 경우에는 5년 이상의 로동교화형에 처한다."라고 규정하여 형사처벌이 되는 정도를 다소 완화하였음.

▶ 다만 2004년에 북한 형법 제62조에서 정상이 특히 무거운 경우에는 무기로동교화형 또는 사형 및 재산몰수형에 처할 수 있도록 규정하였음.

▶ 한편 북한 형법 제233조에서는 "불법적으로 국경을 넘나든 자는 2년 이하의 로동단련형에 처한다."라고 규정하여 탈북행위를 처벌하고 있음. 다만 동

● 탈북자에 대한 북한의 태도(입장) (3)

▶ 규정에서 정상이 무거운 경우에는 3년 이하의 로동교화형에 처하도록 규정하였음.

▶ 그리고 북한은 미국이 북한 주민의 인권 및 자유 증진과 기타 목적을 위한 법을 제정한 것에 대하여 이는 용납할 수 없는 도발행위에 해당한다며 강력히 미국을 비난하면서 국경선 통제를 강화하여 북한 주민들이 중국 등으로 탈북을 행하지 못하도록 엄격한 단속을 계속 하고 있음.

▶ 참고로 '강제송환금지의 원칙'이란, 1951년 난민지위에 관한 협약 제33조 제1항에 의해 체약국은 난민을 어떠한 방법으로도 인종, 종교, 국적, 특정사회집단의 구성원 신분 또는 정치적 의견을 이유로 그 생명 또는 자유가 위협받을 우려가 있는 영역의 국경으로 추방하거나 송환해서는 안 된다는 규정에 의해 난민을 강제송환할 수 없다는 원칙을 뜻함.

인권법 사례 이야기
(14주차-2번째 강의)

● 김정은 집권 이후 북한의 탈북자에 대한 태도(입장) (1)

▶ 2013년 8월 22일의 MBN 뉴스에 의하면 미국 월스트리트 저널에서 "김정은 국방위 제1위원장의 권력 기반이 북한 내에서 순조롭게 강화되고 있지만, 탈북자의 문제가 북한 체제의 위협 요인이 될 수 있음을 우려하고 있으며, 북한 당국은 탈북자로 인한 북한 체제의 위협에 대응하기 위하여 지난 2011년 김정일 국방위원장의 사망한 이후에 중국과 북한 간의 국경 수비 인력과 감시 카메라를 늘렸으며, 북한이 중국과 동남아 등에서 탈북자 북송을 위한 조직을 운용하고 있다."라고 전함.

▶ 한편 2013년 8월 20일의 데일리안에 의하면 김정은이 최근 탈북자에 대해 북한으로 귀화할 경우에 각종 인센티브를 제공하는 관용적인 정책을 펴고 있으며, 이는 중국 정부의 탈북자에 강제송환 정책에 정당성을 실어주기

- ● 김정은 집권 이후 북한의 탈북자에 대한 태도(입장) (2) 및 재중 탈북자의 헌법적 지위 (1)

  (이 중국 내 탈북자의 헌법적 지위 부분은 이희훈 k, 앞의 글, 112-113면 참조)

  ▶ 위한 것으로서, 탈북자들이 북한으로 되돌아온 뒤에 기자회견을 통해 대한 민국의 생활이 고달팠다는 점과 김정은의 은혜 아래 형사처벌 대신에 풍족한 생활을 한다는 점을 알리는 선전 수단으로 사용하고 있다고 친중국 성향의 홍콩 봉황(鳳凰) TV의 보도를 인용하여 전함.

  ▶ 중국 내(이하에서 "재중"으로 줄임) 탈북자들에 대해 헌법적으로 살펴보면 대한민국 헌법 제3조의 "대한민국의 영토는 한반도와 그 부속도서로 한다." 라는 영토조항에 의하여 북한 주민은 대한민국 국민이라는 견해(김철수, 헌법 학개론, 박영사, 2006, 105면, 112면)와 북한지역은 대한민국의 영토에 속하는 한 반도의 일부를 이루는 것이라는 대법원의 견해(대법원 1996. 11. 12, 96누1221

- ● 재중 탈북자의 헌법적 지위 (2)

  ▶ 판결 참조)에 의하면 재중 탈북자는 대한민국의 국민이라고 해석됨. 참고로 대법원 1996. 11. 12, 96누1221 판결에서 최초로 북한 주민은 대한민국 국민 임을 판시함.

  ▶ 제헌헌법 제100조에 의해 1948년 5월 11일의 '국적에 관한 임시조례(이하에서 "임시조례"로 줄임)'는 그 법적 효력이 있었는바, 이 임시조례 제2조에 의하면 조선인을 부친으로 하여 출생한 자와 조선인을 모친으로 하여 출생한 자로서 그 부친을 알 수 없거나 또는 그 부친이 아무 국적도 가지지 않은 때 및 조선 내에서 출생한 자로서 그 부모를 알 수 없거나 또는 그 부모가 아무 국적도 가지지 않은 때, 그리고 조선 내에서 출생한 자로서 그 부모를 알 수 없거나 또는 그 부모가 아무 국적도 가지지 않은 때와 외국인으로

● 재중 탈북자의 헌법적 지위 (3)

▶ 서 조선인과 결혼하여 처가 된 자 및 외국인으로서 조선에 귀화한 자는 조선의 국적을 가지는 것으로 규정하였는바, 임시조례 제2조에서의 '조선인'은 대한제국 말기의 민적법을 모태로 하여 1923년 이후에 조선호적령에 따른 조선호적 입적자를 뜻함.

▶ 따라서 이 조선호적 입적자는 이 임시조례에 의하여 대한민국의 국적을 인정받은 것이 되고, 이후에 제정된 국적법에 의하여 대한민국의 국적을 상실하지만 않았다면 그 자손들까지 대한민국의 국적을 승계하여 온 것으로 인정되므로, 북한주민은 이 임시조례에서 규정하고 있는 조선인의 범위에 속하므로 북한주민에게도 대한민국의 국적을 부여할 수 있음.

● 재중 탈북자의 헌법적 지위 (4)

▶ 한편 남한과 북한이 1991년에 UN에 동시에 가입한 것은 국가만이 UN의 가맹국이 될 수 있다는 UN헌장 제4조에 의해 대한민국이 북한을 UN 헌장이 의미하는 국가로 승인함을 뜻하는바, 이로 인해 국제사회에서 만약 어느 국가가 북한을 국가로 승인하였다면 그 국가에 대하여 대한민국도 북한이 국가임을 사실상 인정하고 존중하여 북한 주민은 북한의 국민에 속하게 되는 것을 부정할 수 없음. 즉, 대한민국은 북한의 주권과 북한의 관할권에 속하는 사항에 대해 간섭을 삼가야 할 국제법적인 의무가 있으므로, 대한민국은 북한의 헌법과 국적법의 효력을 인정하고 존중해야 하므로, 재중 탈북자는 북한의 국민에도 속하게 된다고 할 것이며, 대한민국은 이를 국제사회에서 존중해야 함.

국제사회에서 재중 탈북자의 헌법적 지위에 대한 주장의 한계 (1)

(이 부분은 이희훈 k, 앞의 글, 113-114면 참조)

▶ 이러한 사유로 재중 탈북자는 헌법적으로 볼 때에는 대한민국의 국민에 속하지만, 국제사회에서는 남한과 북한의 국민이 되는 이중 국적자라는 특수한 지위에 있음.

▶ 지난 1955년에 국제사법재판소(ICJ : International Court of Justice) 노테봄 사건(Nottebohm Case)에서 "외견상 자국에 체류하고 있는 어떤 자가 이중 국적을 가지고 있는 것으로 보일 때에는 그 이중 국적자가 어느 국가와 '진정하고도 유효한 연관' 즉, 이중 국적자가 가지고 있는 권리, 의무관계, 어느 국가에 대해서 애착을 더 가지고 있는가의 사실, 충성심, 군복무를 한 지역, 거주기간, 이중 국적자가 각각의 지역에 가지고 있는 이익과 감정 등과 같은 여러 가지 요소들을 고려해서 판단할 수 있다."라고 판결함 (International Court of Justice, "Nottebohm Case (Liechtenstein v. Guatemala)",

국제사회에서 재중 탈북자의 헌법적 지위에 대한 주장의 한계 (2)

▶ Second Phase, Judgment of 6 April 1955, *ICJ Report*, 1955, p.23, pp.25-26).

▶ 여기서 '노테봄 사건'이란 독일 국적의 노테봄은 1905년 과테말라에 이주하여 사업을 하던 중 제2차 세계대전이 발발하자 중립국인 리히텐슈타인으로 귀화(1939)하였고, 이후 과테말라로 돌아와 사업을 계속하였는데, 미국은 노테봄을 적대국의 국민으로 간주하여 1941년부터 1946년까지 미국에 감금하였고, 노테봄은 미국에서 석방 후에 과테말라에 재입국을 신청했으나 거절당하고 리히텐슈타인에 정착하던 중에 과테말라가 그의 재산을 압류하자, 이에 리히텐슈타인이 자국민으로 본 노테봄의 재산을 보호해 주기 위하여 과테말라 정부를 국제사법재판소에 제소하였고, 국제사법재판소는 타국에 대한 외교적 보호권을 행사하기 위해서는 개인의 국적과 국가 간에 밀접한

● 국제사회에서 재중 탈북자의 헌법적 지위에 대한 주장의 한계 (3)

▷ 관계, 즉 '진정한 관련성'이 요구되는바, 노테봄은 리히텐슈타인과 진정한 관련성을 갖고 있었다고 볼 만한 명백한 증거가 없어 노테봄과 '진정한 관련성'이 없는 리히텐슈타인은 과테말라에 대해 노테봄의 외교적 보호권을 행사할 수 없다고 판결함.

▷ 이러한 국제사법재판소의 노테봄 사건에 대한 판결의 내용에 따르면 대한민국과 북한의 동시 수교국인 중국에 대한민국과 북한의 국적을 모두 가지고 있는 이중 국적자인 재중 탈북자들이 불법적으로 체류하고 있을 때 중국은 재중 탈북자에게 남한과 북한의 국적 중에 어느 국적이 재중 탈북자와 진정하고도 유효한 연관을 가지는지를 판단하여 그 중 한 개의 국적만을 인정할 수 있는 판단권을 국제법적으로 가지고 있음.

● 국제사회에서 재중 탈북자의 헌법적 지위에 대한 주장의 한계 (4)

▷ 이에 중국은 전통적으로 북한과 공산주의 동맹관계를 유지하여 왔고, 북한을 법적 실체가 있는 완전한 독립 국가로 인정해 왔으며, 대한민국과 수교를 맺기 훨씬 전에 북한과 수교를 맺어 왔으므로, 보통 중국은 재중 탈북자들을 북한 국민으로 인정 및 판단하여 왔음.

▷ 따라서 중국이 재중 탈북자에 대해 대한민국의 국민으로 인정하지 않는 한, 대한민국은 재중 탈북자들에 대해 헌법상 대한민국의 국민으로 해석된다는 것을 근거로 하여 중국에게 대한민국의 외교적 보호권을 행사하여 국제사회에서 재중 탈북자에 대한 인권의 보호를 국제법적으로 주장할 수 없는 한계가 있음.

▷ 1951년 난민의 지위에 관한 협약 제1조 A(2) 규정에 의하면 난민은 "1951년

● 재중 탈북자에 대한 난민으로서의 지위 (1)
(이 부분은 이희훈 k, 앞의 글, 114−116면 참조)

▶ 1월 1일 이전에 발생한 사건의 결과로서, 또한 인종, 종교, 국적, 특정사회 집단의 구성원 신분 또는 정치적 의견을 이유로 박해를 받을 우려가 충분히 있는 공포로 인하여 자신의 국적국 밖에 있는 자로서, 국적국의 보호를 받을 수 없거나 또는 그러한 공포로 인하여 국적국의 보호를 받는 것을 원하지 아니하는 자 또는 그러한 사건의 결과로 인하여 종전의 상주국 밖에 있는 무국적자로서, 상주국에 돌아갈 수 없거나 또는 그러한 공포로 인하여 상주국으로 돌아가는 것을 원하지 아니하는 자"라고 규정되어 있음.

▶ 그리고 1967년 난민의 지위에 관한 의정서 제1조 2 규정에 의하면 난민은 "이 의정서상 난민이란 용어는 본조 3항의 적용에 관한 것을 제외하고, 난민의 지위에 관한 협약 제1조 A(2)에서 '1951년 1월 1일 이전에 발생한 사

● 재중 탈북자에 대한 난민으로서의 지위 (2)

▶ 건의 결과로서'라는 표현과 '그러한 사건의 결과로서'라는 표현이 생략되어 있는 것으로 하여 난민의 지위에 관한 협약 제1조의 정의에 해당하는 모든 자를 의미한다."라고 규정되어 있음.

▶ 이들 규정에 의해 국제법적으로 보호를 받을 수 있는 협약상의 난민이 되기 위해서는 '인종, 국적, 종교, 특정 사회집단의 구성원 신분이나 정치적 의견'을 이유로 '박해'를 받을 우려가 충분히 있는 '공포'를 가진 자이어야 하는 바, 여기서 '박해'란 보통사람이 감수하기 힘든 고통을 초래하는 공격이나 압박을 의미하며, 인간의 존엄성을 무시하고 생명과 신체의 자유를 침해하거나 억압하는 것을 뜻함.

● 재중 탈북자에 대한 난민으로서의 지위 (3)

▶ 특히 여기서 중요한 것은 이들 규정에서 박해의 사유로 '정치적 의견 이외에 인종, 종교, 국적, 특정 집단의 구성원 신분'을 열거하고 있으므로, '경제적 사유'는 여기서의 박해의 사유가 될 수 없음.

▶ 또한 이들 규정에서 '공포'는 주관적인 요소로 난민임을 주장하는 자가 박해를 받을 수 있다는 두려움을 뜻하는 주관적인 느낌과 객관적인 요소로서, 이러한 주관적 느낌에 대해 일반인도 수긍할 수 있을 정도의 합리적인 이유가 있어야 함.

▶ 이밖에 이들 규정에 의한 국제법상 보호를 받을 수 있는 협약상의 난민이 되기 위해서는 '국적국 밖에 있는 자'이거나 또는 '상주국 밖에 있는 자'이어야 하는바, 여기에는 국적을 가지고 있으면서 그의 상주국 밖에 있는 자로

● 재중 탈북자에 대한 난민으로서의 지위 (4)

▶ 서, 그의 국적국의 외교적 보호를 받을 수 없거나 받기를 원하지 않는 자(사실상의 무국적자)가 여기에 해당함.

▶ 그리고 어느 국가의 국적도 가지고 있지 않으면서 그의 상주국 밖에 있는 자로서, 국적이 없어 본래부터 어느 국가의 외교적 보호를 받을 수 없는 자(법률상의 무국적자)가 여기에 해당함.

▶ 북한 주민이 중국으로 탈북을 시도한 이유가 설사 경제적인 이유라고 하더라도 이는 궁극적으로 억압적이고 폐쇄적인 북한의 정치체제에 대한 불신과 이에 대한 저항적 의사표시를 표명한 것이라고 할 것이므로, 이는 재중 탈북자가 국제법적으로 1951년 난민의 지위에 관한 협약 제1조 A(2) 규정과 1967년 난민의 지위에 관한 의정서 제1조 2 규정에 의한 협약상의 난민

- **재중 탈북자에 대한 난민으로서의 지위 (5)**

▷ (이하에서 '협약상의 난민'으로 줄임)이 되기 위한 요건 중 '정치적 의견'을 달리하는 의사표시를 한 것에 해당한다고 보는 것이 타당함.

▷ 그리고 중국은 보통 재중 탈북자들을 체포하여 북한으로 강제 송환을 해 왔고, 이렇게 북한으로 강제 송환된 탈북자들은 북한 형법 제62조나 동법 제233조에 의해 사형 등의 가혹한 처벌을 받게 되므로, 협약상의 난민이 되기 위한 요건 중 '박해를 받을 우려가 있는 충분한 근거가 있는 공포가 있을 것'이라는 요건에 해당한다고 보는 것이 타당함.

▷ 또한 재중 탈북자들은 이미 그들의 국적국 또는 상주국인 북한의 보호를

- **국제사회에서 재중 탈북자의 협약상의 난민에 해당한다는 주장의 한계 (1)**

  (이 부분은 이희훈 k, 앞의 글, 116–117면 참조)

▷ 받기를 원하지 않는 것을 의미하므로, 재중 탈북자는 국제법적으로 협약상의 난민이 되기 위한 요건 중 '국적국 또는 상주국의 보호를 받는 것을 원하지 아니할 것'이라는 요건에 해당한다고 보아 재중 탈북자를 협약상의 난민으로 보아 그들의 인권을 보호해 주는 것이 타당함.

▷ 어떤 국가에 들어 온 개인이나 집단을 1951년 난민의 지위에 관한 협약과 1967년 난민의 지위에 관한 의정서상의 난민 즉, 협약상의 난민으로 인정하는 것은 국제법적으로 그 개인이나 집단이 체류하고 있는 국가의 재량에 속함.

▷ 이러한 국제법적 원칙에 의해 재중 탈북자들이 체류하고 있는 중국 정부가 재중 탈북자들을 협약상의 난민으로 인정할 것인지에 대해 결정할 수 있는 권한을 가지고 있음.

● 국제사회에서 재중 탈북자의 협약상의 난민에 해당한다는 주장의 한계 (2)

▷ 그러나 중국 정부는 보통 재중 탈북자들에 대해 긴밀한 관계에 있는 북한과 체결한 조, 중 탈주자 및 범죄인 상호 인도 협정, 국경지역의 국가안전 및 사회질서 유지업무를 위한 상호협력의정서 제4조 제1항과 제2항 및 동 의정서 제5조 제1항과 제2항, 길림성변경관리조례, 민형사 사법협조 조약에 위반한 불법 체류자로 간주하여 왔음.

▷ 따라서 중국은 1951년 난민의 지위에 관한 협약 제1조 F(b) 규정에서 "난민으로서 피난지국에의 입국이 허가되기 전에 피난지국 밖에서 중대한 비정치적 범죄를 범한 사람은 이 협약의 규정이 적용되지 아니한다."라는 규정과 1951년 난민의 지위에 관한 협약 제33조 제2항에서 "난민이 거주하는 국가의 안전에 위협으로 간주될 합리적 이유가 있거나 특별히 중대한 판결을

● 국제사회에서 재중 탈북자의 협약상의 난민에 해당한다는 주장의 한계 (3)

▷ 받아 그 국가 사회전반에 대한 위협이 되는 난민은 강제송환금지의 원칙이 적용되지 않는다."라는 규정에 의하여 재중 탈북자들을 국제법상 난민으로 인정하지 않고, 북한으로 강제 송환을 하는 것에 대해 정당하다는 태도(입장)를 계속 보여 왔음.

▷ 따라서 국제사회에서 그 어떤 나라도 중국에게 재중 탈북자를 협약상의 난민에 해당한다고 보아 북한으로 강제 송환을 하지 말라고 국제법적인 어떤 강제력을 행사할 수 없는 국제법적 한계가 있음.

▷ 2014년 7월 3일의 연합뉴스에 의하면 미국 워싱턴 DC의 비정부기구(NGO)인 북한인권위원회(HRNK)는 시진핑(習近平) 중국 국가주석에게 한국 방문을 계기로 탈북자 강제 북송 중단을 선언하라고 촉구했음.

● **국제사회에서 재중 탈북자의 협약상의 난민에 해당한다는 주장의 한계 (4)**

▶ 북한인권위원회는 이날 성명에서 "중국은 탈북자를 강제로 북한에 보내는 정책을 바꿔 한국으로 갈 수 있게 허용해야 한다."라고 강조함.

▶ 이 단체는 탈북자를 강제로 북한에 송환하면 유엔 북한인권조사위원회(COI)가 범죄로 규정한 야만적이고 반인도적인 처우를 받게 되며, 북한뿐 아니라 중국 관리들도 이에 대한 책임을 면할 수 없다라는 의견을 표명함.

▶ 한편 북한인권위원회는 이날 공개한 새 보고서를 통해 중국에 불법으로 입국하는 북한 주민에 대한 중국의 정책과 관행을 비판하고 탈북자 보호를 위한 국제사회의 노력을 촉구함.

▶ 중국 주재 미국 대사를 지낸 윈스턴 로드 북한인권위원회 이사는 보고서에서 "미국이 한국이나 일본과 긴밀하게 협조하면서 북한에서의 다양한 긴급사태를 놓고 중국과 논의해야 한다."라고 강조함.

인권법 사례 이야기

(14주차-3번째 강의)

● 탈북자의 인권침해 실태 (1)
(이 부분은 이희훈 k, 앞의 글, 111면 일부 참조)

▶ 중국 등에서 체류하고 있는 탈북자들에게 주로 나타나는 인권침해의 형태로 북한으로 강제송환이 이루어진 후에 북한의 정치범 수용소인 (사상)교화소라는 곳에서 무자비한 온갖 형태의 매우 심각한 인권침해방법과 탈북하여 체류하고 있는 중국 등 현지에서 인신매매와 성폭력, 불법감금과 폭행, 임금 착취 등을 들 수 있음.

▶ 특히 탈북자가 북한으로 강제송환이 된 후에 남한 주민과의 접촉, 기독교에의 가담, 상습적 탈북자 등 어느 하나에 속한다고 판단할 경우에 공개 처형 등의 극단적인 처벌을 받게 되고, 탈북 여성들은 불법 체류자라는 신분적 약점 때문에 중국 등 체류국에서 농촌 총각이나 홀아비 등에게 팔려 가는 신세가 되고 있으며 중국의 연길 등 도시지역의 유흥업소 종사자의 상당수

● 탈북자의 인권침해 실태 (2)

▶ 도 인신매매를 전문으로 하는 조직들에 의해 인신매매가 매우 조직적으로 이루어지고 있어 탈북 여성들의 인권이 매우 심각하게 침해되고 있으며, 탈북한 남성들의 경우에는 주로 매우 열악한 환경 하에서 일을 하면서 심한 구타에 시달리거나 극히 낮은 임금으로 일하고 있거나 장기적으로 임금 체불을 당하다가 결국 탈북자의 불법적인 신분을 약점으로 이용하여 극히 낮은 임금마저 받지 못하고 내쫓기는 등의 인권 침해를 받고 있음.

▶ 2011년 11월 24일에 북한 민주화운동 본부의 주최로 서울 중구 프레스센터에서 개최된 '중국 내 탈북자 인권실태'라는 발표문에 의하면 2011년 5월~8월까지 통일부 후원으로 중국에 있는 탈북자 126명(여성 119명, 남성 5명, 미입력 2명)을 대상으로 설문조사를 한 결과 응답자의 절반이 넘는 64명

● 탈북자의 인권침해 실태 (3)

▶ (51%)이 인신매매로 인한 인권 침해를 받은 것으로 조사됨.

▶ 그리고 북한에서 김정은이 집권한 이후부터 탈북자를 국경에서 사살하는 경우가 늘고 있는바, 중국 창바이 지역의 고위 소식통에 의하면 "2010년 12월 14일에 중국의 양강도 혜산시에서 북한 주민 7명이 얼어붙은 압록강을 건너서 중국 땅을 밟았으나, 이들을 추격해온 북한군의 집중 사격에 의해 5명이 즉사하고, 2명은 상처를 입은 채 북한으로 강제 송환되었다."라고 밝혔고, 미국 자유아시아 방송은 2011년 11월 8일에 "북한에서 김정은이 김정일의 후계자로 등장한 이후 북한의 국경지역에 탈북자의 시체가 종종 목격되고 있다."라고 밝혔음.

▶ 또한 탈북자들은 북한으로 강제송환되어 사살 또는 공개 처형을 당하거나,

● 탈북자의 인권침해 실태 (4)

▷ 탈북 여성들은 중국에서 인신매매나 강제결혼 등에 의해 극심한 성적 유린을 당하거나, 재판 없이 감옥에 수감되어 극심한 고문을 받거나, 강제노동을 강요 받거나 구타를 당 하는 등 인권 침해의 수준이 매우 심각한 상태에 이르고 있는바, 북한 형법 제62조의 조국 반역죄와 동법 제233조의 비법 국경 출입죄의 위반 여부를 조사 받아 북한으로 송환된 탈북자들이 북한 형법 제62조의 조국 반역죄의 위반자에 해당할 경우에는 중대한 정치범으로 간주되어 5년 이싱의 로동 교화형에 처하게 되고, 이것보다 조금 죄질이 가벼운 동법 제233조의 비법 국경 출입죄의 위반자에 해당할 경우에는 정상이 무거운 경우로 간주되어 3년의 로동 교화형을 선고 받은 후 북한의 제15호 요덕 수용소 혁명화구역에 수감되는바, 이 과정에서 온갖 폭행과 고문 또는

● 탈북자의 인권침해 실태 (5)

▷ 강제노동이나 성폭력 등을 당하여 탈북자들의 생명권이나 신체의 자유 또는 성적 자기결정권 등의 매우 심각한 인권 침해(유린)를 받고 있음.

▷ 얼마 전까지 중국 공안(경찰)은 재중 탈북자들을 숨겨준 중국인들에게 보통 미화 120달러를, 재중 탈북자를 고용하는 중국 내 사업주에게는 미화 3천 600달러의 벌금형에 각각 처하였고, 중국의 안가에 은신해 제3국으로 탈출을 준비하는 재중 탈북자들을 중국 공안(경찰)이 체포하여 북한으로 강제송환을 행하였으며, 여성 탈북자들은 중국에서 가정부나 성매매 등에 내몰리고 있고, 그 중 일부는 생존을 위해 중국 남성과 결혼하여 이들에게서 태어난 2세들은 무국적자로 중국에서 방치되고 있는 등 이러한 중국의 태도(입장)에 의해 재중 탈북자들은 중국에서 생명권이나 신체의 자유 또는 성적

● 탈북자의 인권침해 실태 (6) 및 탈북자의 인권보호 방안 (1)

(이 탈북자의 인권보호 방안 (1)~(8) 부분은 이희훈 k, 앞의 글, 117~118면 참조)

▷ 자기결정권 등의 인간의 존엄에 반하는 여러 인권들이 매우 심각하게 침해 (유린)되고 있음.

▷ 이렇듯 중국 등에서 체류하고 있는 탈북자들이 헌법상 우리나라의 국민임 에도 불구하고 국제사회에서는 이들은 이중국적자에 해당되어 우리나라가 단독으로(독점적으로 배타적인) 외교적 보호권을 행사할 수 없는 한계로 인 하여 중국 등에서 매우 심각한 인권 침해 내지 인권 유린을 당하고 있는 것 에 대해 법적인 조치를 강하게 할 수 없는 상황에 놓여 있음.

▷ 우리나라의 국가인권위원회는 2011년 11월 19일에 "북한이 중국에서 강제 로 북송된 탈북자들을 정치범수용소에 가두거나 민족반역죄로 즉결 처형까 지 하는 것은 탈북자의 생명권을 심각하게 침해하는 반인도적 행위로 즉각 중단되어야 하고, 중국은 '난민지위에 관한 협약' 등 각종 국제인권규약에

● 탈북자의 인권보호 방안 (2)

▷ 따라 재중 탈북자가 강제로 북송이 되면 받게 될 생명권의 침해 및 기타 신 체적 및 정신적 공포와 정치적 박해를 고려하여 이들이 강제로 북송되지 않 도록 즉각적인 조치를 취해야 하며, 대한민국은 재중 탈북자가 강제북송되 는 일이 발생되지 않도록 UN 등 국제사회와 긴밀히 협력하여 다각적인 외 교적 노력을 기울이고, 외국에 체류 중인 탈북자의 인권보호 방안을 조속히 마련하여 추진해야 한다."라고 밝혔음.

▷ 그러나 앞에서 살펴보았듯이 중국의 탈북자에 대한 인권 보호적 차원의 노 력 내지 재중 탈북자에 대한 전향적인 중국의 태도(입장)의 변화 없이는 국

● 탈북자의 인권보호 방안 (3)

▷ 제법적으로 우리나라와 북한의 복수의 국적을 동시에 가지고 있어, 이중 국적자에 해당되는 재중 탈북자들을 우리나라의 헌법상 대한민국 국민으로만 보아 우리나라의 외교적 보호권을 단독으로 행사하여 재중 탈북자들의 인권 침해에 대해 국제사회에서 보호해 줄 수 없는 한계가 있고, 국제법적으로도 재중 탈북자들을 협약상의 난민으로 보아 난민으로서 재중 탈북자들의 인권 침해에 대해 보호해 줄 수 없는 한계가 있음.

▷ 이에 따라 향후 우리나라는 우리나라와 긴밀한 연관 관계를 맺고 있는 다른 국가들과 UN 등과 함께 중국에게 중국 헌법 제32조 2항에서 "중화인민공화국은 정치적 이유로 피난을 요구하는 외국인에 대하여 보호받을 권리를 부여한다."라고 규정한 것과 중국이 1982년 9월에 1951년 난민의 지위에

● 탈북자의 인권보호 방안 (4)

▷ 관한 협약과 1967년 난민의 지위에 관한 의정서에 가입한 체약국임을 상기시켜 중국이 재중 탈북자들을 북한의 국민으로 보아 대한민국의 국민으로 인정하지 않더라도 협약상의 난민으로 인정하여 재중 탈북자의 인권이 더 이상 매우 심각하게 침해되지 않고 보호될 수 있도록 다각적인 방법을 통해 외교적 촉구를 행하며, 중국이 1951년 난민의 지위에 관한 협약 제33조 제1항의 강제송환금지의 원칙을 통해 재중 탈북자를 난민으로 보아 이들의 인권을 보호하는 것은 UN 헌장에 명시된 기본적 인권의 존중 및 실현을 하는 것으로서, 이는 곧 UN 헌장상의 의무를 이행하는 것이 된다는 점도 상기시켜 재중 탈북자들을 북한으로 강제 송환을 하여 여러 극심한 인권 침해를 더 이상 받지 않도록 촉구하고, 중국 정부로 하여금 재중 탈북자들이 중국

• 탈북자의 인권보호 방안 (5)

▷ 에 체류하는 동안 최소한의 생활을 유지해 나갈 수 있도록 외교적 지원을 해 주고, 필요한 의료상의 혜택 및 제3국에 정착하는 데 필요한 지원 등을 할 수 있도록 중국 정부의 전향적인 태도(입장) 변화를 적극 유도해 나가야 할 것임.

▷ 그러나 중국이 모든 재중 탈북자들을 협약상의 난민으로 인정하여 그에 상응하는 보호를 해 주는 것은 북한과의 전통적인 우호관계에 비추어 볼 때 현실적으로 국제사회에서 사실상 기대하기 어렵거나 실현가능성이 낮다고 생각됨.

▷ 따라서 재중 탈북자에 대한 인권 침해의 문제는 궁극적으로 중국의 이들에 대한 인식 및 태도의 변화를 유도하여 정치적 및 제도적으로 해결해 나갈 수밖에 없는바, 중국인과 혼인관계를 맺고 있는 재중 탈북 여성과 어린이

• 탈북자의 인권보호 방안 (6)

▷ 들에게 중국에서 합법적인 체류 신분을 제공받을 수 있도록 중국 정부에 적극 요청해야 할 것임.

▷ 그리고 민간 국제단체(NGO: Non−Governmental Organization)의 주도로 재중 탈북자의 인권 침해 현황 및 북한으로 강제송환된 재중 탈북자의 처우에 대한 감시활동을 하고, UN 인권기구를 적극 활용토록 하며, 우리나라 정부와 이러한 민간단체 사이에 정례적인 협의체를 구성하여 운영하여 재중 탈북자에 대한 민관협의를 제도화하고, UN 인권 이사회와 규약 위원회 및 주제별 특별보고관 등의 보고서 등을 통해 북한으로 강제송환된 재중 탈북자에 대한 매우 심각한 여러 인권 침해 문제 내지 인권 유린의 실상을 널리 국제사회에 계속(지속적으로) 강하게 제기해야 할 것임.

● 탈북자의 인권보호 방안 (7)

▶ 또한 우리나라와 미국 사이에 재중 탈북자의 인권 침해 문제 협의를 위한 협력을 강화하고, 중국과 재중 탈북자들의 인권에 대해 대화를 하는 개별 국가들로 하여금 재중 탈북자의 인권침해 문제의 해결을 촉구하도록 외교 협력을 강화하며, 미국과 캐나다 및 영국 등 재중 탈북자가 향후 정착하려는 여러 국가들과 긴밀한 협력 체제를 강화해야 할 것임.

▶ 이밖에 우리나라 정부는 재중 탈북자들을 돕는 민간 국제단체(NGO)를 활성화시키기 위하여 재중 탈북자들을 돕는 민간 국제단체(NGO)들에게 재정적인 지원 등의 다양한 지원을 적극적으로 해 주어야 할 것임.

▶ 무엇보다도 우리나라의 국민들 사이에 탈북자는 우리나라의 헌법상 한국

● 탈북자의 인권보호 방안 (8)

(이 탈북자의 인권보호 방안 (8)–(12) 부분은 이희훈 l, 앞의 글, 223면과 228–229면 참조)

▶ 국민의 한 사람으로, 탈북자들의 인권이 더 이상 침해되지 않도록 보호해 주는 것이 우리나라가 해결해야 할 민족적 과제임을 깨닫고, 우리나라의 국민들 모두 한마음으로 탈북자들의 인권을 보호하려는 것에 대한 사회통합적인 인식(의식)이 형성되도록 우리나라 정부는 최선의 노력을 해야 할 것임.

▶ 즉, 이에 대해 좀 더 상세히 살펴보면 다음과 같이 요약됨. 재중 탈북자는 영토조항과 제헌헌법 제100조 및 국적에 관한 임시조례 제2조에 의해 조선인의 국적을 취득한 것으로서 한국 국민이라 할 것임. 그러나 중국은 예전부터 UN에 가입한 북한을 국가로 인정하여 왔음. 따라서 국제사회에서 재중 탈북자들은 한국 국민임과 동시에 북한 국민에 해당하는 이중국적자가 됨. 이에 대해 중국은 북한과의 전통적인 우호적 외교관계를 이유로 '실효적 국적의 원칙'과 '노테봄 사건의 판결'에 의해 재중 탈북자를 북한 국민으로

● 탈북자의 인권보호 방안 (9)

▷ 인정하여 왔음. 따라서 중국은 북한과 체결한 중, 북한 변경지역 관리의정서 등에 의해 오래 전부터 재중 탈북자를 순수한 경제적 난민이나 불법월경자로 보아 이들을 북한으로 강제송환을 해 왔음.

▷ 여기서 '실효적 국적의 원칙'이란 1937년에 발효된 '국적법의 저촉에 관한 헤이그협약' 제5조에 의하면 2개 이상의 국적을 가진 자가 제3국에 있을 때에는 제3국은 그의 주된 거소 또는 그가 밀접한 관련을 가진 곳이 어디인가에 따라 그에게 2개 이상의 국적 중 1개의 국적을 가진 것으로 결정할 수 있다고 규정하고 있음. 이에 따라 2개 이상의 국적을 가진 자에게 제3국은 그 중 1개의 국적을 가진 것으로 결정하는 것을 '실효적 국적의 원칙'이라고 함.

● 탈북자의 인권보호 방안 (10)

▷ 이렇듯 중국으로부터 북한으로 강제송환된 탈북자들은 북한에서 사형 등의 처벌을 받는 등 극심하게 인권을 침해당하여 왔음. 이들은 우리나라 헌법상 한국 국민에 속하는 자들로 한국은 이들의 인권을 최대한 보호해야 함.

▷ 따라서 한국은 통독 전 서독이 동독탈출주민의 서독 국적취득을 위해 기본법과 특별법에 단일국적주의와 문호개방이론을 적용하여 동독주민의 국적문제를 법적 근거규정을 두어 이들을 보호한 것을 거울삼아 헌법과 국적법에 북한주민의 한국 국적취득에 관한 특례규정을 두거나, 남북기본합의서에서 남북한이 나라와 나라 사이가 아닌 통일을 지향하는 과정에서 잠정적으로 형성되는 특수한 관계임을 밝히고 있듯이 북한주민의 특수한 법적 지위를 인정하는 특례법을 제정하는 등의 방안으로 탈북자들이 중국 등에서의 국적

탈북자의 인권보호 방안 (11)

▷ 취득여부와 상관없이 한국 국민으로서 이들의 인권을 보호해야 할 것임.

▷ 또한 우리나라는 계속하여 UNHCR과 미국 및 유럽연합 등과 긴밀하게 협력하여 중국이 UN회원국으로서 UN헌장 제103조에 의해 1951년 난민협약 제33조 제1항의 강제송환금지의 원칙을 준수할 것을 설득하여 재중 탈북자들이 더 이상 북한으로 강제송환되어 인권을 침해 당하지 않도록 촉구해야 할 것이며, 탈북자의 인권보호와 관련된 국내외 NGO들과 학술단체를 육성하여 중국 내 탈북지들의 보호를 위한 실천운동과 이론연구를 적극 지원하고, 예를 들어 몽골 등과 같은 나라와 긴밀히 협력하여 해당 국가의 일부 지역에 난민촌을 건립하여 재중 탈북자들의 인권 침해를 일시적으로 피할 수

탈북자의 인권보호 방안 (12)

▷ 있도록 이들의 인권을 보호해 주는 시설이나 제도 등을 마련하는 등 다양한 정책들을 입안하고 시행해야 할 것임.

▷ 그리고 무엇보다도 우리나라 국민들 사이에 재중 탈북자는 한국 국민으로서 이들의 인권을 보호하는 것이 우리 민족이 해결해야 할 가장 큰 과제임을 깨닫고, 우리 모두 한마음으로 이들의 인권을 보호하려는 사회통합적인 토대가 형성되도록 적극 노력해야 할 것임.

대한민국헌법

[시행 1988. 2. 25.] [헌법 제10호, 1987. 10. 29., 전부개정]

유구한 역사와 전통에 빛나는 우리 대한국민은 3·1운동으로 건립된 대한민국임시정부의 법통과 불의에 항거한 4·19민주이념을 계승하고, 조국의 민주개혁과 평화적 통일의 사명에 입각하여 정의·인도와 동포애로써 민족의 단결을 공고히 하고, 모든 사회적 폐습과 불의를 타파하며, 자율과 조화를 바탕으로 자유민주적 기본질서를 더욱 확고히 하여 정치·경제·사회·문화의 모든 영역에 있어서 각인의 기회를 균등히 하고, 능력을 최고도로 발휘하게 하며, 자유와 권리에 따르는 책임과 의무를 완수하게 하여, 안으로는 국민생활의 균등한 향상을 기하고 밖으로는 항구적인 세계평화와 인류공영에 이바지함으로써 우리들과 우리들의 자손의 안전과 자유와 행복을 영원히 확보할 것을 다짐하면서 1948년 7월 12일에 제정되고 8차에 걸쳐 개정된 헌법을 이제 국회의 의결을 거쳐 국민투표에 의하여 개정한다.

제1장 총강

제1조 ① 대한민국은 민주공화국이다.
② 대한민국의 주권은 국민에게 있고, 모든 권력은 국민으로부터 나온다.

제2조 ① 대한민국의 국민이 되는 요건은 법률로 정한다.
② 국가는 법률이 정하는 바에 의하여 재외국민을 보호할 의무를 진다.

제3조 대한민국의 영토는 한반도와 그 부속도서로 한다.

제4조 대한민국은 통일을 지향하며, 자유민주적 기본질서에 입각한 평화적 통일 정책을 수립하고 이를 추진한다.

제5조 ① 대한민국은 국제평화의 유지에 노력하고 침략적 전쟁을 부인한다.
② 국군은 국가의 안전보장과 국토방위의 신성한 의무를 수행함을 사명으로 하며, 그 정치적 중립성은 준수된다.

제6조 ① 헌법에 의하여 체결·공포된 조약과 일반적으로 승인된 국제법규는 국내법과 같은 효력을 가진다.
② 외국인은 국제법과 조약이 정하는 바에 의하여 그 지위가 보장된다.

제7조 ① 공무원은 국민전체에 대한 봉사자이며, 국민에 대하여 책임을 진다.
② 공무원의 신분과 정치적 중립성은 법률이 정하는 바에 의하여 보장된다.

제8조 ① 정당의 설립은 자유이며, 복수정당제는 보장된다.
② 정당은 그 목적·조직과 활동이 민주적이어야 하며, 국민의 정치적 의사형성에 참여하는데 필요한 조직을 가져야 한다.
③ 정당은 법률이 정하는 바에 의하여 국가의 보

호를 받으며, 국가는 법률이 정하는 바에 의하여 정당운영에 필요한 자금을 보조할 수 있다.

④ 정당의 목적이나 활동이 민주적 기본질서에 위배될 때에는 정부는 헌법재판소에 그 해산을 제소할 수 있고, 정당은 헌법재판소의 심판에 의하여 해산된다.

제9조 국가는 전통문화의 계승·발전과 민족문화의 창달에 노력하여야 한다.

제 2 장　국민의 권리와 의무

제10조 모든 국민은 인간으로서의 존엄과 가치를 가지며, 행복을 추구할 권리를 가진다. 국가는 개인이 가지는 불가침의 기본적 인권을 확인하고 이를 보장할 의무를 진다.

제11조 ① 모든 국민은 법 앞에 평등하다. 누구든지 성별·종교 또는 사회적 신분에 의하여 정치적·경제적·사회적·문화적 생활의 모든 영역에 있어서 차별을 받지 아니한다.

② 사회적 특수계급의 제도는 인정되지 아니하며, 어떠한 형태로도 이를 창설할 수 없다.

③ 훈장등의 영전은 이를 받은 자에게만 효력이 있고, 어떠한 특권도 이에 따르지 아니한다.

제12조 ① 모든 국민은 신체의 자유를 가진다. 누구든지 법률에 의하지 아니하고는 체포·구속·압수·수색 또는 심문을 받지 아니하며, 법률과 적법한 절차에 의하지 아니하고는 처벌·보안처분 또는 강제노역을 받지 아니한다.

② 모든 국민은 고문을 받지 아니하며, 형사상 자기에게 불리한 진술을 강요당하지 아니한다.

③ 체포·구속·압수 또는 수색을 할 때에는 적법한 절차에 따라 검사의 신청에 의하여 법관이 발부한 영장을 제시하여야 한다. 다만, 현행범인인 경우와 장기 3년 이상의 형에 해당하는 죄를 범하고 도피 또는 증거인멸의 염려가 있을 때에는 사후에 영장을 청구할 수 있다.

④ 누구든지 체포 또는 구속을 당한 때에는 즉시 변호인의 조력을 받을 권리를 가진다. 다만, 형사피고인이 스스로 변호인을 구할 수 없을 때에는 법률이 정하는 바에 의하여 국가가 변호인을 붙인다.

⑤ 누구든지 체포 또는 구속의 이유와 변호인의 조력을 받을 권리가 있음을 고지받지 아니하고는 체포 또는 구속을 당하지 아니한다. 체포 또는 구속을 당한 자의 가족등 법률이 정하는 자에게는 그 이유와 일시·장소가 지체없이 통지되어야 한다.

⑥ 누구든지 체포 또는 구속을 당한 때에는 적부의 심사를 법원에 청구할 권리를 가진다.

⑦ 피고인의 자백이 고문·폭행·협박·구속의 부당한 장기화 또는 기망 기타의 방법에 의하여 자의로 진술된 것이 아니라고 인정될 때 또는 정식재판에 있어서 피고인의 자백이 그에게 불리한 유일한 증거일 때에는 이를 유죄의 증거로 삼거나 이를 이유로 처벌할 수 없다.

제13조 ① 모든 국민은 행위시의 법률에 의하여 범죄를 구성하지 아니하는 행위로 소추되지 아니하며, 동일한 범죄에 대하여 거듭 처벌받지 아니한다.

② 모든 국민은 소급입법에 의하여 참정권의 제한을 받거나 재산권을 박탈당하지 아니한다.

③ 모든 국민은 자기의 행위가 아닌 친족의 행위로 인하여 불이익한 처우를 받지 아니한다.

제14조 모든 국민은 거주·이전의 자유를 가진다.

제15조 모든 국민은 직업선택의 자유를 가진다.

제16조 모든 국민은 주거의 자유를 침해받지 아니한다. 주거에 대한 압수나 수색을 할 때에는 검사의 신청에 의하여 법관이 발부한 영장을 제시하여야 한다.

제17조 모든 국민은 사생활의 비밀과 자유를 침해받지 아니한다.

제18조 모든 국민은 통신의 비밀을 침해받지 아니한다.

제19조 모든 국민은 양심의 자유를 가진다.

제20조 ① 모든 국민은 종교의 자유를 가진다.

② 국교는 인정되지 아니하며, 종교와 정치는 분리된다.

제21조 ① 모든 국민은 언론·출판의 자유와 집회·결사의 자유를 가진다.

② 언론·출판에 대한 허가나 검열과 집회·결사에 대한 허가는 인정되지 아니한다.

③ 통신·방송의 시설기준과 신문의 기능을 보장하기 위하여 필요한 사항은 법률로 정한다.

④ 언론·출판은 타인의 명예나 권리 또는 공중도덕이나 사회윤리를 침해하여서는 아니된다. 언론·출판이 타인의 명예나 권리를 침해한 때에는 피해자는 이에 대한 피해의 배상을 청구할 수 있다.

제22조 ① 모든 국민은 학문과 예술의 자유를 가진다.

② 저작자·발명가·과학기술자와 예술가의 권리는 법률로써 보호한다.

제23조 ① 모든 국민의 재산권은 보장된다. 그 내용과 한계는 법률로 정한다.

② 재산권의 행사는 공공복리에 적합하도록 하여야 한다.

③ 공공필요에 의한 재산권의 수용·사용 또는 제한 및 그에 대한 보상은 법률로써 하되, 정당한 보상을 지급하여야 한다.

제24조 모든 국민은 법률이 정하는 바에 의하여 선거권을 가진다.

제25조 모든 국민은 법률이 정하는 바에 의하여 공무담임권을 가진다.

제26조 ① 모든 국민은 법률이 정하는 바에 의하여 국가기관에 문서로 청원할 권리를 가진다.

② 국가는 청원에 대하여 심사할 의무를 진다.

제27조 ① 모든 국민은 헌법과 법률이 정한 법관에 의하여 법률에 의한 재판을 받을 권리를 가진다.

② 군인 또는 군무원이 아닌 국민은 대한민국의 영역안에서는 중대한 군사상 기밀·초병·초소·유독음식물공급·포로·군용물에 관한 죄중 법률이 정한 경우와 비상계엄이 선포된 경우를 제외하고는 군사법원의 재판을 받지 아니한다.

③ 모든 국민은 신속한 재판을 받을 권리를 가진다. 형사피고인은 상당한 이유가 없는 한 지체없이 공개재판을 받을 권리를 가진다.

④ 형사피고인은 유죄의 판결이 확정될 때까지는 무죄로 추정된다.

⑤ 형사피해자는 법률이 정하는 바에 의하여 당해 사건의 재판절차에서 진술할 수 있다.

제28조 형사피의자 또는 형사피고인으로서 구금되었던 자가 법률이 정하는 불기소처분을 받거나 무죄판결을 받은 때에는 법률이 정하는 바에 의하여 국가에 정당한 보상을 청구할 수 있다.

제29조 ① 공무원의 직무상 불법행위로 손해를 받은 국민은 법률이 정하는 바에 의하여 국가 또는 공공단체에 정당한 배상을 청구할 수 있다. 이 경우 공무원 자신의 책임은 면제되지 아니한다.

② 군인·군무원·경찰공무원 기타 법률이 정하는 자가 전투·훈련등 직무집행과 관련하여 받은 손해에 대하여는 법률이 정하는 보상외에 국가 또는 공공단체에 공무원의 직무상 불법행위로 인한 배상은 청구할 수 없다.

제30조 타인의 범죄행위로 인하여 생명·신체에 대한 피해를 받은 국민은 법률이 정하는 바에 의하여 국가로부터 구조를 받을 수 있다.

제31조 ① 모든 국민은 능력에 따라 균등하게 교육을 받을 권리를 가진다.

② 모든 국민은 그 보호하는 자녀에게 적어도 초등교육과 법률이 정하는 교육을 받게 할 의무를 진다.

③ 의무교육은 무상으로 한다.

④ 교육의 자주성·전문성·정치적 중립성 및 대학의 자율성은 법률이 정하는 바에 의하여 보장된다.

⑤ 국가는 평생교육을 진흥하여야 한다.

⑥ 학교교육 및 평생교육을 포함한 교육제도와 그 운영, 교육재정 및 교원의 지위에 관한 기본적인 사항은 법률로 정한다.

제32조 ① 모든 국민은 근로의 권리를 가진다. 국가는 사회적·경제적 방법으로 근로자의 고용의 증진과 적정임금의 보장에 노력하여야 하며, 법률이 정하는 바에 의하여 최저임금제를 시행하여야 한다.

② 모든 국민은 근로의 의무를 진다. 국가는 근로의 의무의 내용과 조건을 민주주의원칙에 따라 법률로 정한다.

③ 근로조건의 기준은 인간의 존엄성을 보장하도록 법률로 정한다.

④ 여자의 근로는 특별한 보호를 받으며, 고용·임금 및 근로조건에 있어서 부당한 차별을 받지 아니한다.

⑤ 연소자의 근로는 특별한 보호를 받는다.

⑥ 국가유공자·상이군경 및 전몰군경의 유가족은 법률이 정하는 바에 의하여 우선적으로 근로의 기회를 부여받는다.

제33조 ① 근로자는 근로조건의 향상을 위하여 자주적인 단결권·단체교섭권 및 단체행동권을 가진다.

② 공무원인 근로자는 법률이 정하는 자에 한하여 단결권·단체교섭권 및 단체행동권을 가진다.

③ 법률이 정하는 주요방위산업체에 종사하는 근로자의 단체행동권은 법률이 정하는 바에 의하여 이를 제한하거나 인정하지 아니할 수 있다.

제34조 ① 모든 국민은 인간다운 생활을 할 권리를 가진다.

② 국가는 사회보장·사회복지의 증진에 노력할 의무를 진다.

③ 국가는 여자의 복지와 권익의 향상을 위하여 노력하여야 한다.

④ 국가는 노인과 청소년의 복지향상을 위한 정책을 실시할 의무를 진다.

⑤ 신체장애자 및 질병·노령 기타의 사유로 생활능력이 없는 국민은 법률이 정하는 바에 의하여 국가의 보호를 받는다.

⑥ 국가는 재해를 예방하고 그 위험으로부터 국민을 보호하기 위하여 노력하여야 한다.

제35조 ① 모든 국민은 건강하고 쾌적한 환경에서 생활할 권리를 가지며, 국가와 국민은 환경보전을 위하여 노력하여야 한다.

② 환경권의 내용과 행사에 관하여는 법률로 정한다.

③ 국가는 주택개발정책등을 통하여 모든 국민이 쾌적한 주거생활을 할 수 있도록 노력하여야 한다.

제36조 ① 혼인과 가족생활은 개인의 존엄과 양성의 평등을 기초로 성립되고 유지되어야 하며, 국가는 이를 보장한다.

② 국가는 모성의 보호를 위하여 노력하여야 한다.

③ 모든 국민은 보건에 관하여 국가의 보호를 받는다.

제37조 ① 국민의 자유와 권리는 헌법에 열거되지 아니한 이유로 경시되지 아니한다.

② 국민의 모든 자유와 권리는 국가안전보장·질서유지 또는 공공복리를 위하여 필요한 경우에 한하여 법률로써 제한할 수 있으며, 제한하는 경우에도 자유와 권리의 본질적인 내용을 침해할 수 없다.

제38조 모든 국민은 법률이 정하는 바에 의하여 납세의 의무를 진다.

제39조 ① 모든 국민은 법률이 정하는 바에 의하여 국방의 의무를 진다.

② 누구든지 병역의무의 이행으로 인하여 불이익한 처우를 받지 아니한다.

제 3 장 국회

제40조 입법권은 국회에 속한다.

제41조 ① 국회는 국민의 보통·평등·직접·비밀선거에 의하여 선출된 국회의원으로 구성한다.

② 국회의원의 수는 법률로 정하되, 200인 이상으로 한다.

③ 국회의원의 선거구와 비례대표제 기타 선거에 관한 사항은 법률로 정한다.

제42조 국회의원의 임기는 4년으로 한다.

제43조 국회의원은 법률이 정하는 직을 겸할 수 없다.

제44조 ① 국회의원은 현행범인인 경우를 제외하고는 회기중 국회의 동의없이 체포 또는 구금되지 아니한다.

② 국회의원이 회기전에 체포 또는 구금된 때에는 현행범인이 아닌 한 국회의 요구가 있으면 회기중 석방된다.

제45조 국회의원은 국회에서 직무상 행한 발언과 표결에 관하여 국회외에서 책임을 지지 아니한다.

제46조 ① 국회의원은 청렴의 의무가 있다.

② 국회의원은 국가이익을 우선하여 양심에 따라 직무를 행한다.

③ 국회의원은 그 지위를 남용하여 국가·공공단체 또는 기업체와의 계약이나 그 처분에 의하여 재산상의 권리·이익 또는 직위를 취득하거나 타인을 위하여 그 취득을 알선할 수 없다.

제47조 ① 국회의 정기회는 법률이 정하는 바에 의하여 매년 1회 집회되며, 국회의 임시회는 대통령 또는 국회재적의원 4분의 1 이상의 요구에 의하여 집회된다.

② 정기회의 회기는 100일을, 임시회의 회기는 30일을 초과할 수 없다.

③ 대통령이 임시회의 집회를 요구할 때에는 기간과 집회요구의 이유를 명시하여야 한다.

제48조 국회는 의장 1인과 부의장 2인을 선출한다.

제49조 국회는 헌법 또는 법률에 특별한 규정이 없는 한 재적의원 과반수의 출석과 출석의원 과반수의 찬성으로 의결한다. 가부동수인 때에는 부결된 것으로 본다.

제50조 ① 국회의 회의는 공개한다. 다만, 출석의원 과반수의 찬성이 있거나 의장이 국가의 안전보장을 위하여 필요하다고 인정할 때에는 공개하지 아니할 수 있다.

② 공개하지 아니한 회의내용의 공표에 관하여는 법률이 정하는 바에 의한다.

제51조 국회에 제출된 법률안 기타의 의안은 회기중에 의결되지 못한 이유로 폐기되지 아니한다. 다만, 국회의원의 임기가 만료된 때에는 그러하지 아니하다.

제52조 국회의원과 정부는 법률안을 제출할 수 있다.

제53조 ① 국회에서 의결된 법률안은 정부에 이송되어 15일 이내에 대통령이 공포한다.

② 법률안에 이의가 있을 때에는 대통령은 제1항의 기간내에 이의서를 붙여 국회로 환부하고, 그 재의를 요구할 수 있다. 국회의 폐회중에도 또한 같다.

③ 대통령은 법률안의 일부에 대하여 또는 법률안을 수정하여 재의를 요구할 수 없다.

④ 재의의 요구가 있을 때에는 국회는 재의에 붙이고, 재적의원과반수의 출석과 출석의원 3분의 2 이상의 찬성으로 전과 같은 의결을 하면 그 법률안은 법률로서 확정된다.

⑤ 대통령이 제1항의 기간내에 공포나 재의의 요구를 하지 아니한 때에도 그 법률안은 법률로서 확정된다.

⑥ 대통령은 제4항과 제5항의 규정에 의하여 확정된 법률을 지체없이 공포하여야 한다. 제5항에 의하여 법률이 확정된 후 또는 제4항에 의한 확정법률이 정부에 이송된 후 5일 이내에 대통령이 공포하지 아니할 때에는 국회의장이 이를 공포한다.

⑦ 법률은 특별한 규정이 없는 한 공포한 날로부터 20일을 경과함으로써 효력을 발생한다.

제54조 ① 국회는 국가의 예산안을 심의·확정한다.

② 정부는 회계연도마다 예산안을 편성하여 회계연도 개시 90일전까지 국회에 제출하고, 국회는 회계연도 개시 30일전까지 이를 의결하여야 한다.

③ 새로운 회계연도가 개시될 때까지 예산안이 의결되지 못한 때에는 정부는 국회에서 예산안이 의결될 때까지 다음의 목적을 위한 경비는 전년도 예산에 준하여 집행할 수 있다.

1. 헌법이나 법률에 의하여 설치된 기관 또는 시설의 유지·운영

2. 법률상 지출의무의 이행

3. 이미 예산으로 승인된 사업의 계속

제55조 ① 한 회계연도를 넘어 계속하여 지출할 필요가 있을 때에는 정부는 연한을 정하여 계속비로서 국회의 의결을 얻어야 한다.

② 예비비는 총액으로 국회의 의결을 얻어야 한다. 예비비의 지출은 차기국회의 승인을 얻어야 한다.

제56조 정부는 예산에 변경을 가할 필요가 있을 때에는 추가경정예산안을 편성하여 국회에 제출할 수 있다.

제57조 국회는 정부의 동의없이 정부가 제출한 지출예산 각항의 금액을 증가하거나 새 비목을 설치할 수 없다.

제58조 국채를 모집하거나 예산외에 국가의 부담이 될 계약을 체결하려 할 때에는 정부는 미리 국회의 의결을 얻어야 한다.

제59조 조세의 종목과 세율은 법률로 정한다.

제60조 ① 국회는 상호원조 또는 안전보장에 관한 조약, 중요한 국제조직에 관한 조약, 우호통상항해조약, 주권의 제약에 관한 조약, 강화조약, 국가나 국민에게 중대한 재정적 부담을 지우는 조

약 또는 입법사항에 관한 조약의 체결·비준에 대한 동의권을 가진다.

② 국회는 선전포고, 국군의 외국에의 파견 또는 외국군대의 대한민국 영역안에서의 주류에 대한 동의권을 가진다.

제61조 ① 국회는 국정을 감사하거나 특정한 국정사안에 대하여 조사할 수 있으며, 이에 필요한 서류의 제출 또는 증인의 출석과 증언이나 의견의 진술을 요구할 수 있다.

② 국정감사 및 조사에 관한 절차 기타 필요한 사항은 법률로 정한다.

제62조 ① 국무총리·국무위원 또는 정부위원은 국회나 그 위원회에 출석하여 국정처리상황을 보고하거나 의견을 진술하고 질문에 응답할 수 있다.

② 국회나 그 위원회의 요구가 있을 때에는 국무총리·국무위원 또는 정부위원은 출석·답변하여야 하며, 국무총리 또는 국무위원이 출석요구를 받은 때에는 국무위원 또는 정부위원으로 하여금 출석·답변하게 할 수 있다.

제63조 ① 국회는 국무총리 또는 국무위원의 해임을 대통령에게 건의할 수 있다.

② 제1항의 해임건의는 국회재적의원 3분의 1 이상의 발의에 의하여 국회재적의원 과반수의 찬성이 있어야 한다.

제64조 ① 국회는 법률에 저촉되지 아니하는 범위안에서 의사와 내부규율에 관한 규칙을 제정할 수 있다.

② 국회는 의원의 자격을 심사하며, 의원을 징계할 수 있다.

③ 의원을 제명하려면 국회재적의원 3분의 2 이상의 찬성이 있어야 한다.

④ 제2항과 제3항의 처분에 대하여는 법원에 제소할 수 없다.

제65조 ① 대통령·국무총리·국무위원·행정각부의 장·헌법재판소 재판관·법관·중앙선거관리위원회 위원·감사원장·감사위원 기타 법률이 정한 공무원이 그 직무집행에 있어서 헌법이나 법률을 위배한 때에는 국회는 탄핵의 소추를 의결할 수 있다.

② 제1항의 탄핵소추는 국회재적의원 3분의 1 이상의 발의가 있어야 하며, 그 의결은 국회재적의원 과반수의 찬성이 있어야 한다. 다만, 대통령에 대한 탄핵소추는 국회재적의원 과반수의 발의와 국회재적의원 3분의 2 이상의 찬성이 있어야 한다.

③ 탄핵소추의 의결을 받은 자는 탄핵심판이 있을 때까지 그 권한행사가 정지된다.

④ 탄핵결정은 공직으로부터 파면함에 그친다. 그러나, 이에 의하여 민사상이나 형사상의 책임이 면제되지는 아니한다.

제 4 장 정부

제 1 절 대통령

제66조 ① 대통령은 국가의 원수이며, 외국에 대하여 국가를 대표한다.

② 대통령은 국가의 독립·영토의 보전·국가의 계속성과 헌법을 수호할 책무를 진다.

③ 대통령은 조국의 평화적 통일을 위한 성실한 의무를 진다.

④ 행정권은 대통령을 수반으로 하는 정부에 속한다.

제67조 ① 대통령은 국민의 보통·평등·직접·비밀선거에 의하여 선출한다.

② 제1항의 선거에 있어서 최고득표자가 2인 이상인 때에는 국회의 재적의원 과반수가 출석한 공개회의에서 다수표를 얻은 자를 당선자로 한다.

③ 대통령후보자가 1인일 때에는 그 득표수가 선거권자 총수의 3분의 1 이상이 아니면 대통령으로 당선될 수 없다.

④ 대통령으로 선거될 수 있는 자는 국회의원의 피선거권이 있고 선거일 현재 40세에 달하여야 한다.

⑤ 대통령의 선거에 관한 사항은 법률로 정한다.

제68조 ① 대통령의 임기가 만료되는 때에는 임기만료 70일 내지 40일전에 후임자를 선거한다.

② 대통령이 궐위된 때 또는 대통령 당선자가 사망하거나 판결 기타의 사유로 그 자격을 상실한 때에는 60일 이내에 후임자를 선거한다.

제69조 대통령은 취임에 즈음하여 다음의 선서를 한다.

"나는 헌법을 준수하고 국가를 보위하며 조국의 평화적 통일과 국민의 자유와 복리의 증진 및 민족문화의 창달에 노력하여 대통령으로서의 직책을 성실히 수행할 것을 국민 앞에 엄숙히 선서합니다."

제70조 대통령의 임기는 5년으로 하며, 중임할 수 없다.

제71조 대통령이 궐위되거나 사고로 인하여 직무를 수행할 수 없을 때에는 국무총리, 법률이 정한 국무위원의 순서로 그 권한을 대행한다.

제72조 대통령은 필요하다고 인정할 때에는 외교·국방·통일 기타 국가안위에 관한 중요정책을 국민투표에 붙일 수 있다.

제73조 대통령은 조약을 체결·비준하고, 외교사절을 신임·접수 또는 파견하며, 선전포고와 강화를 한다.

제74조 ① 대통령은 헌법과 법률이 정하는 바에 의하여 국군을 통수한다.

② 국군의 조직과 편성은 법률로 정한다.

제75조 대통령은 법률에서 구체적으로 범위를 정하여 위임받은 사항과 법률을 집행하기 위하여 필요한 사항에 관하여 대통령령을 발할 수 있다.

제76조 ① 대통령은 내우·외환·천재·지변 또는 중대한 재정·경제상의 위기에 있어서 국가의 안전보장 또는 공공의 안녕질서를 유지하기 위하여 긴급한 조치가 필요하고 국회의 집회를 기다릴 여유가 없을 때에 한하여 최소한으로 필요한 재정·경제상의 처분을 하거나 이에 관하여 법률의 효력을 가지는 명령을 발할 수 있다.

② 대통령은 국가의 안위에 관계되는 중대한 교전상태에 있어서 국가를 보위하기 위하여 긴급한 조치가 필요하고 국회의 집회가 불가능한 때에 한하여 법률의 효력을 가지는 명령을 발할 수 있다.

③ 대통령은 제1항과 제2항의 처분 또는 명령을 한 때에는 지체없이 국회에 보고하여 그 승인을 얻어야 한다.

④ 제3항의 승인을 얻지 못한 때에는 그 처분 또는 명령은 그때부터 효력을 상실한다. 이 경우 그 명령에 의하여 개정 또는 폐지되었던 법률은 그 명령이 승인을 얻지 못한 때부터 당연히 효력을 회복한다.

⑤ 대통령은 제3항과 제4항의 사유를 지체없이 공포하여야 한다.

제77조 ① 대통령은 전시·사변 또는 이에 준하는 국가비상사태에 있어서 병력으로써 군사상의 필요에 응하거나 공공의 안녕질서를 유지할 필요가 있을 때에는 법률이 정하는 바에 의하여 계엄을 선포할 수 있다.

② 계엄은 비상계엄과 경비계엄으로 한다.

③ 비상계엄이 선포된 때에는 법률이 정하는 바에 의하여 영장제도, 언론·출판·집회·결사의 자유, 정부나 법원의 권한에 관하여 특별한 조치를 할 수 있다.

④ 계엄을 선포한 때에는 대통령은 지체없이 국회에 통고하여야 한다.

⑤ 국회가 재적의원 과반수의 찬성으로 계엄의 해제를 요구한 때에는 대통령은 이를 해제하여야 한다.

제78조 대통령은 헌법과 법률이 정하는 바에 의하여 공무원을 임면한다.

제79조 ① 대통령은 법률이 정하는 바에 의하여 사면·감형 또는 복권을 명할 수 있다.

② 일반사면을 명하려면 국회의 동의를 얻어야 한다.

③ 사면·감형 및 복권에 관한 사항은 법률로 정한다.

제80조 대통령은 법률이 정하는 바에 의하여 훈장 기타의 영전을 수여한다.

제81조 대통령은 국회에 출석하여 발언하거나 서한으로 의견을 표시할 수 있다.

제82조 대통령의 국법상 행위는 문서로써 하며, 이 문서에는 국무총리와 관계 국무위원이 부서한다. 군사에 관한 것도 또한 같다.

제83조 대통령은 국무총리·국무위원·행정각부의 장 기타 법률이 정하는 공사의 직을 겸할 수 없다.

제84조 대통령은 내란 또는 외환의 죄를 범한 경우

를 제외하고는 재직중 형사상의 소추를 받지 아니한다.

제85조 전직대통령의 신분과 예우에 관하여는 법률로 정한다.

제 2 절 행정부
제 1 관   국무총리와 국무위원

제86조 ① 국무총리는 국회의 동의를 얻어 대통령이 임명한다.

② 국무총리는 대통령을 보좌하며, 행정에 관하여 대통령의 명을 받아 행정각부를 통할한다.

③ 군인은 현역을 면한 후가 아니면 국무총리로 임명될 수 없다.

제87조 ① 국무위원은 국무총리의 제청으로 대통령이 임명한다.

② 국무위원은 국정에 관하여 대통령을 보좌하며, 국무회의의 구성원으로서 국정을 심의한다.

③ 국무총리는 국무위원의 해임을 대통령에게 건의할 수 있다.

④ 군인은 현역을 면한 후가 아니면 국무위원으로 임명될 수 없다.

제 2 관   국무회의

제88조 ① 국무회의는 정부의 권한에 속하는 중요한 정책을 심의한다.

② 국무회의는 대통령·국무총리와 15인 이상 30인 이하의 국무위원으로 구성한다.

③ 대통령은 국무회의의 의장이 되고, 국무총리는 부의장이 된다.

제89조 다음 사항은 국무회의의 심의를 거쳐야 한다.

1. 국정의 기본계획과 정부의 일반정책
2. 선전·강화 기타 중요한 대외정책
3. 헌법개정안·국민투표안·조약안·법률안 및 대통령령안
4. 예산안·결산·국유재산처분의 기본계획·국가의 부담이 될 계약 기타 재정에 관한 중요사항
5. 대통령의 긴급명령·긴급재정경제처분 및 명령 또는 계엄과 그 해제
6. 군사에 관한 중요사항
7. 국회의 임시회 집회의 요구
8. 영전수여
9. 사면·감형과 복권
10. 행정각부간의 권한의 획정
11. 정부안의 권한의 위임 또는 배정에 관한 기본계획
12. 국정처리상황의 평가·분석
13. 행정각부의 중요한 정책의 수립과 조정
14. 정당해산의 제소
15. 정부에 제출 또는 회부된 정부의 정책에 관계되는 청원의 심사
16. 검찰총장·합동참모의장·각군참모총장·국립대학교총장·대사 기타 법률이 정한 공무원과 국영기업체관리자의 임명
17. 기타 대통령·국무총리 또는 국무위원이 제출한 사항

제90조 ① 국정의 중요한 사항에 관한 대통령의 자문에 응하기 위하여 국가원로로 구성되는 국가원로자문회의를 둘 수 있다.

② 국가원로자문회의의 의장은 직전대통령이 된다. 다만, 직전대통령이 없을 때에는 대통령이 지명한다.

③ 국가원로자문회의의 조직·직무범위 기타 필요한 사항은 법률로 정한다.

제91조 ① 국가안전보장에 관련되는 대외정책·군사정책과 국내정책의 수립에 관하여 국무회의의 심의에 앞서 대통령의 자문에 응하기 위하여 국가안전보장회의를 둔다.

② 국가안전보장회의는 대통령이 주재한다.

③ 국가안전보장회의의 조직·직무범위 기타 필요한 사항은 법률로 정한다.

제92조 ① 평화통일정책의 수립에 관한 대통령의 자문에 응하기 위하여 민주평화통일자문회의를 둘 수 있다.

② 민주평화통일자문회의의 조직·직무범위 기타 필요한 사항은 법률로 정한다.

제93조 ① 국민경제의 발전을 위한 중요정책의 수립에 관하여 대통령의 자문에 응하기 위하여 국민경제자문회의를 둘 수 있다.

② 국민경제자문회의의 조직·직무범위 기타 필요

한 사항은 법률로 정한다.

제 3 관 행정각부

제94조 행정각부의 장은 국무위원 중에서 국무총리의 제청으로 대통령이 임명한다.

제95조 국무총리 또는 행정각부의 장은 소관사무에 관하여 법률이나 대통령령의 위임 또는 직권으로 총리령 또는 부령을 발할 수 있다.

제96조 행정각부의 설치·조직과 직무범위는 법률로 정한다.

제 4 관 감사원

제97조 국가의 세입·세출의 결산, 국가 및 법률이 정한 단체의 회계검사와 행정기관 및 공무원의 직무에 관한 감찰을 하기 위하여 대통령 소속하에 감사원을 둔다.

제98조 ① 감사원은 원장을 포함한 5인 이상 11인 이하의 감사위원으로 구성한다.

② 원장은 국회의 동의를 얻어 대통령이 임명하고, 그 임기는 4년으로 하며, 1차에 한하여 중임할 수 있다.

③ 감사위원은 원장의 제청으로 대통령이 임명하고, 그 임기는 4년으로 하며, 1차에 한하여 중임할 수 있다.

제99조 감사원은 세입·세출의 결산을 매년 검사하여 대통령과 차년도국회에 그 결과를 보고하여야 한다.

제100조 감사원의 조직·직무범위·감사위원의 자격·감사대상공무원의 범위 기타 필요한 사항은 법률로 정한다.

제 5 장 법원

제101조 ① 사법권은 법관으로 구성된 법원에 속한다.

② 법원은 최고법원인 대법원과 각급법원으로 조직된다.

③ 법관의 자격은 법률로 정한다.

제102조 ① 대법원에 부를 둘 수 있다.

② 대법원에 대법관을 둔다. 다만, 법률이 정하는 바에 의하여 대법관이 아닌 법관을 둘 수 있다.

③ 대법원과 각급법원의 조직은 법률로 정한다.

제103조 법관은 헌법과 법률에 의하여 그 양심에 따라 독립하여 심판한다.

제104조 ① 대법원장은 국회의 동의를 얻어 대통령이 임명한다.

② 대법관은 대법원장의 제청으로 국회의 동의를 얻어 대통령이 임명한다.

③ 대법원장과 대법관이 아닌 법관은 대법관회의의 동의를 얻어 대법원장이 임명한다.

제105조 ① 대법원장의 임기는 6년으로 하며, 중임할 수 없다.

② 대법관의 임기는 6년으로 하며, 법률이 정하는 바에 의하여 연임할 수 있다.

③ 대법원장과 대법관이 아닌 법관의 임기는 10년으로 하며, 법률이 정하는 바에 의하여 연임할 수 있다.

④ 법관의 정년은 법률로 정한다.

제106조 ① 법관은 탄핵 또는 금고 이상의 형의 선고에 의하지 아니하고는 파면되지 아니하며, 징계처분에 의하지 아니하고는 정직·감봉 기타 불리한 처분을 받지 아니한다.

② 법관이 중대한 심신상의 장해로 직무를 수행할 수 없을 때에는 법률이 정하는 바에 의하여 퇴직하게 할 수 있다.

제107조 ① 법률이 헌법에 위반되는 여부가 재판의 전제가 된 경우에는 법원은 헌법재판소에 제청하여 그 심판에 의하여 재판한다.

② 명령·규칙 또는 처분이 헌법이나 법률에 위반되는 여부가 재판의 전제가 된 경우에는 대법원은 이를 최종적으로 심사할 권한을 가진다.

③ 재판의 전심절차로서 행정심판을 할 수 있다. 행정심판의 절차는 법률로 정하되, 사법절차가 준용되어야 한다.

제108조 대법원은 법률에 저촉되지 아니하는 범위 안에서 소송에 관한 절차, 법원의 내부규율과 사무처리에 관한 규칙을 제정할 수 있다.

제109조 재판의 심리와 판결은 공개한다. 다만, 심리는 국가의 안전보장 또는 안녕질서를 방해하거나 선량한 풍속을 해할 염려가 있을 때에는 법원의 결정으로 공개하지 아니할 수 있다.

제110조 ① 군사재판을 관할하기 위하여 특별법원으로서 군사법원을 둘 수 있다.

② 군사법원의 상고심은 대법원에서 관할한다.

③ 군사법원의 조직 권한 및 재판관의 자격은 법률로 정한다.

④ 비상계엄하의 군사재판은 군인·군무원의 범죄나 군사에 관한 간첩죄의 경우와 초병·초소·유독음식물공급·포로에 관한 죄중 법률이 정한 경우에 한하여 단심으로 할 수 있다. 다만, 사형을 선고한 경우에는 그러하지 아니하다.

제 6 장 헌법재판소

제111조 ① 헌법재판소는 다음 사항을 관장한다.

1. 법원의 제청에 의한 법률의 위헌여부 심판

2. 탄핵의 심판

3. 정당의 해산 심판

4. 국가기관 상호간, 국가기관과 지방자치단체간 및 지방자치단체 상호간의 권한쟁의에 관한 심판

5. 법률이 정하는 헌법소원에 관한 심판

② 헌법재판소는 법관의 자격을 가진 9인의 재판관으로 구성하며, 재판관은 대통령이 임명한다.

③ 제2항의 재판관중 3인은 국회에서 선출하는 자를, 3인은 대법원장이 지명하는 자를 임명한다.

④ 헌법재판소의 장은 국회의 동의를 얻어 재판관중에서 대통령이 임명한다.

제112조 ① 헌법재판소 재판관의 임기는 6년으로 하며, 법률이 정하는 바에 의하여 연임할 수 있다.

② 헌법재판소 재판관은 정당에 가입하거나 정치에 관여할 수 없다.

③ 헌법재판소 재판관은 탄핵 또는 금고 이상의 형의 선고에 의하지 아니하고는 파면되지 아니한다.

제113조 ① 헌법재판소에서 법률의 위헌결정, 탄핵의 결정, 정당해산의 결정 또는 헌법소원에 관한 인용결정을 할 때에는 재판관 6인 이상의 찬성이 있어야 한다.

② 헌법재판소는 법률에 저촉되지 아니하는 범위안에서 심판에 관한 절차, 내부규율과 사무처리에 관한 규칙을 제정할 수 있다.

③ 헌법재판소의 조직과 운영 기타 필요한 사항은 법률로 정한다.

제 7 장 선거관리

제114조 ① 선거와 국민투표의 공정한 관리 및 정당에 관한 사무를 처리하기 위하여 선거관리위원회를 둔다.

② 중앙선거관리위원회는 대통령이 임명하는 3인, 국회에서 선출하는 3인과 대법원장이 지명하는 3인의 위원으로 구성한다. 위원장은 위원중에서 호선한다.

③ 위원의 임기는 6년으로 한다.

④ 위원은 정당에 가입하거나 정치에 관여할 수 없다.

⑤ 위원은 탄핵 또는 금고 이상의 형의 선고에 의하지 아니하고는 파면되지 아니한다.

⑥ 중앙선거관리위원회는 법령의 범위안에서 선거관리·국민투표관리 또는 정당사무에 관한 규칙을 제정할 수 있으며, 법률에 저촉되지 아니하는 범위안에서 내부규율에 관한 규칙을 제정할 수 있다.

⑦ 각급 선거관리위원회의 조직·직무범위 기타 필요한 사항은 법률로 정한다.

제115조 ① 각급 선거관리위원회는 선거인명부의 작성등 선거사무와 국민투표사무에 관하여 관계 행정기관에 필요한 지시를 할 수 있다.

② 제1항의 지시를 받은 당해 행정기관은 이에 응하여야 한다.

제116조 ① 선거운동은 각급 선거관리위원회의 관리하에 법률이 정하는 범위안에서 하되, 균등한 기회가 보장되어야 한다.

② 선거에 관한 경비는 법률이 정하는 경우를 제외하고는 정당 또는 후보자에게 부담시킬 수 없다.

제 8 장 지방자치

제117조 ① 지방자치단체는 주민의 복리에 관한 사무를 처리하고 재산을 관리하며, 법령의 범위안에서 자치에 관한 규정을 제정할 수 있다.

② 지방자치단체의 종류는 법률로 정한다.

제118조 ① 지방자치단체에 의회를 둔다.

② 지방의회의 조직·권한·의원선거와 지방자치단체의 장의 선임방법 기타 지방자치단체의 조직과 운영에 관한 사항은 법률로 정한다.

제 9 장 경제

제119조 ① 대한민국의 경제질서는 개인과 기업의 경제상의 자유와 창의를 존중함을 기본으로 한다.

② 국가는 균형있는 국민경제의 성장 및 안정과 적정한 소득의 분배를 유지하고, 시장의 지배와 경제력의 남용을 방지하며, 경제주체간의 조화를 통한 경제의 민주화를 위하여 경제에 관한 규제와 조정을 할 수 있다.

제120조 ① 광물 기타 중요한 지하자원·수산자원·수력과 경제상 이용할 수 있는 자연력은 법률이 정하는 바에 의하여 일정한 기간 그 채취·개발 또는 이용을 특허할 수 있다.

② 국토와 자원은 국가의 보호를 받으며, 국가는 그 균형있는 개발과 이용을 위하여 필요한 계획을 수립한다.

제121조 ① 국가는 농지에 관하여 경자유전의 원칙이 달성될 수 있도록 노력하여야 하며, 농지의 소작제도는 금지된다.

② 농업생산성의 제고와 농지의 합리적인 이용을 위하거나 불가피한 사정으로 발생하는 농지의 임대차와 위탁경영은 법률이 정하는 바에 의하여 인정된다.

제122조 국가는 국민 모두의 생산 및 생활의 기반이 되는 국토의 효율적이고 균형있는 이용·개발과 보전을 위하여 법률이 정하는 바에 의하여 그에 관한 필요한 제한과 의무를 과할 수 있다.

제123조 ① 국가는 농업 및 어업을 보호·육성하기 위하여 농·어촌종합개발과 그 지원등 필요한 계획을 수립·시행하여야 한다.

② 국가는 지역간의 균형있는 발전을 위하여 지역경제를 육성할 의무를 진다.

③ 국가는 중소기업을 보호·육성하여야 한다.

④ 국가는 농수산물의 수급균형과 유통구조의 개선에 노력하여 가격안정을 도모함으로써 농·어민의 이익을 보호한다.

⑤ 국가는 농·어민과 중소기업의 자조조직을 육성하여야 하며, 그 자율적 활동과 발전을 보장한다.

제124조 국가는 건전한 소비행위를 계도하고 생산품의 품질향상을 촉구하기 위한 소비자보호운동을 법률이 정하는 바에 의하여 보장한다.

제125조 국가는 대외무역을 육성하며, 이를 규제·조정할 수 있다.

제126조 국방상 또는 국민경제상 긴절한 필요로 인하여 법률이 정하는 경우를 제외하고는, 사영기업을 국유 또는 공유로 이전하거나 그 경영을 통제 또는 관리할 수 없다.

제127조 ① 국가는 과학기술의 혁신과 정보 및 인력의 개발을 통하여 국민경제의 발전에 노력하여야 한다.

② 국가는 국가표준제도를 확립한다.

③ 대통령은 제1항의 목적을 달성하기 위하여 필요한 자문기구를 둘 수 있다.

제10장 헌법개정

제128조 ① 헌법개정은 국회재적의원 과반수 또는 대통령의 발의로 제안된다.

② 대통령의 임기연장 또는 중임변경을 위한 헌법개정은 그 헌법개정 제안 당시의 대통령에 대하여는 효력이 없다.

제129조 제안된 헌법개정안은 대통령이 20일 이상의 기간 이를 공고하여야 한다.

제130조 ① 국회는 헌법개정안이 공고된 날로부터 60일 이내에 의결하여야 하며, 국회의 의결은 재적의원 3분의 2 이상의 찬성을 얻어야 한다.

② 헌법개정안은 국회가 의결한 후 30일 이내에 국민투표에 붙여 국회의원선거권자 과반수의 투표와 투표자 과반수의 찬성을 얻어야 한다.

③ 헌법개정안이 제2항의 찬성을 얻은 때에는 헌법개정은 확정되며, 대통령은 즉시 이를 공포하여야 한다.

부칙 〈제10호, 1987. 10. 29.〉

제1조 이 헌법은 1988년 2월 25일부터 시행한다. 다만, 이 헌법을 시행하기 위하여 필요한 법률의 제정·개정과 이 헌법에 의한 대통령 및 국회의원의 선거 기타 이 헌법시행에 관한 준비는 이 헌법시행 전에 할 수 있다.

제2조 ① 이 헌법에 의한 최초의 대통령선거는 이 헌법시행일 40일 전까지 실시한다.

② 이 헌법에 의한 최초의 대통령의 임기는 이 헌법시행일로부터 개시한다.

제3조 ① 이 헌법에 의한 최초의 국회의원선거는 이 헌법공포일로부터 6월 이내에 실시하며, 이 헌법에 의하여 선출된 최초의 국회의원의 임기는 국회의원선거후 이 헌법에 의한 국회의 최초의 집회일로부터 개시한다.

② 이 헌법공포 당시의 국회의원의 임기는 제1항에 의한 국회의 최초의 집회일 전일까지로 한다.

제4조 ① 이 헌법시행 당시의 공무원과 정부가 임명한 기업체의 임원은 이 헌법에 의하여 임명된 것으로 본다. 다만, 이 헌법에 의하여 선임방법이나 임명권자가 변경된 공무원과 대법원장 및 감사원장은 이 헌법에 의하여 후임자가 선임될 때까지 그 직무를 행하며, 이 경우 전임자인 공무원의 임기는 후임자가 선임되는 전일까지로 한다.

② 이 헌법시행 당시의 대법원장과 대법원판사가 아닌 법관은 제1항 단서의 규정에 불구하고 이 헌법에 의하여 임명된 것으로 본다.

③ 이 헌법중 공무원의 임기 또는 중임제한에 관한 규정은 이 헌법에 의하여 그 공무원이 최초로 선출 또는 임명된 때로부터 적용한다.

제5조 이 헌법시행 당시의 법령과 조약은 이 헌법에 위배되지 아니하는 한 그 효력을 지속한다.

제6조 이 헌법시행 당시에 이 헌법에 의하여 새로 설치될 기관의 권한에 속하는 직무를 행하고 있는 기관은 이 헌법에 의하여 새로운 기관이 설치될 때까지 존속하며 그 직무를 행한다.

저자약력

이 희 훈

선문대학교 법·경찰학과 교수(헌법·인권법)

법무부 변호사 시험위원, 법무부 사법시험 1차·2차 시험위원, 국가인권위원회 인권정책관계자협의회 위원(집회의 자유분야), 법제처 국민법제관(의회입법분야), 충청남도 시·군의원 선거구획정위원회 위원, 천안시 국회의원 선거구 획정위원회 위원, 대전지방법원 천안지원 국선변호운영위원, 선문대 입학사정관, 미국헌법연구·입법학연구·일감법학 편집위원, 한국헌법학회 상임이사(총무·재무·홍보간사), 한국토지공법학회 상임이사(총무간사), 한국공법학회 이사 (총무·출판·홍보간사), 유럽헌법학회 이사, 한국비교공법학회 정보간사 등 역임

집회의 개념에 대한 헌법적 고찰(헌법학연구 12권 5호)
중국 내 탈북자의 법적지위와 인권보호에 대한 연구(공법연구 35집 2호)
집회 및 시위에 관한 법률 개정안 중 복면 금지 규정의 위헌성(공법연구 37집 3호)
평화시위구역제도와 국회·법원 인근 집회 금지에 대한 헌법적 평가(공법연구 38집 3호)
일반 교통방해죄와 외교기관 인근 집회·시위 금지에 대한 헌법적 평가(공법연구 39집 3호)
대한민국 정부수립 이후 언론관계법의 발전과 평가(세계헌법연구 16권 3호)
국회의원의 불체포특권에 대한 헌법적 고찰(세계헌법연구 18권 2호)
영국·미국·독일·프랑스의 낙태 규제 입법과 판례에 대한 비교법적 고찰(일감법학 27집)
미국과 영국 및 한국의 수형자에 대한 선거권 제한 규정의 문제점 연구(미국헌법연구 25집 3호)
미국의 인종을 고려한 대학 특별입학전형제도에 대한 적극적 평등실현조치(미국헌법연구 21집 1호)
집회 및 시위에 관한 법률상 집회·시위 소음 규제 조항의 문제점 및 개선방안(인권과 정의 471호)
주민등록번호에 대한 헌법적 고찰(토지공법연구 37집 1호) 등 총 67편 등재(후보)지 논문 게재

인권법 스토리

초판발행	2018년 2월 28일
지은이	이희훈
펴낸이	안종만
편 집	마찬옥
기획/마케팅	노현·박선진
표지디자인	김연서
제 작	우인도·고철민
펴낸곳	(주) **박영사**
	서울특별시 종로구 새문안로3길 36, 1601
	등록 1959. 3. 11. 제300-1959-1호(倫)
전 화	02)733-6771
f a x	02)736-4818
e-mail	pys@pybook.co.kr
homepage	www.pybook.co.kr
ISBN	979-11-303-3182-9 93360

정 가   20,000원